KB260072

꿈꾸는 개발협력? 꿈 밖의 현장!

국제개발협력 NGO의 현장 활동 이야기

| 한국국제협력단 민관협력실 엮음 |

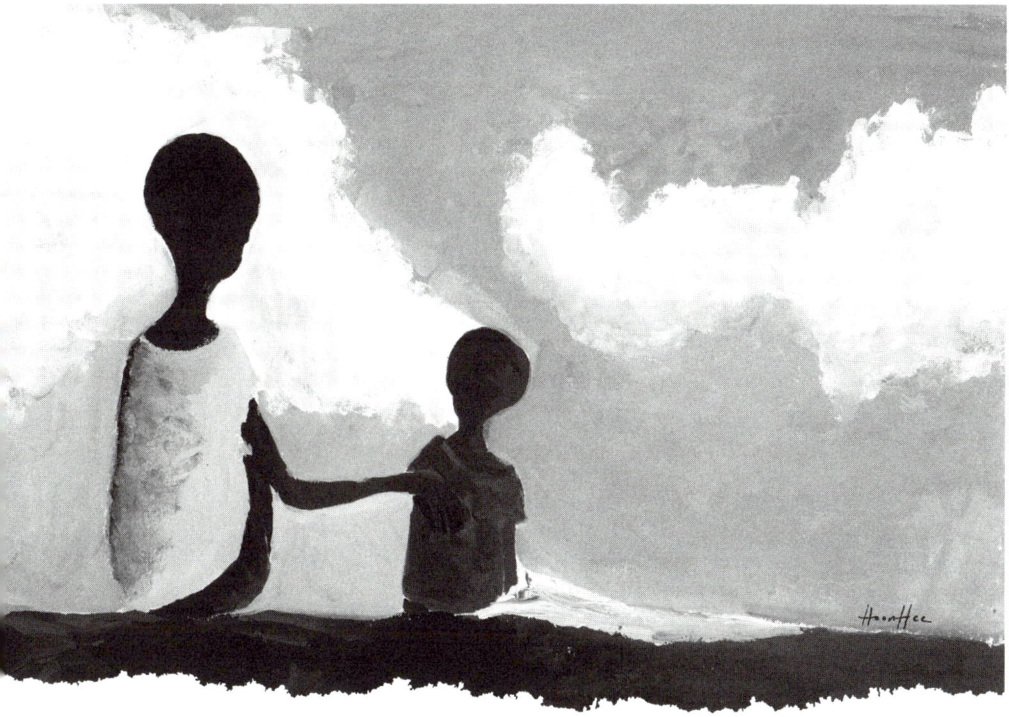

꿈꾸는 개발협력?
꿈 밖의 현장!

국제개발협력 NGO의 현장 활동 이야기

Development and Illusion

발 간 사

많은 사람은 오늘날을 세계화(globalization)의 시대라고 말합니다. 누군가는 이러한 세계화를 세계경제의 통합 또는 탈영토화라고 이해하기도 하며, 먼 나라, 먼 지역을 연결하는 세계적인 사회관계의 증대라고 표현하기도 합니다.

세계화는 짧은 시간에 우리 삶에 많은 영향을 주었습니다. 과거 국가 중심 주권에서 탈영토화라는 구조적 변화로 현재는 국가, 국제기구, 초국적 기업, 그리고 비정부기구(Non-Governmental Organization: NGO)라는 다양한 행위자로 이루어진 글로벌 거버넌스를 만들어내는 시대로 진입하게 되었습니다.

과거에는 가난을 국가라는 지리적 경계 안의 국가 구성원이 돌보았다면, 이제는 이웃 국가, 다른 국가로 이루어진 국제사회, 그리고 지구 반대편에 살고 있는 일반 시민까지도 포함하는 세계 시민이라는 인식 아래 국경을 초월하여 함께 협력하여 지구촌 곳곳에 있는 빈곤을 퇴치하는 시대가 되었습니다.

우리나라 비정부기구 또한 세계의 곳곳에서 빈곤을 퇴치하기 위해 각고의 노력을 해왔습니다. 한국국제협력단은 1991년 정부 출연기관으로 설립되어 1994년 NGO과를 신설한 이후 지금까지 비정부기구와 함께 협력하고 있으니, 한국국제협력단과 비정부기구는 개발 역사를 같이 경험한 가장 오래된 친구이자 동료인 셈입니다.

지난 2008년 아크라에서 열린 제3차 세계개발원조총회(HLF-3)에서는 개발협력에서 시민사회를 독립적인 주요 행위자로 인정했고, 또한 지난 2011년 부산에서 개최된 제4차 세계개발원조총회(HLF-4)에서는 CSO(Civil Society Organization)의 개발효과성 제고를 위한 이스탄불 원칙을 총회의 결과문서에 포함할 만큼 개발협력에서 비정부기구는 중요한 위치를 차지하게 되었습니다.

개발협력에서 시민사회의 역할이 강조되고 주요 행위자로 인정된 것은 바로 이 책에 담긴 이야기의 주인공들과 같이 그간 시민사회에서 일하신 분들의 노고와 불철주야 애쓰시는 열정으로 가능했던 것입니다.

개발협력사업 현장 가장 가까이에서 활동하시는 우리 시민사회 관계자 분들이 개발협력의 주요 행위자로서 역량을 펼칠 수 있도록 앞으로도 우리 한국국제협력단은 실현가능한 환경(enabling environment)을 구축하기 위해 한층 더 노력할 것이며, 나아가서는 민간기업과 대학 등도 국제개발협력사업의 주체로 활동하여 전 세계의 빈곤을 퇴치하는 데 이바지할 수 있도록 적극 협력할 것입니다.

다시 한 번 시민사회 활동가 여러분의 더 나은 미래를 향한 노고와 열정에 깊이 감사드리고, 향후에도 우리 시민사회가 한국국제협력단의 든든한 파트너로서 적극 협력할 수 있기를 기원합니다.

2013년 3월

한국국제협력단 이사장 박대원

추 천 사

꿈은 실천에서 나오고 실천은 꿈을 모방한다. 개발을 인간사회의 '좋은 변화'라 정의한다면 그 변화를 위해 꿈을 꿔야 하고, 그 꿈을 이루기 위해 실천을 해야 한다. 전 세계 각지에서 좋은 변화를 일구기 위해 땀 흘리는 우리 실천가들의 생생한 모습이 이 한 권에 담겨 있다. 성공과 보람, 좌절과 실망의 기록들은 개발에 관심 있는 모든 사람에게 보석과 같은 교훈을 줄 것이다. 『꿈꾸는 개발협력? 꿈 밖의 현장!: 국제개발협력 NGO의 현장 활동 이야기』. 과연 이렇게 솔직한 개발 현장의 육성을 실제 접해본 적이 있었나 싶다. 새로운 꿈을 꾸기 위해 반드시 읽어야 할 개발의 서사시가 따로 없다.

_ 성공회대학교 사회과학부 교수 조효제

이 사례집은 제목에서 보이듯이 국제개발협력 사업의 성공담을 공유하는 차원이 아니라, 개발도상국에서 활동하는 NGO 활동가들이 현장에서 겪는 실질적인 어려움에서 개발도상국 개발이란 무엇인지 등에 대한 이상과 현실의 괴리 앞에서 되짚어보는 근원적인 고뇌를 독자들과 낱낱이 공유하고 있다. 그들이 생생하게 전해주는 이야기는 우리에게 가던 길을 잠시 멈추어 서서 국제개발협력을 시행하는 데 무엇을 지향점으로 삼아야 하는지, 개발협력과 관련하여 우리가 당연시하는 것 이면에 간과하는 것은 무엇인지를 진지하게 되돌아보게 하는 계기를 마련해줄 것으로 기대한다.

_ 외교통상부 개발협력국장 박은하

'개발'을 연구하고 공부하면서, 나는 우리가 갖고 있는 개발에 관한 세 가지 편견을 없애야 한다고 항상 주장한다. 첫째, 우리가 갖고 있는 올바른 해결책만 가르쳐줄 수 있으면 개발도상국의 정책 관계자들이 개발의 다양한 문제를 해결할 수 있을 것이라는 편견('무지' 편견), 둘째, 우리는 용납할 수 없지만 개발도상국이니까 불가피할 수도 있다는 편견('불가피' 편견), 셋째, 성공적 개발 사례는 항상 좋은 정책의 산물이고, 실패한 개발 사례에서는 좋은 정책을 찾기 힘들다는 편견('기계적 인과' 편견)이 그것이다. 개발도상국의 정책관계자들은 해답을 모르기보다는 그 해답을 실현할 수단에 큰 제한을 받고 있으며, 우리가 용납할 수 없는 것이라면 그 어떤 개발도상국에서도 용납되어서는 안 된다. 어떤 개발의 성과든, 그 근저에서 우리는 'the good, the bad and the ugly'의 복잡한 동학을 발견하게 마련이다. 개발 NGO 활동가들의 땀과 눈물, 생생한 체험이 가득 담긴 이 책은 그 어떤 개발학 교과서보다 정확하게 이 세 가지 편견의 문제점을 지적하고 있다. 열악한 환경 속에서도 당연하게 여겨지는 것들, 스쳐 지나가는 것들, 잊히는 것들을 꼼꼼히 기록하고, 따뜻한 시선으로 이야기해준 저자들에게 찬사를 보낸다.

_ 유엔사회개발연구소(UNRISD) 연구조정관 이일청

이 책은 개발원조 사례들을 화려한 수사와 성공담으로 포장하지 않고, 현장에서 일하고 있는 NGO 활동가의 숱한 고뇌와 활동 과정을 진솔하게 담고 있다. 해외봉사를 꿈꾸는, 또는 개발협력 현장에 관심이 있는 사람이라면 한번쯤 읽어보기를 권한다. _ 국제개발협력민간협의회(KCOC) 회장 이제훈

| 차 례 |

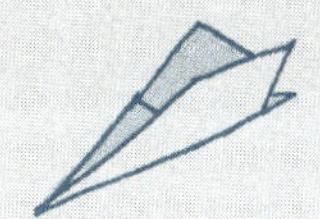

개발협력

- **개발협력의 동반자, NGO_**
  한국국제협력단 민관협력실_양석웅

- **개발, 그 아름다운 꿈, 깨어나라!_**
  르완다_이상훈

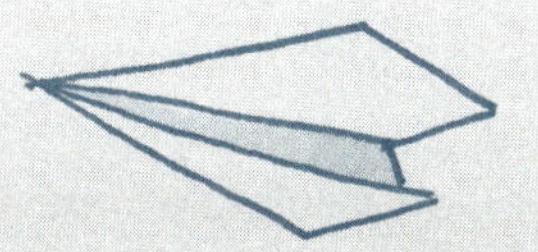

개발협력의 동반자, NGO

:: 양석웅 ::

1994년 12월 한국국제협력단(KOICA)에 입사했다. 당시 KOICA에 NGO과가 신설되자 운좋게도 막내로 합류하여 온갖 NGO 서류 등을 복사하기 위해 자주 고장이 나는 복사기와 씨름하며 NGO를 처음 접했다. 파푸아뉴기니·중국·페루 등의 KOICA 사무소의 개발 현장을 누비다가 다시 NGO와 조우하는 행운을 얻어, 현재 다시 KOICA 민관협력실에서 일하고 있 
다. 개발이 학문적으로는 어떻게 다루어지는지 맛보고 싶어서 영국 서식스 대학교(University of Sussex)의 개발학연구소(Institute of Development Studies: IDS)에서 2년간 개발학을 공부했다. 중국 이슈에 관심이 많으며, 가진 것이 많지 않아도 항상 미소를 짓고 춤추며 즐겁게 사는 중남미인들의 문화를 더 알고 싶어 한다.

처음 만나는 이에게 가끔 제가 업으로 하는 일, 즉 제가 일하는 직장을 소개해야 할 상황이 되면 약간의 피곤함이랄까, 아니 곤혹스럽다는 느낌이 들 때가 있습니다. 보통 대기업이나 이름이 잘 알려진 업계에서 일하는 친구들은 '저 S사에 다녀요' 하면 상대방이 금방 이해하는데, 저의 경우엔 이런 간단명료한 대답만으로는 상대방의 얼굴에서 저 이상의 곤혹스러움을 발견하기 때문입니다. 이런 경우 어떤 때는 해외봉사단만을 들먹이는 것만으로 대충 대답을 끝내버리기도 하지만, 간혹 어떤 이는 여기에서 그치지 않고 설명을 더 원하기도 합니다. 이렇게 되면 원조가 어떻고 개발이 어떻고를 한참을 떠들어대야 하는, 갑자기 제가 그들에게 낯선 전문가가 되는 상황이 연출되곤 합니다.

사오년 전만 해도 정말 제가 하는 일, 직업을 설명하는 데 많은 시간을 할애한 것 같은데 요즘은 다행스럽게도(?) 그 시간이 많이 줄어들었습니다. 그만큼 저의 직장이 또 제가 하는 일이 과거보다는 많은 사람에게 알려졌기 때문인 듯합니다. 더 나아가서는 저와 같은 방향을 바라보는 사람도 많아진 것 같습니다. 흔한 말로 동종업계에 근무하는 이들을 과거에는 외국에서나 만날 수 있었는데, 요즘은 동종업계에서 일하고 있는 또는 이쪽에 관심을 갖고 있는 이들을 어렵지 않게 만날 수가 있어서 제가 낯선 이방인이 되지 않는, 저와 같은 언어를 사용하는 이들이 적지 않다는 느낌에 가끔 행복감을 느끼기도 합니다.

저에게 이런 행복감을 느끼게 해주는 분들도 저처럼 생활 속에서 주변인에게 직업을 소개하는 데 어려움을 느꼈을 것으로 생각됩니다. 이 책은 그분들의 이야기를 다룬 책입니다. 저처럼 정부에서 일하지는 않지만 민간에서 개발협력이라는 화두를 늘 어깨에 짊어지고 비정부기구(Non-Governmental Organization: NGO)에서 개발도상국으로 파견되어 현장에서 일하시는 분들입니다. NGO는 시민사회단체(Civil Society Organization: CSO)라는 또 다른 이름으로 불리기도 합니다. 외국에서는 이분들을 보통 NGO Worker라고 하는데, 우리나라에서는 일반적으로 NGO 활동가라고 불립니다.

제가 요즘 그분들과 부쩍 가까워진 이유는 물론 제가 일하는 한국국제협력단 민관협력실 때문입니다. 이곳에서는 개발협력에서 헌신하는 민간과 함께 파트너로 사업을 이끌어나가기도 하고, 그분들의 이야기를 들어주기도 하고 가끔은 그분들에게서 따끔한 충고를 듣기도 하며, 또 가끔은 쉽지 않은 요청을 하기도 합니다. 이러다 보니 어떤 시민사회단체에 계신 분들은 저희를 파트너로 여기지 않고 지원기관 내지 '꼰대'라는 인식을 가지고 있는 듯하지만, 이 글을 읽고 나면 NGO와 동등한 파트너로 협력하고 있다는 저의 진정성을 이해해주지 않을까 하는 작은 소망을 가져봅니다.

지구촌의 빈곤퇴치를 위해서 부자나라, 소위 선진국의 공적개발원조(official development assistance: ODA)만으로는 충분하지 않다는 것이 중론인 것 같습니다. 과거에는 개발도상국으로 유입되는 자금 중에 ODA가 큰 부분을 차지했으나 최근에는 민간 자본이 훨씬 더 큰 부분을 차지하게 되었고, 이에 이제는 민간을 개발협력의 큰손으로 인정하게 되었습니다. 이리하여 각 선진국에서는 좀 더 직접적으로 민간의 자본과 기술을 개발협력에 활용하고자 시민사회·학계·기업 등 민간과의 협력사업을 활성화하고 있습니다.

우리나라에서는 다양한 민간 분야 중 시민사회가 가장 먼저 국제개발에 뛰어들어 지금까지 개발협력에 가장 큰 영향을 미치고 있습니다. 이미 알게 모르게 국제개발협력에 뛰어든 시민사회단체는 수백 개에 이르렀으며, 이 시민사회단체들이 국제개발협력에 쏟아붓는 금액은 수천억 원에 달합니다. 이렇다 보니 국제개발을 지지하는 국민이나 개발협력 현장에 있는 시민사회단체의 활동가들에게 국제개발협력을 어떻게 하면 잘할 수 있을까라는 화두는 하루가 다르게 점점 더 큰 압박으로 다가오고 있습니다.

우리나라는 전쟁의 폐허 속에서 반세기 만에 산업화와 민주화를 동시에 이룬 세계에서 보기 드문 나라라고 합니다. 그래서 우리나라의 경제성장을 유럽의 여느 국가가 200여 년이 걸린 것과 비교하여 압축 성장이라고 부르기도 합니다. 우리나라의 경제가 압축 성장한 것처럼, 우리나라 NGO의 역사를 보면 여기에도 압축 성장이 있었음을 알 수 있습니다.

근대적 의미의 NGO가 우리나라에 도입된 것은 한국전쟁 이후입니다. 당시 NGO는 대개 기독교에 바탕을 둔 서방국가에서 들어와 우리나라의 빈곤층을 돕는 활동을 주로 했고, 우리나라에서 NGO가 국내 문제에서 탈피하여 해외의 저소득국가로 눈을 돌리기 시작한 것은 우리가 도움을 받는 나라에서 주는 나라로 탈바꿈한 시기와 같은 1990년대입니다.

우리나라 NGO의 역사도 우리나라 원조의 역사처럼 주로 1980년대까지는 주로 잘사는 나라에서 원조를 받기 위한 활동이었으며, 1990년대가 되어서야 못사는 나라에 도움을 주기 위한 활동으로 바뀌었습니다. 2011년도 국제개발협력민간협의회(Korea NGO council for overseas development cooperation: KCOC)[1]와 한국NPO공동회의[2]가 조사한 바에 따르면 해외사업을 수행하는 NGO의 90% 이상이 1990년대에 시작했다고 하니, 우리의 NGO가 해외에서 활동을 본격적으로 시작한 것은 고작해야 20여 년 전부터라 할 수 있겠습니다.

하지만 우리는 늦게 시작해도 짧은 시간에 괄목할 만한 성과를 이루어내는 데는 타의 추종을 불허합니다. 1990년대와 2000년대에 들어서야 주로 시작된 시민사회단체의 해외사업은 단기간에 급성장했는데, 조사 대상 기관 226개의 2011년 예산총액 1조 5,900억 원 중 29.5%인 4,900억 원이 해외사업에 사용되었습니다. 이는 2011년 KOICA ODA 지원실적 4,518억 원을 상회하는 수치

---

1) KCOC, 『2011 한국 국제개발협력 CSO 편람』(KCOC, 2012).
2) 한국NPO공동회의, 『2011 한국 개발복지 NPO 총람』(한국NPO공동회의, 2013).

인바, 우리 시민사회단체 해외사업의 급성장을 알 수 있는 대목입니다.

우리 시민사회단체의 해외사업이 급팽창한 데는 민간후원금 확대 등 다양한 요인이 있지만, KOICA의 시민사회협력사업도 한몫했다고 할 수 있겠습니다. KOICA는 1994년 12월 NGO과(현 민관협력실)를 신설하고, 이듬해인 1995년에는 20개의 NGO 사업에 4억 8,000만 원을 지원했습니다. 물론 당시에는 지원금이 크지 않았기에 소수의 NGO 지원을 중심으로 시작되었습니다. 하지만 2012년 NGO 지원액은 104억 원에 달하니, 우리 NGO 해외사업의 성장만큼 KOICA의 NGO 지원액도 급성장했음을 알 수 있습니다.

시민사회단체의 해외사업이 양적으로 급성장한 것은 우리 시민사회단체의 저력을 보여주는 것이라 할 수 있겠으나, 아직 해외사업의 질적인 면을 개발협력의 창을 통해 들여다보면 목적지가 그리 가깝지 않아 보입니다. 우리 NGO의 국제개발사업은 수혜자의 자립에 이바지하고 지속가능성을 담보하는 통합적 프로젝트형 사업으로 나가야 하는 과제를 안고 있습니다.

이에 대한 원인은 여러 가지가 있겠지만, 우리 시민사회의 해외사업 역사가 짧아 시민사회 활동가의 국제개발사업 추진 경험 및 역량이 충분하지 않다는 것도 이유 중 하나일 것입니다. 이는 2011년 한국NPO공동회의의 우리나라 개발복지 NPO(Non-Profit Organization) 현황조사 결과를 보면 더 명확해집니다.

조사에 참여한 기관의 총인력 1만 9,562명 중 해외사업 담당 직원 수는 937명으로, 전체 인원의 4.78%밖에 되지 않아 4.78%의 인원이 전체 예산의 약 30%를 사용하고 있는바, 해외사업 수행 인프라가 열악함을 알 수 있습니다. 또한 조사대상 기관이 직원의 역량 제고를 위해 업무 관련 교육에 지원하는 교육비는 1인당 연간 46만 원, 1인당 총교육시간은 41시간밖에 되지 않아 각 기관이 직원의 역량개발에 크게 중점을 두지 못하는 상황임을 보여주고 있습니다. 이마저도 교육 내용이 모금 및 자원개발에만 치중되어 있는 것을 보면, 개발협력은 일반적으로는 우리나라 NGO의 중점 관심 대상에서 벗어나 있음을 알 수 있습니다.

우리나라에 개발협력 전문가가 부족한 것은 당연히 우리나라가 공여국으로서의 개발협력 역사가 짧은 데 있다 하겠습니다. 마찬가지로 우리 개발 NGO의 역사를 살펴보면, 우리나라가 받는 나라에서 주는 나라로 탈바꿈했듯이 한국전쟁 후 우리나라에서 NGO는 주로 우리의 빈민을 대상으로 활동하다가, 1990년대부터는 반대로 우리나라에서 모금활동을 전개하여 해외에서 개발활동을 수행하는 형태로 탈바꿈합니다.

이러한 형편이니 국제개발사업을 수행하는 우리 시민사회단체는 사업수행을 위한 역량 강화의 필요성을 크게 느끼고 있습니다. 우리나라가 후발 공여국으로서 개발협력에 뛰어들어 룰세터(rule-setter)보다는 룰폴로어(rule-follower)로서의 역할을 하며, 세계 기준(global standard)에 맞추기 위해 개발협력 지식과 경험을 쌓아가듯이 우리 개발 NGO도 개발협력 관련 역량 증대의 필요성을 이제 크게 인식하고 있는 것입니다.

이러한 개발 NGO의 개발협력 역량강화 요구에 부응하기 위하여 KOICA는 다양한 NGO 개발역량 강화 프로그램을 시행해왔습니다. KCOC와 공동으로, 또는 KOICA 단독으로 NGO 본부 책임자를 대상으로 개발협력 교육을 수행하고, KOICA 해외사무소를 통해 같은 나라에서 개발사업을 수행하는 NGO를 한데 모아 서로 주재국 정보를 비롯한 개발협력사업 수행 관련 정보를 교환할 수 있는 장을 제공하며, 전문가를 파견하여 NGO 활동가를 대상으로 역량교육을 시행해왔습니다.

2012년에는 더 많은 중소 규모의 신생 NGO가 해외 개발협력사업에 쉽게 뛰어들 수 있도록 '사업 발굴 지원 프로그램'을 운영하여, 국제개발 사업경험이 거의 없지만 이에 관심이 많은 중소 규모의 NGO를 대상으로 사업기획에서 실행에 이르기까지 필요한 개발교육, 사업 발굴 컨설팅, 현지조사를 지원했으며, 또한 같은 나라에서 활동하는 NGO 간 정보공유, 상호 학습을 촉진하기 위해 해외사업 수행 NGO 간 '동료학습(peer learning)'을 시행했습니다.

지금까지 KOICA는 이러한 다양한 역량강화 방법을 시행해왔지만, 여전한 고민은 경험에서 우러나온, 사업수행 과정 중에 좌충우돌하며 수많은 시행착오를 거쳐 얻어낸, 살아 있는, 개발사업에서 나온 교훈이 기록된 바가 없다는 점이었습니다. 이에 민관협력실은 우리의 파트너, NGO 활동가들과 함께 또 하나의 좋은 역량강화 방안을 발견해냈습니다. 그것이 바로 이 책입니다. 민관협력실 한 직원의 좋은 아이디어는 이 책의 저자들과 편집위원들의 도움으로 이제 소중한 한 권의 책으로 빛을 보게 되었습니다. 이 책의 저자들은 선진국, 국제 우수 NGO가 이루어내는 것만큼의 성과를 내기 위해 열악한 환경과 처우 조건에서도 각각의 사업현장에서 엄청난 내공을 쌓으신 분들입니다.

하지만 이분들의 이야기는 그들의 개발사업 성공담이 아닙니다. 외국인 몇 명의 피땀 어린 손길과 얼마간의 자금이 그 오랜 시간 이어져온 지구촌 '빈곤의 덫'을 걷어내기는 쉽지 않은 일입니다. 수많은 NGO가 지구촌 오지 곳곳에서 전혀 예상하지 못한 장벽에 부딪히며 시행착오를 거듭해가며 힘겹게 나아가고 있습니다. 개발사업의 과정은 생략된 채 일부 그럴싸한 결과만 공개되는 게 보통의 일입니다. 이 책의 이야기들은 낯선 오지에서 그들이 경험한 장벽과 시행착오, 개발사업 과정에서 겪어야만 했던 아픔과 번뇌를 담았습니다.

우리나라의 ODA가 증가하면서 이에 관심 있는 이가 점증하고 있습니다. 학계에서는 개발을 연구하는 교수, 개발을 공부하는 학생이 늘어나고, 각 정부 중앙부처, 정부산하 단체 등에서도 개발협력사업을 하겠다고 준비하는 기관이 많아졌습니다. 개발협력을 시작했다며 KOICA 민관협력실의 문을 두드리는 NGO도 부쩍 증가하고 있습니다. 책이나 서류만으로 개발을 접한 많은 이가 개발협력 현장을 직접 보고, 경험해보고 싶어 합니다.

KOICA 민관협력실에서 일하고 있는 저도 온갖 다양한 사업을 책상 위의 서류로 판단하기보다는 현장에서 살아 있는 이야기를 듣고 개발로 변화된 상황을 알고 싶었습니다. 이러한 고민을 조금이나마 해소하기 위해, 개발을 이론만으로 공부하고 들은 이들을 위해, 또 개발 NGO를 포함해 개발협력 현장에서 일하고자 하는 이를 위해 이 책에 실린 이야기들은 진정한 개발이 무엇인지 다시 한 번 생각할 기회를 줄 것입니다.

워싱턴에서 저 아프리카의 오지 마을까지 신자유주의가 휩쓸어버린 지금의 세상에는 온통 경쟁, 일등, 최고, 적자생존 등의 살벌한 풍경만이 가득합니다. 그러나 그리 크진 않지만 다른 한편의 작은 세상에는 상생, 협력, 공존, 나눔 등의 작은 따뜻함으로 삶을 채우고 있는 이들이 있습니다. 그들에게 소리 없는 힘찬 응원을 보내며, 이제 그들의 고민에 함께 동참해보지 않으시겠습니까?

개발,
그 아름다운 꿈,
깨어나라!

:: 이상훈 ::

1994년 더불어 살아가는 이웃에 대한 책임을 깨닫고 구호요원으로 르완다 난민촌으로 갔다. 현장에서 만난 자원봉사자와 결혼하고 가족을 이루고, 잠시 개발이 무엇인지 갈증을 풀기 위해 공부를 하러 떠난 몇 년을 제외하고는, 아프리카를 전전하며 살아왔다. 현재는 가족들과 함께 르완다에서 사람과 나무를 기르며 살고 있다.

1. 국제개발협력, 새로운 이름표

저에게 국제개발협력이라는 단어는 조금 생경하게 들립니다. 제법 무게가 나가는 단어를 세 개나 합성한 단어입니다. 지구촌 이웃들이 함께 어울려서 상부상조하며 살아가는 현상은 그 역사가 오래되었습니다. 이를 마치 최근에 생겨난 현상인 것처럼 인식하는 것은 아이러니하지요. 그러고 보니, 단군 이래 현재의 대한민국만큼 국력이 신장되어 이역만리의 나라에도 도움의 손길을 내민 것은 분명 처음 있는 일이기는 합니다. ODA·KOICA·NGO·PCM 등 무엇의 줄임말인지도 모를 영어 약자가 우리 주변에서 좀 더 자주 회자되고는 합니다.

농부·의사·경찰과 같은 직업은 아주 오래전이나 지금이나 그 이름과 역할이 그다지 바뀌지 않았습니다. 그런데 제가 꽤 오랫동안 몸담아온 이 일이 한국에서는 처음과 다른 이름으로 불린다는 사실을 몇 년 전 처음 알았습니다. 1994년 한국을 떠날 때는 분명 선교·구제·자선·봉사 등의 용어로 불린 일인데, 오늘날에는 개발·구호·협력·사업 등의 새로운 용어로 정의합니다. 우리가 미래에 또 다른 이름을 붙인다고 해도 이 일 자체는 본질적으로 변하지 않을 것입니다. 빈곤과 재난으로 피폐해진 지구촌 이웃을 부축하여 그들의 삶이 회복되며 새로운 희망 속에서 살아갈 수 있도록 돕는 일 말입니다. 참으로 선한 일인 것은 틀림없습니다.

그러나 '개발'이라는 단어에 대한 뚜렷한 정의가 우리에게 존재하는 것일까요? 그 선한 의도에도 뭔가 큰 그림이 선명하게 떠오르지 않기 때문에 이런저런 고민을 하는 것은 저만이 아닐 것입니다. 저도 그 해답을 미처 알지 못하는 사람인데, 여기저기 불려 다니며 토론에 참석할 때마다 마치 단단히 아물지 않은 상처를 건드리는 것과 같은 아픔을 느끼곤 합니다. 지금 이 글을 쓰는 것도 그렇습니다.

중년이 되면 감성도 줄어들고 세상을 조금은 무던하게 살아가는 요령이라도 생길 줄 알았습니다. 그래서 막연하지만 이런 사춘기 소년 같은 고민은 줄어들지 않겠나 했습니다. 이 업계에 발을 들여놓은 지도 햇수로 20년이 되어 이제 머리가 희끗희끗해지고 있습니다만, 여전히 저는 제가 하는 일이 어디에서 와서 어디로 가고 있는지 명확하게 답하기가 어렵습니다. 청년의 때보다 그 고민의 횟수는 줄어든 것 같은데, 마음의 병은 오히려 깊어진 것 같습니다.

2. 르완다의 기억, 누구를 위한 인도주의인가

지금 저희 가족이 살고 있는 르완다는 지난 19년간 구호개발의 일꾼으로 살아온 제 경력의 출발점이 되는 곳입니다. 1994년 르완다 내전[1] 당시 긴급구호팀의 일원으로 이 나라와 처음 인연을 맺었고 1997년에는 수도 키갈리에 근무하며 전쟁피해 복구사업에 참여했습니다. 전쟁이 끝난 지 3년이 지난 시점이었지만 당시에는 건물마다 총탄에 맞은 흔적들이 잔뜩 남아 있었고 한밤중에 자동소총의 연발음도 들리곤 했습니다. 그러던 어느 날 저녁, 당시 르완다에서 유일한 중국식당에서 르완다 정부군 소령 가족과 함께 식사를 한 적이 있습니다. 식사 중 이런저런 이야기를 하다가 소령은 제가 1994년에 인접국가인 콩고민주공화국(구 자이르) 고마라는 지역에 있었던 르완다 난민촌에서 구호활동을 한 경력이 있다는 것을 알게 되었습니다. 그러고서는 얼굴에 불쾌

---

1) 대외적으로는 르완다 대학살(Rwanda genocide)이라고 부르나, 오히려 르완다인은 대학살이라는 용어를 사용하는 것을 기피하여 내전이라고 부르고 있다. 따라서 이 글에서는 내전이라고 했다.

한 표정이 역력한 채 식사를 중단하고 가족들을 데리고 자리에서 일어나는 것이었습니다. 저도 모르는 말실수를 했는가 싶어서 당황해서 이유를 묻는 저에게 투치족 소령이 해준 대답은 마치 제 머리를 망치로 내려치는 듯했습니다.

당신 같은 사람들이 국경 밖에서 후투족을 먹여 살려놓았기 때문에 지옥 같은 내전이 끊임없이 되풀이되는 것이다.

분명 자기 부족의 입장만 생각한 편견이기는 하지만 곰곰이 생각해보면 그 주장이 없는 사실을 지어낸 것은 아닙니다. 1962년 벨기에에서 독립한 이후 후투족과 투치족, 두 부족의 전쟁으로 몇십만 명씩 떼죽음을 당한 것만 해도 서너 번입니다. 1994년 내전으로 무려 100만 명에 가까운 희생자를 내어 가장 짧은 기간에 재래식 무기로 가장 많은 희생자를 기록한 예로 기네스북에 이름이 오른 나라입니다. 오랜 기간 서로 복잡하게 얽힌 원한과 증오의 관계 속에서 제3자는 이 '중립성'이라는 단어가 뭔가 빈약하게만 느껴졌습니다.

꼬리에 꼬리를 물고 일어나는 질문과 회의에 빠져 소령의 가족이 떠난 식당에 혼자 한동안 앉아 있었던 기억이 납니다.

인도주의를 '인간의 모든 형태의 구분과 차별을 초월하여 똑같은 인간으로서 존엄성을 존중한다'는 신념으로 정의한다면, 제가 하는 구호활동은 무의미한 일이 아니어야 합니다. 그러나 실상은 그렇게 단순하지 않습니다.

다음과 같은 상황을 한 번 가정해보십시오. 현재 르완다의 정권을 잡고 있는 것은 전체 인구 18%에 해당하는 소수부족인 투치족입니다. 만약 숨죽이며 살고 있는 80%에 가까운 후투족이 다시금 내전을 일으켜 지금의 정권을 무너뜨린다면 십중팔구 혈연적으로 가까운 이웃국가 우간다에 대규모의 투치족 난민촌이 생길 것입니다. 외신기자는 벌떼처럼 몰려올 것이고, 처참한 내전의 상황이 바짝 여윈 아이들의 사진과 함께 전 세계로 보내질 것입니다. 그리고 NGO와 UN은 구호요원을 현장에 파견하겠지요. 식량·식수·의료 등의 지원이 쏟아지면 절체절명의 위기에 몰린 투치족 피난민이 기력을 회복할 겁니다. 그러면 잃어버린 땅을 되찾기 위한 노력을 시작할 겁니다. 정치적 이유이든 경제적인 이유이든 남의 나라 땅에서 유리하는 자의 불안과 고통은 겪어보지 않으면 모릅니다. 필사적인 노력을 하는 것은 불문가지입니다. 투치족 소령이 지적한 비극의 악순환은 그렇게 되풀이됩니다. 한편의 사람에게는 절체절명의 순간에 생명을 구하는 도움이 다른 한편의 사람에게는 잠재적인 적대세력을 키우는 외부의 간섭이 되는 셈입니다.

지구상에 존재하는 200여 개국이 때로는 국가와 민족의 존망을 걸고 심각하게 대립하기도 하는 상황은 많이 있었습니다. 과연 절대적으로 공평무사한 개입이 가능한 것일까요? 인도주의는 우리에게 무엇이 정의로운 일이고 무엇이 윤리적인 것인지에 대한 절대적인 판단 근거가 되어주는 것일까요?

당시 지식도 연륜도 부족한 28살의 저는 무엇을 어떻게 생각해야 할지 막막하기만 했습니다. 전쟁과 자연재해 현장에는 건장하고 활동적인 많은 젊은 이가 피해지역을 돕기 위해 세계 곳곳에서 진행되는 구호사업에 참여하려고 자원하여 찾아옵니다. 하지만 현장에 머무르는 시간이 길어지면 길어질수록, 그리고 난민의 비참한 현실과 망가진 인간성의 바닥을 보면 회의하지 않을 수 없습니다.

사실 투치족 소령의 항변을 듣기 전에 같이 일하던 동료인 딘 윈첼(Dean Winchell)에게서 비슷한 고민을 들은 적이 있습니다. 어느 날 투치족 사람 하나가 후투족 난민에게 붙잡혀서 손발이 묶인 채 악어가 득실거리는 강에 던져졌다는 이야기를 전해 들었다고 합니다. 후투족 난민이 대거 국경을 넘어 인근 국가인 콩고와 탄자니아로 갔기 때문에 과거에 먼저 국경을 넘어와 정착해 살고 있던 투치족 난민을 포위하는 상황이 발생하기도 했지만, 솔직히 이 소식을 들었을 때 그는 반신반의했다고 합니다.

그런데 하루는 자신 앞에서 벌어진 일로 일종의 정신적인 공황상태에 빠졌다는 것입니다. 사람들이 모여서 호각을 불고 함성을 지르며 줄을 맞추어 행진하고 있었는데, 그 선두에는 장대에 깃발들이 나부끼고 있었다고 합니다. 그리고 그 깃발 사이에서 장대 끝에 꽂혀 있는 사람의 머리를 본 것입니다. 아마 투치족 또는 투치족으로 몰린 ─ 이런 상황에서는 그가 진짜 투치족 출신인지 아닌지는 중요지 않습니다. 단지 분노를 표출할 희생양이 필요한 것뿐이지요. ─ 불운한 누군가가 희생된 것입니다.

딘은 팀 숙소로 돌아온 후 심한 회의를 느꼈다고 했습니다. '내가 머나먼 아프리카 오지에서 고생을 견디며 일하는 목적이 바로 이런 잔인한 사람을 살려내기 위한 것이었던가?' 그는 휴가 기간 내내 정신적 충격에서 벗어나지 못했습니다. 휴가를 마치고 돌아간 그는 이내 나이로비로 돌아왔고 스스로 사직하고 미국으로 돌아갔습니다. 떠날 당시 딘은 심한 우울증에 시달렸습니다. 원래 밝고 유머가 풍부한 좋은 사람이었는데 나락으로 떨어진 인간의 잔혹한 모습에 상처를 많이 받은 것 같았습니다.

저는 당시 하루하루 떨어지는 업무를 처리하기에도 정신이 없어서 깊은 생각은 하지 못했습니다. 딘이 저에게 해준 이야기와 그에게 일어난 일을 깊이 이해하게 되고 고민하게 된 것은 오랜 시간에 걸쳐 서서히 진행된 것 같습니다.

아프리카 구호팀의 보급행정(logistics) 담당자로서 간신히 3년의 계약기간을 마친 저는 그곳에서 태어난 어린 두 딸을 품에 안고 한국으로 돌아왔습니다. 돌아오는 비행기 속에서 제가 결심한 것은 다시는 아프리카로 돌아가지 않겠다는 것이었습니다. 르완다 소령과 나눈 대화와 나이로비 공항에서 배웅한 딘의 쓸쓸한 뒷모습은 지금도 제 마음속을 떠나질 않습니다. 처음에는 의

아한 마음이 들다가도 시간이 지날수록 회의와 절망감이 짙어지고, 더 오랜 시간이 지나면서 더는 이유는 묻지 않게 되고 인간에 대한 혐오와 염세적인 생각이 축축한 이끼처럼 마음에 켜켜이 쌓여갔습니다.

3. 선의(善意)가 가져오는 의외의 결과들

마치 막다른 골목에 들어선 듯 마음의 탈출구가 필요한 제게 미국의 학교에 가서 개발학 석사과정을 이수해보는 것은 어떻겠냐는 제안이 들어왔습니다. 공부를 하면 뭔가 좀 큰 그림이 보일 것 같기도 했고, 이런 일들을 제대로 할 수 있는 지식과 기술도 얻을 수 있겠지 하는 기대도 생겼습니다. 그리고 또 다른 동기 중 하나는 장기적인 관점에서 사람들의 실질적인 삶의 향상에 기여하는, 소위 '개발(development)'을 하고 싶기도 했습니다. 전쟁과 천재지변의 비상상황에서 일하는 구호활동가의 삶은 가정이 있는 사람이 지속적으로 감당하기 어렵습니다. 그에 비하면 개발사업은 비교적 안정적이고 현지인에게 미봉책이 아니라 실질적인 도움을 줄 수 있지 않을까 하는 기대가 있었습니다. 제가 우수한 학생은 못 되었나 봅니다. 학교에서 저개발국가의 정치·경제·사회 분야에 걸친 이론과 사례는 접할 수 있었지만, 바로 이것이다 할 만한 뚜렷한 해답을 얻지는 못했습니다.

졸업 후에 가장 먼저 찾아온 기회는 개발사업이 아니라 다시금 아프가니스탄의 전후 피해복구사업이었습니다. 생전 처음으로 접해보는 이슬람 문화권에 외국인이라고는 저만 혼자 있는 오지에서의 생활이었습니다. 저와 함께 다닌 운전사 카심은 기도시간이 되면 차를 세우고 작은 돗자리를 깔고 엎드렸습니다. 저는 차 그늘에 누워서 기도가 끝나기를 기다리곤 했습니다. 이런 환경에서 한국이나 아프리카에서 느껴보지 못한 문화를 개발이라는 맥락 속에서 생각해볼 기회가 되었습니다. 처음 아프리카에 갔을 때에는 어린 나이에 새로운 문화권에 떨어져 문화충격 속에 살면서도, 빡빡한 업무와 익숙지 않은 영어 때문에 깊게 생각해볼 여유도 없었습니다. 그러다가 어느 정도 다른 문화권에 사는 것에 익숙해진 시기여서 그랬는지, 아니면 혼자 24시간 아프가니스탄 사람 속에 파묻혀 사는 생활이어서 그랬는지 문화라는 요소를 유심히 관찰할 수 있었습니다.

제가 있던 곳은 차압이라는 지역으로 인구는 5만 명 정도였는데 처음에는 러시아를 상대로, 이후에는 탈레반 정권에 맞서 총 20여 년간 전쟁을 치렀습니다. 그래서 웬만한 가족은 전쟁으로 집안의 남자를 거의 다 잃어보았습니다. 사무실에서 카불리 팔라우 또는 케밥으로 직원의 식사를 준비해주던 요리사 하미드도 전투 중 입은 수류탄 부상으로 한쪽 다리를 절었고 옆구리에는 파편들이 박혀 있다고 했습니다.

제가 담당한 프로젝트 중 하나는 푸드 포 워크(food for work: FFW)라는 전형적인 식량보급사업이었습니다. 다른 마을에서 차압으로 들어오는 산길이 너무 좁고 경사가 가팔라서 길을 넓히는 작업을 FFW 프로젝트의 일환으로 하고 있었습니다. 50여 개 이상에서 동시에 진행되는 사업장을 모두 가볼 수는 없어 이따금 한두 곳을 지정해서 갑자기 나가보곤 했습니다. 하루는 산길을 넓히는 작업 상황을 확인하러 갔는데, 거기서 제가 본 것은 마을사람 중 몇몇이 길을 가로막고 있는 암반에 구멍을 깊숙이 내고 105mm 포탄을 밀어 넣는 장면이었습니다. 전쟁을 오래하다 보니 마을 주민도 폭발물에 대해 지식을 습득하게 되었나 봅니다. 포탄 탄두를 돌려서 빼고 그 안에 전기식 뇌관을 삽입한 후에 전선을 끌고 가서 격발장치에 연결하려던 참에 제가 그 광경을 목격한 것입니다. 포탄을 그런 식으로 터뜨릴 수 있다는 것을 처음 알았습니다. 포탄을 사용하여 암반을 제거하는 것이 곡괭이로 찍어내는 것보다야 훨씬 쉽겠지만, 군대 시절 화력시범에서 본 105mm 포탄의 위력을 생각하니 정신이 아찔했습니다. 한사코 말리는 저를 그 시골사람들은 웃으면서 애들은 멀리 가서 구경이나 하라는 식이었습니다. 결국은 포탄을 폭파해 암석을 제거하고 길을 넓혔습니다.

아프리카에서 일하면서 만나보지 못한, 어떻게든 목적을 달성하려고 하는 강한 책임감과 전쟁 속에서 강철같이 강인해진 차압 주민의 모습이 지금도 선명하게 떠오릅니다.

FFW는 일반적으로 다음과 같이 진행되었습니다. 도로·교량·제방·학교 등 마을 주민이 회의를 통해 스스로 결정한 공동 작업을 선정합니다. 이 작업에 필요한 공구와 재료는 저희 단체에서 공급하고 또한 참여하는 사람들에게는 약속한 분량의 식량을 배급하는데, 열흘 단위로 노동하고 배급을 타가는 식으로 진행했습니다.

무상 식량 배급(free food distribution)은 실행하는 데 큰 위험을 내포하고 있습니다. 먹을 것이 넉넉하지 않은 굶주린 사람을 상대로 식량을 나누어 준다는 것은 생각만큼 손쉬운 일이 아닙니다. 조그만 오해나 무질서로 군중심리가 작동하면 식량을 배분하는 사람이 공격을 당하고 식량을 빼앗기는 경우도 왕왕 발생합니다. 다른 지역에서 생긴 일이지만, 실제로 석 달 동안 두 번이나 식량을 빼앗기고 스태프가 두들겨 맞은 사건도 있었습니다. 그런 신변상의 위험보다 더 위험한 것은 비록 한시적인 프로그램으로 진행한다고 하지만, 사람들이 아무런 노동 없이 공짜로 무엇이든 계속 받으면 그 기간이 길어질수록 나중에 일이 하기 싫어지고 마냥 빈둥거리며 살고 싶어진다는 것입니다.

한번은 이런 일이 있었습니다. 1998년 수단 남부의 기근현황을 조사해오라는 지시가 있어서 톤즈라는 지역에서 열흘가량 지역의 수요조사를 한 적이 있습니다. 사방 어디로도 차가 다닐 만한 큰 길이 없는 오지 중의 오지였습니다. 사람 키보다 큰 풀이 빽빽한 초원에 경비행기나 착륙할 수 있는 한 줄기의 짧은 활주로가 있었습니다. 열흘 동안 텐트 생활로 제대로 씻거나 먹지 못해 지쳐 있던 저는 활주로에 퍼질러 앉아 미리 약속한 날짜에 오기로 한 케냐에서 올 경비행기를 목이 빠지게 기다리고 있었습니다.

그때 동네 한 청년이 저에게 다가왔습니다. 그 청년은 자신을 케냐로 데려가 달라고 생떼를 쓰기 시작했습니다. 처음에는 그냥 너무 고립된 지역이라 큰 세상을 보고 싶어 하는 것이겠거니 생각했는데 그게 아니었습니다. 청년은 이미 그 이전에 기근 때문에 케냐까지 걸어서 국경을 넘어가서 난민촌에서 살던 사람이었습니다. 그리고 이후 UN의 난민귀환사업으로 자기 고향에 되돌아온 것입니다. 왜 난민촌으로 돌아가고 싶은지 물어보았습니다. 그 청년의 대답은 저로서는 참 어처구니가 없었습니다.

Boring ……(이곳은 지루합니다).

그 청년에게 마을을 벗어나고 싶은 이유는 배가 고프기 때문이 아니었습니다. 난민촌에서는 힘들게 일하지 않아도 먹을 것이 나오고 또래 친구와 많이 사귈 수 있고 축구시합도 하며 즐거운 시간을 보낼 수 있었는데, 고향마을에서는 이제 그것을 누릴 수 없다는 것이 이유였습니다. 그 이야기를 듣는 순간 제가 지난 3년 동안 난민구호팀의 일원으로 활동하면서 (비록 저희가 의도한 것은 아니지만) 많은 난민에게 바로 이 청년과 같은 나태한 정신과 의타심을 심어준 것은 아닌가 하는 회의가 들었습니다.

FFW는 의존적이 되기 쉬운 상황을 만들지 않고 오히려 노동을 통해 자신의 자존심을 지키면서 동시에 부족한 식량을 얻을 수 있도록 잘 고안된 프로그램입니다. 그렇지만 이런 프로그램에도 취약점은 존재했습니다. 아프가니스탄 차압과 같은 지역에서는 전쟁으로 남자를 모두 잃어버린 가정은 이 프로그램을 통해서조차 식량을 구하지 못하는 경우가 있을 수 있다는 것입니다.

열흘 동안 일하고 식량을 분배하는 날에 생긴 일입니다. 식량창고 앞에 세워둔 트럭의 지붕에 올라 앉아 분배가 제대로 진행되는지 지켜보고 있었습니다. 식량분배는 언뜻 생각하면 쉬운 것 같지만 복잡한 일입니다. 밀가루·식용유·콩 등을 먼 곳에서 수송해올 때 그 포장이 단단하게 봉해져 있어서 가능한 한 풀어 헤치지 않고 그대로 분배하는 것이 좋습니다. 한 포대, 두 통, 세 깡통 하는 식으로 정해놓고 분배하는 것이 간편합니다. HDR(humanitarian daily ration)이 얼마이고 RDC(recommended daily calorie intake)가 얼마이고 하는 이론적인 이야기나, 아프가니스탄의 비숙련노동자의 하루 품삯에 해당하는 양이 얼마인가를 계산해서 저울로 달아서 덜어내고 더하고 하는 것은 현실적으로 불가능합니다. 1,000명이 넘는 사람들이 줄을 서서 기다리는 곳에서 저울을 꺼내든다는 것은 삼척동자가 생각해도 불가능한 일입니다.

그런데 그날 저희 직원을 둘러싸고 한 무리의 사람이 거세게 항의를 하여 결국 분배가 중단되는 사태가 벌어졌습니다. 일단 창고의 문을 닫게 한 후 주민을 강제로 해산할 것인지 긴장감이 팽팽하게 흐르는 상황에서 주민대표와 저의 일대일 면담이 이루어졌습니다. 지난 열흘 동안 작업할 때 며칠씩 결석한 사람이 있는데 그들에게도 똑같은 분량의 식량을 나눠 주는 것은 부당하다는 것입니다. 지난 열흘 동안 자신들은 열심히 일을 했는데 중간에 결석한 사람에게도 똑같은 양의 식량이 분배된다면 공평하지 않다는 것이 사건의 발단이었습니다. 그 외에도 직원의 태도가 자존심을 상하게 했다든지 너무 오래 기다리게 한다든지 하는 불평 등은 개선의 여지가 있지만, 분배의 양을 참석한 날짜만큼씩 계산해서 딱딱 맞추어 지급한다는 것은 해결하기 힘든 요청이었습니다. 그러나 주민대표의 말이 이치에 닿지 않는 말도 아니었습니다. 저도 모르게 한숨이 나왔습니다. 결국 그날 주민과 회의를 하면서 내린 합의사항은 이번에는 결석한 사람에게도 똑같이 배분을 하지만, 다음 열흘간 일하는 기간에 결석자들은 사업에 참여할 수 없고 식량을 받고 싶으면 열흘을 기다렸다가 다음 주기가 돌아올 때 다시 신청할 수 있다는 것이었습니다. 그리고 그 후에는 결석의 사유들이 다양하고 결석한 날짜가 다 다른데 모두 일괄적으로 똑같이 대하는 것은 부당하다는 항변이 나오겠죠. 식량 부족과 영양실조에 시달리는 지역에서 무상 배분의 약점을 극복하려고 애쓰다가 맞닥뜨린 형평성의 문제였습니다.

완벽한 프로젝트는 있을 수 없습니다. 그것은 구호와 개발사업의 한계 때문만이 아니라, 인간이 무리지어 살고 있는 사회 안에는 불평등의 구조가 존재하며, 또한 이기적인 인간 본성은 어떠한 선의의 의도도 실행 중에 충분히 왜곡할 수 있는 힘이 있기 때문입니다. 구호와 무상배분은 절박한 긴급 상황에서 임시방편일 수는 있지만 빈곤의 근본적인 원인에 대해서는 언 발에 오줌 누는 것에 지나지 않는다는 고민을 하게 됩니다.

4. 고귀하나 완고한 족쇄들

제가 아프가니스탄에서 가장 큰 충격을 받았고, 그 때문에 무엇을 위해 일해야 하는지, 그리고 진정한 빈곤의 해결책은 어떠한 것이어야 하는지 고민하게 만든 일은 식량배급 프로그램의 기술상의 문제가 아니었습니다. 기술적인 문제는 해결하기 위해 정신을 집중하면 늘 해결책을 찾아내기 마련이니까요.

식량 분배를 하는 날 늘 트럭에 실린 포대 더미 위에 앉아 분배 현장을 내려

다보고 있는데, 등 뒤에서 저를 부르는 여성의 목소리를 들었습니다. 가끔 길거리에서 부르카를 뒤집어 쓰고 총총걸음으로 지나가는 몇몇 여성을 본 적은 있지만, 실제로 현지 여성을 만날 기회가 거의 없었던지라 깜짝 놀랐습니다. 소리가 나는 쪽을 돌아보니 놀랍게도 그곳에는 사람들의 눈을 피해 몰래 저에게

사진 1. 흙바닥에 쪼그려 앉아 말을 걸어온 아프가니스탄 과부 아주머니들

접근해온 대여섯 명의 여성이 옹기종기 쪼그려 앉아 있었습니다.

그 여성들은 오랜 전쟁기간에 남편만 잃은 것이 아니라, 장성한 아들도 잃었기 때문에 식량을 얻기 위해 일할 수 있는 노동력이 전혀 없는, FFW의 사각지대에 있는 분들이었습니다. 당연히 무상배분을 약속했고, 식량을 대신 수령할 대리인을 지정하면 그 사람을 통해서 식량을 전달하겠다고 약속을 했습니다.

그날 저녁, 통역을 담당한 삼수딘을 불러서 낮에 통역하면서 화를 낸 이유를 물어봤습니다. 여성들과 저 사이에서 통역을 하는 내내 목소리에 분기가 묻어났기 때문입니다. 삼수딘은 사람이 그렇게 많이 모인 공공장소에 여자들이 나타난 것도 용납하기 힘든데, 외국인에게 얼굴을 내놓고 구걸하는 것이 수치스러워서 화가 났다고 했습니다. 아프가니스탄에서 그렇게 많은 사람이 모인 공공장소에 여성이 나타나 얼굴을 드러냈다는 것은 있을 수 없는 일이라는 것입니다. 우리 한국인의 기준이라면 길거리에서 몇몇의 여성이 나체로 활보하는 정도의 강도였을 겁니다. 그러고 보니 또 하나 의아한 일은 저에게 말을 걸어온 그 과부 아주머니는 제가 몇 번이나 일어서라고 해도 땅바닥에 쪼그려 앉아서 저와 이야기를 했습니다. 삼수딘의 설명대로라면 아프가니스탄

에서 여자는 남자와 대등한 눈높이에서 이야기해서는 안 된다는 것입니다. 이 지구상에서 여성이 처한 환경이 이렇게도 열악한 것이었는지 그 말을 듣는 순간 아연실색했습니다.

진정으로 우리 개발의 일꾼들이 생각해봐야 할 문제는 문화와 개발의 상관관계입니다. 아프가니스탄의 경우 분명히 여성에게 억압적인 문화 때문에 인구의 절반인 여성이 사회 전면에 나올 수 있는 기회가 없습니다. 그렇다면 남성이 아무리 열심히 일해도, 그리고 외부에서 온 몇몇 개발사업 일꾼이 힘을 합친다고 해도 남녀가 평등하게 힘을 합쳐 일하는 사회보다는 비생산적이고, 여성에게 더 나은 삶을 보장하기는 어렵지 않겠습니까? '더 나은 삶'에 대한 기준이 무엇인지에 대한 논의는 이 글의 초점이 아니기 때문에 긴 언급은 여기에서 삼가고 싶습니다만, 여전히 문화와 전통이라는 인류의 유산 속에 인간의 기본권을 침해하는 요소가 존재하는 것은 분명합니다. 개발과 문화를 서로 대치되는 것으로 도식화하려는 것은 결코 아닙니다. 그러나 문화와 전통은 한편으로 우리의 삶을 안정되고 고귀한 것으로 만들기도 하지만, 다른 한편으로 숨이 턱턱 막히는 억압적인 면모도 갖고 있습니다.

케냐와 국경을 이루는 우간다 동부의 해발 4,321m의 엘곤 산에 위치한 피스와 마을 사비니(Sabiny)족에게는 아직도 여성할례 풍습이 남아 있습니다.

매 짝수 해에는 14~16살 정도의 여자아이가 한꺼번에 여성할례라는 성인식을 치릅니다. 12월 건기로 접어든 엘곤 산 주변 지역에는 바나나 잎들을 흔들고 호각을 불며 요란하게 행진하는 일단의 무리를 가끔 봅니다. 그 맨 앞에는 성년이 되는 아이들이 뛰고 있습니다. 주로 남자아이입니다. 남자아이들도 함께 성년식을 치르고 할례를 행하기는 합니다만, 그 위험성이 적어서 크게 문제 삼지 않을 뿐입니다. 위험한 것은 여자아이의 할례의식입니다. 이 의식은 마을에서 은밀하게 행해집니다. 그리고 음핵을 잘라내는 과정에서 종종 과

다출혈로 사망하거나 신경을 다쳐서 평생 다리를 절거나 소변을 제대로 조절하지 못하는 부상을 입는 아이들이 있습니다. 음핵을 제거함으로써 여성이 성적쾌락을 느낄 수 없게 만들어 불륜을 방지한다는 설명은 책에서나 읽었을 뿐, 현지 주민 중 그렇게 이야기하는 사람은 아무도 없었습니다. 그런 주장을 할 만

사진 2. 여성할례 방지를 위한 입간판(우간다 캅초라 지역)

한 남자어른들조차 정확한 이유는 모릅니다. 할례를 받지 않으면 여자아이들이 수치스럽게 생각할 것이라고만 대답합니다. 제가 충격을 받은 것은 마을에서 할례의 전통을 고집하는 사람이 남성이 아니라 오히려 여성이었다는 것입니다. 정확히 말하면 마을의 할머니들입니다. 실제로 면도칼을 들고 할례를 집도하는 사람도 할머니들입니다. 자신들도 수십 년 전 경험한 고통과 공포의 의식을 손녀들에게 대물림하고자 합니다.

문화·전통·악습·계몽·개발·여성인권 ……. 많은 단어가 머릿속에서 뱅뱅 돌기는 하지만, 누가 이것이 절대 기준이라고 선뜻 제시할 수 있겠습니까? 과연 개발은 문화와 전통에 무엇이라고 말을 하는 건가요? 그리고 문화와 전통은 개발에 무엇이라고 답변하는 걸까요?

5. 다양성: 각자의 삶의 자리 인정하기

제가 아프가니스탄에서 직간접적으로 경험한 현지 문화에 대해서 부정적

인 언급을 했다고 해서 현대문명을 무비판적으로 옹호하거나 소위 획일적인 '현대화'에 대해 지지하는 것은 아닙니다.

'개발'을 이야기하는 사람들은 의식적으로든 무의식적으로든 하나의 전제를 받아들이고 있습니다. 그 전제는 인류 역사의 방향이 하나로 정해져 있고, 개인과 민족과 국가는 현재 그 일직선의 어딘가에 위치해 있으며 그 선이 지향하는 방향으로 전진한다는 것입니다. 근대화(modernization)라는 단어가 바로 그런 단선적인 시각에서 나온 단어가 아니겠습니까?

우리가 '개발'을 이야기할 때, 인류는 이미 다양한 삶의 자리를 갖고 있음을 잊어버리고 있는 것은 아닌지 우려가 됩니다. 개발이라는 단어를 사용하면서, 마음속에 하나의 지향점을 그리면서, 다른 모든 것도 마치 그 지향점을 향하여 전진해야 한다고 생각합니다. 다양성을 존중하지 않는 일은 지구촌 이웃이 각각 독특한 상황·환경·문화 속에서 살아가는 존재라는 것을 존중하지 않는 것입니다. 지구상의 땅이 호수·늪지·숲·초원·사막과 같이 서로 다르듯이 우리 인간의 삶의 자리도 서로 다릅니다. 제가 모든 땅에 무조건 사과나무를 심어야 한다고 주장한다면 이 글을 읽으시는 여러분은 제가 제정신으로 하는 이야기가 아닐 거라고 생각하실 겁니다. 그렇다면 제가 소위 '개발'을 이야기하는 사람들에게 되묻고 싶은 것이 있습니다. 현재 세계 곳곳에서 천편일률적으로 시도하는 개발사업은 저의 막무가내 식의 사과나무 심기와 근본적으로 무엇이 다릅니까?

저는 구호 개발과 관련된 일을 쭉 해오기는 했지만 동시에 교회에서 파견된 선교사로서의 신분이 있습니다. 선교사끼리 모임이 있어 참석했다가 개발사업을 이야기하던 저는 다음과 같은 질문을 받았습니다. 참으로 제 인식의 지평을 열어준 질문이었습니다.

아프리카 사람들은 기본적으로 종교적 인간(homo religiosus)이다. 무슨 일을 하든 이 사람들의 머릿속에는 눈에 보이지 않는 존재에 대한 믿음으로 꽉 차 있다. 그런데 그 사실을 무시하고 껍데기만을 대상으로 일을 한다는 것이 가능한가?

혹 아프리카를 경험해보지 않은 분이라면 이 질문의 논의가 무엇인가 싶으실 겁니다. 우리가 아동의 복지를 위해 일한다고 합시다. 그 사회에서 아동이 겪는 어려움이 무엇인지 파악하고 그것을 해결하려고 시도할 것입니다.

이 포스터(사진 3)는 초등학교를 방문했을 때 교실 벽에 붙어 있던 것입니다. 보기만 해도 끔찍한 포스터입니다. 포스터에서 아이의 목을 떼어서 달아나고 있는 사람들은 우간다에서 무공고(mugongo)라고 불리는 주술사입니다. 인신공양의 제사의식의 힘을 믿는 누군가에게

사진 3. 인신공양을 위한 유괴살인 방지 경고 포스터

서 돈을 받고 아이를 제물로 삼아 은밀한 제사를 올리는 것입니다. 우리가 빈곤과 전쟁을 하는데, 그 싸움터가 학용품·식수·의료시설·식량에서 느닷없이 욕심과 미신에 붙들린 인간의 의식세계로 바뀐 느낌이었습니다. 그래서 어느 선교사가 앞서 저에게 던진 질문이 유효한 것입니다. 우리의 개발사업이 우리를 위한 것이 아니라면, 그 대상이 누구인지 무엇을 생각하며 무엇을 믿으며 사는 사람인지 알아야만 합니다. 아프리카 사람은 한국 사람이 아니고 한국 사람은 아프리카 사람이 아닙니다.

개발사업을 수행하는 사람이 직면하는 또 다른 도전은 그 지역사회 개발의 궁극적인 모습에 대한 그림이 없다는 것입니다. 제가 초등학생 시절 미술을

배울 때 선생님께서는 도화지에 먼저 연필로 밑그림을 그린 후 자세한 윤곽을 잡게 한 연후에 물감을 칠하도록 가르치셨습니다. 우리가 그리는 개발사업이 추상화를 그리는 것이 아니라면 분명히 과거 어느 시점에서인가 본 그 무엇인가를 염두에 두면서 그림을 그릴 것입니다. 그런데 눈앞에 그려지고 있는 그림이 어색하다면 한 번쯤은 원점으로 돌아가서 애초 어떤 그림을 그리려고 했는지 생각해봐야 하지 않겠습니까? 현지 주민을 포함해서 우리가 모두 함께 개발사업이라는 붓을 들고 있는데, 애초에 큰 밑그림을 그리는 데 참여하지 않았거나 한 번이라도 모여서 그 밑그림에 대해 논의해본 적이 없다면, 우리는 우리도 모르는 밑그림을 따라 맹목적으로 열심히 색칠만 하고 있는 것은 아닐까요?

우리에게 아프리카의 사람들과 함께 꿈꾸고 바라보는 지향점이 있습니까? 만약 그런 논의를 해본 적이 없다면 혹 여러분이 머릿속에 그리는 것은 자랑스러운 한강의 기적, 한국의 판박이 이미지는 아닌가요? 우리는 도대체 어떤 밑그림을 가지고 색깔을 칠하고 있는 건가요?

저는 이 세계가 그리는 밑그림에 대해 제 나름대로 발견한 것이 있습니다. 제 개인적이지만 경험을 통해서 본 밑그림입니다. 이제 그 이야기를 시작하려고 합니다.

6. 우간다 대장장이, 개발의 파도에 휩쓸리다

우간다 북부는 20년간 신의 저항군(lord's resistance army: LRA)과 정부군의 내전의 전쟁터였습니다. 내전으로 이 지역은 자연도 사람도 황폐해질 대로 황폐해져 있었습니다. 주민은 정부군의 반군 게릴라 소탕을 위한 청야전술로 고향을 떠나 난민촌을 이루고 살도록 강제되었습니다. 휴전이 되고 지역이 비교적 안정되자 고향으로 돌아가도 좋다는 허락이 막 나던 무렵에 제가 우간다에 부임을 했습니다. 제가 속한 단체는 미국국제개발처(United States Agency for International Development: USAID) 외국재해원조실(Office of Foreign Disaster Assistance:

사진 4. Seeds & Tools 농기구 분배 현장

OFDA)의 자금을 지원받아 귀향하는 사람을 위한 Seeds & Tools 프로그램을 실시했습니다. 귀향하는 이들 대부분이 농부이기 때문에 고향에 정착하기 위해서는 재정착 물품(resettlement package)이 필요했습니다. 각종 농기구와 취사도구 등 모든 것을 잃어버린 사람들에게는 자그마한 것 하나라도 귀할 수밖에 없습니다. 우리 단체는 그중에서도 귀향민이 농사를 다시 지을 수 있도록 곡식 종자와 농기구를 보급하는 일을 맡았습니다.

이 사업은 누가 봐도 시급한 필요를 채우는 매우 중요하고 필수적인 사업입니다. 1차 사업을 완료하고 그다음 파종기를 대비하기 위해 같은 내용의 2차 사업을 기획하는 단계에서 현장 책임자인 메셀레(Mesele)가 저를 찾아왔습니다. 메셀레는 에티오피아 사람이었는데 전쟁으로 황폐한 지역에서 혼자 1차 사업을 잘 지휘해준 일꾼 중의 일꾼이었습니다. 특히 부하직원의 애로사항이 없는지 잘 보살폈고, 현지 주민의 삶에 대해서도 깊이 생각할 줄 아는 인격을 갖춘 사람입니다. 메셀레가 제기한 문제는 사업을 하면서 본의 아니게 우리 단체가 한 일 때문에 피해를 보는 사람들이 있다는 것이었습니다. 꿈에도 생각해보지 못한 일이었습니다. 아무것도 없이 귀향하는 주민에게 종자와 농기구를 보급하는 일 때문에 피해를 입는 사람이 있다는 것입니다.

이야기인즉슨 전쟁 이전에 그 지역에서 대대로 농기구를 제작해온 대장장이들이 있었는데, 이제는 직업을 잃고 지역을 떠나고 있다는 것이었습니다. 당시 우리 단체는 총 3,800여 가구에 농기구를 지급했습니다. 쟁기·삽·곡괭이 등의 철제 농기구를 수도 캄팔라의 도매상에게서 사들여 먼 거리를 트럭으로 운반해서 수혜자들을 일일이 확인하면서 나눠 주었습니다. 아프리카에서 대량으로 싸게 구할 수 있는 농기구는 대부분 중국산입니다. 아프리카에서 중국 제품의 가격경쟁력은 절대적입니다. 우리 단체가 나눠 준 농기구도 당연히 중국제품이었습니다. 중국인이 만들 수 있는 물건은 다른 나라가 가격으로는 경쟁할 수 없습니다.

저는 그 말을 듣고 아차 싶었습니다. 그렇다고 해서 현실적인 해결책도 없었습니다. 메셀레가 제시한 해결책은 2차 사업에서는 전체 농기구 수량 중에서 일부를 현지 대장장이에게 주문하자는 것이었습니다. 저도 모르게 인상이 찌푸려지는 이야기였습니다. 언뜻 생각하면 어려울 것도 없을 것 같지만, 아프리카에서 가내 수공업으로 제작하는 물건의 품질을 잘 알고 있었고, 또한 저희가 필요한 날까지 납품을 맞추리라고 전혀 신뢰할 수 없었습니다. 우리가 흔히 아프리카라고 해서 비하하는 발언을 하는 것은 분명 잘못입니다. 그러나 아프리카에서 살아본 사람이라면 그들의 생활방식이 효율성과 거리가 멀다는 것을 부인할 수 없을 겁니다.

USAID에서 사업제안서를 검토하는 과정은 상당히 까다롭습니다. 단체의 워싱턴에서 근무하는 동료가 USAID를 상대하기 때문에 우간다의 현지 사무실은 그러한 사정을 잘 모릅니다. 사업제안서 제출 후 USAID에서 수십 개의 질문을 담은 질의서가 날아왔고, 워싱턴의 동료가 그중 일부의 질문에 대해 답변을 구하느라 그 질의서를 제게 보내주었습니다. 그제야 400개 농기를 '우간다 대장장이에게 따로 주문한다'는 아이디어는 상당한 모험임을 깨달았습니다. 뭘 모르니까 시도해본 일이었습니다. 까다로운 질문과 함께 '대장장이에게 따로 주문한다'는 것은 현지 주민의 전통직업을 보호하고 지역경제를 활성화할 수 있는 창의적인(innovative) 아이디어라는 코멘트가 있었습니다. '현장 책임자의 소신 있는 주장을 한 번 들어주자'는 생각 외에는 깊은 생각이 없던 저는 사업제안서를 평가한 USAID 사람들에게서 한 수 크게 배웠습니다.

물론 농기구 400개라는 분량으로는 우간다 북부의 대장장이라는 전통 직업을 보호할 수 있다고 생각하지는 않습니다. 모르긴 해도 저희가 일회적으로 도울 수 있었던 대장장이들도 지금쯤은 수도 캄팔라 빈민가에 유입되어 일용직 근로자가 되었거나, 혹 운이 좋은 사람은 비슷한 직종인 철물점에서라도 일자리를 잡을 수 있었겠지요. 모르긴 해도 한국의 대장장이도 인간문화재로 지정된 사람 외에는 생업으로 하는 사람은 없을 겁니다. 이 모든 변화가 지난 100년도 채 안 된 사이에 일어난 일입니다.

우간다의 대장장이 아저씨들의 운명을 생각해보면 개발사업이라는 것은 시장경제라는 큰 바다 위에 몰려가는 하나의 물결 정도로 보입니다. '구호와 개발'이라는 배경에는 시장경제의 세계적인 확산과 산업구조의 재편성이라는 큰 물결이 보입니다. 일엽편주와 같은 일개

사진 5. 우간다의 대장장이

개발단체는 큰 바다 위에서 우간다 대장장이 아저씨들의 운명을 인지하든 인지하지 못하든 파도를 전달하고 있을 뿐입니다. 결국 개발사업이 아프리카에 전파하는 것은 표면적으로는 박애주의 정신이지만 이면적으로는 시장경제의

원리가 아닐까요?

다른 예를 하나 더 들어볼까요? 이 업계에서 최근 혜성처럼 나타나 각광받는 총아로 소액금융(micro finance)이 있습니다. 노벨상에 빛나는 무함마드 유누스(Muhammad Yunus) 총재와 그라민 은행이 빈곤에 시달리는 인류에 대한 공헌은 참으로 지대한 것임에 틀림없습니다.

미국의 대학원에 입학하니 보통 3학점인 과목 가운데 2학점만 배정된 과목이 있었습니다. 보통 새롭게 시작되어 학생에게 첫 선을 보이는 과목은 학점이 적게 배정이 되곤 합니다. 그 이름의 정의와 배경조차 새롭게 알아가야 한다는 그 과목이 바로 소액금융이었습니다. 중간에 개인적으로 수강취소를 해서 배운 기간은 짧았지만 아직도 기억하는 흥미로운 이야기는 소액금융이 혜성처럼 새롭게 시작하는 사업이 아니라는 것입니다. 소액금융의 기원에 대한 부분에서 ROSCA(rotating savings & credit association)라는 단어가 등장했습니다. 익숙지 않은 영어로 공부해야 하는 데다가 돈에 관련된 일은 머리 아픈 일로 여기는 편견 탓에 처음에는 무슨 이야기인가 했습니다. 그런데 가만 들어보니 교수님은 서툰 발음으로 'Gye(계)'를 애써 발음하시는 것이었습니다. 그것이 한국어라는 것을 한국인인 저도 상상을 못했습니다. 교수님은 뉴욕 청과물 시장에서 빠른 속도로 자리를 잡고 있는 미국 교민을 대상으로 그 비결을 조사해보니, 바로 '계'라고 불리는 한국인 특유의 자본축적과 사업자금조달의 방법이 있더라는 것입니다. 이런 아이디어는 사실 한국에서만 있는 것이 아닙니다. 아프리카에도 여러 지역에 '계'와 같이 서민의 자본형성을 위한 지혜가 존재합니다.

우간다 북부에 사는 아촐리(Acholi) 부족에게는 '칼룰루(Kalulu)'라는 단어가 있습니다. 이 단어는 기본적으로 한국의 '품앗이'처럼 함께 돌아가면서 일하는 집단노동력을 얻는 방법을 의미합니다. 그러나 그 의미 외에도 여러 주민

사진 6. 전통적인 양봉을 위한 벌집(르완다) / 사진 7. 소득증대를 위한 비둘기집(우간다)

이 모여 함께 자본을 축적하는 방법을 뜻하기도 합니다. 예를 들면 함께 힘을 합쳐 벌을 키웁니다. 벌을 키우는 일은 기존의 농사일을 하면서도 노동력이 따로 크게 들지 않는 일입니다. 꿀을 따서 얻는 수익을 1명에게 몰아주어 염소나 비둘기를 살 수 있게 해줍니다. 기르고 쉽고, 쉽게 번식이 잘되며, 시장에서 수요가 많은 가축을 길러 좀 더 큰 수익을 냅니다. 그러면 그 수익으로 소처럼 정말 한 재산이 되는 가축을 사들이는 것입니다. 이러한 과정 전체가 동시에 계속 진행되기 때문에 바로바로 다음 수혜자가 꿀·염소·소라는 단계를 밟는 것이죠. 일종의 몰아주기, 즉 공동구매와 협력생산체제에 의해 빠르게 목돈을 만들어낸다는 점에서 한국의 '계'와 비슷한 개념입니다.

실제로 소액금융도 한계는 있었습니다. 확실히 만병통치약은 없는가 봅니다. 우간다에 저희 단체와 함께 일하던 파울루(Faulu)라는 이름의 자매기관이 있었습니다. 원래는 저희 단체에서 소액대부사업을 전담하던 팀이었는데, 규모가 커지면서 우간다 국내의 금융관련법에 따라 소액금융기관으로 등록한 기관입니다. 가난한 사람들에게 문턱 높은 은행들 대신에 소액으로 사업을 할 수 있도록 소액자본을 대부해주는 일을 합니다. 저희 FHI(food for hungry international) 직원은 주로 시골에서 자전거나 오토바이를 몰고 지역개발사업을 한 반면, 파울루 직원은 대도시에 지점을 늘려가며 은행원처럼 일을 합니다. 뿌리가 같은 단체라는 것을 그 역사를 모르는 사람들은 전혀 알 길이 없을 만큼 차이가 큽니다.

당시 파울루의 CEO를 맡고 있던 알렉스(Alex Kaguru)와 만난 자리에서 두 기관이 좀 더 협조할 방안이 없을까 논의한 적이 있습니다.

상훈	시골에서 일하는 우리 FHI 직원들의 말을 들어보면 소액자본은 항상 필요한 것 같은데, 파울루도 시골에서 함께 일해보면 어떻겠는가?
알렉스	시골에까지 직원을 내려 보내 운영하려면 비용이 너무 많이 든다. 현실적으로 대도시를 떠나기는 힘들다. 그리고 Faulu는 기존 사업(ongoing business)만을 지원하고 신규 사업(startup business)은 지원하지 않는다.

사무실에 돌아와 곰곰이 생각해보니 알렉스의 말이 이치에 맞다는 것을 인정하지 않을 수 없었습니다. 당시 2만 6,000명 정도의 고객을 확보하고 있던 파울루는 여러 가지 운영비용을 자체 수익을 통해서 만들어내지 않으면 안 됩니다. 운영비용을 외부 기금에 의존해야 한다면 오랫동안 존속할 수가 없습니다. 그렇다면 가능한 한 운영상의 위험요소들을 피해야 하고 안정된 수익을 낼 수 있는 방향으로 옮겨가는 것이 합리적인 것입니다. 아무리 좋은 비전을 가지고 있더라도 그것 때문에 망하면 소용이 없지 않겠습니까? 파울루는 여러 시행착오를 거치면서 결국 대도시 및 중소도시에 거주하는 어느 정도 검증이 된 사업을 하는 상인계층을 대상으로 하고 있었습니다.

개발사업에서는 수요조사를 통해 수혜대상을 선정하는 과정(targeting)에서 항상 가장 취약한 계층을 선정한다는 원칙을 벗어나 본 적이 없는 저로서는 그 괴리감을 어떻게 이해해야 할지 두고두고 생각하게 되었습니다. 같은 뿌리에서 출발했지만 선택한 방법론에 의해 누구를 위해 일해야 하는가에 대한 대상이 바뀌어가는 현상을 말입니다.

제 짧은 생각으로는 소액금융 기관들은 저개발국가에서 시장경제의 활성화와 상업자본 축적에 기여하는 것이 당면한 목표가 될 것이라 봅니다. 물론 돈을 지혜롭게 잘 관리하고 활용하는 사람들에게 소액금융은 자립의 기반을 마련해주는 것은 의심의 여지가 없습니다.

다만 제가 지적하고 싶은 것은 그 궁극적인 방향이 무엇인가 하는 것입니다. 중국의 값싼 공산품이 아프리카를 뒤덮는 현상은 시장경제의 지구화(globalization)의 증거이고 소액금융 기관의 활성화도 같은 맥락에서 이해해야 한다고 생각합니다. 결국 이윤의 극대화를 철학으로 하고 효율성을 위해 모든 것을 재조정하도록 강요하는 시장은 농업처럼 기후와 시장의 변화에 취약한 산업을 더욱 취약하게 만들고, 우간다 대장장이 아저씨처럼 시대의 흐름을 타고 발 빠르게 이동하지 못하는 사람들을 도태되게 할 것입니다. 과연 트리클다운 이론(trickle-down)이 이야기하듯 경제라는 '파이'를 키워 모두에게 혜택이 얼마씩이라도 돌아가게 할 수 있는지는 제가 판단할 수 있는 한계를 넘어가는 것 같아 여기서 멈추겠습니다.

7. 누가 더 가난하고, 누가 덜 가난한가?

사실 현지 주민들에게 더 깊은 인상을 심어주는 것은 '구호와 개발'이 가져오는 결과물보다는 그 일을 수행하려고 나타난 무중구[2]들이 입고 다니는 옷,

---

2) 아프리카에서 외국인을 지칭하는 말.

들고 다니는 장비, 사용하는 언어들입니다. 전달의 내용보다 전달자에게 먼저 주목하는 현상은 흔히 일어나는 일입니다.

앞에서 이야기한 것처럼 개발의 밑그림은 무중구들이 하는 말 속에 없습니다. 현지 주민들은 개발의 밑그림을 무중구들의 사업제안서에서 찾는 것이 아니라 그들이 입고 있는 문화라는 옷에서 찾습니다.

20년의 세월 동안 아프리카를 드나들며 아프리카 사람들에게 어떤 일이 도움이 되는지 고민하며 살았습니다. 그런 저에게 가장 큰 상처는 제 손으로 우간다에서의 4년 동안 80명이 넘는 직원을 해고했다는 것입니다. NGO에게 흔히 일어나는 모금 부족과 예산확보 실패로 현지 직원을 무더기로 해고하는 '구조조정'이 이유가 아니었습니다. 100여 명이 일하는 기관에서 그 정도 숫자의 직원들을 해고한다는 것은 어떤 의미에서든지 정상은 아니었습니다.

직원들은 예산부족 이외에도 근무태만, 업무능력 부족, 불륜, 허위보고 등 다양한 이유로 해고되었지만, 상당수의 직원은 부정부패(corruption)의 혐의로 해고되었습니다. 적잖은 공금에 손을 댄 직원들은 사법처리를 하여 조직 내에서 일벌백계의 예를 만들려고 경찰·검찰·감사원·부패방지위원회까지 직접 찾아다녔지만 그다지 큰 성과는 없었고 횡령한 돈으로 부를 누리던 그들은 아무런 처벌도 받지 않고 지금도 건재합니다. 제가 벌여온 부정부패와의 싸움이 몇몇 욕심 많은 개인을 상대로 한 것이 아니라 사실은 부패한 사회 전체라는 사실을 깨닫는 데 4년의 세월이 걸렸습니다. 그것은 마치 사람이 병이 들면 몸 전체가 아픈 것인데, 드러나는 증세는 피부 반점이나 염증 등 신체 일부에서만 눈에 띄는 것과 같은 이치입니다.

해고한 직원들은 번지르르한 영어를 구사하고 그럴싸한 이력서를 만들 줄 아는 '배운' 사람들입니다. 당연합니다. 그런 능력을 가졌으니 저희가 고용한 것이지요. 그런 능력이 있는 사람 중 일부는 지식과 기술이 있지만 병든 가치관으로 단체의 암적인 존재가 되어 기생합니다. 배운 도둑놈이 더 무섭습니다. 그들은 해고된 이후에도 아무런 제재도 받지 않고 또 다른 NGO나 외국계 기업을 전전하며 살아가고 있습니다. 그 무렵 우간다는 세계은행(World Bank)에서 받은 원조기금에 대한 영수 처리(accountability) 문제가 심각하다 해서 그해 원조기금이 대폭 삭감되는 수모를 겪었습니다. '훔친 돈이라도 우간다에 머물면 애국이다'라고 생각하는 정치인들부터 조그만 단체의 말단 직원들까지, 모금되어 우간다로 보내진 돈에 대한 생각은 그 나름대로 일관성이 존재합니다. 그것이 사회통념이라고까지 하면 지나친 말이 될 것 같지만, 분명히 사회의 지도자급에서 서민에 이르기까지 부정부패를 보는 시각은 상식과 다르게 뒤틀려져 있습니다.

무엇이 그들을 병들게 하는 것일까요. 선발과 관리감독을 제대로 하지 못한 단체의 책임인가요, 그들을 당연시하는 사회의 책임인가요, 아니면 각 개인의 책임인가요? 최초 어디에서 무엇이 잘못된 것일까요? 분명 인간의 탐욕적인 본성이 제일 밑바닥에 있다는 것은 의심의 여지가 없습니다. 그들의 탐욕적인 본성은 어떻게 드러나는 것일까요?

다음은 부패사건을 조사하던 중 최초 공금횡령의 혐의로 적발된 알레기(Alegi)라는 직원과 저의 대화 내용입니다. 해고는 하되 형사 처분을 받지 않게 해주겠다는 약속을 하고 당시 관련된 다른 직원들에 대한 정보를 얻고 있었습니다. 그래서 진짜 속내를 저한테 털어놓을 수 있었겠지요.

상훈	공금에 손을 댄 이유가 뭔가?
알레기	횡령한 돈의 큰 몫은 캄팔라 본부에서 일하는 상급자들에게 상납했다. 제일 위험하고 더러운 일은 내가 다 했다. 모두 다 하는데 나만 안 할 이유가 있는가?
상훈	가져간 돈은 어디에 사용했는가?

알레기	애들 학비도 내고, 농사지을 땅도 좀 사고, 출퇴근을 위한 오토바이도 한 대 샀다. 그 외에 자잘한 일은 잘 기억이 나지 않는다. 제일 많이 먹은 놈은 고향에 집도 한 채 아내의 명의로 지었고 픽업트럭도 하나 사서 딸 명의로 해놨다.
상훈	불쌍한 아이들에게 가야 할 돈을 네가 먹은 것에 대해 양심의 가책을 느끼지 않는가?
알레기	그건 보기 나름이다. 그들의 상황이 힘들고 어려운 것은 사실이다. 그러나 내 삶도 고단하고 가난하기는 마찬가지다. 이 지역에 사는 우리는 당신 같은 무중구들이면 누구나에게나 있는 자동차도 없고, 캄팔라의 전기와 물 나오는 집에서 살아본 적도 없다. 누가 더 가난하고 누가 덜 가난한가? 우리는 모두 가난하다.

'누가 더 가난하고 누가 덜 가난한가?'

가난한 지역사회에서 대규모의 자원과 인력을 사용하는 것은 마치 인간의 몸에 단기간에 과다한 영양분을 주입하는 것과 같습니다. 인간의 몸은 들어온 영양소를 적절히 사용하지 못하면 부작용이 생기고 비만이 되기도 합니다. 이와 마찬가지로 인간 사회도 외부에서 들어온 영양분을 잘못 사용하기도 하고 소수에게 과잉 축적되면서 전체의 건강을 해칩니다. 외부에서 들어오는 구호 기금이라는 과잉영양분의 폐해에 가장 먼저 노출되는 사람들은 그 국가의 고위공무원들과 UN 및 NGO의 현지인 직원들일 것입니다. 국제 NGO에 근무한다고 하면 고향에서 소위 개천에서 용이 난 것처럼 대접을 합니다. 많은 친척이, 소위 사돈의 팔촌까지 도와달라고 손을 벌립니다. 그러나 오히려 조직 안에서는 무중구들과 비교하며 열등감과 상대적 빈곤감에 가장 많이 시달리는 사람들이 그들입니다.

혹시 배럴 이론(barrel theory)라는 말을 들어보신 적이 있습니까? 원래는 농업에서 나온 말인데, 농작물의 성장은 가용한 양분의 총량으로 결정되는 것이 아니라 가장 모자라는 요소의 양분에 의해 결정된다는 것입니다. 나무통에 담길 수 있는 물은 가장 낮은 나무판의 높이까지만 채워질 수 있다는 것에 비유해서 나무통 이론이라는 별명이 붙었죠. 개발사업을 하는 데 거의 모든 NGO의 주력사업은 특정 몇몇 분야에 집중되어 있습니다. 각 나무판의 높이는 신경 쓰지 않은 채 물을 쏟아 붓는 셈입니다. 정치·경제·문화·인권·여성·아동 등 인간 사회에서 개발이 필요한 곳은 어느 한두 곳이 아닌데 말입니다. 배럴 이론을 사회 현상에 적용하기에 무리가 있을는지 모르지만 확실히 일고의 가치는 있습니다. 분명 경제개발만이 사회의 모든 문제를 해결해주지 못합니다. 다른 나무판이 아무리 높아져도, 결국 가장 낮은 나무판의 높이만큼만 물이 채워지겠지요.

이 대목에서 사람에게 변화를 추구하게 만드는 가장 강력한 동기는 무엇인지 생각해봅시다. 에이브러햄 매슬로우(Abraham Maslow)의 욕구 5단계에 따르면, 생존과 안전 등의 기본적 욕구가 충족된 후 마지막에는 자아실현이 가장 고상한 욕구라고 설명합니다. 그러나 한편으로 제가 보기에는, 욕구는 엄격히 단계를 밟는다기보다는 단계의 구분 없이 남과 비교하여 남에게는 있으나 나에게 없는 것을 발견하면 그것이 가장 큰 동기 유발의 요인이 되는 것 같습니다. 우리는 그것을 '상대적 빈곤감'또는 '상대적 결핍'이라고 부르지 않습니까?

개발사업을 수행하는 데 제가 가장 고민하는 부분은 사업의 추진력을 얻기 위해서 상대의 빈곤감, 상대의 결핍을 자극하고 있지는 않은가 하는 것입니다. 현재의 상태를 불만족스럽고 무언가 부족한 상태로 보게 하고, 남들에게는 있으나 나에게는 없는 것이 무엇인가를 강조하면서 사업에 참여하게 만드는 것은 아닐까요?

8. 우리는 누구의 땅에 씨앗을 심고 있는가?

인간은 태어나서 성장하며 그 생명을 다할 때까지 자연을 바라보며 많은 것을 깨닫게 됩니다. 인간이 문명을 만들고 달나라를 다녀오는 과학기술이 축적되었다고 하지만, 그것도 엄밀히 이야기하면 이미 존재하는 자연을 관찰하면서 깨달은 이치들을 활용하는 것에 지나지 않습니다. 자연이야말로 우리에게 위대한 스승인 셈입니다. 사람들이 모여서 이루는 사회도 자연의 이치와 흡사합니다.

나무 열매가 땅에 떨어져 싹을 내고 자라면서 또 한 그루의 나무가 되어 열매를 맺게 됩니다. 아프리카에서 지역개발사업을 한다고 했을 때 그 땅은 바로 아프리카의 땅입니다. 우리가 무엇을 심으려고 하든지 공중에 심는 것이 아니라 바로 그 땅에 심는 것입니다. 그 땅의 성질이 어떠한지에 따라 심어야 하는 나무의 종류도 바뀔 것이며 주어야 할 양분의 양과 질도 달라질 것입니다. 마당에 텃밭이 있어 배추라도 길러본 경험이 있는 사람이라면 땅의 중요성에 대해 잘 알고 있습니다. 우리가 '변화'라는 열매를 바란다면 씨를 심기 전에 땅을 살펴보는 것은 상식에 해당하는 일이 아닌가요? 사람들이 모여 사는 곳은 그 어느 곳도 진공상태가 아닙니다. 사람들이 살고 있는 다양한 삶의 자리에는 온갖 생각과 요소와 환경이 꽉 들어차 있습니다.

1997년 르완다에 파견되었을 때, 제가 속해 있던 단체는 주택재보급 프로젝트의 막바지 단계를 진행하고 있었습니다. 바로 난민이 자국으로 귀환했을 때 살 집들을 건축하는 것이었습니다. 임기 중에 그 지역은 딱 한 번 지나가면서 구경했기 때문에 지금은 혼자 찾아가라면 자신이 없습니다. 질서정연하게 줄을 맞추어 지어진 집들은 시멘트로 벽이 깨끗하게 마무리 되어 있었고 지붕과 창문도 아주 산뜻했습니다.

하루는 저녁에 같이 근무한 르완다인 동료 술레만(Suleman)이 자신의 집으로 저를 초대했습니다. 어느 나라에서나 마찬가지겠지만 아프리카에서도 자기 집으로 식사초대를 한다는 것은 큰 호의이고 그만큼 속을 터놓고 지내기도 하는 가까운 사이라는 의미이기도 합니다. 저녁을 먹고 밤늦게까지 차를 마시며 환담을 나누었습니다. 이슬람을 믿는 술레만은 술을 마시지 않았지만 밤늦게까지 이야기가 계속되자 저희 단체에서 건축한 그 마을에 대한 이야기를 했습니다. 그것은 사업이 종료된 지 1년이나 지났고 제가 르완다에서의 임기가 끝나가고 있던 시점이었습니다. 술레만은 자신은 NGO에서 시키는 대로 일하고 생계를 이어가는 사람이지만, 참 어처구니없는 일을 하고 있다는 식의 말을 계속했습니다. 저는 깨끗하게 마무리된 주택복구사업이 왜 문제가 되느냐고 물었습니다. 술레만은 그 마을에 다시 가보면 유령마을이 되었고 몇 가구 살지도 않는다고 했습니다. 분명히 우물까지 만들어 식수 문제도 다 해결되어 있는 그 마을에 왜 사람들이 살지 않는다는 것인지 도무지 이해할 수가 없었습니다.

술레만이 들려준 설명은 다음과 같습니다. 르완다는 내전 이후 소수부족인 투치족이 다수부족인 후투족을 지배하고 있는데, 르완다 정부는 전후 주택복구사업을 하는 NGO에게 주요도로에서 가시거리 이내에 주택을 짓도록 지시한 것입니다. 그래서 제 소속단체도 도로에서 멀지 않은 곳에서 USAID에서 받은 200만 달러가량의 예산을 투입해서 마을을 건설했습니다. 도로를 따라 순찰차량이나 병력이 쉽게 오가는 곳에 살게 한다는 것이 기분상 좋지는 않겠지만 거주하는 데 큰 문제는 되지 않는다고 생각할 수 있습니다.

술레만에 따르면 르완다 사람들은 집을 고도가 높은 산등성이 쪽에 짓고, 산 아래쪽은 습지가 가까워 말라리아 모기 및 각종 질병에 쉽게 노출되기 때문에 집을 짓는 장소로 부적합하다는 것이었습니다. 르완다 사람들은 분명히

사진 8. NGO가 보급한 주택(르완다)

전통적으로 높은 지역에 집을 짓기를 선호합니다. 르완다의 도로는 고도가 높은 쪽을 통과하기도 하지만 아무래도 지형에 따라 산 아래쪽 평지에 건설될 수도 있는데, 문제의 그 마을의 상황은 그러했던 모양입니다. 콩고로 넘어가서 난민이 되었던 주민들은 되돌아 와서 처음에는 우리 단체가 건설한 마을에 살았지만 이내 예전에 살던 고지대로 옮겨가 진흙과 초가지붕을 얹은 전통적인 집을 지어서 살고 있는 모양입니다. 그 과정에서 기존 주택의 여러 가지 자재를 뜯어다가 사용했다고 합니다. 벽돌·슬레이트·목재는 건축에서 필수적인 재료인데, 어차피 아무도 살지 않을 집에 가만 놔둘 이유가 없겠지요. 그리고 내다 팔면 큰돈이 되는 철제 창문틀 등은 시장에 내다 팔아 돈으로 만들었다고 합니다. 듣고 있자니 저도 모르게 한숨이 나왔습니다.

술레만의 해설은 점입가경이었습니다. 르완다 정부는 원하는 대로 외국 NGO들의 군기를 잡아서 좋고, NGO는 큰 기금 받아서 행정비를 벌충하고 장비 차량 등을 살 기회가 있어서 좋고, 자금을 지원한 기부자도 어차피 사업계획서대로 시행하여 예산이 집행되고 사진을 찍어 사업보고하면 문제없고, 마을 주민들은 귀향 후 새로 집을 지을 때까지 임시거처로 그 주택들을 잘 활용하고 건축 재료도 좀 얻고 일부는 시장에 내다 팔아 돈도 좀 만들었으니 모든 이해관계자 중에서 불만을 가질 사람이 없지 않느냐고 하는 것이었습니다.

주택복구 프로젝트가 끝난 후, 정확하게는 보고서가 작성된 후 누가 현장에 다시 한 번 가보겠습니까? 그렇다면 술레만이 말해준 그 모든 일은 별로 신경 쓸 일도 아닌 것 맞습니다. 주민들 외에는 그 결과에 대해서 아는 사람이 없고 혹 알았더라도 관심을 가질 사람은 아무도 없습니다. 좋은 의도와 돈이 있다고 해도 정치·문화·경제, 그 모든 요인이 얽혀 있는 곳에 낙하산처럼 공중에서 떨어뜨리면 생각치도 못한 방향으로 공이 굴러가는 것은 불문가지의 일

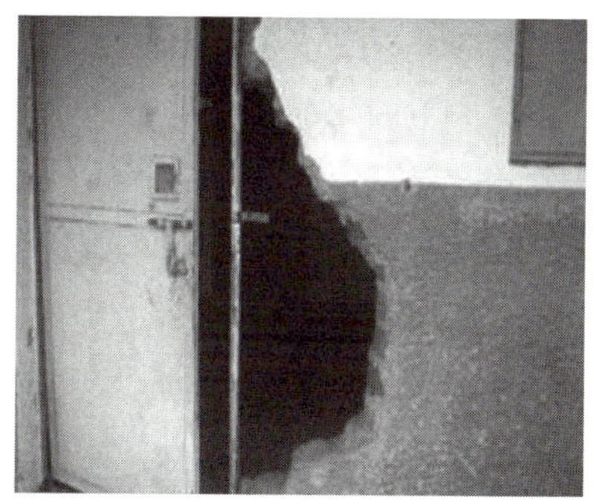

사진 9. 이미 완공된 건물에서 철문을 빼내려고 시도한 흔적(우간다)

이 아니겠습니까? 실질적인 도움이 필요한 사람에게 도움이 되었는가보다는 누군가 관계된 사람들이 당장 이의를 제기하지 않으면 그게 장땡이라고 생각하는 것이 개발업계의 관행이 되어가고 있지는 않습니까?

우리가 개발을 논의하는 이 공간은 진공이 아니라는 뜻에서 또 다른 땅 이야기를 하나 더 소개하고자 합니다. 우리에게는 주위를 둘러싸고 있는 환경이라는 땅이 있는가 하면, 한편 마음 밭이라고 하는 우리 내면의 땅도 존재합니다.

우간다에서 제가 일한 단체는 총 7개 군(district)의 14개 마을에서 아동후원사업을 하고 있었습니다. 임기를 마칠 즈음에는 총 5,700명의 아동이 한국·미국·일본·캐나다·스위스·영국·코스타리카의 후원자들과 결연이 되어서 교육·의료 등의 각종 혜택을 받고 있었습니다. 흔히 기부된 후원금이 해당 아동에게만 사용될 것이라고 생각하지만, 사실 현지 아동후원사업은 아동에 대한 직접적인 혜택을 포함해 지역개발사업의 내용을 갖고 있습니다. 한 아동이 육체적으로 건강하고 정신적으로 건전하게 자라나는 것이 그 아동 1명에게 교복·공책·급식 등의 혜택이 주어진다고 이루어지는 것은 아닙니다. 앞에서 누누이 이야기해온 '땅'의 이야기와 다르지 않습니다. 그렇다면 비록 한 아동

을 위해 기부된 후원금이라고 하더라도 그 아동이 살고 있는 지역 환경 전체를 고려한 개발사업에 사용되지 않을 수 없습니다. 아동들의 부모인, 즉 마을의 주민들과 함께 아동을 둘러싸고 있는 가족과 마을이라는 공동체를 위해 식수환경 개선과 소득증대사업 등의 지역개발사업을 하는 것이 궁극적으로는 아동에게 그 혜택이 돌아가게 되고 훨씬 더 장기적인 지원이라는 것을 조금만 생각해보면 누구나 이해할 수 있는 일입니다. 국내 아동후원사업을 하는 단체들은 이러한 내용들을 좀 더 적극적으로 홍보하여 후원자들의 이해를 구할 필요가 있습니다. 후원자 중에는 자신이 후원하고 있는 아이를 너무나 사랑해서 먼 아프리카까지 후원아동을 만나러 오는 경우가 꽤 자주 있습니다. 그 분 중에는 자신의 후원아동 1명에게 주어지는 혜택이 본인이 낸 후원금의 극히 일부라는 내용을 알고 나면 큰 실망감을 저에게 표시하곤 했습니다. 내가 후원하는 아동에게 혜택이 돌아가기 위해서는 그 아동이 살고 있는 환경 전체를 개선해야 한다는 상식을 누군가는 이야기를 해주어야 하지 않겠습니까? 물론 모든 단체가 그렇다는 것은 아니지만, 저는 모든 단체가 후원자들에게 자신의 후원아동에게 장기적인 혜택이 돌아가게 하기 위해서 그 아동이 살고 있는 환경 전체를 개선해야 한다는 상식을, 그렇기 때문에 후원금은 직접적인 아동지원뿐만 아니라, 아동이 살고 있는 환경 전체를 개선하는 데 사용되고 있다는 이야기를 해주어야 한다고 생각합니다. 그렇지 않습니까?

저희 단체는 아동후원사업 매뉴얼에 따라, 아동을 돌보고 행정을 처리하기 위해 아동 100명당 1명의 직원을 배치합니다. 그러나 현실적으로 재정상의 어려움이 많아 평균 아동 150명당 직원 1명을 할당했습니다. 수도 캄팔라에서 아동후원사업 전체를 총괄하기 위해 직원들까지 포함하면 대략 45명의 우간다 현지인 직원들이 이 사업을 위해 고용되어 있었습니다. 이 직원들을 위해서 정기적으로 여러 가지 훈련을 실시합니다. 그리고 1년에 한 번은 수도와

각 지역의 직원이 모두 모여 사업 현황을 보고하고 발전 방향을 함께 논의하기도 하는 시간이 있습니다. 그때 각 지역 책임자들은 각기 자신들이 일하는 지역에서 수행하는 사업내용 및 성과를 소개하는 시간을 가집니다. 매년 이 행사를 하면서 느낀 것은 발표하는 사람은 어떤 성과를 거두고 있는지 긍정적인 면만을 부각한다는 것입니다. 그래서 저는 발표가 다 끝난 후 수고에 감사를 표하고 지금부터는 자기 지역에서 일하면서 힘들었던 것, 잘 안 되는 것, 예상치 못한 어려움에 대해서도 이야기를 해달라고 부탁했습니다. 그런 발언이 있다고 해도 아무런 불이익이 없을 것이며, 오히려 더 지원할 수 있는 방법을 찾아볼 테니 건설적인 순수한 마음으로 기탄없이 이야기해달라고 부탁하는 것입니다.

그러자 입사한 지 얼마 되지 않은 호프라는 이름의 여성이 자신이 일하는 지역에서 소득증대사업을 실시하고 있는데, 가정의 수입이 늘어나자 마을에 알코올 의존자가 늘어나고 있다고 이야기하는 것이었습니다. 그 발언을 듣고 처음에는 의아했지만, 곰곰이 생각해보니 당연히 일어날 수 있겠다 싶었습니다.

동부 아프리카의 전통에 따르면 집을 짓고 가축을 돌보는 것은 남자의 몫이고 밭농사와 육아는 여자의 몫입니다. 길을 가다 보면 부부가 함께 농사일을 하는 모습을 보는 경우가 가끔 있지만, 아무래도 아주머니 혼자서 밭을 가는 모습을 보는 경우가 더 많습니다. 가정과 자녀교육에 대한 애착도 남성들보다는 여성들이 훨씬 강합니다. 비교적 시간적 여유가 많은 동네 아저씨들은 대체로 동네의 큰 나무 그늘 아래 모여서 세상 돌아가는 이야기를 합니다. 건전한 경우라면 마을의 여러 가지 다양한 일을 협의하겠지만, 소위 세상 돌아가는 이야기를 하게 됩니다. 여기에 돈이 있다면 동네 아저씨들은 저녁이 되어도 집에 돌아가지 않고 바나나로 빚은 토속주를 한 잔씩 걸치게 됩니다. 이것이 건전하지 않은 방향으로 자꾸 흐르면 가정의 소득이 늘어날수록 알코올 의존자가 늘어난다고 하는 현상이 이상한 일이 아닙니다.

사실 지금까지 현장에서 일어나는 이야기 위주로 적어 내려가다 보니, 마치 제가 아프리카는 요지경 세상인 것처럼 설명하는 것 같습니다. 타산지석이라는 말이 있지 않습니까? 지구 반대편에서 일어난 일을 반면교사(反面敎師)로 삼아 지금 우리에게 일어나는 일들을 되짚어보고 우리에게도 이런 모습이 있지 않은지 자기성찰의 계기도 될 수 있지 않겠습니까? 간혹 안에서 보지 못하는 것을 밖에서는 더 잘 볼 수 있습니다.

르완다에서 함께 일하던 술레만은 여러모로 저에게 충격을 많이 주었습니다. 제가 곧 떠날 사람이어서 그러했던지 술레만은 허심탄회하게 이런저런 이야기를 해주었습니다. 그중에서 제게 큰 충격을 준 이야기는 다음과 같습니다.

너희 무중구는 우리 르완다의 불행을 먹고 살아간다. 너희는 남의 나라의 비극을 알리고 그렇게 르완다를 위해 모금된 돈을 가지고 와서 이곳에서 르완다 사람들을 돕는다고 하지만 가만 보면 너희들 자신을 위해 사용하는 돈이 꽤 된다. 그리고 모금된 전액을 르완다에 보낸다는 것을 믿는 사람은 아무도 없을 것이다.

무슨 이렇게 괘씸한 말이 다 있을까요? 나의 불행이 너를 먹여 살린다니……. 저는 당시 소속단체에서 소위 급여라는 것을 받아본 적이 없었습니다. 개인적으로 후원을 해주시는 분들 그리고 몇몇 교회에서 보내주시는 헌금을 생활비로 한 달 한 달 살아가고 있었습니다. 게다가 르완다는 전쟁 통에 의사가 모두 사라진 나라였기 때문에 출산을 앞둔 아내와 이제 갓 돌을 지난 딸 훈희를 케냐 나이로비에 남겨놓고 혼자 와 있었던 저로서는 개인적으로 치르는 희생이 너무 크다는 생각을 하고 있어서 그랬던지 그 말이 그렇게 섭섭할 수가 없었습니다. 물론 편견이 강하게 반영된 것이었지만 그의 비아냥이 가슴을 더 깊게 찔러왔습니다. 우리의 일부 관행을 보면 술레만의 말이 한낱 열등감 가득한 사람의 허튼소리가 아니라 반편이라도 진실이 담겨 있다는 생각이 들기 시작했기 때문입니다. 정말 우리는 하늘을 우러러 한 점 부끄럼이 없이 모금된 돈을 현장에 보내어 정직하게 사용하고 있는가 다시 돌아봐야 할 때가 되었다고 생각합니다.

우간다에서의 4년은 조직 내부에 만연한 부정부패와의 전쟁이었습니다. 만약 지난 20년 세월 동안 현장에서 배운 일 중 후배들에게 가장 자신 있게 가르칠 수 있는 기술이 무엇이냐고 물어보신다면 사전조사 기법, 사업제안서 작성법, 프로젝트 실행, 사업형성과 관리, 기부자와의 관계와 같은 것들이 아닙니다.

어이없으시겠지만, 부정부패의 징후를 어떻게 탐지하고, 직원을 해고할 때는 어떤 절차를 밟아야 후환이 없으며, 혹시 해고된 직원이 법정으로 가는 경우를 대비해서 어떤 준비를 해야 하고, 가짜 영수증은 어떻게 알아보며, 횡령한 돈은 자기들끼리 어떻게 나누며 어디에 사용하는지, 조직 외부의 누구에게 뇌물을 주는지, 지역공무원과 지역주민들은 어떤 식으로 결탁하는지, 확실한 증거는 어떤 것이며 어떻게 확보할 수 있는지, 가담하지 않는 정직한 동료들을 어떤 식으로 협박해서 입을 막는지, 누가 부정부패에 연루되지 않았는지 알 수 없는 상황에서 어떻게 조사에 필요한 내부 고발자를 확보할 수 있는지, 부패한 직원들이 경찰과 검찰을 어떤 식으로 매수하는지, 경찰과 검찰은 역으로 그들을 어떤 식으로 이용하는지, 지역 언론을 이용해 어떤 식으로 단체를 음해하는지 ……. 밑도 끝도 없고 순서도 차례도 없는 이 더럽고 추접한 이야기들이 5년이 지난 오늘도 제 머리 속에서 상처가 되어 고스란히 남아 있습니다. 분노에 눈을 뜨고 분노로 잠이 들던, 그리고 꿈속에서도 분노하던 그 세월은 제 인생의 가장 깊고 긴 악몽이었습니다. 나중에는 마지막까지 믿고 싶었던 사람들까지 제 등 뒤에서 어떤 일들을 벌이고 있었는지 보았습니다. 분노라는 것도 인간에 대한 기대가 남아 있을 때 생기는 것입니다. 도를 넘으면 사람은 아주 냉혈한이 되어버립니다. 아내는 당시에 제 얼굴에서 표정이 사라졌었다고 말하더군요.

그런데 우간다에서 수년간 공금횡령을 조직적으로 자행한 고프리(Godfrey)라는 우두머리 격인 직원의 돼먹지 않은 변명 속에서 술레만의 환청이 다시 들려왔습니다.

어차피 가난한 사람들을 위해 모금한 돈이 아닌가. 나도 가난하다. 어차피 아동후원금 전액을 우간다에 쓰는 것이 아니라 너희도 그 돈으로 먹고살지 않느냐. 다 먹고살자고 하는 일이다.

우간다에서 아동후원사업을 담당하는 부서의 최고 책임자였기 때문에 재정 관리를 포함하여 상당히 많은 내부 정보를 접해온 사람이었습니다. 그렇기 때문에 오히려 사업 자체에 대해서는 디렉터인 저보다는 더 상세한 내용을 알고 있었던 사람입니다.

당시는 그의 말을 정확히 판단할 수가 없었습니다. 그러나 시간이 지나면 지날수록 그리고 실제로 장부를 오랫동안 들여다보니 적반하장의 말 속에도 일부의 진실은 담겨 있다는 것을 인정하게 되었습니다. NGO의 생명은 재정의 투명성(transparency)과 사업의 책무성(accountability)에 달려 있습니다. 인류애를 강조하고 박애주의에 입각한 구호개발협력의 실천은 누가 뭐라고 해도 고귀한 일입니다. 그 고귀한 일을 이루기 위해서는 선한 동기를 끝까지 지켜낼 수 있는 정직하고 성실한 사람들이 필요합니다. 고귀한 사명을 감당하고자 하는 사람은 고귀한 삶의 원리를 땅으로 삼고 뿌리박을 때라야만 그 고귀한 사업의 열매를 맺을 수 있습니다.

9. 자신도 개발하는 개발사업

두서없었지만 난민구호사업과 개발사업을 20년 가까이 수행하고 공부하다 보니, 개발업계도 아무런 노력을 하지 않는 것이 아니라 많은 시행착오를 통한 경험과 신선한 아이디어가 모여서 사업 자체도 점점 좋아진다는 것을 배웠습니다. 한편으로는 제가 개발 NGO에 대한 희망을 거두기에는 아직 이르지 않나 생각하는 이유가 그것입니다. 새로운 제품을 개발하고 시장의 경쟁에서 우위를 점하기 위해 사기업들이 R&D에 상당한 투자를 합니다. 개발 NGO들도 그런 노력이 반드시 필요합니다.

많은 사업 중에 식량분배에 관련된 사업에 국한해서 이야기해볼까 합니다. 처음 이 업계에 발을 들여놓은 후 식량과 관계된 일, 소위 식량안보(food security)와 관련된 사업들을 하면서 잔뼈가 굵었습니다. 초보인 제가 식량사업의 큰 틀을 알고 설계에 참여해본 적은 없었지만 현장에서 실시되고 있는 여러 종류의 프로그램을 보면서 '인간은 생각하는 갈대'라는 말을 깊이 공감했습니다.

구호의 단계에서 무상으로 식량을 배급하는 일은 앞에서 언급했듯이, 사람을 너무나도 쉽게 공짜로 주어진 혜택에 익숙해지게 하고 의존하게 하고 비굴하게 만듭니다. 주어진 혜택에 너무나 쉽게 익숙해지고 거기에 의존하게 되고 비굴해집니다. 이런 배급 위주의 프로그램은 당장 먹을 것이 없어서 굶어 죽어가는 사람들을 대상으로 하는 임시적인 형태의 일이어야 합니다.

그다음으로 본 식량 관련 프로그램은 푸드 포 워크였습니다. 공짜가 아니

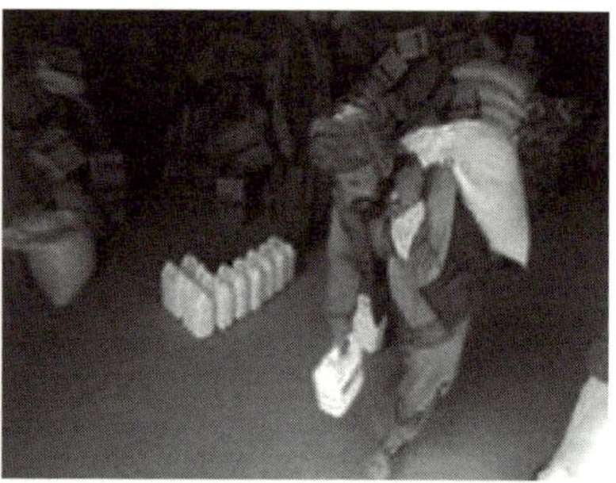

사진 10. 푸드 포 워크 / 사진 11. 식량 분배하는 모습

라 자신이 땀 흘려 일한 노동의 대가로 가족을 먹여 살릴 수 있는 식량을 얻는 것입니다. 동시에 마을에 필요한 공공사업을 위한 노동력을 확보하는 것을 가능케 합니다. 사람을 나태하게 하지 않으며, 자신들의 자존심을 지킬 수 있는 이 프로그램은 여러 면에서 진일보한 것입니다.

여기에서 한 걸음 더 나아갔다고 볼 수 있는 프로그램은 바우처 포 워크(voucher for work)라는 것입니다. 식량을 바로 배분하는 대신에 바우처, 즉 쿠폰을 배부하는 것입니다. 푸드 포 워크의 단점 중 하나는 식량을 운반하는 데 걸리는 비용과 시간이 전체 프로그램의 과정에서 너무 크게 차지하기 때문에 단체에는 비효율성이 발생한다는 점입니다. 동시에 원래 지역경제의 식량과 관련된 상업과 유통 분야를 위축할 소지가 있습니다. 바우처 포 워크에서는 노동의 대가로 단체에서 바우처를 받아서 그 지방 상인들에게 주고 식량 및 기타 상품들을 구입하게 됩니다. 상인들은 그 바우처를 발급한 NGO에서 현금으로 바꾸어 갑니다. 프로그램에 참여한 사람은 자신들에게 필요한 식량들의 종류와 분량을 조절할 수 있을 뿐 아니라 단체로서도 인건비와 기타 식량 수송 및 보관의 경비를 아낄 수 있고 동시에 지역 상업을 활성화할 수 있는 일석삼조의 장점이 있습니다.

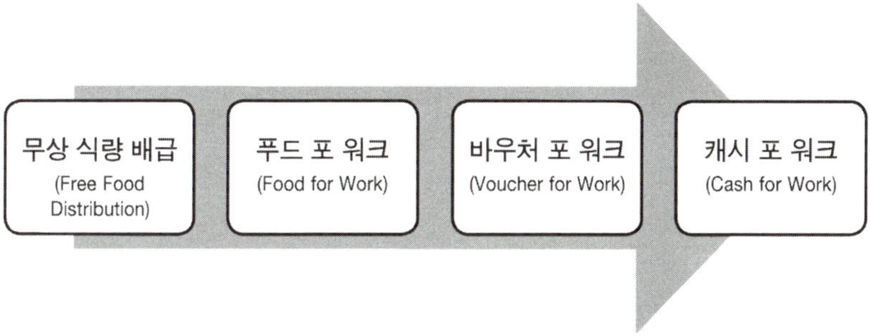

그림 1. 식량분배 프로그램의 변화

그리고 또 한 단계 더 나아가면 더는 식량을 건네주지 않고 바로 현금을 노동의 대가로 지불하는 형태입니다. 캐시 포 워크(cash for work)라고 부릅니다. 주민들은 식량뿐 아니라 그 외에도 생활에 필요한 것이 많습니다. 그리고 그 일부는 바우처를 준다고 해서 지역 상인에게서 구입할 수 있는 물품의 형태가 아닌 것도 있습니다. 예를 들면 교육비·의료비 등은 반드시 현금이 필요한 항목입니다. 그런 경우에는 식량이나 바우처를 넘어 최종적으로 현금, 즉 화폐를 사용하는 것이 가장 합리적이라는 것을 알 수 있습니다. 주민들에게 자신이 필요한 공공사업을 스스로 하게 하면서 동시에 지역경제에 바로 현금을 투입해서 경제를 활성화할 수 있는 것이 캐시 포 워크의 장점입니다. 식량을 직접 배분하는 구호단계에서 정상적인 경제생활을 영위하도록 지원하는 단계에 이르기까지 식량분배와 관련된 프로그램들의 형태만 봐도 참으로 사람은 생각하는 갈대입니다.

또 다른 예를 하나 더 들 수 있습니다. 앞에서 중국제 농기구의 물결에 직면한 우간다 대장장이의 이야기를 할 때 Seeds & Tools라는 형태의 프로그램에 대해 이야기를 했습니다. 난민으로 떠돌다가 고향으로 돌아와도 막상 농사를 지을 씨앗과 농기구가 없는 농부들에게는 참으로 필요한 도움입니다. 그런데 이 절대적으로 필요한 사업에도 어려움이 존재합니다. 한 단체에서 일괄적으로 씨앗을 대량 구매하다 보니까 씨앗의 품질이 100% 좋은 것만을 구매하기 어렵고, 또한 그 지역 풍토에 맞지 않고 질병에 내성이 없는 경우 흉작을 하게 됩니다. 다른 분야의 개발사업과 달리 농업과 관련된 것은 시작부터 수확까지 상당한 시간을 요구하고 많은 노동력이 들어가는 것이라서 잘못되면 본의 아니게 농민들에게 심한 피해를 끼치게 됩니다. '농부아사 침궐종자(農夫餓死 枕厥種子: 농부는 굶어 죽더라도 씨앗을 베고 죽는다)'라고 할 만큼 종자의 중요함은 두말할 필요가 없습니다.

문제는 이 귀한 씨앗을 NGO가 일괄적으로 대량 구매·수송·보관·분배하다 보면 비효율성의 문제와 함께 농부 각자가 자기 사정에 맞게 씨앗을 고를 기회 자체가 없어진다는 문제가 발생합니다. 자기 밭에 심을 씨앗을 가장 정성을 들여 고르고 심을 사람은 바로 농부들인데 말입니다.

그래서 고안된 좋은 프로그램이 시드 페어(Seed Fair)입니다. 상인이 시장에 모이게 하고 농부들이 그들에게서 자신들이 원하는 종류와 품질의 곡식 및 채소의 씨앗을 직접 구매하게 합니다. 농부의 손에는 NGO가 지급한 바우처가 들려 있고 상인들은 판매 후 모은 바우처를 발급한 NGO에게서 현금으로 바꾸어 갑니다. 이 시장을 적극 홍보하고 라디오로도 방송해서 여기저기 상인들이 우수한 씨앗을 가지고 모이게 하는 것은 NGO가 담당해야 할 일이고요.

이 내용은 제 주관적인 고찰이지만 식량과 관련된 프로그램들 각각의 장단점과 변천 과정을 간략하게 정리해본 것입니다. 이렇게 한꺼번에 여러 종류의 프로그램을 하다 보면 우리는 묘한 것을 깨닫게 됩니다. 그것은 다름 아닌 '보이지 않는 손'의 위력입니다. 시장이 활성화되면 사람들의 삶을 윤택하게 하게 하는 힘이 있다는 것입니다.

경제학도 시장의 실패가 존재하는 것을 인정합니다. 하지만 경제학의 문외

사진 11. 시드 페어에서 사용되는 바우처 / 사진 12. 시장에서 흥정하고 거래하는 모습

한이었던 제가 식량 관련 프로그램의 다양한 모습과 변화를 지켜보면서 그 유용성에 대해 눈을 뜨게 된 것입니다. 상인과 농부들이 시장에서 만나 흥정하는 모습을 지켜보고 있으면 아담 스미스(Adam Smith)의 '보이지 않는 손'이라는 표현이 얼마나 실감나는지 감탄을 금할 수가 없습니다. 크게 배운 사람도 없고, 복잡한 PCM(project cycle management), CPS(country partnership strategy)와 같은 전문용어도 사용하지 않으며, 회계학 지식과 통계처리의 기술도 필요하지 않습니다. 그런 상황에서도 제가 진땀 흘리며 이루려고 한 것보다 더 효율적이고 합리적인 분배가 시장에서 이루어집니다. 물론 저희가 조금 도운 것은 있지만 그것도 어디까지나 시장이 활성화될 수 있기 위한 보조적인 역할에 지나지 않았습니다. 이 모든 과정이 원활하게만 이루어진다면 NGO가 그 지역에서 그 시장의 기능을 대신하는 활동을 할 필요는 없을 것입니다.

지속가능성(sustainability)은 NGO의 손에서 만들어낼 수 있는 열매는 아니라고 생각합니다. 지속가능성을 이루는 것은 무중구가 아니라 바로 자기 고향에서 자기 땅을 일구며 살아가는 사람들의 손입니다. 무중구인 우리가 그것을 일구어서 그 땅에서 살아가는 사람에게 넘겨준다는 발상은 태생부터가 모순입니다.

과연 그렇다면 아프리카라는 척박한 땅에서 개발 일꾼들이 희망을 품을 만한 근거가 있을까요? 저는 당연히 있다고 믿습니다. 우리는 한국인입니다. 미국의 개발대학원에서 가장 자주 분석되고 연구되는 나라가 한국입니다. 다른 나라들이 수백 년에 걸쳐서 밟아온 과정을 그야말로 단숨에 산업화와 민주화를 성공적으로 이룬 나라는 제가 알기로는 한국밖에 없습니다. 한국이 다른 개발도상국가에게서 주목받을 수 있는 것은 개발의 방법론보다는 존재 그 자체만으로도 우리가 할 수 있었으면 당신들도 할 수 있다고 하는 무언의 큰 격려와 용기가 되어주기 때문입니다. 바로 그 지점에서 이 지구촌 이웃을 위해 조금 더 손을 뻗고자 할 때 무엇이 필요한지를 조금 더 연구해야 하는 것이 우리의 숙제입니다.

한국에서 자란 개발이라는 나무가 아프리카에서도 그대로 이식될 수 있다고는 생각하지 않습니다. 그곳은 토양이 전혀 다르니까요. 앞에서 언급한 숙제가 바로 이 토양에 대한 연구입니다.

저는 개발사업의 진정한 효과는 단기간에 측정할 수 있는 성질의 것이 아니라고 생각합니다. 어쩌면 앞에서 언급한 사업들이 한 아이에게 또는 한 마을에, 더 나아가서 한 지역에 미친 효과는 그것이 도대체 누구의 공인지도 모를 정도로 푹 묵혀져야만 나타나는 것이 아닌가 생각하곤 합니다. 이 글의 앞부분에는 굉장히 많은 지면을 할애해서 현재 개발사업들이 겪고 있는 어려움에 대해 언급을 했습니다. 그러나 우리가 이런 사업들조차도 오랜 시간이 경과한 후에야 정당한 평가를 받을 수 있는 것이 아닌가 하는, 일말의 판단 유보를 하고 싶은 마음이 남아 있습니다.

우간다에 처음 도착한 지 얼마 되지 않아 우추미라고 하는 큰 슈퍼마켓에서 미국 대학원에서 같이 공부하던 제니퍼(Jennifer)를 만났습니다. 졸업 후 결혼한 남편과 함께 우간다에 와서 박사과정 일부로 1년에 걸쳐서 리서치를 했는데, 거의 끝나고 떠날 무렵이었습니다. 마침 집을 비워주어야 하는데 출국하는 날까지 1주일 정도 간격이 있어 고민하던 차에 저를 만나 저희 집에 와 있으라고 했었습니다. 막 결혼하고 돈도 궁한 젊은 제니퍼 부부에게는 큰 도움이 되었겠지요. 개발을 함께 동문수학한 친구인 제니퍼에게 연구하고 있는 분야가 무엇인지 그리고 우간다에서 리서치를 통해서 알게 된 것이 뭔지 궁금해서 물어봤습니다. 제니퍼의 전공은 영양 분야였습니다. 제니퍼가 조사차 우간다 시골 지역을 돌아다니다가 어느 마을에 가보니 같은 지역의 다른 마을사람들과 똑같은 종류의 곡식과 채소를 먹거리로 삼고 있는데도 아이들이 훨씬 더 건강하게 자라고 있다는 사실을 깨달았다고 합니다. 그래서 그 원인을 파고들어 본 결과 그 마을의 아주머니들은 조리할 때 다른 마을사람들과 다르게 한다는 것을 알게 되었습니다. 쉽게 말해 영양의 손실이 적은 형태로 음식을 익혀 먹는 법을 알더라는 것입니다. 아주머니들은 비타민 A·B·C는 모르지만 할머니들에게서 배운 대로 요리를 하고 있었던 것입니다. 결국 제니퍼가 알아낸 사실은 영국의 식민지 시절 영국의 대학생 봉사단이 그 마을을 다녀갔고 영양에 대한 교육을 실시한 적이 있다는 사실입니다. 그래서 제니퍼는 우간다를 떠나서 바로 미국을 가는 것이 아니라 영국의 그 학교를 찾아가서 봉사단에 관련된 기록을 찾아보려고 하던 참이었습니다.

우간다는 1962년 영국에서 독립한 나라입니다. 영국 대학생 봉사단은 식민지 시대에 왔다 갔으니 적어도 지금으로부터 50년이 훨씬 지난 오늘날, 과거의 영양교육 프로그램의 결과가 현재 어떻게 남았는지 보여주는 귀중한 에피소드입니다.

글을 쓰는 저는 지금도 민망한 마음을 금치 못합니다. 개발사업의 효과가 그러한 것일 수 있다면 제가 아직 충분한 세월을 기다리며 지켜본 일도 없고 또한 뭔가 하나를 꾸준히 해온 일도 없는데, 이러쿵저러쿵 논하는 것이 옳은

가 하는 것입니다. 여기서 찔끔 저기서 찔끔 일해본 피상적인 고찰만으로 개발이라는 장기적인 과정을 파악하기는 역부족입니다.

근시안적인 우리는 비록 이런 한계 속에 머물지만, 앞에서 언급한 여러 가지 문제점을 충분히 고려하면서 진정성을 갖고 최선을 다하면 궁극적으로 좋은 열매를 맺을 수도 있다는 기대를 버리고 싶지는 않습니다. 개인적으로 어떻게 지나온 모든 세월이 헛되었다고 하고 싶겠습니까? 보이지 않지만 좋은 씨앗도 뿌려졌으리라 믿고 싶습니다.

10. 현지에서 만난 스승들: 제임스, 알렉스, 그리고 삼손 촌장님

우간다에서 4년의 임기를 마치고 4년의 세월이 지났습니다. 돌이켜보면서 무엇이 정말 희망의 싹이었을까 곰곰이 생각해보았습니다. 우간다 사람 세 명의 얼굴이 떠오릅니다. 그들은 분명 저에게는 개발에 관한 큰 가르침을 준 스승입니다. 세 명은 직업과 사는 곳도 각각 다르고 학력과 사회적 신분의 차이도 엄연히 존재합니다. 그러나 그들에게는 열정이 있었습니다. 아마 그것만이 유일한 공통점일 것 같습니다.

첫 번째로 소개하고 싶은 스승은 우간다 농업연구소에 소속된 곤충학자 제임스 오그왕(James Ogwang)입니다. 하루는 한국에서 친분이 있던 PD에게서 말라리아와 관련해서 취재를 하고 싶다며, 촬영 일정 가운데 제임스라는 곤충학자를 인터뷰하려고 하는데 좀 찾아봐 달라는 전화를 받았습니다.

우리 단체도 말라리아 퇴치와 관련된 사업을 하고 있었기 때문에 제가 어느 정도는 관련 정보를 알고 있었는데도 처음 들어보는 이름이었습니다. 더구나 곤충학자였지요. 말라리아를 옮기는 것이 모기라는 곤충이긴 하지만 모기

자체를 어떻게 한다는 것인지 전혀 감을 잡을 수 없었습니다. 아무튼 요청이 있어 차후에 만나본 제임스는 아주 수수하고 실질적인 사람이었습니다. 보통 인터뷰를 요청하면 별것 없더라도 사무실에서 책상을 사이에 두고 명함을 주고받는 것으로 시작하는 것이 아프리카에서의 인터뷰라는 것입니다. 그런데 제임스는 포트 벨(Port Bell)이라는 수도 캄팔라에 붙어 있는 항구에서 만나자고 하는 것이었습니다. 한국에서 온 PD를 동반하고 그곳에 도착하니 제임스는 자신이 하는 일이 무엇인지 그 자리에서 호수를 들락거리며 설명을 시작했습니다.[3]

빅토리아 호수는 1990년 무렵부터 갑자기 불어난 부레옥잠(hyacinth) 때문에 골머리를 앓고 있었습니다. 부레옥잠은 재래 식물이 아니라 외부에서 온 외래 식물이었습니다. 부레옥잠의 원산지는 남미의 브라질이라고 알려져 있습니다. 물 위에 떠 있으면서 하얀 꽃을 피우는 부레옥잠을 보면 아름답습니다. 처음에는 아름다운 꽃이 왜 문제가 되나 궁금했습니다. 이 부레옥잠이 빅토리아 호수의 생태계에서 기하급수적으로 불어나면서 호수 면에 녹색의 양탄자를 깔아놓은 것처럼 눈이 닿는 곳까지 뒤덮을 정도가 되었습니다. 이 부레옥잠은 수면에서 들어오는 햇빛의 양을 줄여서 물고기의 서식환경을 뒤바꾸어놓기 때문에 어획량이 급격히 줄어듭니다. 게다가 호수에 양탄자처럼 퍼져나가면서 상당히 넓은 면적을 뒤덮으니, 르완다와 탄자니아, 케냐에서 흘러들어온 물이 우간다에서 시작하는 나일 강으로 흘러나가는 속도를 떨어뜨리면서 수질오염이 발생됩니다. 더 심각한 것은 부레옥잠의 군락이 말라리아 유충과 주혈흡충의 중간숙주인 물달팽이에게 더할 나위 없이 좋은 서식처가 된다는 것입니다. 말라리아는 아프리카에서 가장 많은 희생자를 만드는 질병이

---

3)　http://www.scidev.net/en/news/lake-victorious-weevils-defeat-water-hyacinths.html 참고.

고 주혈흡충은 서식하는 물에 들어온 사람들의 피부에 침투하여 여러 장기를 손상시키다가 결국에는 사망하게 만드는 무서운 기생충입니다.

제임스는 브라질의 아마존 강에서는 문제가 되지 않는 부레옥잠이 왜 빅토리아 호수에서 문제가 되는지 연구합니다. 그리고 그 결론이 브라질의 부레옥잠이 그렇게 급속히 번식하지 못하는 것에는 물바구미(weevils, 학명 Neochetina bruchi & Neochetina eichhomiae)가 존재하기 때문이라는 것을 알아냅니다. 참으로 생태계의 균형이라는 것은 신비롭습니다.

물바구미는 부레옥잠의 대공을 뚫어서 구멍을 내며 이를 통해 박테리아·바이러스가 식물 속으로 침투하게 됩니다. 이 구멍을 통해 물이 유입됨에 따라 부레옥잠이 더는 물에 잘 뜨지 못하고 서서히 가라앉으면서 죽는 것입니다. 제임스가 저희에게 보여준 것은 바로 물바구미에 의해서 노랗게 말라죽어가는 부레옥잠이 호숫가로 밀려와 가라앉아 썩고 있는 모습이었습니다. 직접 부레옥잠 한 덩어리를 들어 올리니 그 속에서 빅토리아 호수를 살려내고 말라리아와 주혈흡충으로 희생될 뻔한 많은 사람의 목숨을 살려내고 있는 물바구미를 볼 수 있었습니다. 제 눈에는 작은 하늘소같이 생겨서 꼬물거리고 있는 그 곤충이 바다같이 큰 빅토리아 호수의 무려 1만 2,000ha에 달하는 부레옥잠 군락을 제거했다는 것이 믿기지 않았습니다.

그러고 보니 우간다에서 말라리아 예방사업과 퇴치사업을 하면서도 빅토리아 호수 근처라고 해서 질병의 발병률이 더 높지 않다는 것을 미처 깨닫지 못했습니다. 숨은 공로자인 '제임스와 물바구미' 덕택이겠지요. 세계적으로 말라리아로 매년 2억의 인구가 감염되고, 이 중 100만 명 정도가 사망한다고 합니다. 그런 무서운 질병을 퇴치하기 위해 얼마나 많은 예산과 인력을 각국 정부, 국제기구, 비정부기구가 투입하고 있는지 모릅니다.

그런데 제임스는 자신의 연구 분야인 곤충을 통해서 혼자 해결하고 있었습니다. 물론 그도 호주의 한 연구소를 방문해서 파푸아뉴기니에서 부레옥잠의 문제를 해결한 선례를 보고 배워온 것이긴 합니다.

저에게 깊은 인상을 남긴 것은 아프리카의 문제를 UN이나 NGO들만이 염려하고 해결하려고 하는 것이 아니라 아프리카 정부에서도 해결을 위해 노력하고 있으며, 훨씬 더 창의적이고 장기적인 해결책을 실제로 찾아내었다는 사실이었습니다. 아프리카 정부의 무능하고 부패한 면만을 보고 비판하던 저에게 제임스는 물바구미를 통해서 저의 오만과 편견을 버리라고 말해주는 것만 같았습니다.

두 번째로 소개하고 싶은 스승은 캅초라라는 산골 지역에서 감자농사를 짓던 알렉스라는 청년입니다. 우간다 동부에는 케냐와 자연적인 경계를 이루는 해발고도 4,321m의 엘곤 산이 있습니다. 한라산처럼 정상에 칼데라 호수를 가진 사화산으로 구멍 숭숭 뚫린 거친 암석들로 덮여 있습니다. 3,000m 이상 되는 높은 곳에 고위평탄면이 존재합니다. 행정구역상 캅초라에 해당하는 이곳은 산이 높고 경사가 급한 곳이라 외부에서 접근하기 힘든 오지입니다. 산속 이곳저곳에 주민들이 조그만 촌락을 이루고 감자농사를 지으며 살고 있습니다. 이 지역주민들에게 가장 큰 문제는 나무를 너무 많이 베어내어 우기마다 산사태로 길이 끊기거나 인명손실이 자주 발생한다는 것입니다.

우리 단체에서 아동후원사업을 하던 피스와라는 마을이 바로 그런 마을 중 한 곳입니다. 그곳 아동들을 많이 후원하고 있던 미국 덴버의 한 교회에서 그 사실을 알고 산사태와 토양유실을 막을 나무를 심는 일에 사용해달라고 1만 달러의 기금을 보내주었습니다. 최초 계획대로 어린 묘목을 산림청 묘목장에서 구입해서 마을 주위에 심기 시작했습니다. 첫해에는 예산의 절반가량을 묘목을 구입해서 먼 엘곤 산 자락 피스와 마을까지 운반하는 데 사용했습니다.

그러던 어느 날 그 지역 책임자로 있는 직원이 키가 작고 새까만 그 지역의 시골청년을 데리고 캄팔라의 제 사무실을 찾아왔습니다. 그 청년의 이름은 알렉스였고 나이로비에서 임학을 전공한, 그런 두메산골에서는 보기 드문 인재였습니다. 그러나 공부를 마친 후 직장을 구하지 못하고 다시 고향에 돌아와서 전과 같이 감자농사를 짓고 있었습니다. 그러다가 우리 기관에서 산에 나무를 심는 일을 본 것입니다. 알렉스가 저에게 부탁한 일은 나무를 심는 식수사업을 전적으로 자기에게 맡겨달라는 것이었습니다. 예산을 묘목을 사오는 데 쓰지 말고 묘목장을 만들면 적은 비용으로도 훨씬 많은 묘목을 길러낼 수 있다고 했습니다. 그리고 그 일을 급여를 주지 않아도 좋으니 믿고 자신에게 맡겨달라는 것이었습니다.

제 어깨에도 미치지 않는 작은 키, 떠듬거리는 영어, 초췌한 용모, 진흙투성이의 장화를 신고 나타난 알렉스의 말을 믿고 이미 전임자에 의해 결정되었고 미국 본부에서도 승인된 사업계획과 예산을 전면적으로 수정하고 다시 승인을 받아야 하는 번거로움을 생각하니 선뜻 내키지 않았습니다.

그러나 열심히 설명하는 알렉스의 눈은 마치 빛을 뿜어내는 듯 초롱초롱했습니다. 새벽에 출발해도 밤에 간신히 도착하는 먼 거리를 찾아와서 급료가 없어도 좋으니 일만 맡겨달라는 알렉스의 열정에 반해서 결국은 한 번 해보라고 대답했습니다. 미국에 연락해서 계획을 수정하고 다시 허락을 얻어내는 번거로운 일은 결국 제가 해야 했고요.

알렉스는 물이 흐르는 계곡의 비탈에 계단식으로 깎아서 묘목장을 만들었고 그 옆에 자기가 살 움집을 지었습니다. 마을 주민들을 동원해서 아침저녁마다 계곡의 물을 길어다 묘목에 물을 주고 한낮에는 강한 햇볕을 가리는 가림막을 폈다가 해가 지면 다시 걷는 그 일을 반복하는 것이었습니다. 그리고 우간다 전역을 찾아다니면서 여러 가지의 수종의 나무 씨앗을 구해오고는 했습니다. 식수사업을 시작한 지 2년차가 되던 해부터 사업을 완전히 알렉스에게 맡겼습니다. 이 후 2년 동안 알렉스는 마을 일대에 나무를 다 심은 것은 물론이고 계단식으로 된 일대의 밭두렁에 나무를 모두 심어 토양유실을 막기 위한 작업까지 끝냈습니다. 알렉스는 저에게 약속한 것보다도 훨씬 더 많은 일을 혼자 해냈습니다.

이후 엘곤 산 일대의 다른 마을에서도 알렉스를 찾아와 묘목을 사가기 시작했습니다. 이익금은 마을의 공동기금으로 들어갔고 묘목장을 유지하기 위한 비용 외에도 알렉스에게 일정한 보수를 지불하기 시작하던 무렵 제 임기가 끝나 우간다를 떠나게 되었습니다. 그러나 그 일은 이제 저나 우리 단체가 필요 없는 완벽한 마을의 사업이 되었습니다. 엘곤 산이 다시 그 원래의 숲을 회복할 때까지는 계속될 수밖에 없는 사업일 겁니다.

고도가 높아 늘 싸늘한 고지에서 묘목장을 돌보던 키 작은 새까만 알렉스의 모습은 제가 그 마을을 방문할 때마다 항상 그곳에 있었습니다. 자기 마을 사람들에게 꼭 필요한 일이고 자신이 잘할 수 있는 일을 할 수 있었던 알렉스는 그 고된 일을 기쁜 마음으로 잘 감당해주었습니다. 만약에 제가 최초 계획대로 한다고 묘목을 구해다 심는 식으로 일을 했더라면 묘목을 사는 일에만 돈을 쓰는 것이 아니라 나무를 심는 일조차도 마을사람들에게 임금을 지불했었어야 할 겁니다. 아마 앞에서 언급한 그런 마을의 자발적인 변화는 아예 생각도 하지 말았어야 할 일이었을 겁니다. 당시 심은 나무의 숫자가 정확히 기억나지 않습니다만, 묘목장을 통해서 최초 계획보다 훨씬 더 많은 나무를 심을 수 있게 된 것은 불문가지의 일입니다. 나중에 전해들은 이야기로는 우간다 산림청(National Forest Authority: NFA) 직원들이 현장을 다녀갔고 그 정도 규모면 우간다에서 두 번째 규모의 묘목장일 것이라고 했다는군요.

제가 이 사업을 잊을 수 없는 이유는 알렉스 한 명의 헌신으로 바뀐 마을사람의 적극적인 태도 때문이었습니다. 그런 자발성은 그 이전에도 여러 사업을 해보았지만 본 적이 없는 것이었기 때문입니다. 그전에는 언제나 모든 일을 기관이 다 해주어야 하고 주민들은 끊임없이 바라기만 했습니다.

귀에 못이 박히도록 주민들에게 의타심만 길러줘서는 안 된다는 이야기만 해주었지 실제로 그렇게 되지 않는 구체적인 방법은 들어보지 못했습니다. 참여적 사정기법(participatory rural appraisal: PRA)을 해보시고 주민 회의를 해보십시오. 동네 주민회의에 주민이 참석하는데 여러분에게 교통비와 일당을 달라고 할 것입니다. 먼 길을 마다하지 않고 제 사무실을 찾아와 준 알렉스는 제가 미국의 대학원까지 찾아갔어도 배울 수 없었던 공부를 하게 해주었습니다. 알렉스야말로 저에게는 진정한 개발학 교수님이십니다.

마지막으로 소개하고 싶은 스승은 음발레의 부푸쿨라라는 조그만 마을의 촌장 삼손(Samson) 영감님이십니다. 성함은 성경에 나오는 천하장사의 이름인데, 막상 만나보면 깡마른 체구와 하얀 백발에 이빨은 거의 다 빠진 촌로의 모습입니다. 아동후원사업의 연간 예산이 아동후원금에 의존하는 것이다 보니 이것저것 다하기에는 예산이 모자라 최대한 안전하게 운영하려고 애쓰게 됩니다. 매년 우선순위에 따라 하나씩 마을의 어려운 문제들을 해결합니다. 새로 사업을 시작한 그 마을에서는 초등학교에 식수가 없어서 아이들이 물을 마시지 못하고 씻지 못하는 상황이었습니다. 그래서 첫해 사업 중에서 우물을 뚫고 핸드펌프를 설치하는 데 8,000달러의 예산을 책정했습니다. 그 지역 책임자인 모제스 모얄레(Moses Mwyale)는 아주 유능하고 경험이 많은 사람이어서 알아서 모든 일을 잘 진행할 수 있는 믿음직한 직원입니다. 그런데 하루는 그런 모제스가 저에게 이미 그 회계연도가 시작되었는데도 우물을 설치하는 사업을 재조정할 필요가 있다는 말을 합니다. 신경질이 나지요. 전년도에 자신이 올린 사업계획을 근거로 캄팔라 사무실에서 예산을 확보하고 본부의 승인을 다 받아놓았는데, 해를 넘겨 사업이 시작된 후에 수정하자고 건의하는 것은 신참들이나 할 만한 실수이기 때문입니다.

모제스의 변명인즉슨 마을의 촌장님이 우물을 뚫는 일을 결사반대한다는 것입니다. 그 촌장님의 성함이 삼손이라는 것을 그때 처음 알았습니다. 저는 그냥 단순히 자주 등장하는 골칫거리 중 하나인 마을의 리더십 문제라고 판단을 했습니다. 반대하는 이유가 무엇인지 금방 알 수는 없지만 통상 영감님들의 괴팍스러운 행동은 가끔씩 일어나는 일이기도 했습니다.

그래서 저는 모제스에게 '아니 그까짓 영감 한 명을 설득하지 못해서 일이 꼬이게 만듭니까?'라고 대꾸했습니다. 그러자 모제스는 차근차근 설명을 합니다. 삼손 촌장님은 자신을 데리고 마을 이곳저곳을 다니면서 고장이 나서 못 쓰게 된 우물을 몇 군데 보여주었다고 합니다. 이 우물은 모 NGO가 설치했고 저 우물은 또 다른 모 NGO가 설치했고, 그리고 몇 년 후에는 고장이 나서 막히고 하면서 사용하지 못하게 되었는데 우물만 자꾸 뚫지 말고 좀 더 항구적인 해결책을 찾아야 한다고 했다는 것입니다. 그리고 삼손 촌장님은 그 마을에서 3~4km 떨어진 지방 국도 옆으로 수원지에서 음발레까지 식수를 공급하는 상수도관이 지나간다는 사실을 알려주었다고 합니다. 자기 마을에서 그 상수도관까지 이을 수 있는 파이프를 지원해준다면 그다음부터는 자기가 알아서 하겠다는 것입니다. 즉, 새로운 우물을 설치하지 말고 그 대신에 파이프를 사주면 그보다 나은 상수도를 설치하겠다는 것입니다.

듣고 보니 그 영감님의 이야기가 백 번 지당한 말씀이었고 계산해보니 파이프를 사는 데 드는 비용은 5,000달러가 채 되지 않았습니다. 비용이 예산보다 적게 들어가는 상황이었지요.

결과부터 말씀드린다면 그 일은 이루어졌습니다. 삼손 촌장님은 시 당국 수도과에 매일 출근해서 말 그대로 드러누웠습니다! 그리고 그 마을사람들은 합심해서 그 먼 거리를 깊은 고랑을 파고 관을 묻었습니다. 수도국 기사들이 나와서 학교까지 파이프를 잇고 물이 나오도록 공사를 마무리해주었습니다. 진짜 놀라운 변화는 그 이후에 일어났습니다. 초등학교 급수대까지 이어놓은 상수관에 마을사람들이 집집마다 각자 스스로 돈을 내어 관을 사고 수도 계량기를 설치하여 자기 집까지 물을 끌어가기 시작한 것입니다. 물론 모든 비용은 자부담이었고요.

만약 우리 단체에서 처음부터 나서서 음발레 시 수도국과 그 방안을 논의했더라면 성사되기도 어려웠을 것이고, 설사 승낙을 받았다고 해도 그 모든 자재비용 외에 수도국 인건비용까지 모든 것을 다 부담했어야 했을 것입니다. 그리고 긴 도랑을 파고 수도관을 연결해야 하기에 별도의 인건비가 들었거나 중장비를 대여하는 비용을 지불했어야 했을 겁니다. 집집마다 상수도를 연결한다는 것은 엄두도 내지 못했을 것입니다.

그런데 결과적으로 우리 기관에서 한 일은 5,000달러어치의 PVC 경화 파이프를 구입해준 것뿐이었습니다. 나머지는 삼손 영감님이 다 일구어내신 일이고 마을사람들은 자신들의 눈앞으로 수도관이 지나가자 어디서 나왔는지 모르지만 돈을 내어 집에 수도꼭지를 설치했다는 것입니다. 단돈 5,000달러로 마을의 식수 문제를 해결해본 것은 그때가 처음이자 마지막입니다.

마을에는 삼손 영감님같이 오랜 경험을 통해 우리와 같은 기관들의 장단점을 정확하게 알고, 어떻게 활용해야 하는지도 알며, 자신이 살아가는 마을의 문제에 대해 좀 더 장기적인 안목에서 해결책을 찾을 수 있는 혜안을 갖고 있으며, 힘든 일이지만 열정을 갖고 장애를 극복해가는 분이 계십니다. 어디에나 있다고 할 수는 없겠지만 자신과 자신이 살아가는 땅을 사랑하는 지혜로운 지도자는 있기 마련입니다.

자신들이 속한 땅에서 풍상과 고난을 이겨내며 살아남은 나무는 현재 그곳에서 뿌리를 내린 나무들입니다. 비록 우리 눈에는 무성해 보이지 않는다 하더

라도 그 모습은 지금의 그 땅에서는 가장 적합하게 순응된 형태일 것입니다.

곤충학자 제임스의 물바구미, 청년 알렉스의 노크 소리, 고집불통 삼손 촌 장님의 호통 속에서 바람직한 변화의 밑그림을 찾을 수 있다면 우리는 진정 행복한 개발의 일꾼들입니다.

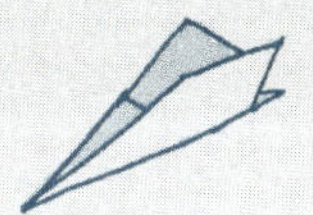

지역개발

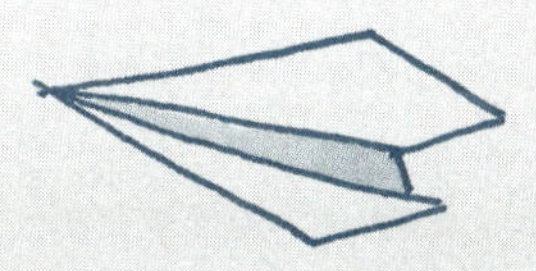

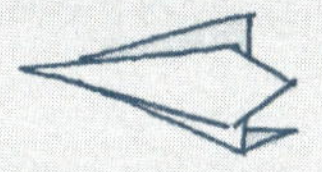

100여 년의 노예생활과 가난을

이겨내기 위한

엑스 까마이야스 마을

개발 이야기

:: 고성훈 ::

사회복지를 전공한 저자는 2000년 9월부터 굿네이버스 아동
보호전문기관 상담원으로 일하기 시작했다. 굿네이버스의 해
외 사업장에 관심이 있던 차에 2005년 10월 파키스탄 대지진
긴급구호 팀으로 파견되어 6개월간 재건복구사업을 진행하
고, 2006년 6월 국경을 접하고 있는 아프카니스탄 지부장으
로 파견되었다. 아프가니스탄에서 전쟁 이후 재건복구사업의
연속으로 보건의료 및 여성인권, 아동교육을 중심으로 하는
사업을 진행했다. 2007년 아프카니스탄에서 한국 봉사 팀이
피랍되는 사건이 발생하여 한국 단체가 모두 철수하는 상황
속에서도 지속적이고 지역사회 중심의 개발사업에 대한 열망
으로 2008년 11월 네팔로 파견되어 현재까지 일하고 있다.

1. 시작하는 이야기

현장에서 일하다 보면 한 번쯤 '지역개발이란 무엇인가'라는 답도 없는 고민에 빠지는 순간이 있습니다. 우리가 최선을 다해 노력한 결과와 우리가 생각한 가치의 갈등은 늘 현장에서, 사업진행 과정마다 나타나기 때문입니다. 그럴 때마다 저는 제 자신에게 묻습니다.

'정말 우리가 이 지역사회에서 보고자 하는 개발이란 무엇일까? 우리와 함께하는 이 지역사회는 변화의 가치를 어떻게 생각하고 있을까? 오히려 우리가 이들의 가치를 훼손하고 방해하는 것은 아닐까? 아니면 잘못된 인식을 전하는 것은 아닐까?'

이런 고민에 빠지면 현장에서 주민들 만나는 것이 두려워지고, 직원들에게도 자신감 없는 모습을 보여주게 됩니다. 하지만 적어도 한두 번은 이런 고민에 빠져들게 됩니다. 과연 개발이 무엇일까요?

'네팔' 하면 흔히 높은 산과 만년설이 덮인 히말라야를 떠올립니다. 하지만 지금부터 제가 이야기하고자 하는 곳은 네팔 서남부 밀림 지역에 위치하고 있습니다. 여름 기온이 46도를 넘나드는 열대우림기후, 거대한 나무와 수많은 야생 동물, 그리고 순박하고 착한 사람들이 자연과 함께 살아가는 곳, 바로 꺼이날리 퍼트레이야입니다. 그리고 굿네이버스가 네팔에서 진행하는 16개의 지역개발사업장 가운데 이런 고민을 가장 많이 한 사업장 중 한 곳이기도 하지요.

꺼이날리 퍼트레이야는 100여 년의 오랜 노예 생활에서 벗어나 해방을 맞은 엑스 까마이야스(ex-Kamaiyas, 해방노예)가 각 종족대로 촌락을 만들어 정착한 곳입니다. 이곳에서 사업을 시작한 것이 5년 전의 일이니, 굿네이버스는 이들이 노예 신분에서 벗어난 지 10년째 되던 해부터 함께 일해온 셈입니다.[1]

대부분의 주민은 해방 때 정부에게서 받은 땅에 집을 짓고 살고 있습니다. 하지만 그 땅은 그저 집 한 채 지을 수 있는 정도. 자그마한 농사를 지을 만한 여유 공간도 없었습니다. 즉, 수익을 만들어 생계를 유지할 수 있는 방법이 전혀 없는 상태로 해방을 맞이한 것입니다. 그들은 먹고살기 위해서 다시 옛 지주의 땅으로 돌아가 일을 하거나 일용직을 찾아 도시로 나가야 했습니다. 해방 전과 다를 바 없이 반복되는 빈곤의 악순환이 그대로 드러나는 곳입니다.

굿네이버스가 꺼이날리 퍼트레이야에서 사업을 시작한 게 5년 전이라고 했습니다. 짧다면 짧고 길다면 긴 기간. 굿네이버스의 사업 운영 전략상 한 번의 사이클이 끝나고 새로운 계획과 전략이 필요한 때, 5년. 저는 지난 5년간 지역 주민과 함께 웃었던 이야기, 울었던 이야기, 그리고 지역사회에서 들은 아쉬움과 '원망'에 대해 나누고자 합니다. 무슨 일이든 적극적으로 돕고 지원하던 주민들의 이야기, 바로 그들에 관한 이야기입니다.

1) 그러나 가난은 계속된다

이곳은 식량부족 지역이 아닙니다. 들마다 곡식이 풍성하게 자라 여뭅니다. 다만 황금빛 곡식이 너울춤을 추는 대부분의 땅이 일부 몇몇의 소유이고, 대부분의 주민은 몇몇의 땅에서 일을 하는 소작농일 뿐입니다. 사실 소작농이 된 것도 얼마 되지 않았습니다. 그전에는 100여 년을 넘게 노예로 살아왔기 때문입니다.

마오 전쟁[2]이 전국을 휩쓸고 지나가면서 네팔 사회는 커다란 변화를 겪었

---

1) 네팔에서는 그전부터 노예제도에 반대하는 '까마이야 무브먼트(Kamaiya movement)'라는 단체를 중심으로 노예해방운동을 진행해왔으며, 2000년 7월 17일, 네팔 정부의 공식 발표를 통해 노예 제도는 폐지되었고 모든 노예는 해방되었다.

습니다. 네팔 평야 지역에 남아 있던 노예 제도도 이러한 변화를 따라 사라졌습니다. 노예였던 사람들은 '엑스 까마이야스'라는 이름의 '자유인'으로 그 신분이 바뀌었고, 정부는 이들에게 작은 땅을 배분했습니다. 아직 땅을 받지 못한 사람들이 무허가 주거촌을 형성하고 모여 살고 있긴 하지만, 이미 80% 이상의 해방 노예가 자신의 땅 위에 집을 짓고 살아가고 있습니다.

그러나 사람이 살아가는 데 필요한 것이 어찌 '자유인'이라는 신분과 집 한 채 지을 수 있는 작은 땅뿐이겠습니까. 돈도 벌어야 하고, 자녀를 교육해 미래를 준비할 수 있게 해야 하고, 가족의 건강을 보살펴야 하며, 더 나은 삶을 위해 해야 할 준비가 얼마나 많은지요. 하지만 이런 필요들을 지원하는 곳은 그 어디에도 없었습니다. 그들 스스로 찾고 만들어내야 하는 삶의 숙제가 너무 많았습니다.

갑자기 버거운 인생의 문제들에 직면하자 몇몇은 이전의 노예의 삶을 그리워하기도 했습니다. 스스로 노예와 같은 삶으로 돌아가는 이들도 있었죠. 습관과 익숙함은 새롭게 펼쳐진 세상에 적용할 수 있는 가장 안전한 선택이기도 하니까요.

그렇게 가난은 계속됩니다. 그래서일까요. 노예 신분으로 있었을 때보다 자유인이 된 지금, 무언가는 분명히 변했지만 삶의 수준은 별로 다를 것이 없다고 말합니다. 문제는 가난입니다. 소작농으로 일해서는 배부르게 먹을 수도 없고, 아이들을 학교에 보내는 것도 힘들고, 아파도 병원에 가는 일이 쉽지 않

---

2) 1996년 2월 공화국 건설을 목표로 하는 네팔 공산당 모택동주의자들(Maoists)이 정부에 대해 '인민전쟁'을 선포함으로써 네팔 내전이 시작되었다. 네팔 내전의 주요 원인은 빈곤과 불평등이라는 사회경제적 요인에서 비롯된 것으로 판단되고 있습니다. 2006년 4월 대규모 민주화 시위에 굴복한 갸넨드라 국왕이 정권을 7개당 연합(SPA)과 하원에 이양한 후, 2006년 11월 평화협정이 체결되면서 12년 동안 1만 4,000여 명의 사상자를 기록한 내전이 공식적으로 종료되었다.

기 때문입니다.

이 마을에 굿네이버스가 찾아왔습니다. 그리고 일을 하기 시작했습니다.

2) 지역주민을 만나다

지역개발을 하겠다고 들어왔는데, 무엇을 해야 할지 우리도 지역사회도 잘 알지 못했습니다. 단체는 그마다 사업의 방향성과 전략이 있기 때문에 별다른 고민 없이도 사업을 시작할 수 있습니다. 굿네이버스 역시 1:1 아동결연을 기반으로 하는 아동교육지원과 가정지원 및 지역사회지원을 전략화한 지역개발 사업에 대한 매뉴얼이 있으며, 효율적으로 사업을 진행할 수 있는 여러 가지 방법이 있기 때문에 딱히 고민할 필요도 없습니다. 그리고 솔직히 이러한 접근과 사업 또한 보편적인 지역사회 문제를 해결하는 데 큰 도움을 줄 수 있습니다. 이제까지 경험과 노하우가 축적되어 있는 방법이니만큼 가시적인 효과도 금방 드러날 수 있습니다. '별다른 고민 없이 사업을 시작한다'는 것이 개발에 대한 철학의 부재나 방향성 결여를 뜻한다는 말이 아닙니다. 다만 지역주민의 힘을 키우는 개발, 그들이 스스로 해나가는 개발이라는 입장에서 볼 때 이러한 '고민 부족'은 나중에 여러 가지 문제를 야기할 수 있습니다. 너무 익숙해서 인지하지 못하는 그런 문제들 말입니다.

어떻게 보면 굿네이버스나 지역사회는 모두 아동교육지원 외에 무엇을 먼저 시작해야 할지에 대해 잘 몰랐던 것 같습니다. 그래서 우선 지역사회조사를 통해 학교를 다니는 아이들과 다니지 않는 아이들을 구분하고, 학교를 다니는 아이들은 얼마나 자주 학교에 가는지, 안 다닌다면 왜 그런지 자료를 조사·정리했습니다. 그리고 가능한 모든 아이가 학교에 다닐 수 있도록 부모를 만나 지원을 약속하는 것 등의 일부터 시작했죠. 이제까지의 경험으로 볼 때,

아동교육지원은 지역사회에서 관심을 가장 쉽게 이끌어내고, 적극적인 호응을 받는 사업 중 하나입니다. 사업의 효과도 빠르게 보여줄 수 있고요. 하지만 5년이 지난 지금 이 글을 쓰면서 생각해보면 사업을 시작할 때 더 많이 고민하지 못한 것이 아쉽기만 합니다. 물론 지금이라고 해서 별달리 대단한 것을 고민하며 시작하는 것도 아닙니다만, 단지 다른 사업장도 그렇듯이 이 꺼이날리 퍼트레이야 사업장도 사업에 착수하고 확장해나갈 때 더 많은 고민이 필요한 것은 아닐까 하는 아쉬움에 대해 이야기하는 것입니다.

어쨌든 그렇게 사업은 시작되었습니다. 학교와 지역사회를 중심으로 지역조사와 미팅을 진행해나갔습니다. 지역사회의 추천과 현지조사를 거친 뒤 지원이 필요하다고 판단된 아이들에게는 교복과 가방, 학용품 같은 교육 물품을 지원했고, 지역학교에는 부족한 기자재를 지원하는 한편, 지역정부 교육부처와 함께 교사 교육과 같은 다양한 프로그램을 진행했습니다. 기존의 학교에서 진행하지 못한 음악수업이나 미술수업 등을 편성하고, 소풍이나 체육대회 같은 체험 프로그램도 운영했습니다.

전반적인 아동교육지원의 방향을 잡아나가자, 진행속도는 생각한 것보다 더 빨랐습니다. 아이들을 위한 직접 지원사업이다 보니 그 효과 또한 매우 빠르게 나타났습니다. 각 지역사회에서 부모가 자녀를 데리고 굿네이버스 사무실에 찾아와 지원을 요청하기도 했습니다. 하지만 지원대상아동의 선발은 지역사회 내 교육위원회와 굿네이버스의 가정방문을 통해 이뤄졌고, 철저한 검증을 하려고 노력했습니다. 지금 돌이켜보면 얼마나 명확한 기준을 세우고 이를 준수했는가에 대한 고민은 있지만, 이를 지키기 위해 확실히 꽤 많은 노력을 기울였습니다.

지원 결과, 2009년 꺼이날리 지역에서만 4,000여 명의 아동을 지원할 수 있게 되었습니다. 이 지역에서 가난과 가정 문제로 학교를 다니지 못한 대부분

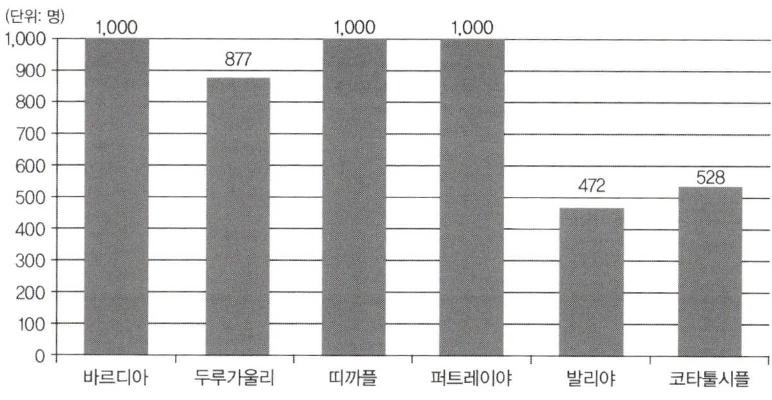

그림 1. 2010년 후원아동 수

의 아이가 학교를 다닐 수 있게 되었습니다.

2009년은 지역사회를 조사하여 각 가정을 방문하며 지원대상아동을 선발·지원하고, 학교를 방문하여 프로그램을 진행하는 것만으로도 벅찬 한 해였습니다. 그러나 아이들이 당장 학교를 다 다닐 수 있게 되었다고 해서 우리가 이 지역의 문제를 해결했다거나 지역개발을 이뤄낸 것은 아니었습니다. 지역개발 중에서 교육지원 부분 중 일부만을 해낸 것이었죠. 우리가 이곳에서 지역사회와 함께 해결해야 할 그 '무엇'인가는 아직도 너무나도 많이 남아 있었습니다.

2. 함께 웃었던 이야기: 어머니들의 힘은 소득 증대로 나타난다

1) 어머니들을 만나다: 두려운 시작, 그러나 모두 다 놀란 일

꺼이날리 지역의 특징은 인도와 국경을 접하고 있다는 것입니다. 마음만

먹으면 인도 국경을 넘는 일은 한두 시간이면 충분하죠. 인도는 네팔인에게 비자는커녕 여권을 요구하지도 않습니다. 그냥 오가도 전혀 문제가 없는 것입니다. 그래서 특별한 농사일이 없는 비수기가 되면 꺼이날리의 모든 남자는 일용 노동직을 구하러 인도 국경을 넘습니다. 이 시기가 되면 지역사회에는 노인들과 여성들, 그리고 아이들만 남아 있습니다. 지역사회 미팅을 하면 대부분의 참석자는 어머니들이었고요.

초기에 지역주민과의 미팅은 좀 답답했습니다. 하고 싶은 게 있는지도 모르겠고, 의지가 있는지조차도 모르겠더라고요. 무언가를 하자고 이야기해도 반응이 나타나지 않았습니다. 초창기라면 '지역사회와의 신뢰 문제인가'라는 생각을 했겠지만, 우리는 당시 이미 1년 넘게 이 지역에서 교육지원사업을 진행하던 상황이었습니다. 아이들의 교육 문제에 대해서는 다양한 의견과 적극적인 모습을 보여주던 어머니들은 소득증대와 관련해서는 묵묵부답이었습니다. 관심이 없지는 않을 텐데, 솔직히 이해하기가 힘들었습니다. 네팔 현지 직원들은 이에 대한 이유를 오랜 기간을 노예로 살아왔기 때문에 그럴지도 모른다고 이야기했습니다. 왜 그럴까, 이 사업이 마음에 들지 않는 걸까, 다른 이유가 있는 걸까, 수많은 논의가 있었습니다. 하지만 답은 나오지 않았습니다.

그렇다고 이렇게 멈출 수는 없었습니다. 몇 번의 미팅을 진행하는 동안 여러 가지 제안을 내놓았습니다. 양계장, 양어장, 염소 대부 등 다른 사업장에서 진행하는 사업부터 신규 사업까지 갖가지 사업을 이야기했습니다. 지역사회와 논의하고 싶었지만 반응은 미지근할 뿐이었습니다. 그 뒤로도 몇 번의 미팅을 가진 끝에 양어장을 통한 소득증대사업의 밑그림이 그려지기 시작했습니다. 엑스 까마이야스 마을에서 차로 1시간 정도 이동하면 큰 강이 있는데요, 그 주변에는 물고기 요리를 주로 하는 음식점이 모여 있습니다. 처음에는 큰 강에서 잡은 물고기로 요리를 했지만 점점 어획량이 줄어들면서 대부분 근처 지역주민이 운영하는 양어장에서 물고기를 가져온다고 하더군요. 시장이 확보된 상황에서 시작하는 사업인 것입니다.

구체적인 양어장 운영사업에 대한 이야기가 시작되면서 기본 시설투자비용은 굿네이버스가 지원하는 대신 지역사회에서는 노동력을 제공해야 하며, 향후 발생하는 모든 수익은 지역사회가 가져간다는 내용이 논의되기 시작하자 주민들의 태도가 갑자기 달라졌습니다. 나중에 알게 된 사연인즉, 이제까지 이 지역에서 다양한 NGO가 소액대출[3]을 활용한 갖가지 소득증대사업을 진행했는데요, 진행상에 어려움이 생기거나 좋은 결과가 나오지 않으면 결국 주민들이 빌린 금액이 고스란히 빚으로 남는 경우가 많았다고 합니다. 어찌 보면 NGO와 지역사회가 함께 노력하면 할수록 더 가난해지는 경험을 했던 것이죠.

반응이 미지근했다고 하기는 했지만, 앞선 경험들을 생각해보면 그들의 반응은 꽤 적극적인 것이었을 수도 있겠습니다. 사실 여러 가지 제안 중에 양어장을 운영하고 싶다며 사업을 결정한 것도 지역사회였고, 운영에 대한 다양한 아이디어를 제안한 것도 모두 그들이었으니까요. 지역주민과 미팅을 진행하면서 양어장 부지는 공동 소유인 숲으로 하기로 했고, 양어장을 만드는 노동력 역시 주민들이 담당하기로 했습니다. 대신 굿네이버스는 치어 6,000마리와 펌프 1대, 물을 이동시킬 호스를 지원하기로 했습니다. 물고기 밥을 어떻게 만드는지 등에 대한 교육도 제공하기로 했습니다. 돼지 배설물이 물고기의 좋은 먹이가 된다는 주민들의 말에 양어장 위쪽으로 돼지를 세 마리씩 키우기로 했습니다. 숲속의 벌레들이 물에 빠져 먹이로 사용되도록 양어장 주변에

---

3) 소액대출(micro loan/micro credit)은 빈곤계층의 소규모 사업지원을 위한 무담보 소액대출 프로그램이다.

전구를 설치하자는 의견에 그렇게 하기로 했습니다. 모든 아이디어와 의견은 지역사회가 제안한 것입니다. 굿네이버스는 그들이 그렇게 할 수 있도록 힘을 나누어줄 뿐이었습니다.

드디어 주민들이 모여 양어장을 만들기로 한 날이 되었습니다. 아침 일찍 양어장을 만들 숲으로 나갔습니다. 어느새 모여 있는 지역주민의 손에는 손바닥보다 작은 호미 같은 도구와 냄비 같은 작은 양동이가 들려 있었습니다. 그들의 장비는 삽도, 커다란 곡괭이도 아니었습니다. 저 작고 허름한 것으로 땅을 파겠다니. 우리와 지역사회가 만들기로 한 양어장은 너비도 넓고 깊이 또한 2m 이상 파 내려가야 하는 큰 작업이 될 텐데요. '이걸 언제 다 파겠나?' 마음이 심란하기 그지없었습니다. 남자들도 거의 없는 이 상황에서 제대로 된 장비도 없이 이렇게 큰 양어장을 어떻게 만들 수 있을까. 그저 생각하는 것만으로도 쉽지 않았습니다. 긴 한숨이 끊이지 않았습니다.

해가 조금 떠오르자 어느새 기온은 40도를 넘어가고 있었습니다. 서 있는 것만으로도 피곤한 오전이었습니다. 그저 지켜볼 수만은 없었는지 직원들이 하나둘 주민들 틈으로 들어갔습니다. 손에 작은 냄비를 들고 같이 파기 시작했습니다. 저도 들어갔습니다. '지역개발은 지역주민의 처절한 노력을 담보로 하는구나' 싶었습니다. 또 깊은 한숨이 나옵니다. 그래도 지역주민은 웃습니다.

5일째 되던 날, 연락이 왔습니다. 양어장을 거의 다 팠으니 물을 넣을 수 있도록 펌프를 설치해달라는 것입니다. 순간 '불가능한 일일 텐데'라는 생각이 머릿속을 스쳐 지났습니다. 일단 양어장 부지로 나갔습니다. 우리가 도착했을 때, 정말로 이미 거의 모든 과정이 끝나 있었고, 수십 명의 여성과 아이가 줄을 지어 주변에 남아 있는 흙을 옮기는 마지막 작업을 하고 있었습니다. 불가능한 일이라고 생각되었던 그 일을 마무리 짓고 함께 모여 웃고 떠들고 있는 지역주민의 모습은 마치 천진난만한 아이들과 같았습니다. 그 모습을 보고 있

사진 1. 양어장 만드는 모습

자니 저도 덩달아 웃음이 나더군요.

드디어 여성들의 마지막 작업이 끝이 났습니다. 몇 명의 남성이 모터펌프 파이프에 호스를 연결하니 콸콸 터져 나온 물이 양어장 안으로 쏟아져 들어가기 시작했습니다. 지역주민들의 박수소리도 그치지 않았습니다. 그렇게 꼬박 5시간 넘게 물을 뽑아 올려 양어장에 가득 채웠습니다. 이제 한 주 정도 있다가 치어를 풀 예정이라고 말하는 지역주민의 입가에 함박 미소가 드리웠습니다. 양어장 주위에서 아이들의 뛰노는 소리와 여성들의 웃음소리는 그 이후로도 한참 동안 이어졌습니다.

놀랄 만한 일이었습니다. 그렇게 소극적이던 지역사회가 이렇게 큰 양어장을 단기간에 만들었다는 것은 믿기 힘들 만큼 대단한 일이었습니다. 의견을 내는 것에도 주저하고 꺼리던 지역사회가 작은 호미 몇 자루와 양동이, 그리고 두 손으로 단 5일 만에 이 일들을 이루어낸 것입니다.

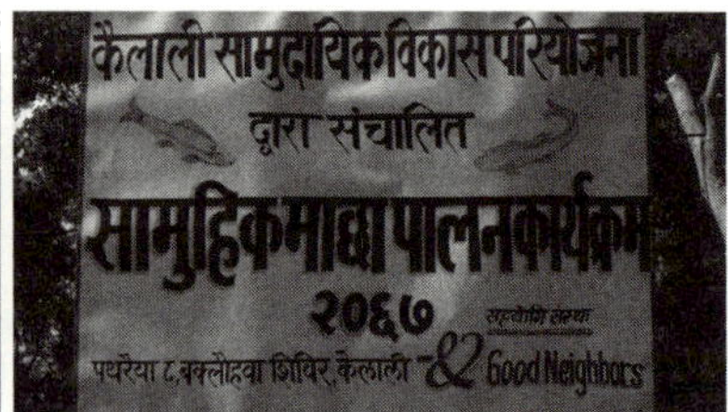

사진 2. 양어장

분명한 것은 지역주민과 대화를 나누고 사업을 준비하는 기간에 우리 사이에는 의사소통에 문제가 있었다는 사실입니다. 굿네이버스가 그들에게 깊은 신뢰를 주지 못했다는 점도 있었습니다. 도대체 무엇이 문제였을까요? 참 많은 고민을 했습니다. 불가능해 보이던 일도 이렇게 열심히 해내는 지역주민이 처음에는 왜 그렇게 시큰둥하게 반응을 보이지 않았던 것일까. NGO와 지역주민이 서로를 신뢰하는 것은 사업을 진행하는 데 가장 중요한 요소인데 말입니다.

더 솔직히 말하자면, 맨 처음 이 논의가 진행될 때 저는 개인적으로 걱정이 앞섰습니다. 지역주민의 수는 많은데 양어장 두세 개로 소득증대가 일어날 수는 있을 것인지, 소득은 어떻게 분배할 것인지, 양어사업을 통해 지역사회에 기대와 소망을 일으킬 수 있을지 …… 자신이 없었습니다. 책임자로서, 더 크고 멋진 사업을 해야 한다고 생각했던 것 같습니다. 이 양어장사업은 첫 시작이라는 의미 정도면 된다고 생각했고, 그렇게 큰 기대도 바람도 없었던 것 같습니다.

이렇게 제 자신을 돌아본 그날 밤, 잠이 오지 않았습니다. 우리는 도대체 무엇을 지역개발이라 부르고, 어떤 사업이 지역주민을 개발한다고 생각했던 것일까요. 창피했습니다. 깊은 부끄러움에 쉽사리 잠들 수 없는 긴긴 밤이었습니다.

'그 이후 양어사업은 잘 진행되었습니다!'라는 결론이면 얼마나 좋을까요. 첫해 물난리가 나면서 6,000여 마리의 물고기 중 상당수가 떠내려갔다고 합니다. 양어장을 더 깊이 팠어야 했던 것입니다. 양어사업지역 대표들이 모여서 회의를 하더니 건기가 되면 남은 물고기를 팔고 나서 양어장을 더 깊이 파겠다고 제게 말했습니다. 왜 그들은 이 말을 하면서 미안해할까요? 실질적으로 손해를 입은 건 지역사회인데 말입니다. 그래도 지역주민은 웃습니다.

그 일 이후 양어사업은 순조롭게 진행되었습니다. 개인 양어장도 몇 군데 더 생겼고요. 다섯 가정이 모여 사업을 시작하면 굿네이버스는 치어와 펌프를 지원합니다. 하지만 양어사업의 성공도 한계가 있었습니다. 너무 많은 주민이 양어장만을 바라보고 있는 것이었습니다. 모든 지역주민이 양어장을 운영할 수는 없는 일이니까요.

우리에겐 또 다른 '무언가'가 필요했습니다. '대안' 말입니다. 양어사업은 여성들과의 논의를 통해, 그들의 힘으로 진행된 사업이었기 때문에 이번에는 남성들과 미팅을 진행하기로 했습니다. "공장을 지어주세요." 무엇을 만드는 공장인지, 어떤 걸 하고 싶은지에 대해선 영 답이 없었습니다. 그냥 그런 게 있으면 좋겠다는 겁니다. 물론 좋은 생각이지만 공장을 짓고 운영하기에는 예산도, 지역 내의 전력상황도 어려움이 많았습니다. 무엇을 하면 좋을까, 고민은 계속되었습니다.

그사이 굿네이버스는 지역주민을 대상으로 다시 몇 가지 농업교육을 진행했습니다.

2) 프레시 마켓을 열다: 즐거운 시작, 틈새시장 공략하기

양어장에 대한 관심이 시들해질 즈음, 새로운 관심사로 떠오른 것은 '양계'

사진 3. 양계장 프레시 마켓

였습니다. 하지만 다들 예상하시겠지만, 이 역시 크게 다르지 않습니다. 큰 욕심 부리지 않고 전통적인 사육법으로 사료만 잘 만들어주면 3~5가정이 50~100마리 규모의 양계사업을 운영할 수 있다고 하니, 크게 어려울 일도 아니었습니다. 이런 내용을 가지고 지역주민과 준비를 시작했습니다. 사료 값이 비싸기 때문에 사료를 직접 잘 만들기만 한다면 수익성은 보장할 만했습니다. 단지 40도를 넘는 여름철 폭염을 어떻게 극복할 것인가가 관건이었습니다. 하지만 주민들의 아이디어는 무궁무진했습니다. 이런 한계를 극복하는 모델을 만드는 것 또한 그리 오래 걸리지 않았습니다. 지역주민과 함께 계속 논의를 진행했습니다.

그렇게 지역사회 미팅을 지속해나가던 중 한 가지 재미있는 사실을 발견했습니다. 꺼이날리 퍼트레이야 지역 안에는 잡아서 손질한 닭을 냉장고에 보관했다가 판매하는 프레시 마켓(fresh market)이 없는 것이었습니다. 이 지역 사람들은 닭을 산 채로 사서, 직접 잡아서 요리한다는 사실이었죠. 자, 그럼 우리가 처음으로 프레시 마켓을 열어보자. 양계를 하는 가정과 마켓 운영을 전담하는 가정 등 분담하여 일을 하자. 지역사회의 아이디어가 쏟아지기 시작했습니다. 일단 깨끗한 상가를 빌려 마켓을 꾸미고 냉장고도 들여놓았습니다.

깨끗한 앞치마를 입은 주민들이 운영하는 마켓은 개점하자마자 굉장히 큰 관심을 끌었고, 높은 매출을 이뤄냈습니다. 우리 생각대로 사람들은 금액을 조금 더 지불하더라도 닭을 잡아주거나 냉동된 닭을 사는 것을 선호했던 것입니다. 양계장뿐 아니라 마켓까지 운영하면서 가계소득은 배로 늘었습니다. 이렇게 힘을 받아, 차로 20분 정도 떨어진 다른 지역에 마켓 2호점을 열었습니다. 역시 대성공이었습니다. 한 마켓당 운영을 전담하는 가정을 세 가정으로 늘이기로 했습니다. 지역사회에서 양계사업뿐 아니라 이를 통한 틈새시장까지 발굴해낸 것입니다.

지역사회는 이전보다 더욱 적극적인 자세로 소득증대사업을 준비하고 바라보게 되었습니다. 앞으로 어떤 제안을 해올까, 저 역시 기대되기 시작했습니다.

3) 힌두교인은 돼지고기를 싫어한다?: 문화를 넘나드는 식문화

지역사회는 소득증대의 또 다른 방법으로 돼지농장을 운영하겠다고 결정했습니다. 우선 각 가정마다 한 마리씩, 40여 가정에 배분하고 한 번 키워보기로 했습니다. 돼지를 키우는 과정과 방법에 대해 교육하고 1년간 관찰한 결과, 지역사회는 공동 돼지농장을 세우고 이를 운영하겠다는 결정을 내렸습니다. 우선 50마리를 키울 수 있는 축사를 건축하는 일부터 시작했습니다.

솔직히 공동 돼지농장을 세운다는 것은 개인적으로 우려가 큰 결정이었습니다. 보통 이슬람교도들이 돼지고기를 먹지 않는다고 알려져 있지만, 힌두교도들도 돼지고기를 잘 먹지 않습니다. 특히 상류 카스트에 속하는 브라만들은 돼지고기를 먹지 않는 게 당연시되고요. 보통 이런 돼지농장은 외국인이 많은, 즉 수요가 많은 카트만두나 포카라 같은 지역에서 주로 운영되지 이렇게 먼 지방에서 돼지농장을 운영한다는 건 들어본 적도 없었기 때문에 걱정이 될

사진 4. 돼지농장

수밖에요. 열심히 키웠는데 수요가 없으면 소득증대사업은 실패로 돌아갈 게 뻔하지 않겠습니까?

하지만 사회는 변하더군요. 게다가 사회의 변화는 다른 여러 가지 변화를 동반하고요. 돼지고기를 먹는 힌두교도들의 수가 생각보다 많아진 것입니다. 시장조사 결과, 그들의 결정은 옳았습니다. 돼지농장을 만들고 한 정착촌 전체가 이 사업을 진행하도록 지원하기로 했습니다. 지원 규모는 양어사업이나 양계사업과는 비교도 할 수 없을 정도로 크게 시작했습니다. 축사와 관리센터를 건축하고, 체계적인 운영을 위해 지역주민 교육을 시작했습니다.

결과는 어떻게 되었냐고요? 아쉽게도 2012년에 시작한 사업이라, 지금 현재로서는 어떤 결과가 벌어졌는지 저도 알지 못합니다. 계속해서 응원하고 지지할 수밖에요. 글을 읽고 계신 여러분의 응원도 부탁드립니다.

3. 함께 울었던 이야기: 흙건축으로 지은 맘센터 이야기

1) 벽돌공장 노동자를 만나다

방학이 시작되었습니다. 아이들이 떠난 학교는 생기를 잃었습니다. 아이들

사진 5. 벽돌공장

이 온종일 뛰어놀 것만 같은데, 아무도 없는 학교는 쓸쓸해 보이기까지 합니다. 아이들은 어디에 있는 걸까요?

꺼이날리 지역의 아동을 교육하기 위해 여러 가지 준비와 조사를 하던 어느 날, 직원들이 제게 '아동노동'의 실제를 보여주겠다고 했습니다. 그들과 함께 도착한 곳은 벽돌공장[4]이었습니다. 그리고 그날, 저는 바로 저 질문의 답을 보았습니다. 아이들은 벽돌공장에 있었습니다.

몇 명인지 셀 수도 없는 많은 아이가 벽돌공장에서 일을 하고 있었습니다. 머리에 적게는 8개, 많게는 12개까지의 벽돌을 이고 가마까지 옮기고 있었습니다. 저는 큰 충격을 받았습니다. 많은 단체가 네팔의 아동노동문제에 대해 이야기하고 해결을 위해 노력하고 있지만 정작 이렇게 가까이에서 아동노동이 이뤄지고 있었다니. 이런 공장이 이 지역에만 15곳이 넘는다고 했습니다. 대부분의 노동자는 아이들과 여성들이라는 말까지 들었습니다.

여러분은 몇 장의 벽돌을 한꺼번에 머리에 이고 나를 수 있을 거라고 생각하시나요? 제 경험에 따르면, 머리에 벽돌이 8장 이상이면 목이 부러질 것처

---

4) 소성벽돌(burned brick)로 내화 원료를 성형한 후 필요한 강도와 성질을 갖도록 소정의 온도에서 구워내어 만든다. 소성벽돌을 만들기 위해서는 많은 양의 원료(나무)가 필요한데, 퍼트레이야를 비롯한 꺼이날리 지역은 전체가 벌목 금지 지역이다.

럼 아픕니다. 저는 30대 중반의 건강한 남자인데도 말입니다. 그런데 이곳의 아이들은 모두 8~12장의 벽돌을 머리에 이고 나릅니다. 아이들은 어떻게 이 일을 하고 있을까요? 아이들의 목과 어깨는 얼마나 아플까요?

벽돌공장에서 체구가 작은 여자아이를 만났습니다. 몇 살이냐는 제 질문에 그 아이는 11살이라며 자신을 소개했습니다. 왜 여기서 일하느냐, 힘들지 않느냐는 제 질문에 아이는 작은 목소리로 대답했습니다. "공책과 펜을 사고 싶어서요." 가슴이 먹먹해졌습니다. 가족의 생계를 책임진 대단한 이유는 아니었지만, 아이들의 단순한 욕구에 대한 것도 아니었습니다. 흡사 방학 동안 하는 아르바이트처럼, 공책과 펜을 사고 싶어서 고된 이 일을 하고 있던 것입니다. 눈물이 핑 돕니다.

아동노동을 근절하려면 무엇을 먼저 해야 할까요? 저는 잘 모르겠습니다. 이 지역에 있는 벽돌공장 문을 닫게 한다든지, 아이들이 일을 하지 못하도록 막는 식의 단순한 방법으로는 해결되지 않는다는 건 누구나 다 아는 일입니다. 길 곳곳에도 아동노동에 대한 캠페인 포스터, 표어 등이 붙어 있지만 그 누구도, 아이들의 부모조차도 이것이 왜 심각한 문제인지 알지 못합니다. 그래서 아이들을 비롯하여 부모, 공장주들에게 아동노동의 문제와 상황에 대해 교육하지만, 솔직히 문제를 직시하거나 고치려는 모습은 크게 보이지 않았습니다. 제가 만난 지역주민과 공장주가 되레 외국인이 이런 내용에 대해 인터뷰하고 벽돌을 이어보는 모습을 신기한 듯이 보는 걸 보다 보면, 아동노동의 심각성을 인식하는 것은 외부인들뿐인가 하는 회의가 들 때도 있습니다.

2) 의미가 좋다고 '프로젝트'가 되는 것은 아니다

굿네이버스는 꺼이날리 지역에서 사업을 진행하는 내내 지속적으로 주택

문제에 관심을 가지고 있었는데요. 이것이 아동노동과 연관성을 가지게 된 것은 흙건축(흙벽돌[5])에 대한 정보와 다른 국가에서 진행되는 흙건축 주택 개량 효과들을 접하면서부터 입니다. 꺼이날리 지역에서는 'BASE'나 '해비타트' 같은 단체가 이미 흙건축사업을 진행하며 몇 채의 학교와 집을 짓고 있었습니다. 특히 인도에서는 흙벽돌을 이용한 흙건축이 아주 효과적으로 진행되고 있다고 했습니다.

이곳에서도 흙건축사업이 진행된다면? 모든 지역주민이 스스로 자신의 집을 짓는다면? 우리가 좋은 모델을 제공하고 조합의 형태로 서로 돕는다면 대규모 소성벽돌 제조공장은 없어지지 않을까요? 이런 형태의 아동노동이 사라지지 않을까요? 고민이 시작되었습니다. 그리고 이를 사업화하기 위한 다양한 방법이 시도되었습니다.

일단 직원 2명을 인도 남부에 소재한 흙건축 센터에서 진행하는 2주간의 기본 훈련에 참여하게 했습니다. 흙건축에 대한 기술 습득은 물론 이 건축법을 네팔에서도 적용할 수 있는지에 대한 사업타당성 조사도 함께 진행할 수 있게 했고요. 이미 네팔에서 흙건축사업을 시작한 단체들을 방문하여 노하우를 듣고 자료를 공유받는 한편, 한국 본부를 통해 흙건축을 통한 실제 건축을 진행하고 계신 전문가와 대학 교수님을 파견 받아 현지조사를 진행하기도 했습니다. 지역 건축 상황에 대한 조사와 현지 적용을 위한 다양한 방법을 시도했습니다.

솔직히, 이렇게 하면 잘될 줄 알았습니다.

지역사회는 지금보다 더 나은 집이 필요하다고 했습니다. 자녀와 가족의

---

5) 굿네이버스에서 활용하고자 한 흙벽돌은 일명 압축벽돌 형태로 점토류를 성형한 뒤 압축기를 통해 강화 압축한 벽돌이다. 성형 직후의 벽돌을 일광으로 건조하여 사용할 수도 있고, 소성벽돌에 비해 압축 강도에서 떨어지지 않기 때문에 바로 건축에 사용할 수도 있다.

건강을 보호하는 더 나은 집이 필요하다고 했습니다. 그래서 저희는 흙건축을 이야기했습니다. 하지만 그들에겐 흙건축으로 지은 집이 '더 나은 집'이 아니었습니다. 사실 지금도 주민들은 흙을 이용하여 아주 단순한 집을 짓고 살아갑니다. 그러니 매력적이지 않을 수밖에요. 소성벽돌이나 시멘트로 만든 집이 더 좋다고 생각하니, 흙건축사업은 시작부터 난항을 겪을 수밖에 없었습니다. 의미가 좋다고 다 좋은 지역개발사업이 되는 게 아니었습니다. 지역개발사업은 지역사회의 관심과 요구에서 시작되어야 하며, 지역사회의 가치와 협력으로 이뤄져야 하는데, 그 시작부터 어긋나버린 것입니다. 하지만 지역사회는 굿네이버스에 대한 신뢰로 '함께 흙건축을 해보자'라며 우리의 손을 잡아주었습니다. 그렇게 해서 좋은 흙건축 모델 찾기 노력이 시작되었습니다.

그런데 우리는 좋은 흙건축 방법을 쉽게 찾아내지 못했습니다. 대안을 찾는 것도 어려웠습니다. 문제는 치명적이었습니다. 꺼이날리 퍼트레이야 지역의 흙이 흙벽돌을 만드는 데 적합하지 않았습니다. 1차 조사를 진행하고 흙건축 계획을 세운 교수님과 실제 사업을 시작하려고 준비하던 단계에서 2차 조사를 진행한 다른 교수님이 '이 지역의 흙이 압축벽돌을 만들 수 있는 적절한 흙이 아니다'라는 결과를 내었습니다. 압축벽돌을 만들기 위해서는 흙의 성분과 시멘트의 결합이 중요한데, 이 지역의 흙은 이런 성분이 없다는 것이었습니다. 그래도 일단 시작해보기로 했습니다.

우리가 계획한 대로 모든 일이 잘 이뤄진다면, 우리 생각대로 지역주민이 잘 협조해준다면, 모든 직원이 자신의 일처럼 열심히 일해준다면, 우리의 요구대로 네팔 정부가 잘 도와준다면 얼마나 좋을까요? 이렇게 된다면, 일이 정말 잘 진행된다면 너무 좋겠지만 절대 이런 일은 없을 겁니다. 만약 그렇다면 아직까지 가난한 사람들이 이렇게 많이 남아 있진 않겠지요.

3) 어머니와 아이들을 위한 센터를 지어주세요

연예인이자 굿네이버스의 홍보대사이기도 한 변정수 씨가 가족과 함께 꺼이날리 퍼트레이야 지역에 방문한 적이 있습니다. 지역사회의 어려운 현장들을 방문한 그녀는 이 지역에 어머니들과 아이들을 위한 센터를 짓고 싶다고 했습니다. 너무 기뻤습니다. 어머니와 아이들을 위한 센터라니 ……. 놀라웠습니다.

그런데 그때부터 또 고민이 시작되었습니다. '아이들'을 위한 센터인데 아동노동의 결과로 얻어지는 소성벽돌로 건물을 올리고 싶지는 않았습니다. 그렇다고 이 먼 시골에 수입벽돌이나 다른 건축 자재가 있는 것도 아니고요. 그렇다고 아직 개발 중인 흙벽돌로 건축을 하자니 기간이 너무 오래 걸릴 것 같았습니다. 사실 건축을 위해 필요한 금액을 계산해보면, 소성벽돌을 사용하는 것이 가장 쉽고 저렴할 뿐더러 빠르게 진행할 수 있었습니다. 어떻게 해야 할까요. 고민이 많아졌습니다.

고민 끝에 우리는 그냥 건축을 하고자 하는 게 아니라는 결론을 내렸습니다. 이 지역에 정말 필요하고 가치가 있는 건물을 지어야 한다고요. 우리가 짓는 건물에 우리의 가치가 함께 지어져야 한다는 마음을 확고히 했습니다. 우리가 하고자 하는 일은 이 지역사회의 문제를 알고, 그들의 고민을 이해하고, 함께 해결하려는 것이었습니다. 단순한 센터를 짓는 것이 아니라 문제를 해결하고자 하는 의지를 나타내는 건축인 것입니다.

우리는 건축회사가 아니라 지역사회에서 함께 일하는 NGO이기 때문입니다.

4) 이 땅이 아닌데요

우선 센터를 건축할 부지를 구입하기 위해 지역 전체를 조사했습니다. 사실 지역사회에서 땅을 받아서 건축하고 싶었지만; 이곳은 엑스 까마이야스가 많아 땅 보상문제가 아직 남아 있고, 배분된 땅은 10년간 매매가 불가하기 때문에 그냥 받을 수 있는 땅도 없는 실정었습니다. 어쨌든 길가에 인접해 있는 땅을 구입하기로 하고 건축을 위해 정부와 함께 땅 측정을 하는데, 전문가가 "이 땅이 아닌데요? 이 땅의 주인은 다른 사람입니다. 이 주인의 땅은 이 아래이고요"라는 게 아닙니까. 우리에게 땅을 팔려던 사람도 자신의 땅이 어딘지도 정확히 모르고 그냥 여기 어디쯤이겠거니 했던 겁니다. 땅을 사려는 우리도 그렇지만, 팔려던 주인도 얼마나 당황했을까요. 길옆에 있는 땅이라서 더 비싸다고 했는데, 정부 계측 결과 그보다 안쪽의 땅이 원래 소유한 땅이었던 것이죠. 몇 년이 지난 것인지도 모르는 행정지도를 가지고 일하고 있습니다. 그런데도 이렇게 판결하는 것이 신통합니다.

길옆 땅 주인과, 안쪽 땅 주인이 모여서 회의를 합니다. "이분들 좋은 일 한다고 하는데, 그냥 안쪽으로 들어가는 길도 줘버립시다." "그렇게 합시다. 그럼 여기 들어가는 땅까지 붙여서 그냥 팔게 하죠." 몇 마디로 합의가 이뤄졌습니다. 그렇게 결론이 났습니다. 참 착한 사람들의 모습에 웃음이 났습니다. 이렇게 부지를 구입하고 건축을 시작했습니다.

사진 6. 맘센터 건축

5) 아동 노동을 반대합니다. 온몸으로

건축이 시작되었습니다. 우선 흙벽돌로 지을 때 필요한 흙의 양과 공사 기간을 계산해보았습니다. 가능할 것 같기도 하고, 어려울 것 같기도 했습니다. 일단, 한국 본부를 통해 흙건축을 전문으로 하는 교수님의 도움으로 건축을 시작했습니다. 네팔에서는 교수님을 지원하고 전체 공사를 주관할 현지 업체와 계약을 체결했습니다.

건축에 사용할 흙벽돌을 제작하기 위해 몇 번의 개선안이 나왔는지 모릅니다. 그렇게 5개월이 흘렀습니다. 이런 시도가 반복되면서 시간은 자꾸 흘러만 갔습니다. 최종적으로 어떤 배합법을 사용해도 흙벽돌을 제작하는 것은 어렵다는 것과 이 지역 토양에는 흙벽돌 제작이 적합하지 않다는 결론을 얻었습니다. 네, 결국 흙벽돌 제작은 포기했습니다. 대신 다진 벽으로 벽체를 올리기로 했죠. 벽을 따라 틀을 세워 흙을 단단하게 다지는 방법인데요, 중간 중간에 종이 달걀판을 넣어 흙 사이가 무너지지 않도록 결속력을 높였습니다.

작업은 지역사회 여성들이 맡아서 진행하기로 했습니다. 지역주민은 매일같이 모여서 일을 했습니다. 일당은 많이 드리지 못했는데도 모이기를 게을리

사진 7. 맘센터 전경

하지 않았습니다. 자신과 아이를 위한 건물을 짓는 데 열심을 다했습니다. 두 손으로 벽체를 문질러 부드럽고 따뜻한 느낌이 드는 벽을 올렸습니다. 한 주에 하루, 이틀은 자원봉사로 일을 했습니다. 여러 어려움 속에서 지역주민이 우리에게 주는 위로는 말로 할 수 없을 만큼 컸습니다.

벽체를 다 올렸습니다. 이제는 빔을 설치하고 지붕을 올릴 차례입니다. 그런데 흙으로 다져진 벽체 위에 빔을 설치하는 일이 만만치 않았습니다. 튼튼한 건물을 지어야 하는데……. 또 걱정이 시작됩니다. 현장에서 교수님과 현지 건축 전문가와 자원봉사자로 파견된 건축전공자가 머리를 맞대고 고민을 합니다. 그리고 방법을 찾습니다. 다시 시작합니다. 이렇게 또 시간이 지나갑니다.

지붕이 올라갑니다. 지붕과 벽 사이는 대나무를 깔았습니다. 48도를 넘어가는 여름철 날씨를 대나무가 막아 실내를 시원하게 해줄 것입니다. 이렇게 여러 사람의 힘으로 공사는 조금씩 마무리되어갔습니다. 건축을 하는 데 걸린 시간은 어느새 2년을 훌쩍 지나갔습니다.

지역주민들은 흙으로 이렇게 큰 건물을 지을 수 있다는 사실에 놀랐습니다. 그리고 자신들이 함께했다는 사실에 놀랐습니다. 이뿐만이 아닙니다. 공사를 하는 동안 지역주민의 모습도 조금씩 바뀌었습니다. 옷이 바뀌고, 휴대

전화(저가형 노키아)를 가지고 다니기 시작했습니다. 소득이 생겼기 때문입니다. 지역주민은 일이 없는 날에도 센터 건축 현장에 모여 이야기를 하다가 집으로 돌아갑니다.

아마 그들은 "왜 이렇게 어렵게 건축할까" 생각할 겁니다. 비웃을 수도 있겠지요. 하지만 이들은 알고 있습니다. 굿네이버스가 아동노동을 얼마나 싫어하는지, 그래서 그걸 막고 싶어서 이렇게 먼 길을 돌아왔다는 걸 주민들의 입에서 입으로 전해집니다.

결국 센터는 멋지게 완공되었습니다. 그들은 말합니다. "우리가 이 건물을 함께 지었다!"

4. 아쉬웠던 이야기

1) NGO가 너무 많아요

흙건축을 진행하면서 우리는 지역사회와 함께 쿡스토브(cook stove, 조리용 화덕)를 제작했습니다. 함께 만들면서 실패하기도 하고, 성공하기도 한 쿡스토브 종류가 못해도 다섯 가지는 됩니다. 우리는 우리가 처음부터 다 해주기보다 지역사회와 함께 공부하고 시도하면서 이 지역에 꼭 맞는 쿡스토브 개발이 일어나리라 기대했습니다. 지역주민은 우리의 의도를 이해했고, 함께 노력해주었습니다. 그리고 그 결과 '현지 상황에 딱 맞는 쿡스토브를 개발하여 여성의 건강을 지키고 연료 사용을 줄이는 효과를 얻었습니다!'라고 말할 수 있다면 얼마나 좋을까요. 결과는 참담했습니다.

현지 주민들은 우리에게 말했습니다.

굿네이버스가 만든 거니까 몇 개월이라도 써볼게요. 우리는 다른 NGO에서 나눠 준 저 쿡스토브를 써보려고 하거든요. 뭐가 좋은지 비교도 해보고요 ……. 아무래도 흙으로 만든 것보다는 철로 만든 쿡스토브가 더 좋지 않을까요?

5년 전, 꺼이날리 퍼트레이야 지역에서 사업을 시작할 때만 해도, 아동노동 반대 어드보커시를 전담하는 NGO 외에는 활동하는 NGO가 별로 없었습니다. 그러나 5년 사이에 다양한 NGO가 이 지역에서 사업을 시작했고, 아쉽게도 NGO 간의 네트워크가 원활하게 이뤄지지 않았죠. 조사해보니, 현재 쿡스토브와 관련한 NGO만 4개가 있었고, 다들 국제 NGO의 후원과 정부 보조금을 통해 쿡스토브를 배분하는 사업을 진행하고 있었습니다. 철로 제작되어 하나당 200달러를 호가하는 쿡스토브도 있고, 벽돌과 흙으로 만들어진 쿡스토브도 있고요. 다양한 방법으로 제작된 쿡스토브가 배분되고 있었습니다.

이런 상황에서 지역사회는 그냥 선택만 하면 되는 것입니다. 다양한 선택의 기회가 주어졌는데도, 5년을 함께 일해온 굿네이버스의 노력을 이해하고 사업에 동참해준 착한 주민에게 이제 어떤 말을 할 수 있을까요. 어떻게 보면, 다양한 NGO의 사업을 미리 확인해서 주민들에게 정확한 정보를 제공하고 제대로 선택할 수 있도록 돕는 것이 우리가 해야 할 일이 아니었을까 하는 생각도 들었습니다. 지역주민과 함께 개발을 이끌어가고, 개발의 주체로 세우고 싶은 우리의 마음은 사실 지역개발의 교과서 같은 마음이었을지도 모르겠습니다.

굿네이버스는 쿡스토브 개발을 포기했습니다. 주민들은 정부 보조금을 받는 좋은 쿡스토브를 설치하고 있고요. 현실은 이렇습니다.

2) 우리는 벽돌이나 시멘트로 지은 건물이 좋아요

글을 쓰고 있는 지금도 이 문제만 생각하면 머리가 아픕니다. 흙건축, 흙건축, 흙건축.

네팔의 집은 대부분 나무 기둥을 세우고 판자를 댄 뒤, 외부에 흙을 바르는 형식으로 지어져 있습니다. 이렇게 지어진 집은 겨울엔 춥고 여름엔 덥죠. 뱀이나 외부 동물도 집 안에 자주 들어오고요. 사실 예전에는 기와까지 직접 구워서 지붕으로 사용하곤 했다는데, 지금은 그냥 철판 슬레이트를 대거나, 나무와 짚을 엮어 만든 지붕을 사용합니다. 어찌 보면 그 이유도 그럴 것이, 까마이야스가 해방되면서 10만여 명의 사람이 집을 지었는데, 정부는 땅과 나무 일부만을 지원했으니 그 한계가 많았을 수밖에 없었겠지요. 하지만 솔직히 주택 수준으로만 보자면 퇴보한 게 사실입니다.

우리는 흙건축을 통해 여름엔 시원하고 겨울엔 따뜻한, 직접 지을 수 있는 집을 제공하고자 노력했습니다. 하지만 지역사회의 반응은 간단했습니다. "우리는 흙보다 벽돌이나 시멘트로 지은 집이 좋아요."

흙건축이 더 좋다고 교육하고 계속 설득해서 흙건축을 하게 만드는 것이 지역개발일까요? 아니면 지역사회의 욕구에 따라 시멘트 블록이나 벽돌로 집을 지어주는 것이 지역개발일까요? 벽돌을 만드는 데에는 아동노동착취가 이뤄지기 때문에 배제한다면, 시멘트 블록으로 집을 지어야 하는데 …… 사실 꺼이날리 날씨의 특성상 흙건축이 가장 효과적입니다. 그러나 지역사회는 요지부동입니다. 물론 그들의 이러한 태도에도 이유는 있습니다. 솔직히 우리의 잘못도 어느 정도 영향을 끼쳤다고 봅니다.

일단 흙건축으로 센터를 건축하면서 고생을 굉장히 많이 했습니다. 처음이었고 대규모 공사였다 보니, 시행착오가 그만큼 많았던 거죠. 지역사회는 그 모든 상황을 지켜보고 있었습니다. '아, 흙건축은 어렵구나.' 그런 생각이 들었을 겁니다. 당연히 그랬을 겁니다. 제 생각으로는 집과 센터의 규모 자체가 다르기 때문에 집을 짓는 것도 이것처럼 오래 걸리거나 힘들지 않을 텐데 싶지만 지역사회는 그렇게 이해하지는 않나봅니다.

또 하나 센터를 건축하던 중간에 약 1,000달러의 비용을 들여 모델하우스를 만든 적이 있습니다. 사실 우리는 테스트 삼아 지은 것인데, 지역사회는 이 건물을 눈여겨 본 것이었습니다. "그때 지었던 그 건물이 맘에 너무 들지 않는다." 그들에겐 흙건축으로 집을 짓는 것을 꺼리는 큰 이유가 되었습니다. 우리는 '잘 안 되었네'라고 쉽게 생각하고 넘어간 일도 지역사회에선 하나하나 지켜보고 있었던 것이죠. 우리의 행동을 지켜보고 평가하고 있었던 것입니다. 더욱 신중하고 조심스럽게 진행되어야 했는데도 그렇지 못한 부분이 있었습니다.

마지막으로 저는 아직 우리의 기술 개발이 더 필요하다는 걸 이유로 꼽고자 합니다. 한국에서는 흙건축에 필요한 다양한 자재가 판매되고 있을 뿐 아니라, 오히려 흙건축으로 지어진 건물이 더 멋지고 친환경적이라고 생각하지만 네팔은 다릅니다. 네팔은 흙건축을 위한 시장은커녕 건축을 위한 시장 발달 자체가 미진한 부분이 많습니다. 건축을 하려면 현장에서 자체 수급을 하거나 질 낮은 제품을 사용해야만 합니다. 최근 환경보호를 이유로 정부에서 나무 벌목 및 나무로 가구를 만드는 것에 대한 통제가 시작되었는데요. 그렇기 때문에 알루미늄으로 만든 자재가 나무로 만든 것보다 더 싸고 폭넓게 팔리고 있죠. 벽돌이나 시멘트로 지은 건물에는 이러한 자재를 적용하는 게 매우 쉽지만, 흙건축에서는 굉장히 번거롭고 어려운 일입니다. 수많은 장애를 계속 넘어가야 하는데, 현재 우리의 인력과 기술이 부족한 것도 사실이고요.

지역개발, 참 어렵습니다.

5. 한국인들의 공동 작전

최근 꺼이날리 지역에는 한국인이 많아졌습니다. 지역주민도 노르스름한 피부를 가진 사람을 보면, 중국인이나 일본인보다 '한국인이냐'라는 질문을 먼저 합니다. 물론 굿네이버스가 지난 5년간 노력해온 결과이기도 하지만요.

최근 꺼이날리 따카풀 정부 병원에 KOICA와 연세대학교 원주 산학협력단이 함께 '따카풀 지역병원 보건개선사업(health services improvement in Tikapur: HIT)'을 시작했습니다. 정부 병원뿐 아니라 6개 지역보건소도 함께 지원하고 있습니다. 3명의 의료보건 전문가가 파견되어 꺼이날리에 상주하면서 이 사업을 진행하고 있는데요, 굿네이버스는 사업이 원활하게 진행될 수 있도록 지역보건환경조사(baseline health survey)를 협력·수행하고 보고서를 발행하기도 했습니다.

또한 KOICA와 서울대학교 보건대학도 '지역의료보험 시범사업(health insurance model activity and leveling-up: HIMAL)'을 꺼이날리 지역에서 진행하고 있습니다. 이 사업은 네팔 보건부에서 진행하는 6개 지역의 의료보험 시범사업 중 하나인데요. KOICA와 서울대학교의 적극적인 지원으로 더 효과적으로 사업이 진행되고 있습니다. 현장에 맞는 보험제도를 개발해 발전시키고 있음은 물론이고요.

굿네이버스도 이에 맞추어 꺼이날리 지역에서 지원하고 있는 가장 빈곤한 3,000여 가정이 의료보험의 혜택을 받게 하고자 다양한 교육을 진행하고 있습니다. 왜 지역의료보험제도가 필요한지에 대한 설명회를 비롯하여 어드보커시 프로그램, 기본 의료교육 등을 제공하면서, 의료보험비를 굿네이버스 측에서 일정 정도 함께 부담하면서 더 나은 의료 혜택을 누릴 수 있도록 지원하고 있습니다. 그 결과 현재 1,500세대가 지역의료보험에 가입했고, 나머지 가정도 의료 혜택을 받을 수 있도록 노력하고 있죠. 또한 더욱 효과적인 의료보험 사업이 운영될 수 있도록 지역주민 대표 3명을 선발하여 따카풀 정부 병원 운영위원회의 회원으로 참석할 수 있게 했습니다.

이렇게 다양한 한국인이 꺼이날리 지역을 위해 일하는 모습을 보면, 굿네이버스 직원으로서 기분이 정말 좋습니다. 의료보건 분야는 전문성이 필요한 부분이기 때문에 한 NGO의 역량으로 지역사회에 영향을 주기에 어려운 부분이 많습니다. 예산의 범위, 인력의 한계가 너무 명확하기 때문입니다. 지역주민에겐 정말 필요한 부분이지만 우리로서는 다할 수 없던 것을 한국 정부와 한국 전문가들을 통해 지원되고 있으니, 어찌 기쁘지 않을 수 있겠습니까. 게다가 월드프렌즈코리아(World Friends Korea: WFK) 단원들을 통해 한국어·미술·음악교육과 환경보호 관련 활동들이 꺼이날리 따카풀 지역에서 진행되고 있다니, 놀랍지 않습니까. 어깨가 으쓱해지고 자랑스러운 일입니다.

6. 서로를 이해하려는 노력: 다시 시작하는 마음으로

센터가 완공되고 운영을 시작한 지도 벌써 8개월이 지났습니다. 그사이 수은주가 50도에 육박하던 여름이 끝나고 안개 자욱한 겨울이 되었습니다. 그러면서 생긴 한 가지 성과라고 한다면, 흙건축의 장점을 지역사회가 이해하기 시작했다는 사실입니다. (실제 맘센터의 내부는 여름에는 시원하고 겨울에는 따뜻하거든요.) 모델하우스 하나 짓는 것도 그렇게 힘들었고, 건물을 지으면서도 사사건건 문제가 발생하고 어렵더니 8개월이 지난 지금, 왜 그렇게 힘들게 이 건물을 지었는지 지역사회가 이해한 것입니다.

솔직히 건축기간 내내 흙건축의 장점을 몇 번씩이나 반복하여 교육했지만,

생각해보면 어떻게 교육만으로 처음부터 그 장점을 이해하고 받아들일 수 있겠습니까. 사실 흙건축사업을 주관하고 지금 이 글을 쓰고 있는 저도 아파트 외에선 살아본 적이 별로 없는 사람인걸요.

사실 우리는 너무 쉽게, 그리고 간단하게 지역주민을 계몽한다거나 어드보커시한다고 생각하는 것 같습니다. 그 이유와 상황·사실·역사에 대한 정확한 이해와 경험이 없으면서도 '당연히 그래야 한다'는 당위성, 우리의 생각과 기준, 이해를 바탕으로 지역주민에게 강요하는 것은 아닌가라는 생각이 들 때가 있습니다. 그들은 그간의 교육을 단순한 한마디로 이해했습니다. "맘센터가 겨울엔 따뜻하고 여름엔 시원하던데요 ……. 참 좋습니다."

물론 이 말이 모든 지역주민이 흙건축을 하겠다는 뜻은 아닙니다. 우리가 계획한 모든 사업이 수월하게 진행될 거라는 희망의 메시지도 아니죠. 지난 수개월, 수년 동안 우린 무엇을 한 것일까요? 우리가 말하는 지역개발은 무엇이었을까요? 어쩌면 이 한마디, 한마디가 모이길 기다리고 있었던 것은 아닐까요?

지역주민과 함께 지역개발을 진행하면서 잊지 말아야 할 한 가지, 가장 중요한 것은 지역사회의 가치를 포기하지 않는 태도일 것입니다. 끝까지, 내가 있는 이 땅, 이곳에 사는 사람들에 대한 기대와 가능성을 믿고 노력하는 자세 말입니다. 당장은 그럴싸한 열매가 열리지 않더라도, 우리와 함께하는 지역주민을 믿는 것. 언젠가는 그들이 변화하고 스스로를 개발하여 더 나은 삶을 살아갈 것이라는 믿음. 그들의 가치를 존중하고 북돋아주는 것. 이는 결국 우리가 이 길을 지치지 않고 끝까지 걸어갈 수 있게 하는 힘이 될 것입니다. 지역주민과 뒤엉켜 함께 웃고 울고 …… 때론 서로를 원망도 하면서 말이죠.

중도에 포기한 모델하우스 건축을 다시 시작하려 합니다. 제대로 흙건축으로, 비록 모델하우스 한 채이지만 잘 지어볼 계획입니다. 이 글을 읽고 계신 여러분도 이렇게 일하고 계시거나 앞으로 이런 시간들을 보내시겠죠. 네팔, 이 먼 곳에서 당신의 삶을 응원합니다. 나마스테.

사업 개요

- 사업명: 네팔 남서부 꺼이날리 지역개발사업
- 사업목표
  - 교육지원을 통한 아동개발
  - 조합을 기반으로 한 소득증대
  - 보건의료를 통한 지역개발
- 사업내용
  - 교육지원사업
  - 소득증대사업
  - 보건의료사업
  - 맘센터운영
  - 여성리더십지원
- 총예산: 약 18억 원
- 사업기간: 2009~현재
- 사업 주체: 굿네이버스
- 파트너 기관명: 굿네이버스 네팔
- 사업지역: 네팔 남서부 꺼이날리
- 수혜자: 엑스 까마이야스 3,000세대 및 4,000여 명의 아동 및 부모, 지역사회

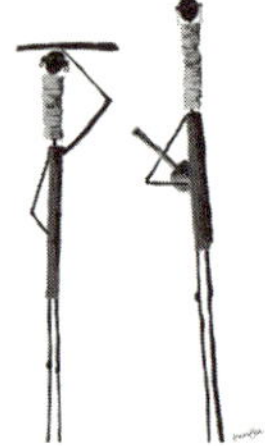

히말라야 길 위에서의 7일,

훔라·무구의 변화를 묻다

:: 고성훈 ::

사회복지를 전공한 저자는 2000년 9월부터 굿네이버스 아동
보호전문기관 상담원으로 일하기 시작했다. 굿네이버스의 해
외 사업장에 관심이 있던 차에 2005년 10월 파키스탄 대지진
긴급구호 팀으로 파견되어 6개월간 재건복구사업을 진행하
고, 2006년 6월 국경을 접하고 있는 아프카니스탄 지부장으
로 파견되었다. 아프가니스탄에서 전쟁 이후 재건복구사업의
연속으로 보건의료 및 여성인권, 아동교육을 중심으로 하는
사업을 진행했다. 2007년 아프카니스탄에서 한국 봉사 팀이
피랍되는 사건이 발생하여 한국 단체가 모두 철수하는 상황
속에서도 지속적이고 지역사회 중심의 개발사업에 대한 열망
으로 2008년 11월 네팔로 파견되어 현재까지 일하고 있다.

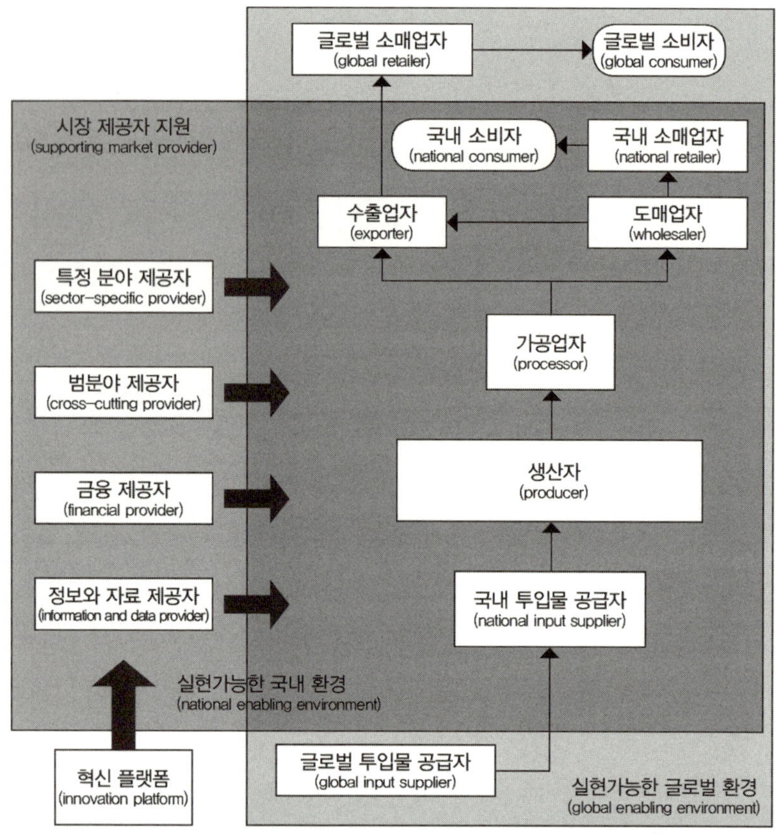

그림 1. 가치사슬 개념도

자료: Adapted from World Report Fall 2006: The Value Chain Approach; Strengthening Value Chains to Promote Economic Opportunities, ACDO/VOCA(http://www.acdivoca.org/852571DC00681414/ID/resources_worldreportfall06).

굿네이버스 네팔은 2010년부터 네팔 서북부 히말 훔라·무구 지역에서 지역가치를 활용한 소득증대사업으로 아티스 허브 재배 및 허브 관련 지원사업을 진행했습니다. 아티스라는 허브 작물을 21개 농장에서 키우기도 하고, 히말라야 허브와 관련된 다양한 사업을 지역사회와 논의했습니다. 2년간 사업을 진행하면서 이 지역의 농민과 소비자를 가장한 가장 가까이 연결할 수 있는 유통망을 구축하고 상품개발사업을 구상하지 않는다면, 2년간의 우리의 노력이 허사가 될 것이라는 다양한 신호가 우리에게 경고 메시지를 보내고 있었습니다. 사실 훔라·무구의 허브 농업 관계자들은 모두 착취를 당하다시피 일하면서 허브 시장에서의 가격 결정부터 생산자로서의 이득을 거의 누리지 못하고 있었습니다. 심지어 가격을 결정하는 것도 생산물이 중간유통에 넘어갈 때까지 결정되지 않고, 모든 유통이 끝난 이후에 중간유통 판매자들에 의해 결정되어 그 보상이 한참 후에나 농민들에게 전달되는 것을 알았습니다. 심지어 농부들은 자신이 판매한 허브가 어떻게 활용되고 쓰이는지도 전혀 모른 채 이용당하고 있었습니다. 이에 2013년부터 3년간 굿네이버스 네팔과 KOICA는 유통망 개선과 상품개발, 지역주민의 역량강화 프로그램을 통해 지역주민의 자원을 최대한 활용하여 지역개발을 이루어낼 수 있는 히말허브 가치사슬(value chain) 사업을 시작하게 되었습니다.

이에 다양한 가치사슬사업을 진행하는 단체들의 정보와 사업경험을 통해, 그리고 굿네이버스의 전략 중 하나인 지역조합운동을 통한 주체자로서의 역할과 역량 개발을 통해 본 가치사슬사업이 지역주민들과 함께 진행되고 있습니다. 복잡한 배경과 이론을 짧은 글에 설명드리지 못해 아쉽지만, 이 글을 통해 이 사업을 간단하게라도 보여드리고 싶습니다.

더욱 생생하게 전달하기 위해 사진작가와 동행 과정에서 나눈 대화로 사업을 설명했습니다. 사진작가는 굿네이버스가 훔라·무구 지역의 지역가치보존사업의 일환으로 제작하고 있는 히스토리북을 촬영하기 위해 방문했으며, 그 당시에 나눈 대화를 재구성한 이야기입니다.

1. 아무도 가지 않는 곳으로 가다

사진 1. 공항에서 본 지역 전경

이른 아침 6시, 8명이 탈 수 있는 정도의 작은 경비행기에 몸을 실었다. 짐까지 가득 실은 비행기가 다소 불안하게 날아올랐다. 눈 덮인 산과 산, 깊은 계곡 사이를 지나기를 40여 분, 저 멀리 자그마한 공항이 보였다. 사방이 눈으로 뒤덮인 네팔 서북부 히말라야의 땅, 훔라·무구에 도착했다. 이번 방문은 훔라·무구 관련 사진집 제작을 위해 훔라에서 무구로 넘어가는 7일간의 일정이다. 이제까지 사진작가라는 직업 덕분에 수많은 곳에 다녀올 수 있었지만, 훔라·무구 지역은 처음이라 소소한 것에도 마음이 설레었다.

작가　　　아, 여기가 시미콧[1]이군요! 눈 덮인 산으로 둘러싸인 작은 공항이 매우 인상적이네요. 그런데 여기는 정말 춥네요.

지부장　　출발한 곳이 남부평야에 위치한 네팔간지라는 지역으로 요즘 기온이 30도가 넘는 곳인데요, 여기는 아직 눈이 내리지는 않았지만 영하의 날씨로 떨어지는 시기라서 더 춥게 느껴지실 겁니다. 날이 어두워질수록 점점 추워질 테니 옷을 하나 더 꺼내 입는 게 좋을 것 같습니다.

작가　　　한 50분 정도 비행기를 탄 것 같은데, 이 정도 이동에도 기온 차가 크게 나는군요! 처음 경비행기를 타서 그런지 아직도 비행기 진동이 느껴지는 것 같아요.

지부장　　네팔은 남에서 북까지 거리상으로는 800km 정도밖에 되지 않지만, 고도차는 엄청나 해발 100m에서 8,848m에 걸쳐 평야지역, 언덕 지역, 산악지역이 펼쳐져 있습니다. 지금 우리가 도착한 훔라 지역은 네팔 북

---

1)　　훔라 지역의 중심 도시이다.

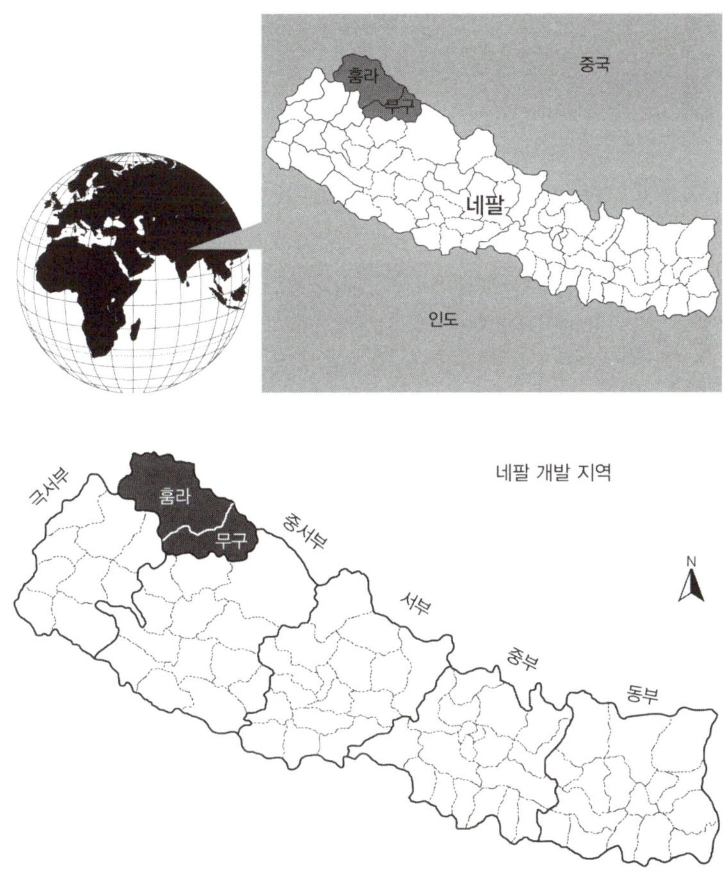

그림 3. 지도에서의 무구·훔라 지역

서부의 산악지역입니다. 잘 아시는 히말라야가 있는 곳이죠. 바로 눈앞에 눈 덮인 산이 보이시죠? 네팔에서 가장 높은 지역 중 하나입니다.

작가   그래서 오는 내내 산골짜기, 골짜기 사이를 날아온 것이군요. 떨어질까 좀 무섭기도 했지만 '이렇게 깊은 히말라야 산속 지역에서 어떻게, 어떤 사업을 하고 있을까' 하는 궁금증이 끊임없이 들었습니다. 굿네이버스는 어떻게 이곳에서 사업을 시작하게 된 건가요?

지부장   네팔 국가 내 인간개발지수[2)]에 따르면 이곳 훔라는 총 75개의 디스트

릭트[3]) 중에서 74위로 미개발 지역에 속합니다. 이곳을 지나 75위인 무구 지역도 곧 방문하실 겁니다. 한마디로 훔라·무구는 네팔에서도 가장 가난한 지역이란 뜻인 거죠.

굿네이버스가 이 지역에서 사업을 시작한 것이 이제 3년이 넘어갑니다. 이곳에 오려면 경비행기 외에는 적절한 교통편도 없는데 말입니다. 물론, 걸어올 수 있죠. 자동차든 오토바이든 일반적인 교통수단이 있는 가장 가까운 도시까지 가는 데도 열흘은 꼬박 걸어야 하지만요, 하하. 어쨌든 우리가 이곳에서 사업을 시작한 것은 아주 단순한 생각에서 비롯됐습니다. 2009년에 지역개발사업을 계획하면서 여러 지역에 대한 기초 데이터를 조사하고 각 지역에 대한 통계 등을 수집했었는데요. 네팔 복지사업청(Social Welfare Council)의 정보를 보니까 이쪽 서북부 히말라야 지역에서 일하는 NGO가 거의 없더군요. 사업구상은 거기서 부터 시작됐습니다.

사실 네팔은 국제 NGO(INGO)만 250개, 지역(local) NGO는 3만여 개에 이르는 NGO 국가이기도 합니다. 지역개발사업이 거의 NGO와 외부 원조기구에 의해 이뤄지는 국가라고 할 수 있죠. 다시 말해, 이런 네팔에서 일하는 NGO가 없는 곳이라는 건 외부 원조와 지역개발사업에서 소외된 지역이라는 뜻이었습니다. 그만큼 일하기는 힘들겠지만, 우리가 이 어려움들을 잘 극복할 수만 있다면 정말 필요한 곳에서 사업을 진행할 수 있게 되는 거였죠.

물론 사업을 시작하기 전에는 고민이 참 많았습니다. 지역 접근이 어렵기 때문에 어떤 형태로 일을 해야 할지, 직원 선발이나 파견은 어떻게 해야 할지, 어떤 사업을 중심으로 일을 시작해야 할지 등 답이 보이지 않는 질문과 문제가 많이 있었습니다. 사무실에 앉아서 고민한다고 해결될

---

2) 인간개발지수(human development index: HDI): 국제연합개발계획(UNDP)이 매년 각국의 교육수준과 국민소득, 평균수명 등을 조사해 인간개발 성취 정도를 평가하는 지수로 비물질적 요소까지 측정 대상으로 삼는다는 점에서 국민총생산(GNP)과 구별된다.

3) 네팔의 행정구역은 5개의 개발구역(development region)과 14개의 주(zone), 75개의 군(district), 그리고 4,000여 개의 부락(village development committees: VDC)으로 나누어져 있다.

일도 아니고, 사전 지역조사를 한다고 해서 모두 사업을 시작하는 것은 아니니, 일단 지역조사를 해보자고 결정하고 홈라·무구로 왔습니다. 도착한 첫날, 누구도 와서 일하지 않는 곳, 너무나도 가난하고 어려워서 해야 할 일이 엄청나게 많아 보이는 지역사회를 보면서, 바로 여기서 사업을 해야겠다는 마음을 확고하게 세웠습니다. 사전 지역조사를 진행하면서 지역주민을 만나고, 사업을 구상하고 계획하면서 전력을 다해 지역개발사업을 진행해야겠다고 생각했습니다. 아니, 굿네이버스에게 가장 잘 어울리는 지역을 만나게 되었다고 확신했죠.

작가   저는 아직 마을에 들어가지도 않았지만 그냥 딱 보기에도 일하기에 정말 어려울 것 같은데, 굿네이버스에게 가장 잘 어울리는 지역이라고 확신하게 된 계기 같은 게 있었나요? 이 지역을 처음 조사하고 사업을 구상할 때는 주민들의 상황이 어땠는지 궁금합니다.

지부장   굿네이버스가 2009년에 지역조사를 시작했을 때, 기본 자료 사전 조사를 충분히 마친 후였습니다. 그러나 함께 일하는 현지 직원들조차도 전부 다 이 지역에 처음 와보는 사람들이었기 때문에 이 지역의 가이드를 해줄 지역 출신 사람을 카트만두에서 데리고 와야 했죠. 처음부터 익숙하지 않은 일들이 가득했죠.

비행기에서 내려 지역사회를 방문하면서 맨 처음 인상 깊었던 것이라면 이 지역의 자연경관과 촌락구조였습니다. 산악에서 살아가야 하다 보니, 윗집의 앞마당이 아랫집의 옥상이 되는 구조로 5~6채가 연결되어 있는 형태였거든요.

여기는 중심 지역이라 그런 모양의 건물이 거의 없지만, 여기서 한 4시간 정도 이동하면 도착할 마을에서는 보실 수 있을 겁니다. 네팔에서 가장 유명한 트레킹 코스인 에베레스트나 안나푸르나 등반로가 있는 지역도 과거에는 이러한 촌락구조를 가지고 있었다고 하더라고요. 이미 그 지역은 유명한 관광지역이 되어서, 길이 조성되고 작은 호텔들이 모여들면서 과거의 모습은 이제 찾아볼 수 없게 된, 전혀 다른 히말라야 지역이 되었지만요.

이런 형태의 집이 적게는 80여 채, 많게는 400여 채가 모여서 한 촌락을 구성하는데요. 길이 집 앞에 바로 위치해 있다 보니 집 안이 들여다

사진 2. 가옥 사진

보이기도 합니다. 있다가 마을에 도착하시면 길을 따라 걸으면서 자연스럽게 주민들의 생활 모습도 엿보실 수 있으실 텐데요, 저는 훔라·무구에 처음 도착해서 이 길을 따라 걸으면서 개인적으로 '아 우리가 올 곳을 바로 잘 왔구나!' 하는 마음이 들었습니다. 산 중턱에 위치하여 산과 어우러지는 마을 풍경부터, 호두를 가지고 구슬 놀이를 하고 있는 아이들의 모습, 산에서 내려오는 물로 빨래를 하고 있는 여인들의 모습, 집 앞에 걸터앉아 담배를 피우고 있는 노인들의 모습 등을 보면서 가슴이 울컥하는 뜨거움도 느꼈고요.

이곳에서 사업을 해야겠다는 생각은 주민들과 식사를 하면서 더 강해졌습니다. 처음에 이곳에서 식사를 하려는데 정말 먹을 것이 없는 거예요. 주민들이 먹는 식사 그대로 저희도 먹었는데, 밥이야 돌이 좀 많긴 했지만 그런대로 배를 채울 수 있는 만큼의 양을 주는데 반찬인 '떨까리'[4]는 한 세 조각쯤 되는 야채에 간단한 조미료를 뿌린 것뿐이더군요. 돈을 줄 테니 조금 더 줄 수 없겠느냐고 물었더니 줄 것이 없다는 거예요. 네팔도 손님에 대한 예의는 매우 깍듯하거든요. 그런데도 줄 것이 없다고 하는 그들의 모습에 다시 한 번 가슴이 뜨거워지더군요. 그때의 기억은 지금도 잊을 수가 없습니다. 다 해진 아이들의 옷차림에도, 정성껏 준비한 한 끼 식사에도, 집 안 곳곳에도, 심지어 그들이 키우는 가

---

4) 네팔의 주식은 쌀이며, 네팔의 대표적 가정식인 '달밧(dahl bat)'은 커다란 그릇에 쌀·콩으로 만든 걸쭉한 수프와 떨까리라고 하는 채소반찬으로 이루어진다.

사진 3. 지역주민들의 모습

축에까지 가난이 배어 있었습니다. 마음이 많이 아팠습니다.

작가 저도 빨리 주민들을 만나보고 싶습니다. 이번 일정이 하루에 8시간씩 9일 정도를 걸어 이동한다고 하셨는데, 오늘부터 걸어가야 하는 거 맞죠? 한국에서 8시간을 걷는다는 건 쉽게 상상할 수 없는 일인데 말이에요.

지부장 이곳에는 걷는 것 외에는 비싼 헬리콥터를 제외하고는 다른 이동 수단이 없으니까요. 사람과 동물의 힘으로만 이동이 가능하기 때문에, 걸어야 합니다. 하지만 걸으면서 보게 되는 히말라야의 흰 눈 산과 계곡 바람, 나무, 돌들의 정취가 색다른 즐거움을 줄 것이기 때문에 그렇게 힘들게 느껴지진 않으실 겁니다. 그리고 우리의 걸음은 훔라·무구의 주민들을 돕고자 하는 걸음이기 때문에 또 다른 의미를 갖고 있으니 더욱 힘이 나고요. 관광지가 아니다 보니 길이 잘 조성되어 있지 않아 돌도 많고 위험한 곳도 있겠지만, 직원들과 포터[5]가 함께하니까 생각하는 것보다는 그렇게 어렵지 않을 거고요.

일단 8시간씩 걸으면서 하루에 약 2개 마을을 방문하게 될 텐데요. 첫 번째 마을을 지나 두 번째 마을에서 잠을 자고 다시 8시간을 이동하는 방식으로 지역을 이동할 예정입니다. 이렇게 6일 정도를 걸어가면 무구 지역의 '검거디'라는 도시에 도착할 수 있습니다. 물론 검거디에서

---

5) 교통수단이 없는 히말라야 같은 곳에서 길을 안내하거나 짐을 운반하는 사람을 이른다. 로컬 포터라고도 부른다.

그림 4. 이동경로

다른 마을까지 또 이동해야 하고요. 실제 걷는 걸로는 6일이 걸리지만 저희는 이번 일정을 대충 10일 정도로 계획하고 있습니다. 주민들과 이야기를 나누고 농장과 학교를 방문하고 하면 시간이 더 걸리기 때문입니다.

공항 근처의 작은 식당에서 간단한 아침식사를 마치고 '테헤'라는 마을로 이동을 시작했다. 30분쯤 걸어가자 시미콧의 도시 풍경은 사라지고 대자연의 품 안으로 들어가는 듯한 작은 길이 나타났다. 계곡 사이로 뻗어 있는 굽이굽이 좁은 길을 걷기를 4시간여. 드디어 테헤에 도착했다.

2. 누가 이런 곳에 농장을 만들었을까

작가   정말 끝도 없이 걸어야 하는군요. 하! 말씀하신 대로 굉장히 아름다운 곳이고요. 이렇게 아름다운 자연 속에 사는 사람들의 삶이 이리도 어렵다는 것은 참 모순되게 느껴집니다.

지부장   지역주민이 마련한 현지식은 처음 드셔보시는 거죠? 어떠셨어요, 드시기 힘드시진 않으셨습니까?

작가   열심히 걸은 덕분인지 정말 맛있게 먹었습니다. 아까 식사 중에 굿네이버스가 이곳에서 어떤 사업을 하고 있는지 간단하게 말씀해주셨는데요.

지부장   네, 아동교육지원사업과 조합을 기반으로 한 공동농장 운영을 통한 소득증대사업이죠.

작가   교육지원사업이야 지역 내 학교를 중심으로 지원한다고 하셔서 쉽게 이해가 가는데요. 도대체 이런 산속에서 어떻게 농장을 운영한다는 건지 솔직히 이해가 잘 안 갑니다. 혹시 저 계곡 맞은편에 보이는 돌담으로 둘러싸인 곳이 농장인가요?

지부장   맞습니다. 저 맞은편에 보이는 곳이 '타클라'라는 마을의 주민들이 운영하는 사과농장입니다. 계곡 반대편이라 가까워 보여도 꽤 멀어서 방문은 내일이나 가능합니다. 실제 타클라 마을에 도착해서도 2시간 정도 더 걸어가야 하는 곳이거든요. 물론 지역주민은 슬리퍼에 뒷짐 지고 낫과 같은 농기구를 들고도 30~40분 만에 도착하지만요. 저희는 등산 스틱을 두 손에 들고도 내려가기가 참

사진 4. 타클라 사과농장

힘듭니다. 경사가 매우 심하고 길은 거의 나 있지 않거든요. 이런 길을 지나 농장으로 매일매일 일하러 간다니, 저도 처음엔 도무지 믿을 수가 없었습니다. 하지만 지역사회의 힘이란, 다 해내더라고요.

그나저나 지금부터 다시 3시간 정도를 더 걸어가야 하니까 이제 슬슬

걷기 시작할까요? 굿네이버스가 이곳 서북부 히말라야 지역에서 운영하는 농장은 히말라야 허브종인 '아티스'를 재배하는 허브농장, 사과농장, 그리고 호두농장, 이렇게 세 가지 종류입니다.

지금 저 아래 보이는 곳은 사과농장입니다. 보통 사과나 호두는 고도 2,000m 이하 지역에서도 경작이 되기 때문에 저희가 지난 길 근처에 위치해 있는 경우가 많습니다. 아티스 허브농장은 적어도 고도가 2,500m 이상이 되어야 잘 자랄 수 있어서요, 마을에서도 2시간 정도를 더 걸어 올라간 곳에 위치해 있는 경우가 많고요. 허브농장은 내일 모레쯤 방문하실 수 있을 겁니다.

이 길을 따라 계곡 아래까지 내려갔다가 다시 1시간 정도 올라가면 타클라에 도착하실 수 있습니다. 벌써 날이 어두워지기 시작하니 좀 더 빨리 가게 하죠. 해가 진 산길을 걷는 건 굉장히 위험한 일이거든요.

아까 보신 사과농장을 운영하는 타클라는 약 84가정이 모여 사는 비교적 작은 마을입니다. 이 전에 방문했던 테헤는 꽤 큰 마을 중 하나이니까, 또 다른 분위기를 느낄 수 있으실 겁니다. 타클라는 가장 열정적으로 굿네이버스와 함께 일하는 마을이기도 한데요. 이미 농장을 기반으로 한 조합도 구성되어 있고, 어머니회도 따로 구성되어 작은 가게도 운영하고 있고요.

교육위원회가 일을 열심히 하기 때문에 학교도 어느새 자리를 잡아 제 역할을 수행하고 있습니다. 지금은 모든 아이가 학교에 다니고 있지만, 바로 얼마 전까지만 해도 10명 중 6명 정도, 즉 60% 정도만 학교를 다녔습니다. 학교에 다니지 않는 아이들은 부모와 함께 농사일을 하거나 가축을 치고, 집에서 동생을 돌보면서도 큰 불평도 불만도 없던 지역이었습니다. '나는 원래 이렇게 사는 사람인가 보다' 하는 인식이 팽배했던 거죠. 이런 인식은 아직도 마을 곳곳에 남아 있긴 합니다만 …….

아, 저기 우리를 마중하러 나온 사람들이 보이네요. 이제 북을 치면서 앞장서서 마을로 들어갈 겁니다. 외부 방문객에 대한 환영 행사라 할 수 있고요, 마을 잔치와 같다고 보시면 됩니다. 외부에서 사람들이 오는 일 자체가 드문 지역이다 보니 이런 문화가 생긴 것 같습니다. 저희의 방문도 이 마을에서는 매우 특별한 일인 거죠 마을에 도착하면 간단

사진 5. 마을 환영 행사

하게 주민들과 인사를 한 뒤 저녁을 먹고 쉬게 됩니다. 첫날이라 많이 힘드셨을 텐데 기쁘게 동행해주셔서 감사합니다.

지역주민의 춤은 환상적이었다. 모닥불을 피워놓고 그들의 춤과 노래를 듣고 보다 보니 하루의 피로가 모두 다 사라지는 느낌이었다. 특히 티벳에서 건너온 라마 가족의 전통춤을 본 것은 정말 특별한 경험이었다. 한국에서는 볼 수 없는 아름다운 밤, 쏟아질 것 같은 별. 그렇게 첫 번째 날이 저물어갔다.

지부장 잠은 잘 주무셨나요?

작가 네, 주민들의 큰 환대 덕분에 저녁도 배부르게 먹고 따뜻하게 잘 잤습니다. 본인들의 담요까지 주는 건 아닌가 싶을 정도로 적극적으로 대해주시니 정말 너무 감사하네요. 그런데 몸이 간지러운데 뭔가에 물린 걸까요?

지부장 벼룩일 겁니다. 하하, 날씨는 추워도 벼룩은 있으니까요. 그나저나 옷 속에 숨어서 계속 물어댈 텐데 큰일이네요. 저도 물리기 시작한 것 같은데 어쩔 수 없습니다. 차라리 가렵다는 생각 자체를 하지 않는 편이 도움이 될 겁니다. 어제 보신 주민들의 환영 행사는 어땠습니까? 한국에서는 쉽게 볼 수 없는 좋은 경험이 되었을 것 같은데요.

작가 정말 한국에서는 보낼 수 없는 특별한 밤을 보냈습니다. 밤이 아주 아름다웠어요. 특히 모닥불 옆에서 주민들이 부르던 노래는 더욱 그랬고요. 그 노래는 어떤 내용인가요?

지부장 '데우라'라는 노래인데요, 두 그룹으로 나뉘어 주거니 받거니 부르는 노래입니다. 가사를 주민들이 직접 만들어서 부른다는 게 특징인데요. 우리로 치면 '쾌지나 칭칭 나네'처럼 가사가 계속 바뀌는 앞 소절이 있고 반복되는 후렴구가 있고 그런 노래입니다. 주민들의 관심사와 메시지를 전하는 일종의 문화 놀이 같은 것이라 할 수 있겠네요. 어제 들은 데우라의 가사에는 굿네이버스를 향한 환영과 기대, 그리고 주민들의 변화가 담겨 있습니다. 주민들이 그만큼 우리의 사업과 변화에 관심과 기대를 가지고 있다는 뜻이기도 하겠지요.

작가 그 말을 들으니 더욱 마음이 훈훈해지는데요. 그런데 지금 이 길이 사과농장으로 가는 길인 거 맞나요? 제대로 길은 나 있지도 않고 사람이 다닌 흔적만 있는데요. 경사도 너무 심해서 무섭기까지 하고요. 이런 곳에 이렇게 큰 농장을 만들다니, 지역주민이 직접 만든 것인가요?

지부장 어제 계곡 너머에서 볼 때보다 크죠? 저도 처음에 와서 보곤 생각보다 커서 놀란 기억이 있습니다. 이 농장은 네팔에서 활동하는 WFP(UN World Food Program)의 지원을 통해 지역사회에서 직접 돌을 모아서 돌담을 쌓고 땅을 경작해서 만든 것입니다. WFP는 지역사회가 노동을 통해 지역사회의 자산, 예를 들어 학교를 짓든지 길을 닦든지 하는 식의 공공 기반을 만들면 식량을 지원하는 푸드 포 워크(food for work, food for asset)라는 프로그램을 가지고 있습니다. 훔라·무구 지역은 1년에 9개월이 식량이 부족한, 식량부족지역이기 때문에 WFP의 푸드 포 워크 프로그램은 매우 좋은 효과를 내고 있습니다. 여기 타클라의 사과농장 역시 푸드 포 워크 프로그램의 결과물 중 하나이고요. 이렇게 만들어진 터에 굿네이버스와 지역사회가 함께 사과농장을 시작한 것이지요.

굿네이버스는 사과 묘목을 지원하고, 재배기술교육을 지속적으로 진행하고 있습니다. 또한 관계수로와 같은 농장 기반시설을 설치할 수 있도록 파이프 같은 재료를 제공하기도 하고요. 묘목 관리를 할 수 있는 장비도 제공하고 있습니다. 아, 그리고 이 지역에서는 비료를 구입하는 것도 불가능하기 때문에 지역사회 내에서 자체적으로 생산할 수 있는 유기농 비료 만드는 방법 등도 교육하고 지원합니다. 결과적으로 WFP

사진 6. 사과나무 경작

사진 7. 사과농장 내부

와 굿네이버스가 지원하고 지역사회가 주체적으로 운영하는 농장인 것이지요. 지역사회는 농장을 만들면서 식량을 공급받고, 그렇게 만들어진 농장에서 소득증대사업을 진행하고 있는 것입니다.

작가   여기는 히말라야 지역이고 이곳에서만 나는 허브품종이니까 허브농장을 한다는 건 이해가 갑니다. 그런데 사과농장과 호두농장은 뭔가요?

지부장   대답은 간단합니다. 사과와 호두도 아티스 허브처럼 히말라야 지역에서 매우 뛰어난 품질을 자랑할 뿐 아니라 생산성이 높기 때문입니다. 특히 훔라·무구의 사과는 네팔에서 달고 맛있는 걸로 명성이 높습니다. 호두도 마찬가지로 이 지역에서 많이 생산되기도 하지만요, 기름으로 짜서 쓸 수도 있고 아이들 간식으로 사용하거나 음식에 넣어 먹을 수도 있는 매우 유용한 작물로 유명하고요.

사진 8. 사과농장 파이프 설치

이런저런 이유 중에서도 가장 중요한 것은, 주민들이 가장 잘 키울 수 있는 농산물이라는 사실이었습니다. 사업 초기, 지역사회와 함께 농장 운영에 대해 논의할 때 가장 중요한 것 중 하나가 '지역주민들이 잘 해낼 수 있는 품종'을 선택하는 것이었습니다. 도시와 워낙 멀 뿐 아니라 교통 자체가 안 좋은 지역이다 보니 처음부터 어려운 품종으로 도전한다면, 수익성은 둘째 치고, 저희는 물론 지역사회도 너무 어려운 과정을 겪어야 하니까요. 하지만 사과나 호두는 지역에서 잘 자라는 품종인데다가 재배법도 쉬운 편이어서 지역사회가 효율적으로 잘 키울 수 있겠다 싶었죠. 그래서 사과농장, 호두농장을 시작하게 된 것입니다.

이제 마을로 돌아가 점심을 먹고 아티스 허브농장에 가겠습니다. 허브농장은 여기서 3시간 정도 산을 올라가면 있는데요, 그곳에 방문한 후에 '카르벗가웅'이라는 마을로 이동해서 밤을 보낼 계획입니다. 자, 이제 슬슬 마을로 돌아가 볼까요?

한참을 걸어 카르벗가웅 마을에서 운영하는 허브농장에 도착했다. 때마침 요즘이 2년간의 재배를 마치고 수확하는 시기여서 주민들이 아티스를 캐는 모습을 볼 수 있었다.

구분	농장 이름	자원방위대	마을	책임자	사과 농장 수(개)
1	Chankheli Farmer group	Darma	Bohorabada	Rachane Bohora	160
2	Dudhedhaha Farmer group	Darma	Mathirimi	Sarjan Budha,madan budha	600
3	Phulbari Farmer Group	Darma	Garkha	Ganash Bdr Shahi	300
4	Melchamdhaha Farmer Group	Darma	Bhidgaun	Takulle Bheyal	600
5	Kaphalchaur Farmer Group	Darma	Bhatteebada	Rudralal Jaisi	270
6	Hithiyagoth Farmer Group	Mimi	Mekhala	Rammal Aidi, Santa Bdr aidi	440
7	Gauri Farmer Group	Mimi	Mimi	Ajabir Rokaya,kali bdr budha	444
8	Mahadev Farmer Group	Mimi	Aidibada	Sunam Aidi	100
9	Badelikhada Farmer Group	Mimi	Byaphu	Dhanjaya budha	51
10	Nikla Farmer Group	Shreemasta	Tallopali	Punimal Rawal,Lal prd Jaisi	200
11	Talim Farmer Group	Shreemasta	Mathillopali	Bhadrabir Budhathoki	300
12	Danphe Farmer Group	Shreemasta	Nepka	BirkhaTamang	200
13	Talikorka Farmer Group	Melchham	Korka	Dalabir Budha	600
14	Himali Farmer group	Melchham	Melchham	Jaya Bdr Sira	75
15	Janabikash Farmer Group group	Melchham	Masidhara	Dhan Bdr shahi	100
16	Manakamana Farmer Group	Melchham	Rati	Aka budha	110
17	Kutihilsa Farmer Group	Gothi	kuti	Saune Budha	500
18	Hilsadev Farmer Group	Gothi	Kallasa	DhannamBudha	300
19	Bajchaur Farmer Group	Rodikot	Karkibada, panimula	chanda Singh karki,Jaya Bdr Bohora	500
20	Naulakota Farmer Group	Rodikot	Bhim nagar	Mim bdr Shahi	200
21	Shreekada Farmre Group	Rodikot	Phucha	balabir Budha	100
22	Bhatya kholi Farmer Group	Rodikot	Thulagaun	Dhanraj Shahi	100
23	Bhitarkuna Farmer Group	Rodikot	Saune B.K.	Saune B.K.	110
24	Sibashakti Farmer group	Kharpunath	Takla	Bikash Sarki	600
25	Bajadi farmer Group	Kharpunath	Bamta	Prabal Sunar	500
합계					7,460

표 1. 훔라 지역 농장과 나무의 수

3. 지역사회 참여가 개발의 핵심

사진 9. 아티스 농장

지부장 　아티스는 약재용으로 사용하는 허브과 식물입니다. 네팔에서 거래되는 허브 중에서 가장 가격이 높고, 훔라·무구 지역의 주 수입원으로 거래되는 작물이죠. 전부터 지역사회나 지역 NGO 차원에서 몇 차례나 농장을 만들어 아티스를 재배하려는 시도가 있었습니다. 성공적이진 않았지만요. 말에 따르면, 농장을 운영하는 주체의 책임성과 재배 방법에 대한 지속적인 교육의 부재 등의 이유 때문이었다고 합니다.

　　　　아티스는 히말라야와 알프스 지역에서 자라는 허브 식물의 일종입니다. 보시다시피 아티스는 종자와 뿌리 두 종류로 재배되는데요. 종자는 식용이나 염색 재료, 향수 원료 등으로 쓰이고, 뿌리는 약재용으로 좋다고 알려져 있습니다.

작가 　뿌리가 생각보다 크네요. 생긴 건 도라지 같은데 냄새가 굉장히 강하네요, 한약냄새 같기도 하고요.

지부장 　한번 씹어보세요. 약재용으로 쓰이기도 하니까요.

작가 　생으로 먹어도 되는 건가요? 음, 정말 쓰네요. 아티스 재배를 시작한 게 2년 전이라고 하셨던가요? 그나저나 그전에도 이런 시도들이 있었지만 실패했다고 하셨잖아요? 굿네이버스는 어떤 어려움이 있었는지, 선례를 따라가지 않기 위해 어떤 노력을 했는지 알려주세요.

지부장 　처음 지역사회와 허브농장 운영에 대해 논의하던 시점부터 어려웠습니다. 허브농장을 운영해서 어떤 일이 생길 수 있을지에 대해 희망을 전하고 가치를 이야기하고 싶은데 지역사회는 우리를 신뢰하지 않았거든

사진 10. 아티스 수확

요. 그도 그럴 것이, 여러 NGO가 단기적인 계획과 자금을 가지고 지역 사회를 방문해서 결과가 보이지 않는 뭔가를 하고는 사진이나 홍보 자료만 만들고 사라져 버린 경험이 한두 번이 아니었다고 하더라고요. 그

사진 11. 아티스 경작하는 모습

러니 굿네이버스 역시 신뢰할 수 없다는 그들의 반응은 당연한 일이었고요.

실제 지역사회 자체에서 지역 NGO의 도움으로 아티스 씨를 받아 농장을 운영하려는 시도를 몇 차례 했었다고 해요. 거의 다 실패했고요. 허브농장 운영의 어려움도 알고 있고, 신뢰할 수 없는 경험들도 가지고 있는 지역사회에 들어왔으니 첫 시작이 쉬울 리 없었겠죠.

하지만 굿네이버스는 지역개발을 최소 5년부터 15년 정도로 보고 청사진을 그리고 접근한다는 전략을 가지고 있고, 이 부분이 지역사회의 마음을 돌리는 데 큰 영향을 미쳤던 것 같습니다. 우리 직원들이 각 마을에 들어가서 직접 살면서 사업을 진행해나간 것도 좋은 신뢰관계를 만든 계기가 되기도 했고요. 지금도 훔라·무구 지역에는 70여 명의 직원들이 사무실에서, 각 마을에서 함께 살면서 프로젝트를 진행하고 있습니다. 그러니 지역사회에서 우리를 가깝게 느끼고 믿을 수 있게 된 것이지요.

다시 말해, 우리는 이 허브농장사업을 성공하기 위해 우리가 할 수 있는 일의 모든 것을 다하겠다는 각오를 가지고 시작한 것입니다. 실제 이제까지 전문적인 지식을 가진 이가 없어 문제점을 파악할 수도 개선할 수도 없었는데요, 지금 저희 농장에는 세 분의 훔라·무구 전문가가 계십니다. 일부러 초빙해서 모셔왔어요. 할 수 있는 노력을 다하는 겁니다.

또한 지역사회 참여 부분을 강화하면서 지역사회가 스스로 주인의식을 가지고 아티스 재배를 할 수 있도록 지도했습니다. 우선 지역주민을 조직하여 허브농장 운영에 참여하고 싶은 이들을 선발했습니다. 사실 거의 모든 이가 참여하고 싶어 해서 계획한 숫자보다 농장 수를 더 늘리기도 했습니다. 농장 하나당 농부 50명이 참여하게 했습니다. 조합이나 지역공동체 차원의 사업을 진행하다 보면 어떤 이는 아주 열심히 참여하고 어떤 이는 잘 참여하지 않는 등 차이가 발생하기 때문에 처음부터 좀 많은 인원이 함께할 수 있게 했죠.

2년이 지난 지금, 모든 소득이 지역사회 내 조합을 통해 참여자들에게 배분되기 때문인지 대부분의 주민은 적극적으로 농장 운영에 참여했고요. 다양한 교육에 열심히 참석한 농부들은 자신의 농장을 따로 만드는 등 다양한 소득증대 시도가 일어나고 있기도 합니다.

이렇게 22개의 허브농장을 운영해왔습니다. 지역사회의 참여와 그들의 노력이 가장 중요한 요소이기 때문에 최대한 많이 모여서 의견을 나누고, 각 농장 간에 견학하고 서로 협력하도록 격려하고, 매 1년 단위로 아티스 허브를 가장 잘 키운 농장을 뽑아 농기구를 더 지원하는 등 그들의 참여와 관심을 유발하기 위한 많은 노력을 기울였습니다.

굿네이버스는 허브농장을 통해 '반드시 지역사회에 이익을 남겨주겠다'는 목표 의식이 매우 강했습니다. 이제까지 실망만 해온 지역주민에게, 심지어 '속았다'고까지 말하던 그들에게 허브농장사업을 반드시 성공시켜서 새로운 희망과 가치를 보게 하고 싶다는 직원들의 도전도 너무 고마웠고요. 그래서 지금 아티스를 수확하는 것은 단순히 허브 작물을 수확한다는 의미 이상입니다. 지난 2년여간의 노력이 작은 열매를 맺는 것 같아 매우 흥분되기도 합니다.

작가　　그럼 굿네이버스에서는 이렇게 수확한 아티스를 통해 어떻게 수익을

사진 12. 지역주민 대표회의

	창출하는 건가요? 굿네이버스가 직접 시장에 파는 건가요, 아니면 지역사회가 판매를 하는 건가요? 수확 이후에 굿네이버스는 어떤 지원을 하는지, 혹은 할 계획인지도 궁금합니다. 제가 알기론 보통 이런 소득증대사업이 어려움을 겪는 이유가 다들 수확 이후의 판매, 마케팅에서 발생하는 것 같던데, 별도의 계획이라도 있는 건가요?
지부장	저희도 이 부분에 대해 지역사회와 많은 논의를 진행했고요, 실제 다양한 시도를 하고 있습니다. 아티스라는 허브의 뿌리는 주로 약재로 쓰이는데요. 보통 아티스 씨를 뿌려서 2~3년간 키우고 지금처럼 수확한 뒤에는 11월 건조한 햇빛에 말려서 네팔간지나 카트만두에 있는 시장에 팔게 됩니다. 이렇게 팔린 아티스는 거의 대부분이 인도로 다시 팔려나가는데요. 인도에서는 이렇게 사들인 아티스를 비롯한 다양한 약용식물로 화장품류를 비롯하여 건강보조제, 동식물용 제품까지 다양한 상품을 개발해 큰 수익을 창출하고 있습니다.[6] 한번 생각을 해보세요. 이번에 우리가 농장에서 아티스를 수확해서 건조시킨 양이 약 20톤 정도가 됩니다. 이를 시장가로 환산해보면 약 17만 5,000달러[7]의 가치인

---

6) 네팔의 약용식물 산업은 대부분 생산에만 집중되어, 현재 네팔에서 생산되는 약용식물은 90%가 가공되지 않은 상태로 인도로 수출되고 있다. 예를 들어 주목 잎(taxus leaf)의 경우, 산악지대의 소규모 무역상들의 수익은 9%, 네팔 내 중간상인들 수익은 16% 정도지만 가공 처리를 하는 도매상들은 수익이 75%나 된다.

7) 한화 1억 9,250만 원(환율 1,100원 적용 시).

데요. 농장에서 수확한 것이 70% 정도니까, 아직 30%는 땅속에 있는 것이니 그 가치는 더 커지겠죠. 이렇게 매년 씨를 뿌리고 수확한다고 하면 사실상 조합으로선 매우 높은 수준의 수익을 내는 거라 볼 수 있죠. 말씀하신 것처럼 소득증대사업에서 가장 중요한 부분은 마케팅(판매)일 것이고, 이 역시 지역사회를 중심으로 진행되어야 한다는 것이 굿네이버스의 생각입니다. 사실 우리는 허브농장을 시작하기 전부터 마케팅 소스를 찾는 등 이후 판매를 준비하고 있었습니다. 하지만 우리가 주가 되어 이 부분을 진행하는 게 아니라 지역사회가 중심이 되어야 한다는 결론을 낸 것은, '우리가 파는 아티스는 단순한 허브 작물이 아니기 때문'이었습니다. 히말라야의 유명한 허브를 경작해서 판매하는 것뿐만 아니라, 우리와 함께 일하는 지역사회의 이야기까지 함께 판매하는 것이기 때문에 반드시 지역사회가 그 중심으로 참여해서 이뤄져야 하는 것이지요.

이전에는 아티스를 경작하는 게 아니라 산악지역을 돌아다니며 수집해서 중간상인에게 넘겨주는 방식으로 수입을 얻다 보니, 막상 지역주민은 아티스에 대해 아는 것이 거의 없더라고요. 안다고 해도 그냥 어디에 좋다더라, 하는 식으로 검증되지 않은 단순한 정보들만 가지고 있는 정도였고요. 아티스가 무엇에 좋은지, 중간상인들을 거쳐 어떤 상품이 되어 판매되는지, 그 금액은 얼마인지 전혀 알지 못했죠. 그러니 현지 주민들이 중간상인들에게 판매하는 금액은 인도 상인들이 거느리고 있는 중간상인들의 뜻대로 결정될 수밖에요. 일단 팔고 난 다음에 중간상인이 돈을 주면 그게 가격이 되는 겁니다. 즉, 현지 주민들은 지금의 구조에서는 그저 싼 가격에 노동력을 대는 수준으로밖에 인식되지 못했던 겁니다.

우리는 그들이 가치 사슬의 중심에 들어서길 바랐습니다. 그렇기 때문에 허브농장 대표자 회의를 통해 마케팅 위원을 선발하고, 이들과 함께 직접 시장을 돌아다니면서 어떻게 판매가 되는지 이해하고 직접 거래를 하게 하자는 결론을 냈고, 실제 그렇게 진행하고 있습니다. 얼마 전에도 마케팅 위원들과 함께 네팔간지의 현지 시장과 인도의 도매시장을 방문했고요. 이 여행의 마지막에 우리가 다시 네팔간지로 돌아갈 때, 마케팅 위원회의 대표가 함께 동행할 예정입니다. 이번에는 중간상인들과 시장가격을 논의하고 판매를 진행할 예정입니다.

수백 년, 어쩌면 수천 년간 아티스를 접해왔을 이들이, 아티스의 가치를 전혀 모른 채 싼 가격의 노동력 제공 정도의 수준으로 대우받고 있다는 사실에 마음이 아파왔다. 지역개발은 그 지역사회 안에서 자원을 발굴하고 이를 최대한 활용해야 하는 것이라 배웠는데, 막상 지역사회가 자신의 자원을 알지 못한 채 외부에 이용만 당해온 것과 마찬가지라는 생각이 들었다.

4. 학교에서, 지역사회에서 히말라야 허브를 배우다

जडिबुटी र स्याउ खेतीबारे पढाइ

사진 13. 히말라야 허브 교육 교과서를 소개한 신문기사

작가 허브를 경작하는 사람들이 그 가치나 판매 과정 등을 모른다는 사실이 정말 안타깝습니다. 혹시 이 부분과 관련하여 사업을 진행하고 있나요?

지부장 일단 허브농장에서 너무 오랜 시간을 보내고 있어서요, 이동하면서 이야기를 이어가죠.

굿네이버스도 이 부분에 대한 고민이 많았습니다. 정부기관을 만날 때, 다른 NGO를 만날 때, 심지어 시장에서 상인들을 만날 때도 이 부분에 대해 논의하고 고민했습니다. 그래서 일단 '가르치고 최대한 많이 알리자'는 결론을 냈습니다.

우선 첫 번째로 서북부 히말라야 지역에서 나는 허브들, 그리고 이미 지역사회에서 재배하고 있는 허브에 대한 교육을 시작했습니다. 이미 정리되어 출판된 책도 있지만, 실제 이를 어떻게 키우고 활용할 것인지에 대한 교육을 할 수 있는 내용이나 커리큘럼이 없는 게 문제였습니다. 그

래서 훔라·무구 교육부와 함께 서북부 히말라야 지역에서 자생하는 허브에 대한 교재를 만들어서 아이들이 직접 공부할 수 있는 커리큘럼을 개발했습니다.

사진 14. 허브 교육

올해가 시작 첫해라서요, 가장 기본적인 정보를 담은 허브 교과서를 개발하고 출판, 배포했고, 현재 지역 내 초등학교에서 이 책을 가지고 정규 수업을 진행하고 있습니다. 흔히 아이들을 국가의 미래, 미래의 지역 일꾼이라고 말하지 않습니까? 그러면 우리 아이들이 무엇을 배우는가가 매우 중요하지 않겠어요? 아이들이 학교에서 영어나 수학을 배우는 것도 중요하지만, 자신의 역사와 가치, 능력을 알고 어떻게 활용해야 하는지를 배우는 것 역시 매우 중요한 일인 겁니다. 우리는 이 허브 교과서를 통해 서북부 히말라야 지역의 아이들이 스스로를 알고 배워서, 자신의 힘으로 일어서는 것을 가르치고 싶은 것입니다.

두 번째로 허브 보관창고를 지어달라는 지역사회 요청에 더해서, 강의와 회의를 진행할 수 있는 공간이 더해진 허브교육센터를 건축, 운영하고 있습니다. 원래는 허브를 보관할 장소를 마련해달라고 요청한 것은 학교였습니다. 수확한 허브를 마땅히 보관할 곳이 지역 내에 없다 보니 학교 교실에 보관하기 시작했고, 이 때문에 아이들이 공부해야 할 교실이 창고가 되어버린 거예요. 이런 상황에 대한 적극적인 지원 차원에서 굿네이버스는 지역에 허브 보관창고를 짓기로 결정하고, 거기에 교육실을 설치해서 지역주민의 허브교육센터를 만든 것입니다.

허브교육센터는 허브를 모아 보관할 때마다 그에 걸맞은 교육을 진행하고 있는데요, 요즘은 마케팅 관련 회의나 미팅을 주로 진행하고 있습니다. 실제 교육은 농장에서 하는 것이 가장 효과적이기 때문에, 마케팅 회의나 단체 미팅 진행 장소로 사용하고 있는 것이죠.

그리고 라디오 방송도 진행하고 있습니다. 지역 라디오 방송국과 협의하여 정기적으로 훔라·무구 지역에서 활용되는 허브와 그와 관련된 정보와 내용들로 구성된 프로그램을 방송하는 것인데요. 모든 지역주민이 그 가치를 알고, 이에 걸맞은 상거래를 할 수 있게끔 알리는 것이 목적입니다. 허브를 생산하는 수단으로 이용당하는 것이 아니라 자신이 자원을 다루고 가치를 제공하는 주체자로서의 역할을 수행할 수 있도록 지원하는 것입니다.

우리가 이 사업을 진행하면서 기대하는 것은 '현지 자원을 활용해서 지역개발사업을 진행하는 우리의 노력을 지역주민과 공유하여 얻을 수 있는 최대, 아니, 극대의 효과'입니다. 이것이 이론이나 말뿐이 아니라 실제로 일어나는 일이라고 말하고 싶고, 보고 싶습니다.

가파른 내리막 산길을 지나 다시 한참을 걷다 보니, 첫째 날에 방문했던 테헤 마을이 보이는 듯했다. 물어보니, 지금 걷는 길이 테헤 마을 맞은편 산길이라는 대답이 돌아왔다. 어제부터 하루가 넘게 걸었는데, 계속해서 한눈에 보이는 곳을 걷고 있을 뿐이라니 조금 힘이 빠져왔다. 이런 곳에서 사업을 운영한다는 것이 쉬운 일이 아니라는 걸 온몸으로 느낄 수 있었다.

5. 지역사회를 기다리는 것도 지역개발의 한 방법이다

작가　　　길이 참 험합니다. 슬슬 배가 고파오는데요, 마을에 도착하려면 얼마나 더 가야 하나요?

지부장　　한 3시간 정도 더 가야 하는데, 많이 힘드신가요?

작가　　　힘들긴요. 솔직히 이곳에서 사업을 하는 분 앞에서 제가 지금 힘들다고 말하는 것 자체도 부끄럽게 느껴지는데요. 사업을 하는 것도 힘들 텐데, 이 모든 과정을 조합과 함께 계획하고 진행하고 있다고 들었는데, 아, 정말 쉽지 않았을 것 같네요. 사실 한국에서도 조합을 기반으로 한 지역개발에 대한 사례는 많이 들었는데요. 지금까지 지부장님과 훔라·무구 지역을 다니면서 본 공동농장이나 주민조직을 보고 나니 사업과 조합이 이어져 일하는 과정이 자연스러워 보입니다. 굿네이버스의 사업 진행 방법이라고 해야 할까요, 그런 내용을 좀 더 구체적으로 듣고 싶습니다.

지부장　훔라·무구에서 일하는 게 쉽다고 하면 거짓말이겠죠. 만약 여기가 일하기 쉬운 곳이었다면 벌써 누군가에 의해서 개발되고 변화되었겠지요. 아니면 지역사회 스스로가 변화를 이끌어냈던가요. 힘든 지역이고 힘든 일이니 지금 저희가 이 일을 하고 있는 거라는 생각도 듭니다.

지역사회에 변화를 시작하는 것 자체가 오래 걸린 만큼 진행되는 것 역시 오래 걸리고 있고, 그만큼 저희도 기다리고 있습니다. 굿네이버스가 조합과 함께 계획하고 일한다고 말씀드렸는데, 솔직히 그건 목표이고요, 아직 모든 농장과 지역사회가 조합으로 구성되어 있지는 않습니다. 지역사회마다 다르지요. 어느 마을은 조합을 구성해서 진행하고 있고, 어느 마을은 아직 세이빙 그룹[8]만 진행되고 있고, 이 조차 시작하지 않은 마을도 있습니다. 다만 저희는 조합이 왜 필요한지, 그렇게 일하면 뭐가 좋은지 끊임없이 설명하고 설득하고 있지만, 조합 조직을 결정하는 것은 지역사회가 하도록 남겨두고 있습니다.

그들이 결정했을 때 언제라도 지원할 수 있도록 각종 가이드라인과 정식 조합 가입비 등 여러 가지 준비하고 있지만, 그들 스스로가 준비되지 않은 지역도 여전히 존재합니다. 하지만 그들이 준비하고 결정할 때까지 기다려야 합니다. 그들이 스스로 결정하고, 조직하고, 노력하지 않으면 의미가 없는 것이 지역개발이기 때문입니다. 그렇기 때문에 최소한 결정하고 스스로 준비하는 과정만큼은 지역사회의 몫으로 남겨두고 있습니다. 기다리는 것이죠. 굿네이버스와 같은 외부에 의해서 그냥 마구 만들어져서 스스로의 준비와 지역 내의 논의, 합의, 결정 없이 일이 진행된다면 …… 생각만으로도 두렵습니다.

이제 조금만 더 가면 카르벗가웅 마을에 도착합니다. 이 마을은 산비탈에 그대로 노출되어 있어서 산사태도 빈번하고, 그에 따른 피해자도 종

사진 15. 마을 전경

종 발생되는 곳입니다.

지금부터는 아주 미끄럽기 때문에 매우 조심해서 걸어야 합니다. 마을자체가 돌 위가 아니라 흡사 흙 위에 있는 것처럼 먼지도 많고 미끄러워서 넘어지기 쉽습니다. 카르벗가웅 마을은 지금 세이빙 그룹 단계에서 조합으로 넘어갈 준비를 하고 있습니다. 이 논의를 1년 넘게 하고 있는데요, 아직 논의 중입니다. 허브농장을 통해 얻은 수익을 어떻게 활용하고, 마을을 어떻게 이끌어 나갈지에 대한 토론의 결정이 나지 않았기 때문입니다. 솔직히 이해도 갑니다. 카르벗가웅은 카스트[9]가 완전 다른 두 그룹이 함께 마을을 구성하고 있는데요, 이 그룹 간의 갈등이 심한 편입니다. 사는 집 구조도, 생활 모습도 대조적입니다.

여기 마을의 왼쪽 지역이 불가촉천민이 거주하는 곳이고, 오른쪽 지역이 상위 카스트가 사는 지역입니다. 왼쪽의 불가촉천민 지역의 아이는 대부분 학교도 다니지 않았고, 위생 상태도 매우 불결했죠. 농사를 지을 만한 땅도 거의 없고요. 오른쪽 지역은 왼쪽 지역에 비해 훨씬 청결하고요, 기초교육 과정을 마친 사람도 많고 농장도 가지고 있고요. 좀

---

9) 네팔은 티벳에 살고 있던 몽골족과 인도 북쪽의 인도-아리안족이 대규모로 이주, 정착하면서 역사가 시작되었다. 인도-아리안 혈통을 이어받은 주민이 전체 인구의 대부분을 차지하며, 주요 소수민족은 티벳계 네팔인이다. 아리안족이 대다수를 이루다 보니 자연스럽게 네팔 내 힌두교 신자는 80% 정도에 해당하며, 카스트 제도 역시 사회에 강하게 뿌리내리게 되었다. 1963년에 카스트 제도가 법적으로 폐지될 때까지 네팔인들에게는 브라만, 크샤트리아, 바이샤, 수드라와 카스트에도 포함되지 않는 최하위 계급인 카족(불가촉천민)으로 나뉘는 계급문화가 전 사회를 다스리고 있었다. 현재 제도가 법적으로 폐지되었다고는 하지만 전통이 워낙 뿌리 깊게 사회 곳곳에 퍼져 있는 터라, 차별과 계급에 따른 불평등한 사회적 관습은 계속되고 있다.

더 적극적인 편입니다. 농장을 각 지역에 하나씩 만들었으면 이미 조합을 시작했을 수도 있습니다.

솔직히 농장을 2개 만들 만큼 땅이 넓지도 않고 예산도 넉넉지 않았던 게 사실이긴 하지만, 우리는 이 두 그룹이 함께 일하는 것이 보고 싶었습니다. 1년이 넘게 조합이 생기지도 않았고 계속 논의만 하고 있지만, 저는 곧 합의가 이뤄져서 조합이 조직될 것이라 생각합니다. 두 그룹이 함께 회의를 하는 것 자체가 변화이거든요.

굿네이버스가 보고 싶은 것은 지역사회가 우리를 포함해서 외부 원조만을 기대하는 것이 아니라, 서로를 바라보고 스스로의 힘을 키우는 일련의 과정들입니다. 우리가 장기적인 계획을 가지고 지역개발을 진행하더라도 지역사회가 스스로 계획을 준비하고 실천할 힘을 뺏어서는 안 됩니다. 그렇다면 굿네이버스의 계획이 오히려 지역개발을 막는 것이 될 테니까요. 서로를 바라보며 지역사회의 발전을 이야기하고 그렇게 힘을 합쳐나가도록 기다려야 합니다.

자, 저기 저희가 오늘 저녁을 먹고 피곤한 몸을 누일 집이 보이네요. 저 집은 저희 방문팀을 위한 작은 선물이라고 할 수 있습니다.

작가	선물이요? 벼룩 선물은 이미 테헤에서 잔뜩 받아왔습니다만, 하하.
지부장	하하하. 오늘은 카르벗가웅에서 가장 깨끗하고 따뜻한 집에서 머무를 예정입니다. '멜참'이라고 여기서 하루 정도 떨어진 지역에서 일하고 있는 직원의 집이 바로 이 마을에 있거든요. 그 직원의 어머니께서 맛있는 식사와 잠자리를 제공해주실 겁니다. 이만하면 선물이라 할 만하죠? 아들이 굿네이버스에서 일하는 것을 자랑스러워하시고, 굿네이버스 방문자들 또한 아들처럼 대해주시는 분입니다. 아들을 잘 키워내셨을 뿐 아니라 마을의 개발 자체를 돕고 계시죠. 자, 들어가시죠.
작가	와, 정말 집 안이 아주 깨끗하고 따뜻한데요. 흙집이 이렇게 깨끗할 수도 있군요. 저녁 먹기 전에 조금만 쉬어도 될까요? 아늑한 곳에 들어오니 피로가 몰려오는 것 같습니다, 하 …….

카르벗가웅에서의 휴식은 꿀과 같았다. 그다음 목적지는 '리미'. 리미 마을에는 허브오일을 추출하는 허브가공센터를 건축하고 있으며, 그곳을 허브오일 생산의 중점 지역으

로 성장시킬 계획을 가지고 있다고 했다. 이곳 방문을 위해 이동에 속도를 내었다. 이전과는 달리 중간 중간 사업장에 들르는 것이 아니라, 아침부터 저녁까지 걷기만 하고 해가 지기 전에 중간의 사업장에서 잠을 자는 형식이었다. 그렇게 이틀을 꼬박 걸어 드디어 한 마을에 도착했다.

6. 산을 잘라내고 그곳에 학교를 짓다

작가 이틀간 꼬박 걷기만 했는데, 이곳이 리미인 건가요? 저희가 지나간 사업장이 '멜캄'과 또 어디였죠?

지부장 '로디콧'입니다. 멜캄과 로디콧에서도 지역개발사업을 진행하고 있지만 그 마을들은 이번에는 시간 관계상 그냥 지나갔죠. 힘들게 도착하셨는데 기운을 빼는 것 같지만 이곳은 리미가 아닙니다. '다르마'라는 마을입니다.

작가 아, 아직 리미가 아니군요! 휴, 힘들게 왔는데 아직 끝이 아니라고 하니 조금 아쉽긴 하지만 북소리에 맞춰 전통춤을 추며 환영해주는 주민들 덕분에 힘든 건 조금 사라졌습니다. 이 마을의 환영하는 방법은 매우 힘이 있고 자신감 있어 보입니다. 근데 주민들이 다 같이 외치는 말이 무엇인가요?

지부장 '하미 거르누 썩처웅'입니다. '우리는 할 수 있다'는 뜻이죠. 지난번 방문 때 지역주민이 데우리를 부르면서 '하미 거르누 썩처웅'이라는 말을 가사에 넣었었거든요. 그 이후로 굿네이버스가 오면 저렇게 '우리는 할 수 있다'는 노래를 합니다. 실제로 이 마을에는 이 말로 시작된 사건이 하나 있습니다. 그 이야기를 직접 해줄 친구가 이제 곧 도착할 겁니다.

작가 아, 그렇군요. 굿네이버스의 직원인가요?

지부장 아닙니다. 사과농장을 운영하면서 다르마 ECD 센터(Early Child Development Center)에서 자원봉사를 하고 있는 크리슈나(가명)라는 17세 소년입니다. 이 지역에서는 보통 14~17세 정도에 결혼을 하기 때문에 한국의 일반 17살 고등학생과는 좀 다른 느낌을 받으실 수도

	있습니다.
작가	근데 지부장님, 이곳은 뭐하는 곳인가요? 언덕 위에 지어져 있는데 조금 남달라 보이는데요, 학교인가요?
지부장	이곳이 바로 방금 말씀드렸던 크리슈나가 자원봉사를 하고

있는 다르마 ECD 센터입니다. 지역 내에 거주하는 입학 전 연령대의 어린아이들에게 교육을 제공하는 곳인데요, 보시듯이 학교가 산등성이를 '니은(ㄴ)'자 모양으로 잘라내고 지은 것 같은 위치에 있습니다. 지역 주민이 산 중간을 잘라내고 학교를 지은 것이죠.

굿네이버스가 지원한 것은 단 하나, 알루미늄 합판을 지원하여 지붕을 설치한 일입니다. 그 외에 학교 공사에 관련한 모든 일을 지역주민이 결정하고 진행했죠. 그때 크리슈나가 노력을 많이 했습니다.

아, 저기 크리슈나가 오네요. 제가 통역을 해드릴 테니, 궁금하신 건 크리슈나에게 직접 물어보셔도 됩니다.

작가	지부장님 말씀을 듣고 더 큰 어른을 생각했는데, 17살은 17살인가 봅니다. 생각보다 어려 보여서 도리어 놀랐습니다. 일단 지금은 뭘 하고 있는지 궁금한데요, 사과농장을 운영한다고 하셨던가요?
크리슈나	저는 굿네이버스가 지원하여 지역사회에서 운영하고 있는 사과농장에서 일하고 있습니다. 그리고 아직 몇 그루 되지는 않지만 제 사과농장도 운영하고 있고요.
작가	ECD 센터 지을 때 큰 도움을 주었다고 하던데, 개인적인 이유가 있나요?
크리슈나	제가 센터를 짓는 데 함께한 이유는 저처럼 공부할 기회가 없거나 돈을 벌기 위해 인도로 가는 어린 친구들이, 이곳에서 공부하고 마을을 떠나지 말라고 말하고 싶어서였습니다.

저는 13살에 학교를 그만두고 두 번 정도 인도에 가서 일을 한 적이 있

습니다. 훔라·무구 지역은 인도 국경과 굉장히 멀리 떨어져 있지만, 저는 공부도 중간에 그만둬야 했고 여기서는 마땅히 할 만한 일이 없었거든요. 그래서 인도에 가게 되었는데요, 저와 같은 친구들이 굉장히 많더라고요. 돈을 많이 벌 수 있다는 말에 그곳으로 갔지만, 하지만 실제로 벌 수 있는 돈은 거의 없었습니다. 할 수 있는 일이라곤 일용직 노동이나 호텔 서빙 같은 단순한 일들인데, 숙박을 제공한다는 이유로 월급을 아주 조금 주거나 거의 주지 않는 경우가 많거든요.

제가 다녀오고 나니 인도에 가는 일이 얼마나 어리석은 일인지 알게 되었고, 그곳에서 그 적은 돈을 벌기 위해 시간을 보내는 것보다 공부를 하는 것이 얼마나 더 중요한 일인지도 알게 되었습니다. 저는 제 동생들이 이곳에서 계속 공부할 수 있는 기회가 생기길 바랐고, 우리 마을이 우리 동생들, 자녀들의 교육에 관심을 가지게 하고 싶었습니다.

저처럼 학교를 그만두고 인도에 가고자 하는 친구들에게, 인도에 가는 것이 아니라 '교육'을 시킬 수 있는 지역사회가 되길 원했습니다. 그래서 ECD 센터를 짓는 일에 함께하게 되었죠.

작가   뭐가 제일 어려웠나요?

크리슈나   아무래도 건축하는 그 자체가 제일 어려웠습니다. 산을 깎아내야 했고, 센터 건축을 위해 돌과 나무를 모으고 학교의 기둥과 책상을 만들기 위한 나무를 잘라야 했거든요. 다른 지역이라면 건축 자재들을 구입할 수도 있겠지만, 훔라·무구에서는 모두 직접 만들어야 하니까요. 지역주민 거의 대부분이 함께 이 건물을 지었습니다.

센터가 크거나 멋있지는 않지만, 우리 마을의 미래를 위해 우리가 우리의 힘으로 만들었기 때문에 정말 소중한 곳입니다. 저를 비롯한 지역주민이 찾아와 자원봉사도 하고 아이들과 함께 놀기도 하면서 센터에서 시간을 보내고 있습니다. 이게 시작이라고 생각합니다. 이제 앞으로 다르마에는 더 많은 일이 생길 것이고, 그렇게 되길 기대하고 기다리고 있습니다.

작가   많은 어린 친구가 돈을 벌기 위해 마을을 떠난다는 사실이 안타깝기도 하고, 또 이렇게 변화가 지역주민의 힘으로 일어나고 있다는 사실이 뿌듯하기도 하네요. 리미에 가기 전에 다르마에 들르신 이유를 이제 알겠습니다.

지부장 　이제 슬슬 리미로 출발해볼까요? 여기서 3시간 정도만 더 걸어가면 리미 마을이 나오는데요, 그곳에서 3일 정도를 머무를 예정입니다. 리미는 훔라·무구 지역에서 가장 잘 조직된 조합과 성공적인 허브농장을 운영하는 지역사회입니다. 이를 바탕으로 허브오일을 추출하는 허브가공센터를 운영하려고 현재 주민 대표들과 논의 중인 곳이죠. 가장 성공적으로 운영되고 있는 모델인 셈입니다.

지금 옆으로 보이는 이 건물이 훔라 지역에 단 2개밖에 없는 중·고등학교입니다. 오늘은 별도로 들어가지 않고 그냥 지나가기로 하겠습니다. 이 학교에 다니는 대부분의 학생은 걸어서 통학하는데, 멀게는 하루에 2시간을 넘게 걷기도 합니다. 지금 저희 같은 걸음이라면 3시간도 넘게 걸리겠지요. 더 먼 마을에서 온 학생들은 기숙 생활을 하고 있습니다.

사실 초등학교를 졸업해도 이 학교를 다닐 수 있는 아이들은 전체 졸업생 중에 20%도 안 됩니다. 다시 말해, 상급학교 진학률이 매우 낮은 데에는 조혼이나 아동노동과 같은 문제도 이유이지만, 사실 다닐 수 있는 학교가 없다는 것도 중요한 이유 중 하나입니다. 굿네이버스는 이 중·고등학교에 도서관, 과학실, 기자재 등을 지원하고 있습니다. 이 학교를 지나 조금만 더 올라가면 저희 목적지인 리미 마을이 나옵니다.

리미는 훔라와 무구 지역의 사이에 위치에 있다고 했다. 첫날부터 지금까지 걸어서 훔라의 끝에 도착했다는 뜻이었다. 리미는 다른 지역사회와 좀 다른 모습이었다. 사람의 노력으로 만들어낸 것을 유산이라 부른다면, 리미 마을의 모습은 문화적으로 대단한 유산을 가지고 있다고 일컬어지는 다른 국가, 그 어떤 곳과 비교해도 부족하지 않을 것이다.

7. 함께 일할 때가 더 즐겁다

사진 17. 리미 마을 전경

작가 리미는 다른 마을과 다르게 계단식 논이 넓게 분포되어 있는 모습이 너무 아름답습니다. 다른 곳에 비해 훨씬 더 비옥하고 물도 많아 보이고요. 아이들도 비교적 깨끗하고 학교나 마을이 전반적으로 정리가 잘되어 있는 느낌입니다.

지부장 예, 마을이 무척 아름답죠. 체계적인 시스템은 아니지만 농업용수를 공급하는 수로도 갖추어져 있고, 마을 곳곳에 선조 대부터 사람의 손이 많이 닿은 노력이 배어 있는 땅이라는 느낌을 저도 받습니다. 지역 곳곳을 다니시다 보니 이제 벌써 전문가가 되신 듯합니다. 예리하신데요. 리미 마을은 허브농장과 사과농장이 성공적으로 진행되고 있는 곳입니다. 올해 아티스의 생산량도 21개의 농장 중에 가장 높았고요. 높은 생산량을 달성할 수 있었던 이유 중 하나로, 저는 리미 마을 조합장의 노력을 꼽고 싶습니다. 오늘 조합장인 '서르잔아' 씨와 함께 허브농장과 사과농장, 새로 경작하는 농장에 들를 겁니다. 지역주민은 일주일에 두 번 정도 모여 주변 야산을 농장으로 개간하고 있는데요, 오늘이 바로 그날이라고 합니다.

아, 저기 조합장과 조합원들이 산으로 올라가고 있네요. 같이 가면서 이야기하죠.

작가 이 땅을 농장으로 바꾸고 있다고요? 온통 바위, 돌, 덤불 천지인 이 땅을요? 저 덤불 하나를 제거하는 데도 온종일 걸리겠는데 …… 여길 기경하려면 정말 오랜 시간이 걸릴 것 같은데요.

지부장 이제까지 여행하시면서 잘 조성된 농장을 보셨는데요, 처음엔 그곳도 다 야산이었습니다. 지역주민이 농장을 만들기 위해 노력하는 모습을 지켜보면서 눈물을 흘린 적이 한두 번이 아닙니다. 그만큼 훔라·무구

사진 18. 야산 / 사진 19. 야산에서 경작하는 모습

지역은 살아가기 힘든 곳이구나, 하는 생각을 참 많이 했습니다. 그만큼 주민들의 모습에 감동도 많이 받았고요.

일단 여기가 사과농장입니다. 당연히 허브농장은 더 높은 곳에 있겠죠. 이곳에는 800여 그루의 사과나무가 심겨 있습니다. 이제 1~2년 정도밖에 안 된 나무들이라서 열매를 맺으려면 아직 3~4년을 더 기다려야 합니다. 지역사회가 새로 개간하고 있는 땅은 여기에서 조금 더 가야 나옵니다. 그곳은 허브농장으로 만들 계획이라고 합니다.

작가 주민들이 다 모여 있는 것 같은데요, 대단합니다. 이것이 지역사회의 힘인가 봅니다. 지역주민이 자신들의 미래를 위해 준비하고 이렇게 스스로 힘을 모아 일을 한다는 사실이 정말 놀랍습니다. 솔직히 이곳에 오기 전에 히말라야 서북부 지역의 사람들은 UN이나 외부 기관의 식량 원조만 기다리고 있고, 무언가를 하려는 의지도 없다고 들었는데 …… 이 모습을 보여드려야겠네요!

지부장 사실 이 지역은 시미콧에서도 4일을 걸어야 도착할 수 있는 지역이니, 잘 모르고 하는 말이 많은 게 사실입니다. 솔직히 이렇게 춥고 어려운 지역의 사람들은 자신의 몸을 움직여야만 살아갈 수 있습니다. 전통적으로 이 지역주민은 근면하기로 소문난 사람들입니다.

보시면 아시겠지만 계단식 논의 높이가 상당히 높아요. 아이들이나 여성들이 떨어지면 다리를 다칠 수 있는 높이이고, 실제로 낙상 사고도 많이 발생하는 편입니다. 다시 말해, 농사를 짓기 위해 자신들의 목숨과 안전을 걸고 일해왔다는 뜻입니다. 좀 전에 저 역시 '아름답다'라고 말했지만, 저는 이 드넓은 계단식 논의 전경이 이들이 수백 년간 이렇게 열심히 일했다는 수고와 노력의 결과라고 생각합니다. 예전에는 이 논도 다 산의 일부, 황무지였을 테니까요.

황무지를 개간하여 논을 만들어낸 사람들이 지금은 굿네이버스와 함께 새로운 농장을 만들고 있습니다. 사실 지역사회의 의존도를 이야기하면서 이를 이유로 돕기를 주저하는 것은, 가난한 이들에 대한 편견이 아닐까요? 세상은 모두 변합니다. 변화의 속도는 빠를 수도 있고 느릴 수도 있지만, 여기 훔라·무구의 산속 주민들도 점점 많은 것을 알아가고 있습니다. 과거와는 달리 지금은 자녀들을 교육시키고자 하는 욕구가 강해지고 있는 것만으로도 그 변화라 할 수 있지 않을까요? 그들은 지금 시대가 산속에 있다고 할지라도 배우지 않고 변하지 않으면 살아남기 힘든 상황이 될 것이라는 걸 이해하고 있는 겁니다.

이러한 변화의 시대에, 우리는 지역주민과 함께하며 그들을 지원하는 것입니다. 상품이 될 만한 허브를 상품화하여 마케팅을 지원하고, 지역경제에 도움이 될 수 있는 사업을 개발하고 가르치고, 아이들이 더 나은 환경에서 공부할 수 있도록 돕고, 지역사회가 협력하여 일하고 스스로 일어나려는 의지를 갖도록 옆에서 격려하죠. 의지가 없어 가난했던 것이 아닙니다. 우리의 지원이 그들의 의지를 사그라뜨리는 것도 아닙니다. 이들은 원래 이렇게 열심히 살던 사람들입니다.

나 역시 가끔 그런 생각을 했었다. 원조는 사람들의 의지를 꺾는다고. 방글라데시와 네팔을 보라며, 지원받는 것에 익숙해져 스스로 일하지 않는다고. 부끄러움이 밀려왔다. 그 누구보다 그들을 믿지 않고 그들의 능력과 의지를 무시하고 있던 사람이 바로 나였을지도 모른다.

8. 변두리에서 중앙으로, 불평등에서 평등으로

작가   사실 리미와 같이 이렇게 먼 곳에 사업장을 세우고 일할 것이라고는 상상도 못했습니다. 정말 네팔 직원들의 열정은 대단하다는 생각이 듭니다. 굿네이버스가 훔라·무구 지역에 지역개발을 계획하고 준비할 때 가장 먼저 시작한 마을이 바로 여기, 리미였다고 들었습니다. 솔직히 이해가 잘 안 되는 게, 리미는 시미콧에서 가장 먼 마을인데 보통 가까운 지역부터 사업을 시작해서 먼 지역으로 확산시키지 않나요?

지부장 네, 보통은 그렇죠. 말씀하신 대로 훔라 지역에서 가장 먼저 지역개발을 시작한 곳이 바로 여기, 리미입니다. 리미는 훔라의 끝입니다. 시미콧에서 이동하는 데만 4일이 걸리죠. 굿네이버스는 지방 중심도시에서 가장 먼 마을에서 사업을 시작해서 매년 지원하는 지역사회를 확장해 왔습니다. 그렇게 시미콧에서 가장 가까운 마을까지 개발사업이 확산되었고요.

가장 멀고 힘든 지역부터 사업장을 설치하고 운영해오다 보니, 지역사회나 지역정부의 신뢰가 매우 두텁습니다. 지역정부도 더 많은 주민이 도움을 받을 수 있도록 굿네이버스의 사업들을 적극 지원하고 있습니다. 매달 다양한 지역사회의 리더가 굿네이버스에 찾아와 함께 일하기를 희망합니다.

사실, 이렇게 먼 지역부터 사업을 시작하는 전략은 지역적인 차별 문제에 대한 굿네이버스의 의지입니다. 차별은 카스트 제도처럼 사람에 대한 것뿐만이 아니라 지역사회의 위치에 따라서도 나타나기 때문입니다. 서북부 히말라야 지역이라는 것만으로도 많은 혜택에서 소외되어 있는데, 거기서도 4일을 걸어가야 나오는 지역은 당연히 적은 혜택에서도 더욱 멀어져 있을 수밖에 없겠죠. 가장 어렵고 힘든 지역사회에서 일하기로 결정한 이상, 우리는 이러한 차별 문제를 깊이 다루기 위해 다양한 시도를 해왔습니다.

솔직히 우리가 이곳에서 일하면서 가장 어려웠던 것은 지역적 위치보다 카스트 제도였습니다. 그전에 방문했던 마을에서 잠시 말씀 드린 적이 있습니다만, 한 마을에 살면서도 서로 구분해서 생활권을 이루고, 특히 불가촉천민과는 접촉도 하지 않으려 하는 이 문화가 지역개발의 큰 걸림돌이기도 하기 때문이죠. 이러한 차별은 아이들이 다니는 학교에서도 나타납니다. 옷차림새나 모습을 통해 빈곤하거나 계급이 낮은 아이를 구별해내기가 쉽다 보니, 아이들끼리 차별하는 행동도 많아 문

사진 20. 교복을 입은 아이들

제가 되곤 했다고 합니다. 요즘엔 굿네이버스가 교복과 가방을 지원해 주면서 이런 차별이 좀 사라졌다고 하더라고요.

그리고 불가촉천민들은 모든 사회 서비스에서 배제되어 있다 보니, 학교를 다녀야 하는 것에 대한 이해 자체가 전반적으로 부족했는데요. 굿네이버스의 교육지원사업을 통해 지역 내 아이 대부분이 학교를 다니게 되면서 불가촉천민 역시 교육을 받게 되고, 점점 차별의 문제가 사라지고 있다고 합니다.

생각이 많아지는 밤이었다. 밤새 뒤척이다 결국 아침 일찍 일어나 산책 삼아 리미 마을을 돌아보았다. 마을 곳곳에서 이른 아침부터 여성들이 일을 하고 있었다. 나무를 하고, 짚을 나르고, 식사를 준비하고 ……. 여성이라는 이름에 삶의 고단함이 배어 있는 것만 같았다.

9. "우리에게 필요한 것은 조금 달라요. 그건 남자들의 생각일 뿐이죠."

지부장   산책은 잘 하고 돌아오셨나요? 아침 공기가 좋습니다.

작가   예, 아침 일찍 일어나서 이곳저곳 돌아보고 왔습니다. 근데 제 개인적인 생각이지만 이 지역의 여성들은 너무 일을 많이 하는 것 같습니다. 이곳 여성의 삶은 어떤지 궁금합니다.

지부장   보신 그대로입니다. 여성들과 따로 회의를 하면 마음이 찡할 때가 많습니다. 초기에 리미 마을에 방문해서 지역사회 여성들과 첫 미팅을 한

사진 21. 지역여성들과 미팅하는 모습

날이었습니다. 뭔가를 설명하고 이해시키기 전에 "하고 싶으신 말이 있으면 먼저 하시라"고 말했습니다. 앞자리에 앉아 있던 30대 중반 정도로 보이는 여성이 먼저 이야기를 시작했는데요, 그 첫말이 "우린 너무 힘들어요"였습니다. 그 말을 딱 듣는데 가슴이 먹먹한 게 …… 정말 그렇겠다는 공감과 함께, 이들과 함께 일해야겠다는 강한 의지가 생겼습니다. 무엇보다도 이 여성들을 위해 함께 일해야겠다는 그런 의지가요. 여성들이 굿네이버스에 요구한 내용은 정말 현실적이었습니다. 그중 하나 예를 들자면, 수도꼭지 개수를 더 늘려달라는 것이었습니다. 오늘 아침에 보셔서 아시겠지만, 지역주민의 삶은 거의 비슷합니다. 거의 모든 여성이 비슷한 시간에 일어나서 아침 일을 시작하죠. 그러다 보니 아침에 물을 사용하는 일도, 그 시간도 비슷한 거예요. 리미 마을 안에는 수도꼭지가 두 개 있는데, 그중 하나는 브라만을 중심으로 한 상위 계급이 사용하고 또 다른 하나를 불가촉천민을 중심으로 한 낮은 계급이 사용하고 있거든요. 그러다 보니 아침에 물을 길러 오면 기다리는 줄이 너무 긴 거예요. 밥도 해야 하고 아이들 세수도 시켜야 하는데, 아침부터 무작정 기다리는 게 힘드니까 수도꼭지 개수를 늘려달라는 것이었습니다. 그들의 요구는 소박하지만 남자들은 절대 생각할 수 없는 일입니다. 여성들만이 하는 일이니까요.

그리고 많은 여성은 부인성 질환으로 고통 받고 있었습니다. 여성보건 자원봉사자를 조직해서 기본 의약품을 제공하는 프로그램을 정부에서 운영하고는 있지만, 현재는 아이들을 위한 백신 정도만 보유하고 있다고 합니다. 실제 첫 지원 이후 약을 보충해주지 않았기 때문이죠. 여기서 지역병원까지 가려면 3~4일은 걸어가야 하고, 그나마 도착한 보건소에는 부족한 약으로 일부 처방만 가능한 간호조무사가 있을 뿐이니, 이런 질환을 치료하는 일이 어려울 수밖에 없었습니다.

더 큰 문제는 '쩌우퍼티'라 불리는 전통인데요. 생리 기간 중의 여성은 집 안에서 함께 살 수도 없고 음식을 만질 수도, 남편이나 아이들을 만질 수도 없게 하는 문화 제도라도 합니다. 집 안에 들어갈 수가 없으니 별도로 분리된 공간에서 지내야 하는데, 그런 곳이 있겠습니까? 그러니 가축 우리 같은 곳에서 지내야 하고, 이런 상황은 추운 겨울이 되면 더욱 심각해지겠죠. 여성들에겐 너무 가혹한 전통인 거예요. 쩌우퍼티는 훔라·무구뿐 아니라 네팔 전역에서 지켜지고 있습니다. 많은 단체가 여성 인권 신장을 위해 노력하고 있고 쩌우퍼티를 거절하는 여러 가지 활동을 진행하지만, 실제로 이 전통이 사라진 마을은 거의 없다고 합니다. 이곳도 마찬가지고요.

작가　　이해하기 힘들 뿐 아니라 인간적으로 너무 화가 나는 일이네요. 그럼 한겨울에도 집 밖에서 가축처럼 지내야 한다는 건가요? 그냥 내버려두기엔 인권 차원을 넘어서 질병에 노출되는 것이나 위험도가 너무 높을 것 같은데, 이 문제는 어떻게 해야 하는 건가요? 계속 이어져 내려온 전통이라면 쉽게 해결될 것 같지도 않은데요.

지부장　　그렇습니다. 사실 쩌우퍼티와 같은 문제는 남자들의 인식이 더 깊이 연관된 문제이기도 하고요. 그렇기 때문에 외부 단체의 노력으로 해결할 수 있는 문제도 아닙니다. 이는 전반적인 인식과 이해, 전통과 문화에 깊이 연관되어 있기 때문에 쉽게 정리되지도 않고요. 다만 굿네이버스는 모든 회의와 모임에서 이 문제를 지속적으로 언급하고 해결책을 마련하기 위해 논의하고 있습니다.

일단 저희 차원에서 논의되고 있는 해결책 중 하나는 여성 쩌우퍼티 센터를 설치하는 것입니다. 생리 중인 여성이 식사와 숙박을 할 수 있는 장소를 제공하는 거죠. 그런데 여기서도 카스트 문제는 발생했습니다. 각기 다른 계급이 분리해서 사용할 2개 이상의 방과 화장실이 필요하다는 건데요. 충분히 고려해야 할 일이지만, 이런 지역차별, 남녀차별, 계급차별의 문제를 마주할 때마다 참 답답합니다. 게다가 이런 센터의 운영이 지역 남성들의 지원도 받으면서 지역사회에서 주체적으로 운영되어야 하는데, 그 방법을 찾는 게 정말 힘들었습니다.

센터 건축은 곧 완료될 예정인데, 지금도 이 주제를 두고 논의를 계속하고 있습니다. 기다려야 합니다. 이런 사업을 진행할 때 제일 중요한 것은 지역사회의 조화와 화합이니까요.

10. 지역사회의 화합이 개발보다 우선한다

작가　　　개발을 진행하는 데 화합이 제일 중요하군요.

지부장　　특별히 네팔 서북부 히말라야 지역에서의 지역개발사업에서는 더 그런 것 같습니다. 이 지역 고유의 전통과 문화에 대한 부정적 시각을 재고하지 않고는 해결되지 않는 문제들이 많이 있거든요. 카스트 제도가 그렇고, 쩌우퍼티도 그렇고요. 가장 대표적인 문제는 '조혼'입니다. 훔라·무구 지역의 여자 아이들은 평균 14~16세에 결혼을 하는데, 아동지원사업을 진행하면 할수록 조혼과 관련한 많은 문제가 지역사회 안에서 발생합니다. 굿네이버스는 차일드 클럽(child club)을 꾸려서 아이들을 교육하고 조혼 예방 캠페인을 진행하고 있습니다. 강제로 조혼한 아이를 다시 집에 돌려보내는 일도 적극적으로 진행하고 있고요. 하지만 이런 문제를 우리가 강압적으로 해결하려고 하거나 개선안을 강요해서는 안 됩니다. 문화와 전통에 관련되어 있는 부분이다 보니, 잘못하다간 의도치 않게 지역사회가 공유하고 있는 가치를 무시하는 것으로 전달될 수도 있기 때문입니다.

예를 들어, 강제로 조혼한 아이를 다시 집으로 돌려보낼 때에도 혼인관계 자체를 부정하는 것이 아니라, 다만 아이가 스스로 원하고 어느 정도의 교육을 다 마친 후에 시댁으로 들어갈 수 있게 하는 건 어떤지 묻고, 그러한 이야기를 지역사회와 함께 지속적으로 나누고 설득하는 것입니다.

가장 중요한 것은 지역사회의 화합과 그들이 공유한 가치의 존중과 이해가 우리가 말하는 개발보다 '우선'한다는 사실을 명확히 공유하는 것입니다. 특히 이렇게 씨족 단위로 구성된 작은 지역사회와 일할 때에 이러한 가치의 공유는 매우 중요한 역할을 합니다. 그들이 가진 독특한 문화는 그들의 삶을 그대로 반영하고 있기 때문에 그들을 존중하고 이해하지 않으면 결국 개발 자체도 실패할 수밖에 없습니다.

또한 이러한 민감한 사안들을 우리가 앞서 이끌어나가면 안 됩니다. 지속적으로 관심을 환기시키고 논의를 제시해서 지역사회 내에서 이야기를 만들고, 인식과 이해관계를 조금씩 천천히 바꿔나가야 하죠. 노력하는 과정이 필요합니다.

작가   지역개발사업에 대해 들으면 들을수록 쉬운 일이 아니네요. 사업을 추진할 수 있는 금전적 지원이 가장 중요하다고 생각했는데, 그 과정이 얼마나 더 중요한 것인지 새삼스레 깨닫고 있습니다. 지속적인 기다림과 그들에 대한 존중과 이해, 이를 위한 노력이 많이 필요한 것이 바로 지역개발인 것 같습니다.

지부장   리미 마을에서 하루 정도 더 걸어가면 무구 지역의 끝 마을인 '버마'가 나옵니다. 리미에서 시미콧으로 돌아가서 비행기를 타는 게 더 어려워서요, 돌아가는 길은 버마를 지나 무구의 중심 도시인 '검거디'에서 비행기를 탈 예정입니다.

버마를 지나 검거디에 도착했다. 오랜 시간을 걷고 또 걸어 돌아온 길. 힘들고 어려운 점도 많았지만 떠나기 전 돌아본 내 발자국들이 왜 이렇게 흐릿하게만 보이는 걸까. 나는 내가 있던 그곳으로 다시 돌아가야 하는데, 그들은 그 힘겨운 삶을 계속 살아가야 한다. 도대체 개발이 무엇인가, 근본적인 질문이 마음을 무겁게 만들었다.

11. 우리는 떠나지만, 이들은 이곳에 남아 자신의 삶을 살아야 한다

작가 막상 떠난다고 생각하니 정말 섭섭하고 아쉽네요. 처음 이곳에 올라올 때는 어려웠는데 지금은 내려가고 싶지 않은 마음도 생기고요. 사실 제 마음이 어떤지 저도 잘 모르겠습니다. 지부장님은 늘 훔라·무구 지역을 떠날 때 마음이 어떠세요?

지부장 제 마음에 대해 물으시는 거죠? 매번 떠날 때마다 드는 생각이 있긴 합니다. '나는 지금 떠나지만, 이들은 이곳에 남아 자신의 삶을 살아야 한다.' 이 단순한 사실이 훔라·무구 지역을 잠시 왔다 떠나는 제게 매우 힘든 일입니다. 저는 카트만두로 돌아가지만, 이들은 이곳, 훔라·무구에서 계속 살아가야 합니다. 여전히 병원은 너무 멀고, 약은 부족하겠죠. 여전히 추수되는 곡물은 적고, 물을 길으러 몇 시간을 걸어가야 할 것입니다. 여전히 운동장도 없고 기자재도 부족한 학교에서 아이들은 공부를 할 테고요. 이제 겨울이 시작되는데 그들은 히말라야 산악, 대자연에 자신의 삶을 그대로 맡긴 채 살아가야 할 것입니다. 작년에도 그랬을 테죠. 10년 전, 100년 전도 비슷했을 겁니다.

비행기가 이륙하고 나면 창 너머로 그간 걸어 다녔던 마을이 보입니다. 시미콧부터 시작해서 거친 산길들과 테헤, 카르벗가웅, 저 멀리 리미까지. 비행기가 더 높이 올라 작은 마을들이 시야에서 사라지고 훔라·무구 지역을 벗어날 때쯤엔 눈물이 날 때도 있습니다.

가족과 멀리 떨어져서 훔라·무구 지역에 나와 일하고 있는 직원들 얼굴도 떠오릅니다. 그곳에서 태어나 열심히 공부해서 자신들의 지역사회를 돕고자 굿네이버스에 들어온 직원들 얼굴도 떠오르고요. 아들이 굿네이버스에서 일한다는 이유로 매번 저희를 맞아주고 따뜻한 밥과 잠자리를 마련해주시는 어머니 얼굴도 떠오릅니다. 약을 달라며 손을 내미는 지역사회 여성들도, 함박웃음을 지으며 거친 산길을 따라 뛰어다니는 아이들의 모습도 계속해서 떠오릅니다. 이들이 이곳에 남아 있다는 사실이 왜 이렇게 힘들고 어려울까요.

이곳에서 더 많은 일을 하고 싶습니다. 더 많은 도움을 주고, 더 많은 시간을 함께하고 싶습니다. 짧지만 훔라·무구에서 시간을 보내고 나면 이곳에서 자신의 인생을 계속해서 꾸려나가고 있는 지역주민이 참으로 존경스러울 뿐입니다. 삶을 내어놓지 않고 끝까지 붙잡아 무언가를 이뤄내려고 노력하는 이들에게 굿네이버스도 최선을 다하고 싶습니다. 우리가 해야 하는 노력의 몇 배, 몇십 배의 노력을 더해야만 살아갈 수 있는 이분들에게 작은 조력자로나마 남고 싶습니다. 뜨거운 감정, 미안함과 존경심과, 그리고 더 열심히 일하겠다는 다짐, 이런 마음입니다.

작가 짧지만 이 길을 함께 걸으며, 지부장님의 지금 말에 공감할 수 있게 된 것 같아 기쁩니다. 감사합니다.

지부장 저와 함께 훔라·무구를 방문해주셔서 감사합니다.

네팔의 히말라야에는 포터가 있다. 여행자들의 짐을 들고 대신 나르는 사람들, 포터. 수십 kg의 짐을 지고 가다가 너무 힘들어 쉬고 싶을 때, 그들은 작은 지팡이를 짐 뒤에 지탱해 놓고 기대어 쉰다. 짐을 내려놓았다가 다시 들면 그전보다 더 힘이 들기 때문이라고 한다. 모든 일정을 마친 지금, 굿네이버스는 훔라·무구의 작은 지팡이와 같다는 생각이 들었다. 힘들 때 잠시 기댈 수 있고, 다시 일어날 때 짚고 일어날 수 있는 작은 지팡이. 포터의 고단한 길을 함께 걷는 지팡이.

당신들의 삶에 인사를 드립니다.

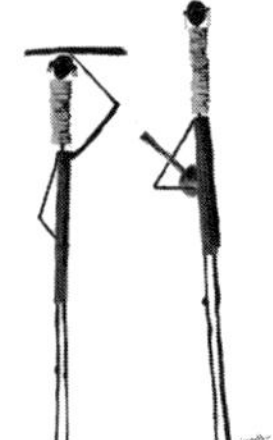

사업 개요

- 사업명: 네팔 서북부 히말라야 훔라·무구 지역개발사업
- 사업목표
  - 교육지원을 통한 아동개발
  - 조합 기반 소득증대를 통한 가치 사슬 개발 및 히말라야 허브마케팅
- 사업내용
  - 교육지원사업
  - 히말라야 허브농장, 사과·호두농장
  - 허브 가치 사슬 개발 및 히말라야 허브 농장 운영
  - 야크지원사업
- 총예산: 약 15억 원
- 사업기간: 2010~현재
- 사업 주체: 굿네이버스
- 파트너 기관명: 굿네이버스 네팔
- 사업지역: 네팔 서북부 히말라야 훔라·무구
- 수혜자: 4만 명 아동 및 3,200세대

행복한 땅 '자르갈란트' 만들기 프로젝트

:: 조현주 ::

수의사로서 아시아의 빈곤에 동참하고자 방글라데시의 한 국경마을에서 농촌 개발활동을 시작했다. 몽골의 지역사회 개발활동의 경험에서 자립적이고 지속가능한 마을 개발은 참여하는 사람의 강렬한 의지와 조건 없는 헌신에 근거해야 한다는 확신을 가졌으며, 지구촌나눔운동으로 개발도상국의 농촌과 마을 개발의 모형을 찾으려는 꿈을 가지고 살아가고 있다.

:: 김민영 ::

'네가 살아 있는 한 세상은 변화할 거야'
한참 감수성이 풍부한 사춘기 시절 어느 수첩 구석에서 본 문구가 내 마음을 사로잡았다. 나로써 시작되는 변화와 함께 누리는 자유가 있는 세상을 꿈꾸며, 태국에서 한국어교사로 국제개발 분야와 인연을 맺었다. 지구촌나눔운동 몽골 사업소 현장과 본부에서 일하며, 커다란 변화는 아닐지라도 조그맣게 퍼지는 온기를 꿈꾸며 국제개발 분야에서 젊음을 바치고 있다.

1. 여기가 아니네!: 마을 만나기와 마을조사

1) 여기가 아닌가 봐!

설렘으로 기다려지던 몽골 땅에 두근거리는 마음으로 첫발을 내디딘 것은 2001년 12월 15일이었다. 말로만 듣던 몽골 고원의 추위가 아내와 함께 공항을 나서는 순간 온몸에 얹혔다. 춥다는 느낌이 아닌 언다는 느낌을 몸으로 받으니 머릿속에 종로거리에서 쉽게 찾아 마시던 뜨거운 꼬치국물이 절로 생각났다. 숨을 내쉴 때마다 입에서 나온 김이 모락모락 눈썹으로 옮겨와 송골송골 얼음송이로 달라붙었다. 아내 눈썹 위에 매달린 이슬 같은 얼음송이를 보니 수년을 살면서도 미처 모르고 지냈던 사실을 발견한 듯 혼자서 중얼거렸다. '아내의 눈썹이 이렇게 길었구나!' 대단한 추위였다.

거리에는 수많은 한국산 중고차가 보였다. 마치 1980년대에 한국의 차도를 질주하던 차들을 모두 옮겨온 것처럼. 몽골 사람들의 외모에서 나와 별반 다를 바가 없는 친숙함을 느꼈다. 입을 다물고 말을 뱉지 않고 거리를 활보하고 있노라면 내가 마치 울란바토르의 시민으로 받아들여지는 듯한 편안함이 배어왔다. 시내 거리가 한국 어느 도시의 한 동네같이 여겨지고 이국적이지 않게 보인 것은, 한동안 만나지 못했던 형제를 다시 보는 것 같은 내 안의 반가움 때문이었을 것이다.

2000년을 전후로 하여 극심한 겨울철 한파가 가져다준 피해를 극복하기 위해 몽골 정부가 국제사회에 지원을 요청했고 한국의 시민사회가 적극적으로 호응하기 시작한 것은 양국 간에 이러한 정서적인 친밀감이 내재해 있었기 때문에 가능했을 것 같다.

1999년부터 2001년까지 몽골에는 흔치 않은 겨울철 한파가 몰아닥쳤다. 매년 평균 영하 30도 정도인 기온이 영하 50도 아래로 떨어지면서 겨울철의 자연 재해인 조드[1]는 몽골 전체 인구[2]의 40%가량을 차지하는 유목민들에게 직접적인 피해를 안겨다주었다. 당시 몽골 가축의 15%가량인 600만 마리가 폐사하고, 이로써 45만 명의 유목민들이 직간접적인 피해를 입은 것으로 조사됐다.[3]

사상 초유의 자연재해에 몽골 정부는 국제사회에 지원을 요청했다. 이에 따라 국내에서 몽골과 우호적인 관심을 가지고 있거나 관계를 맺었던 40여 개의 단체가 몽골 유목민돕기캠페인에 참여하여 몽골 재해를 극복할 수 있는 인도주의적인 지원을 하기로 협의했고 실행단체로 지구촌나눔운동이 나섰다.

자연재해를 입은 몽골의 유목민들이 안정적인 생활과 소득을 창출하게 하는 민간협력사업을 시작하기 위해 몽골 현지와 서울에서 2년여에 걸쳐 실행 가능하고 효과적인 결과를 창출할 수 있는 사업 타당성 조사를 했다. 이 과정에서 현지 주민들을 비롯하여 관계기관의 공무원들과 군수·구청장·시장 등의 요인을 접촉해서 현지의 사업 방향을 결정하는 데 자문을 구했다. 아울러 몽골 내에 거주하는 한인 관계자를 통해 현지 상황에 대한 한국인의 경험을 수집했다. 결과적으로 울란바토르 시 정부에 유목민들이 기반이 되는 시범축산마을 조성 사업을 제안하여 사업지역을 추천받기에 이르렀다. 시가 추천한 3개의 마을을 다시 조사한 후에 울란바토르 시에서 가장 가까우면서 농업과 축산업이 주산업으로 생활하는 인구 5,000여 명의 '자르갈란트'[4]라는 마을에

---

1) 몽골에서 자연재해를 일컫는 말로, 조드에는 두 가지가 있다. 하나는 차강조드라고 하는 이른바 백색재해인데, 이는 겨울에 눈이 너무 많이 와서 가축들이 먹이를 찾지 못하여 굶어 죽는 재해를 의미한다. 다른 하나는 하르조드라고 하는 흑색재해인데, 겨울에 눈이 너무 적게 와서 토양의 수분이 증발되어 봄과 여름에 풀이 제대로 자라지 못하는 데서 오는 재해이다.

2) 2000년 당시 세계은행에서 조사된 몽골 전체 인구는 240만 명가량으로 확인됐다. 순수 유목민 인구는 50만 명으로, 가축을 키우는 인구는 100만 명가량으로 추정했다.

3) 2001년 몽골 적십자사 발표 자료를 참고했다.

4) '자르갈란트'란 지명은 행복한 마을이란 뜻으로 1990년대까지는 지명이 파티잔(공산당원)이

서 시범사업을 하기로 결정했다.

엄동설한에 몽골을 방문한 이유는 사업 대상 지역으로 결정한 자르갈란트 마을 현지 주민과 마을 관계자를 만나서 필요한 기초자료들을 확인하고, 이를 기반으로 사업을 어떻게 전개해가야 할지를 그려보기 위해서였다. 개인적으로 몽골에서 활동을 해야 할 이유를 찾아보고 싶기도 했기에, 차라리 이번 방문의 목적은 본격적인 사업 시작 전에 사업 대상지인 마을과 처음 인사하는 시간이라고 해야 할 것 같았다.

현지 안내자를 통해 렌트한 차량은 1992년산 갤로퍼 지프차였다. 포장도로라고 해도 중간에 패어 있고 허물어진 도로 사정으로 비포장 길이나 별반 다르지 않은 길을 달려야 하기에 지프차가 이곳에서는 제격이었다. 시베리아의 고기압에 의한 한겨울의 날씨로 눈이 얼어붙어 도로가 완전 빙판일 뿐 아니라 군데군데 망가진 도로가 장애물처럼 차 앞으로 불쑥거리며 나타나는데도, 시속 70~80km까지 속력을 내며 달리는 데 운명을 맡기고 있자니 스스로의 처지가 좀 처량했다. 내릴 수도 없고……. 스릴로 치면 어렸을 때 대공원에서 탔던 청룡열차는 장난감 놀이로 여겨질 만큼 스릴 만점의 롤러코스터. 넓은 평원에 펼쳐진 하얀 눈밭 사이를 빛의 체감속도로 가로지르며 한참을 달려서 자르갈란트 군청 건물 앞에 다다랐다. 차 밖으로 내려서자 머리도 몸도 얼얼했다.

우리가 도착한 날은 마침 일 년에 한 번 마을 가축 수를 조사하는 기간이었다. 군내 모든 유목민이 중심지역인 군청 사무실을 찾아 자진신고하는 일로 여기저기 사람들이 북적거렸다. 마을을 오랜만에 찾아오는 유목민들을 환영

이었다가 민주주의로 변화하면서 개명한 것이다. 몽골에는 곳곳에 자르갈란트란 지명을 가진 마을이 존재한다.

하기 위해서였을까. 군 청사 꼭대기에 매달린 확성기를 통해 요란한 음악 소리가 온 마을에 울려 퍼져 잔칫집 같은 분위기로 가득했다. 안내인을 따라 군수가 집무하는 사무실까지 찾아가 직원의 지시에 따라 잠

사진 1. '행복한 곳' 자르갈란트 마을

시 기다리다, 조그마한 탁자가 놓인 응접실로 안내되어 앉았다. 짧은 인사와 함께 그동안의 사업에 대한 경과를 설명하고, 드디어 자르갈란트 지역에 사업을 하기 위해서 왔다고 우리를 소개했다. 설명을 다 듣고 나더니 군수가 다시 확인했다. 내 전공이 무엇인지? 수의사. 그러자 마을에 온 것을 대단히 환영하고, 일이 시작되면 최소한 양고기와 거처할 곳은 알아보겠노라고 제안했다. 내심 군수의 호의에 감사하면서도 좀 미심쩍은 구석이 생겼다. 지구촌나눔운동 관계자들이 이 마을에 여러 차례 다녀갔는데도 우리 사업에 대해 처음 듣는 사람처럼 생소하게 응대했기 때문이었다. 한동안 이야기를 주고받고 나더니 비로소 이 마을이 자르갈란트라는 같은 이름의 다른 마을이라고 했다. 옆에 앉아 있던 아내가 하는 말. "여기가 아닌가 봐."

방문하고자 한 '자르갈란트'가 아니라 안내인이 알고 있던 '자르갈란트'를 찾아온 것으로 하루가 다 지나갔지만 내심 흐뭇한 하루였다. 처음 만난 몽골 군수에게서 내가 와야 할 이유를 찾을 수 있을 것 같아서였다. 여기가 맞았어.

2) 정말 일할 건가요?

'자르갈란트'라는 지명은 우리말로 번역하면 '행복한 곳'이라는 뜻이다. 마을 이름이 우리가 하고자 하는 사업 목적을 그대로 대변해주고 있다. 주민들의 행복한 삶과 생활을 위해 지역사회 안에서 NGO가 감당할 수 있는 범주의 개발활동이 무엇일까. 먼저 마을 내 저소득층을 대상으로 가계의 소득을 올리게 하는 일을 주축 사업으로 보았다. 이를 위해 필요한 교육과 훈련을 제공하는 영역을 다음 활동으로 잡고, 마지막으로는 마을 전반에 걸쳐 필요한 생활환경을 개선시키는 지원사업을 외연사업으로 포함시켰다.

동 단위에서 진행할 사업을 보장받으려면 동 바로 위의 관할 관청인 구청에 먼저 신고해야 했다. 행정적인 절차에 따라 구와 먼저 협의하기 위해 구청을 찾았다. 몇 차례의 연락과 접촉으로 구청장을 처음으로 면담하게 되었다. 예전의 사회주의적인 권위가 느껴지는 구 청사에 들어서면서 어떻게 이야기를 풀어가야 할지를 내내 고민했다. 중앙정부가 허가한 사업이라도 개별 해당 관청이나 지방정부에서 원활하게 진행되기 위해서는, 기존의 상급기관에서의 협의 내용은 참고사항으로 간주하고 대개 새로이 사업을 협의하는 자세로 임해야 한다. 향후 사업을 추진해가는 데 주무하는 사람에 따라 해석과 적용이 달라서 긍정적으로나 부정적으로 영향을 미치는 예측 불가능한 면이 있다. 그래서 사업 협의를 위해 관계기관의 사람을 만나는 일은 언제나 긴장된다. 특히나 정부 관계자나 해당 공무원과의 만남은 협의의 내용과 결과에 따라 적극적인 협조자가 되기도 하고 방해자가 되기도 한다.

구청장 비서의 안내에 따라 접견실에서 대기하면서 몽골어로 번역해서 준비한 사업계획서를 확인하며 사업 내용을 요약했다. 긴 시간을 허락하지 않기에 주어진 시간 내에 효과적으로 설명할 수 있도록 머릿속으로 내용을 그리고

서 청장 집무실로 들어섰다. 넓고 긴 집무실에 마련된 회의용 탁자에 앉았다. 접대한 차를 마시며 인사하고 준비한 내용을 요약해서 전달했다. 잠자코 듣고 있던 구청장이 한 가지를 질문했다. "그 사업을 정말 할 건가요?" 이 일로 파견되어서 왔다고 했더니 다시금 물었다. "몇 개월 만에 그만두거나 포기하지 않고서 오래도록 일할 건가요?" 구청장께서 강제로 내보내지 않는 한 허가할 때까지 거주하고 싶다고 했다. 그가 재차 물었다. "사업 계획서는 거짓말은 아니죠?" 앞으로 일하게 되면 좀 더 현실적인 사업을 반영할 수 있을 것이지만 자르갈란트 동을 위해 작은 역량이지만 진실하게 일하려고 한다고 답했다. "그럼 지켜보겠습니다." 구청장의 말은 간결했다.

사업을 준비해서 한국에서 왔는데 사업을 정말 할 것인지를 물어보는 것이 의아했다. 그것도 여러 번이나 반복해서. 마음 같아서는 당장이라도 여기저기 쑤시고 다니면서 일을 벌이고 싶은데 아직 여건이 턱없이 부족했다. 몽골어가 원활하게 되는 것도 아니고 마을 간에 꽤나 먼 거리를 이동할 수 있는 교통편도 아직 없고. 함께 일할 현지인 직원이 있지도 않고 사업소로 법적인 등록도 안 되어 있었다. 마음은 저만큼 앞서 가서 이런저런 일로 꽉 차 있지만 당장은 사업 실행을 위해 현지에서 필요한 절차를 차근히 밟아나가기로 했다. 그래서 조만간에 이날 구청장이 한 말이 기우라는 것을 증명해 보이고 싶었다. 구청 방문을 통해 사업의 포부를 밝히는 것보다 사업 내용을 성실하게 차근차근 실행하여 이루는 일이 더 중요한 것임을 느낄 수 있었다. 구청을 방문하고 나서 마을 관계자를 만나기 시작했다. 자르갈란트동[5]의 동장 사무실을 제일 먼저 찾았을 때 동장 집무실 한쪽 구석에 태극기와 몽골 국기가 함께 놓여 있는 것

---

[5]   자르갈란트는 행정 분류상 울란바토르(시) 안의 8개의 구(district) 가운데 하나인 손깅하이르항(구)의 제일 외곽에 위치한 동으로 21번째 동으로 분류되었다.

사진 2. 자르갈란트의 야담 동장

을 보고 신기한 마음으로 물었다. 어떻게 태극기를 구하게 되었는지. 동장의 설명으로 왜 구청장이 여러 차례 확인하듯 정말 일할 것인지를 물었는지 알 수 있었다.

그때로부터 대략 3년여 전에 이 지역에 찾아온 한국인 사업가가 있었단다. 한국 측 회사는 마을의 경제를 활성화시키고 실업문제[6]를 해소하기 위해 축산 관련 공장과 건물을 짓기로 협약식을 거행했고 곧 사업을 개시하기로 합의했다. 그 행사에 주민들이 대거 참석했고, 동 차원이 아니라 구청 차원에서도 행사를 크게 치렀다. 이 태극기는 그 당시 사용했던 국기였다. 그런데 협약식 이후로 지금까지 아무런 소식이 없어서 사용했던 물품을 버리지 못하고 보관하고 있노라고 했다. 한국인이 지키지 못한 약속에 대한 미안함 때문에 태극기를 가리키며, 그때 그 회사만큼 거창한 사업은 아니지만 우리가 준비한 일은 최선을 다해 실행해가겠다고 했다. 동장이 매우 반기는 얼굴로 저 태극기를 버리지 않고 놔두기를 잘했다고 했다.

너희가 정말 일할 것이냐를 따질 수밖에 없는 현지의 물음은 어찌 보면 당연한 것이었다. 정답은 실행하는 것이다. 자르갈란트에는 크고 작은 사업의 규모는 이차적인 관심이고 약속한 바를 지키는 모습이 필요했다. 더구나 한국인에 대한 불신이 한 번 스쳐간 곳이기에 더더욱 회복한다는 마음으로 임해야 했다.

---

6) 2002년경은 몽골이 사회주의에서 자본주의 경제로 전환된 지 10여 년이 된 상황이어서 마을 경제 성장은 멈춰 있었고, 이에 따라 실업률도 매우 높았다.

3) 유치원 아이들의 급식이 필요해요

자르갈란트는 11개의 작은 마을로 이루어져 있다. 중심지역은 3개의 마을이 합쳐져 있어서 마을 내 관공서나 주요기관이 모두 그곳에 위치하고 있다. 마을에 들어서면 제일 먼저 눈에 띄는 건물은 마을의 입구에 위치한 문화센터[7]와 초·중·고등학교[8]다. 이 건물들을 지나 다음

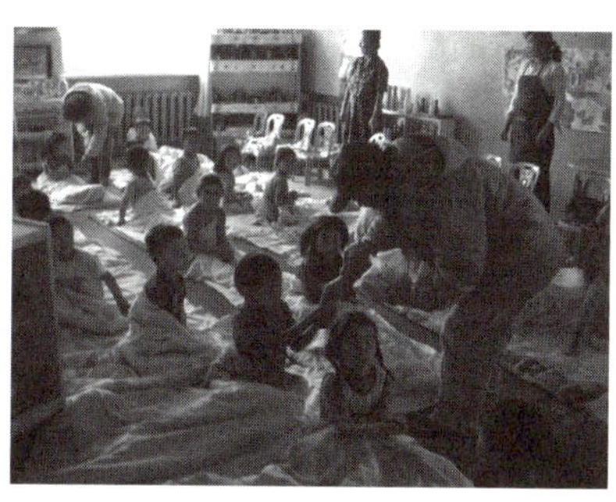

사진 3. 자르갈란트 유치원의 급식지원

으로 눈에 들어오는 건물이 유치원이다. 유치원은 사회주의 시절에 협동농장이나 관공서에서 일하는 젊은 가정 영유아의 탁아시설과 보육시설로 운영되었고, 지금도 유아들의 보육과 교육을 마을에서 감당하고 있다. 아이가 유치원에 맡겨지면 부모들의 아침 출근시간부터 저녁 퇴근시간까지 교육과 함께 생활지도까지 일정한 커리큘럼을 가지고 돌봐준다. 식사와 간식도 시간표에 따라 제공되고, 잠자는 시간도 있어서 점심 이후에는 모두가 잠을 잔다. 퇴근시간까지 아이들의 성장과 교육을 모두 책임져 주는 유치원이기에 마을에서도 매우 중요한 기관으로 자리하고 있다.

유치원장을 만난 것은 마을의 동장을 만나기 전이었다. 다른 지역의 자르갈란트를 방문한 후에 다시 제대로 된 정보를 들고 이곳 마을을 찾았을 때 제

---

7) 몽골에서 문화센터 건물은 사회주의 시절에 세워진 주민 동원 교육 및 집회 장소로, 시골 지역을 방문하면 눈에 띄는 장소에 세워져 있고 군단위에 하나씩 존재한다.

8) 몽골의 초·중등교육은 11학년 학제로 이루어져 한 학교를 이룬다. 동이나 군 단위에는 대표적인 학교가 중심부에 위치하고 있다.

일 처음으로 마을 소개와 안내를 해주었다. 중년의 여성으로 집은 울란바토르 시내에 있지만 이 지역으로 전근되어 유치원 원장으로 일하고 있었다. 마을을 안내받은 후에 원장이 유치원에서 식사를 대접했다. 메뉴는 몽골 음식 중 하나로 밀가루를 반죽해서 한국의 수제비처럼 만들어 먹는 음식이었다. 내 입에는 짠 듯했지만 일반적으로 고기와 기름기가 많은 몽골 음식과는 달리 깔끔하게 느껴졌다. 이 식사는 유치원 내 식당에서 요리하여 원아들을 위해 제공하는 메뉴 중에 이날 제공된 음식이었다. 먹은 음식 값이 얼마나 하느냐고 했더니 손사래를 치며 돈은 안 받겠다고 했다. 음식 값을 지불하려는 것이 아니라 궁금해서 물어보는 것이라 했더니, 웃으면서 200원[9]이 채 안 된다고 했다. 물가에 비해 매우 낮은 비용이었다. 정부에서 식비의 절반을 보조해주기 때문에 실제 한 아이가 부담하는 비용이 한 끼에 200원이라고 했다. 이 지역의 가정 평균소득이 월 15만 원 정도인데 이에 비하면 낮은 금액이 아니라고도 했다. 그리고 한 달에 4,000원가량의 식비를 내야 하지만 이 비용을 못내는 집 아이들도 상당히 있다고 덧붙였다. 이 마을의 40여 명은 유치원에 올 수 있는 형편이 안 된다는 것이었다. 4,000원이면 우리의 한 끼 식사비도 안 되는데 그 돈으로 한 아이가 한 달 동안 식사도 하고 보육도 받을 수 있는 기회가 된다고 하니 놀랄 수밖에 없었다.

자르갈란트에서의 지원사업은 마을 내 40명의 유치원 아이의 식비지원으로 시작됐다. 지원하고서 한 달 후에 유치원에 방문하니 유치원이 꽤 커진 느낌이 들었다. 기존에는 50여 명의 원생이 있었는데 우리가 지원한 식비로 거의 100여 명이 시설을 이용하고 있기 때문이었다. 아울러 보육교사도 늘었다.

---

9) 몽골 화폐단위는 투그릭으로 2002년 시점으로 한국의 원화 가치와 대략 비슷하여, 독자들의 편의를 위해 원으로 표현하기로 한다.

늘어난 아이들 수만큼 정부에서 더 많은 교사를 배치했기 때문이었다.

한 아이에 월 4,000원이 준 효과가 아이나 가정에게만이 아니라 채용되어 일하는 교사에게나 유치원에도 유익한 결과를 내고 있었다. 얼마 지나지 않아 원장은 시내로 다시 발령을 받아 유치원을 떠나게 되었다. 가면서 나에게 유치원을 지원해주어서 유치원 운영 규모가 커진 것이 공무평가에 긍정적으로 반영되어 본인도 더 나은 지역으로 이동하게 되었다고 감사했다.

사진 4. 유치원 급식에 참여한 부모의 감사 편지

유치원 급식지원 때문이었을까, 몇 달이 지나면서 낯설게 대하던 지역주민 중 환하고 친근한 인사를 건네는 사람이 늘어났다. 돈으로 환산하면 한 달에 16만 원의 지원이었지만, 40명의 아이들이 자라는 가정과 일가 친인척을 비롯해서 유치원 관계자들까지 합하면 꽤나 많은 마을사람이 단체에 호감을 갖게 하는 일이 되었다. 무엇인가 모르지만, 외국인인 나와 마을의 토착 주민 사이에 살포시 믿음이 피어나는 듯했다.

외국기관이 마을 사업을 시작하면 의도하든 의도하지 않든 마을 내에서 기관 이미지를 만들게 된다. 처음 갖게 되는 이미지는 마을에서 오래도록 지속되고, 한번 형성된 이미지가 바뀌기란 여간 쉽지 않기 때문에 초기에 시행하는 사업 내용을 잘 선정하는 것이 좋다. 일의 규모를 따지기보다는 신뢰를 쌓아갈 수 있는 일이 무엇인지 살펴서 마을에 단체의 선한 마음이 받아들여지게 하는 것이 더 중요한 시작이다.

2. 멀리서 나타난 유목 청년의 품에는: 사업실행과 성과

1) 외국인이 돈을 빌려준다고?: 가축은행

가축이 있는 집은 풍요롭고 없는 집은 궁핍하다. 시골의 유목 가정을 방문해 가정 형편이 어떠한지 가늠할 수 있는 것은 차를 대접받을 때이다. 바깥에서 목이 마르거나 추위에 떨다 들어오는 손님에게 차를 주는 것은 몽골인들이 가장 기본적으로 지키는 손님 접대의 시작이다. 유목민들에게 우유로 만들어 마시는 차는 거친 환경에서 비타민과 수분을 보충하는 유일한 수단이었다. 우유차를 몽골어로는 '수태차'라고 하는데, 홍차를 끓인 물에 약간의 소금과 우유를 부어서 만든다. 가축이 있는 집은 우유가 있기 때문에 우유차를 마시지만, 형편이 어려운 집은 우유를 넣지 못하고 그냥 우유 없는 차를 마신다.

마을의 가정을 방문하면서 소득을 올리는 일이야말로 가난한 가정들의 가장 긴급한 필요임을 절감하게 되었다. 몽골의 전체 인구 중 1/3가량이 빈곤층[10]이다. 소유하고 있는 가축의 수에 따라 빈부가 갈리는 주민들의 생활에서는 가축 수를 해마다 늘려가는 일이 활동의 대부분을 차지하고 있다. 잘산다는 것은 가진 가축의 수가 많다는 것이고 가축이 늘어갈 수 있는 전망이 있으면 삶의 희망이 있는 것이다. 가난한 사람은 가축이 적거나 없기에 소유를

---

10) UNDP 통계에 따르면 2000년대 중반까지 몽골 내 1달러 이하의 빈곤선에 존재하는 인구가 32% 정도였다.

사진 5. 가축은행으로 유목민 한 가정에 두 마리의 젖소가 지원되었다.

늘려갈 기회가 없었다.

자르갈란트는 유난히 소가 많고, 특히 젖소가 다른 지역에 비해 많다.[11] 사회주의 시절부터 마을의 주 생산 활동을 담당했던 대규모 젖소협동농장에서 생산되는 우유를 시내로 공급하던 지역적인 특성을 반영하듯, 지금도 젖소 하면 자르갈란트를 떠올릴 만큼 많은 수를 사육하고 있다. 자연히 마을 주민 대부분은 젖소에 대한 사육경험이 많다.

또한 울란바토르에서 가장 가까우면서 넓게 형성되어 있는 초지는 방목에 매우 유리한 여건을 제공한다. 그래서인지 마을에는 시골에서 가축을 가지고 상경하거나 시내에서 농촌으로 귀농하려는 사람들이 다수 거주하고 있다. 생산된 대부분의 우유나 축산물은 울란바토르의 넓은 시장으로 빠르게 공급되어 소비될 수 있기에 축산 활동으로 생산만 잘하면 언제든지 수익을 올릴 수 있는 이점이 있었다.

---

11) 몽골의 가축은 대개 오축(五畜)이라는 말로 표현하는데, 양·염소·소·말·낙타를 지칭한다. 유목민들이 키우는 가축의 대부분은 양과 염소가 75% 이상을 차지하고, 20% 남짓이 소와 말이며, 낙타는 특정 지역에서 사육된다. 자르갈란트의 경우에는 다른 지역에 비해 소가 2배 이상 많이 사육되고, 이 중 젖소 비율은 4배 이상 많은 것으로 조사됐다.

그러나 가난한 주민들은 축산 경험이 있어도 젖소가 없거나 사육하는 젖소 수가 적었다. 저소득층이 소득을 늘리려면 젖소를 키워서 우유를 내다 팔면 된다. 우리가 할 수 있는 일은 젖소를 지원하는 일이었다. 그래서 가축은행을 만들어 젖소 구입비용을 대출해주고 젖소에서 생산된 우유를 판매한 수입의 일부는 매달 상환하여 최장 18개월 이내에 갚게 하는 계획을 세우고 타당성을 검토했다.

마을에서 공무원의 월 급여가 8만 원에서 10만 원 정도이고, 일당 노임이 2,000~3,000원이었다. 남의 집 가축을 돌보는 경우, 매일 일해도 한 달 5만 원가량의 임금을 받는다. 이러한 사람은 대부분이 저소득층이다. 젖소 한 마리가 생산하는 하루 우유량이 평균 5리터이고 리터당 300원에 판매되므로 한 달 동안 젖소 한 마리가 올리는 수입은 4만 5,000원이다. 두 마리의 젖소를 키우면 수입이 9만 원이므로 일반 공무원의 급여수준이 된다.

한 마리에 30만 원 하는 젖소를 가정에 두 마리씩 지원하고 18개월 동안 매달 3만 4,000원씩 갚게 하는 가축은행 프로그램을 완성한 후에 마을 주민들을 비롯하여 정부 관계자들, 관련 기관의 전문가들을 만나서 이 사업의 가능성을 타진했다. 계획대로만 되면 지원받은 가정은 18개월 후면 젖소 두 마리가 자기 소유가 되며, 정상적으로 번식이 되면 송아지 두 마리도 얻게 되어, 소득증대를 통해 빈곤에서 벗어나는 효과를 올릴 수 있는 좋은 사업이었다. 사업이 원활하게 운영되기 위한 최대의 관건은 상환 여부에 달려 있었다. 그래서 자문을 구하는 사람들에게 유목 환경에서 생활하는 데 익숙한 주민들이 가축은행에서 지원받은 대출금을 잘 갚을 수 있겠는가를 물었다. 열에 여덟은 부정적이었고, 나머지 두 명은 상환 가능성은 있으나 얼마나 잘 관리하느냐에 달렸다고 했다. 가능성이 있다면 하는 것이다.

마을을 다니며 사업내용을 설명하고, 참여하기를 원하는 가정은 신청서를 제출하라고 했다. 처음으로 100여 가정이 신청을 했다. 마을의 가정 수가 1,200여 가정이었으니 열 집 건너 한 집이 신청한 것이었다. 신청한 가정을 일일이 방문하여 자격이 되는지, 젖소를 잘 관리하여 키울 수 있을 것인지, 상환을 잘 할 수 있는지를 꼼꼼히 살피고, 수차례에 걸친 설명회와 교육을 통해 최종적으로 30가정을 첫 젖소 수혜자로 선정했다.

선정된 참가자들과 젖소를 판매하는 사람 그리고 동 관계자들이 모두 참석하여 지원행사를 하고 나서 처음 상환하기로 한 날짜까지 기다리던 한 달은 결혼 예식을 준비하는 신부처럼 흥분과 긴장감이 교차하는 시간이었다. 잘될 거라는 기대와 잘못되면 어떡하지 하는 우려가 동시에 혼재된 기간이었다.

상환일을 얼마 남겨두지 않은 어느 날, 여러 기우를 가지고 사무실 창문 너머로 멀리 들판을 바라보고 있는데 지평선 위로 작은 점 하나가 시야에 들어왔다. 그 점에서 작은 움직임이 느껴지고 잠시 뒤엔 점점 커지더니, 뒤편으로 뿌연 먼지를 일으키며 마을을 향해 달려오는 말 한 필이 아른하게 눈에 잡혔다. 한참이 지나자 이제 그 움직임의 형체가 드러나며, 말과 한 몸이 되어 질주하는 한 청년의 모습이 확연하게 식별됐다. 몽골 전통의상을 잘 갖추어 입은 청년은 곧 땀으로 흥건한 말 등에서 내려 가쁜 숨을 몰아쉬며 동사무소 앞뜰을 지나 성큼 성큼 사무실로 들어왔다.

'샌배노'[12] 인사하며 미소를 머금은 청년의 환한 얼굴을 반가이 맞이했다. 청년은 품 안에서 청색의 비단 천[13]을 꺼내어 두 손으로 정중하게 건넸다. 최고의 예우로 전달받은 푸른 천 위에 시선이 멈추자 깜짝 놀랐다. 근 한 달 동안 우유를 팔아서 올린 수입의 일부인 상환금. 지원받은 젖소가 가져다준 수

---

12) 몽골인이 가장 보편적으로 하는 인사로 '안녕하세요'라는 뜻이다.

13) 몽골어로 '하닥'이라 하여 공경하는 대상을 향해 최고의 존경과 사랑을 표할 때 사용한다.

사진 6. 가축은행에 참여한 알릉오트

중의 현금을 하루라도 빨리 갚고 싶었다며 연신 고마워했다. 외국인이 돈을 빌려준다고 해서 처음에는 그런가 보다 하고 그냥 신청을 했는데 실제로 지원을 받고 보니까 삶에 대한 책임감 같은 것이 생겨났고, 이런 기분은 처음 느꼈다며.

청년이 들녘 저편으로 말을 달려가는데 내 가슴도 청년과 함께 초원을 신나게 달리고 있었다. 이 일은 잘되겠구나. 들판 위로 펼쳐진 맑은 청색의 하늘을 보며 근 한 달 동안의 모든 우려가 말끔히 씻겨가는 상쾌한 기분이 충만했다. 가축은행 만세!

가난하지 않은 주민이 젖소를 지원받다

사업을 하면 좋은 일과 좋은 결과만큼이나 속상한 일과 좋지 않은 결과가 발생한다. 몽골 사업장에서도 비일비재하게 그런 예상치 못한 사건들이 생겨났다. 내부적으로 성공적이라 평가하는 가축은행사업의 경우에도 예외가 아니었다.

가축은행 운영은 처음부터 우리 기관이 독자적으로 하지 않고 마을 주민과 운영위원회를 구성하여 진행했다. 마을 주민이 의사결정 과정에 참여하게 하는 취지였는데, 본래의 의도와는 다르게 가축을 지원받아야 할 가정이 저소득층이 아닌 중상층 이상의 괜찮게 사는 가정이 추천되거나 선정되는 사례가 생기곤 했다.

운영위원회는 마을 이외의 외부 인사로 교수나 현지 NGO 관계자도 있지만, 주 멤버는 동장을 비롯해서 주민, 수의사 등 마을 유력인사였다. 우리야 아무런 이해관계도 없어 객관적으로 평가하고 선정하는 데 문제가 없었다. 하지만 이 사람들에게는 마을 주민이 일가친척이나 이웃사촌의 관계를 내세우며 선정이 되고자 로비를 하는 경우가 많으니 객관적으로 평가하기가 쉽지 않았다. 지원 대상에 포함되지 않는 가정을 지원자의 리스트에 올리려고 억지를 부릴 때는 우리와 운영위원회 사이에 묘한 긴장감이 흐르곤 했다. 가축은행 초기에는 지원자의 자격을 원칙대로 상정하고 평가하여 선정하는 모든 과정을 엄격하게 강조하여 위원들의 마음을 상하게 한 적이 있었다. 그러고 나면 위원들이 활동을 안 하거나 행정적으로 도와주어야 할 위치에 있는 사람들이 협조하지 않으려는 경향이 생겨나기도 했다.

이런 일을 겪으면서, 이들도 한 동네에 살며 잘 지내오던 주민들의 부탁을 칼로 무 자르듯이 물리치기가 쉽지 않겠구나 하는 마음이 들었다. 운영위원회 위원들에게 보수를 주는 방식이 아니라 자발적이고 봉사적인 조직으로 구성했기 때문에 이들의 영향과 권한을 어느 정도는 인정해줄 필요가 있겠다는 생각이 들었다. 그래서 공개적이지 않은 방법으로 그들의 의견을 적절히 반영하기 시작했다. 그러고 나니 마을에서 좀 잘사는 사람이 가축은행 참가자가 되기 시작했다. 가축은행에서 저소득층이 아닌 가정이 혜택을 보게 된 경우를 보면 이 사업을 마냥 성공적인 사업이라 할 수 없을 것 같다. 더구나 아직도 어렵고 힘들게 살아가는 사람 중에 지원을 받지 못한 주민을 대하면 미안한 마음이 앞을 가린다.

2) 건초가 떨어지는 1월은 잔인한 달: 건초지원

울란바토르와 마을 사이를 매일 다니면서 마을에 난 길들이 익숙해지자 마을 곳곳으로 짐칸에 차의 몇 배나 되는 높이로 쌓은 건초더미를 실어 나르는 러시아산 트럭이 보이기 시작했다. 처음에는 조금씩 보이더니 날이 쌀쌀해지니 하루에도 수십 대씩 건초더미를 가득 실은 트럭들이 마을뿐만 아니라 시내 방향으로 왕래했다. 겨울 내내 가축을 먹일 풀을 준비하는 것이라고 했다. 겨울이 오기 전에 많은 풀을 준비하지 않으면 가축이 굶어 죽고, 그러면 이듬해에는 키울 가축이 줄어들어 생활에 막대한 타격을 준다고 했다. 또한 한겨울에는 건초가격이 지금보다 낮게는 1.5배, 높게는 2~3배까지도 상승하기 때문에 지금 준비해야만 한다고 했다.

몽골에서 계절에 따라 절기를 지키는 것은 오랫동안 자연을 벗 삼아 가축을 키워오면서 경험한 유목적인 일상에서 비롯된 것 같다. 여름은 가축이 쉽게 풀과 물을 찾을 수 있는 넓은 초원에서 보내면서 가축을 살찌우는 계절이고, 겨울은 바람과 추위를 피하면서 한 마리라도 죽지 않고 안전하게 지나야 할 계절이다. 첫눈이 오는 9월경이 되면 겨울준비가 시작되고 긴 겨울 동안 가장 추운 혹한기는 9일씩 9차례[14]로 나누어 세분한다. 즉, 9번의 추위가 올 때 잘 지나가면 새봄을 맞을 수 있는 것으로 여긴다. 처음 세 번의 9일을 어린 추위, 그다음의 세 번의 9일은 청년의 추위, 마지막 세 번의 9일은 장년기 추위로 부르며, 가장 추울 때의 추위를 표현하는 말로 '5살 소의 뿔이 언다'거나 '쇠꼬리가 얼어서 끊어진다'는 식으로 표현한다. 이 시기가 되면 기온은 영하 30도를 오르내리고, 춥다고 느끼면 영하 40도 이하의 날씨가 된다.

혹한의 시기를 견디어내는 것은 사람에게도 가축에게도 생존과 직결되는, 매년 되풀이되는 삶의 일부이다. 그래서 겨울의 눈과 추위는 피할 수 없는 생활로 받아들이고, 이 시기를 슬기롭게 극복하기 위해 철저한 월동 준비를 한다. 유목민들의 겨울맞이는 몽골 계절의 황금기라 할 만한 여름부터 시작된다. 몽골인의 최대의 축제인 나담[15]을 보내고 나면 사람들은 겨우내 가축을 먹일 풀을 구하기 위해 긴 여정에 나선다. 자신들이 키우고 있는 가축의 수만큼 긴 겨울 동안의 먹이를 충분히 준비해야만 살아남을 수 있기에 이러한 여행의 중요성을 모두 잘 알고 있다. 돌보는 가축이 죽어나는 것은 추위가 아니

---

14) '유승유스'라고 하며 동지인 12월 22일부터 9일을 한 단위로 하여 9차례를 보내고 나면 설날이 오고 봄이 찾아온다고 여긴다. 9회 추위에 대한 표현으로는 '얇은 옷은 춥다', '우리 안의 양의 똥이 언다', '5살 소의 뿔이 언다', '쇠꼬리가 끊어질 정도로 춥다', '내놓은 쌀이 얼지 않는다' 등이 있다.

15) 대표적인 축제로 7월 11~13일의 3일간은 전국적으로 휴일이다. 넓은 광장에서 민족가무 공연, 대통령 축사, 몽골 씨름(씨름판이나 시간 제한이 없고 먼저 무릎·팔꿈치·머리·어깨·등이 지면에 닿으면 진다), 활쏘기(남녀노소랄 것 없이 모두 참가), 경마(거리는 30km로 5~12세의 아이가 참가) 대회 등이 열린다.

라 건초 부족이기도 하다.

가축은행에서 지원받은 소를 잘 키우고 있는 농가들도 당연히 풀을 잘 준비해야 되겠구나 싶었다. 그런데 이렇게 풀을 준비하려면 직접 풀을 베고 실어오는 비용이 만만찮게 소요된다. 일반적으로 농가마다 가까운 야산이나 목초지에서 풀을 베어 실어 나르고, 부족분은 건초업자들에게 구입한다. 직접 멀리까지 나가서 풀을 구해오지 못하는 농가는 소 한 마리에 수십만 원에 해당하는 양의 건초를 구입해야 한다. 가난한 농가가 쉽게 마련할 수 없는 목돈이다. 겨울철에 건초가 부족해지면 적은 양을 매일매일 구입해서 먹인다. 이렇게 건초를 구입하면 그 비용은 겨울 전에 구입하는 것에 비해 터무니없이 비싸기 마련이다. 가난할수록 비싸게 풀을 사야만 하는 악순환이 반복된다. 이를 예방하기 위해서는 고려·조선 시대의 의창이나 상평창 같은 기관에서 운영하던 곳간이 필요했다. 가축 사육의 안정성을 확보하기 위한 풀 저장고는 유목민들의 생활에 도움을 줄 것이었다.

동장을 찾아가 물어보니 정부 차원에서 재해 대비용 건초를 비축하여 관리하는, 이른바 건초 저장소를 여러 지역에서 운영하고 있다고 했다. 하지만 예산이 턱없이 부족해 이곳 마을까지 그 혜택이 올 만큼 규모가 크지 못하다고 했다. "그럼 자르갈란트에도 건초펀드[16]를 만드는 것은 어떨까요?" 동사무소에서 가까운 공터에 울타리를 치고 이듬해부터는 가을철에 싼값에 풀을 사들여서 준비해두고, 겨울철 건초가격이 폭등할 때 저소득층을 대상으로 건초를 지원하는 일은 이 마을에 제일 필요한 일이라고 동장이 신이 나서 화답했다.

처음으로 조성된 마을의 건초펀드는 150톤 규모였다. 건초 한 묶음이

---

16) 건초를 노지에 대량으로 비축해 겨울철에 유목민들에게 구입한 가격에 기본적인 관리비용만을 붙여서 시중가보다 훨씬 저렴한 가격으로 판매하는 마을 건초지원사업이다.

사진 7. 건초는 가격이 하락하는 여름철에 구입해 수요가 많은 겨울철에 지원한다.

20~23kg 정도 되니까 대략 7,000묶음이 마련됐다. 한 겨울을 나기 위해 소 한 마리에 최소 100묶음을 준비하므로 우리가 준비한 건초는 소 70여 마리 분량이었다. 마을에 있는 가축 수를 생각하면 턱없이 부족한 규모지만 빈곤층을 위해 최소 필요량으로 제한하여 가정당 20개씩을 지원하기로 했다. 그렇게 따지니 비축한 건초는 350가정이 나누어 가질 수 있는 양이었다.

알타이 산맥을 넘어 몽골 고원으로 몰아치는 칼바람이 코끝을 매섭게 스치고 지나가는 1월 하순의 어느 날, 드디어 처음으로 주민들에게 건초를 배분하는 날이 되었다. 사전에 마을별 이장을 통해 건초 수령자를 정해놓았기 때문에 마을별로 운송수단을 가지고 창고로 한꺼번에 몰려왔다. 모든 직원이 동원돼서 20kg 남짓한 건초더미와 씨름하며 주차된 차량에 실어 옮기는데, 여기저기서 한꺼번에 몰려든 주민에게서 사소한 시비가 생겼다. 건초마다 양질의 풀이 있기도 하고 다소 거친 풀이 섞여 있기도 해 서로 좋은 건초를 가져가려고 다투는 말싸움이었다. 이러다간 건초를 기분 좋게 받아가는 것은 고사하고 주민 간의 감정싸움으로 치닫게 생겼다. 동장과 마을 경찰을 동원해서 온 순서대로 대기 순서를 정하고 차례로 나누기로 다시 정돈하면서 시비가 해소됐다.

건초펀드에서 20km나 떨어진 지역에 살고 있는 할아버지가 소달구지를 끌고 나타났다. 달구지에 하나 가득 건초를 싣고서 올 겨울은 이 건초라도 있어서 안심이라며 고마움의 인사를 건네고는 저 멀리 평원으로 사라져 갔다. 달구지가 사라질 때까지 한참을 바라보며 주민 한 사람에게 필요한 일이 마을에 필요한 일이라고 다시금 깨달았다. 영하 30도의 추위였지만 이날 하루도 훈훈하고 상쾌했다.

건 초 가 불 에 타 던 날

가을을 맞이할 무렵 건초펀드를 조성하기 위해 건초를 모으는 작업이 시작됐다. 널따란 울타리 한쪽 구석부터 건초를 쌓아 올리기로 했다. 노로[17]마다 표시를 해서 간격을 띄우고 건초더미를 만들어나가기 시작했다. 건초 노로는 울타리와 간격을 두고 쌓는데 이는 도난이나 화재 등을 예방하기 위한 것이다. 마찬가지로 노로 사이에 충분한 거리를 유지하며 쌓는 것도 한 노로가 무너지거나 불이 나더라도 다른 노로에는 피해가 가지 않게 하기 위함이다. 건초작업을 하는 인부들이 반드시 지켜야 할 사항이 있는데 그것은 바로 금연이다. 담배를 피워 물거나 담뱃불을 붙이는 행위는 건초더미 주위에서는 절대 해서는 안 된다. 몽골의 들녘은 바람도 세기 때문에 담배꽁초의 불씨가 화근이 되어 건초를 태워버리기도 하므로 각별한 주의가 요청된다. 그래서 인부들에게는 건초작업 중에는 절대 금연이 강요된다.

노로를 만들기 시작하고 며칠이 지나지 않았다. 2개 정도의 노로가 쌓였고 세 번째 더미를 만들어가는 중이었다. 아침에 집에서 나와 한참을 마을로 들어오는데 연락이 왔다. 건초더미가 불이 나서 모두 타고 있다고 ……. 건초펀드를 하면서 가장 우려하고 염려하던 일이 현실이 되었다. 한참을 지나서 현장에 도착해보니 아직도 불길이 거셌다. 한번 붙은 불을 끌 방법이 없었다. 얼마나 불길이 세던지 멀찍이 떨어뜨려 쌓았던 다른 건초와 나무판자 울타리까지 모두 다 타버렸다. 그동안의 노력이 한 줌의 재로 변하는 현장에 서 있자니 넋 나간 사람처럼 멍해졌다.

주위를 수습하면서 겨우 책임을 맡겨놓았던 직원을 찾았다. 현장에 있어야 할 사람인데 한참을 찾아도 보이질 않았다. 결국은 인부들을 탐문하여 담배를 피우고 나서 꽁초를 버린 것이 화근이 되어 불이 붙은 사실을 알게 되었다. 그렇게 신신당부했는데 금칙 사항이 지켜지지 않았던 것이다. 한참 후에 어슬렁거리며 담당 직원이 나타났다. 가까이 오는 직원에게서 술 냄새가 진동했다. 결국은 인재였다. 관리해야 할 직원의 근무태만으로 발생한 화재였다. 마음이 쓰리게 아픈 것은 타버린 건초 때문이 아니라 함께 보낸 시간 동안 그렇게 공들여서 업무를 가르치고 훈련한 직원이 우리가 현장에 없을 때는 이런 식으로 행동하고 일하는가 싶은 허탈감 때문이었다.

현장에서 사업을 하면서 가장 많은 패배감은 함께 일하는 사람들에게서 기인하는 것 같다. 기대가 커서 많은 책임을 맡긴 사람에게 발견되는 거짓이나 불성실한 행위를 목격하면 이루 말할 수 없는 상실감과 심지어 배신감을 경험하게 된다. 모르긴 해도 현장 활동을 하는 사람이라면 누구나 거치고 가는 아픔일 것이다. 그렇다고 어떻게 피해 갈 수도 없다. 천 번을 아파서 한 사람을 얻는 일에 도전하는 사람이 활동가일 테니까.

3) 스스로 만들어간 마을의 신용조직: 신용협동조합

동사무소 안에 자리 잡은 한 칸짜리 좁은 우리 사무실에는 가축은행이나 건초펀드와 같은 일이 잘 정착하면서 매일같이 많은 사람이 찾아왔다. 대개는 일자리를 달라는 요청을 비롯해서 어려운 사정을 호소하는 주민이다. 하루는 마을의 노인 두 분이 할 이야기가 있다며 찾아왔다. 아직은 몽골어가 서툰 나를 위해 친절하게 천천히 설명하는 이야기를 들어보니, 자신들이 은퇴하기 전까지 회계와 축산 부분에서 죽 근무했고 지금은 집에서 소일하며 가축을 돌보고 있는데, 아직은 힘이 있으니 마을에 필요한 일을 하나 하고 싶다고 했다. 어떤 일이냐고 물으니 마을 주민들에게 필요한 조합을 하나 만들어보겠노라고 했다.

몽골의 사회주의 체제는 오랫동안 협동농장을 중심으로 경제활동을 장려

---

17) 건초를 쌓아올릴 때 건초 20kg 정도를 압축하여 묶은 것 1,000개를 쌓아서 한 단위로 간주하여 '노로'라고 부른다.

해왔다. 몽골 전역에서 지역별로 협동농장이 육성되고 장려됐는데 자르갈란트는 젖소협동농장의 장려지역으로 우유를 생산하기 위한 대단위 젖소 축사가 지역별로 존재했고, 축사를 끼고 있는 넓은 들판에서는 사료를 재배하는 농업이 왕성했다고 한다. 한 농장에서 젖소 800두가 사육되는 규모였으니 여기에 종사하는 직원의 가족 구성원이 200여 명에 다다르고, 이를 지원하기 위한 학교나 병원 등의 배후 시설과 행정 업무로 한 마을이 형성됐다고 한다.

사무실을 방문한 두 노인은 십수 년 전만 해도 이러한 협업체제하에서 일하는 데 익숙한 사람들이었다. 그 당시에는 사회주의였으니 다소 강제성이 있었어도 빈부의 격차를 많이 느낄 수 없는 체제였다고 했다. 의사도 교사도 군수도 우유를 짜거나 농사를 짓는 사람들도 별반 차이가 나지 않는 급여를 받고 일했다며, 그런 시절이 오히려 지금의 시장경제하에서는 그립다고 했다. 그래서 그때 협동농장에서 같이 일하고 균등한 급여를 받았던 것처럼, 마을 안에 가난한 사람과 부자가 동등하게 참여하는 조직을 통해 자원을 나누어 사용하는 조합을 만들어보고 싶다고 했다. 진지하게 이야기하는 두 노인의 말이 진심이 묻어나기는 했으나 당장 밀린 업무들이 많아, 나로서도 더 궁리해보겠으니 다음에 다시 한 번 찾아와 달라고 했다.

그로부터 한 달가량 지나서 두 노인이 다시 찾아왔다. 생각 좀 해보았냐는 물음에 속으로 별로 많이 생각해보지 못한 미안함이 있었지만, 요즘 들어 부쩍 여러 요청을 가지고 도와달라는 주민들이 생각나서 다짜고짜로 주민들의 경제적인 도움 요청을 주민들이 스스로 해소할 수 있는 일이 무엇이겠냐고 되물었다. 이분들이 하는 말은 '가축은행은 가축을 대출해주지만 가축 이외의 필요로는 대출하지 못하고, 건초펀드도 건초를 지원해주고 있지만 건초 이외의 필요를 채워주지 못한다. 지구촌나눔운동은 가축과 건초를 부분적으로 지원하는 것으로 충분하니 주민들의 수많은 요청을 해소하기 위해 가축은행과

사진 8. 게르에서 이뤄진 신용협동조합 설명회 / 사진 9. 신용협동조합 훈련 회의

같은 방식으로 가정에 자금을 대출해주는 조합을 만들어보자'는 것이었다. 이 것은 신용협동조합과 다를 바가 없는 일이었다. 그러면 앞으로 한 달 동안 같은 생각을 가진 사람들을 모으도록 노력하되 신용협동조합에 대한 설명회를 마을별로 개최해 참여할 사람을 모집하기로 협의했다.

다행히 마을 동장도 찬동하여 동장과 함께 각 마을을 다니며 신용협동조합 설명회를 열었다. 마을 이장[18] 집 안뜰에서도 하고, 마을의 유치원 교실에서도 하고, 마을사람들이 자주 모이는 우물가 옆 초원에서도 했다. 그러고 나서 동사무소 강당에서 처음 자르갈란트 신용협동조합 창립총회를 가졌는데, 20 명이 정식 회원으로 참여했다. 회원은 초기 출자금을 4만 원씩 부담하기로 해 신협 자본금 80만 원을 확보했다.

대출을 받기 위해 이자가 저렴한 은행을 이용하려면 울란바토르 시내에 가야 했고, 담보가 없으면 돈을 빌릴 수가 없었다. 유목민들이 가진 가축은 담보가 될 수 없었기에 필요한 목돈을 은행에서 빌린다는 것은 불가능한 일이었

---

18) 자르갈란트는 행정 분류상 동에 해당되며, 책임자는 동장으로 불린다. 자르갈란트는 다시 11개의 작은 마을로 나뉘는데, 각 마을을 책임지고 관할하며 공무를 담당하는 사람을 '이장' 이라 부른다.

다. 그래서 대부분 전당포나 사채를 이용하는데, 전당포의 이자율이 월 7% 전후였고 사채는 월 20%에 육박하는 고리대금이었다.

첫 총회에서는 최대 20만 원까지 대출을 받을 수 있고 대출이자는 월 3%로 정했다. 거의 시중 은행과 같은 이율로 대출이자를 정하고 나니 회원들은 서로 돈을 대출하고자 했고 주민들도 대출을 위해 가입하려는 사람이 점점 늘어나기 시작했다. 어느새 회원 수가 80명으로 불었고 대출할 수 있는 자본은 400만 원이 되었다. 대출해가는 사람들이 대출금을 가장 많이 사용하는 곳은 자녀학자금이고, 다음으로는 가축 구입 대금이나 집과 축사를 짓거나 수리하는 비용, 가전제품을 구입 비용 또는 작은 가게를 여는 자금 등이었다.

돈이 있는 곳에는 언제나 말썽이 생긴다. 신협의 운영은 모두 자치적으로 하게 했는데, 종종 임원이나 관계자 사이에 시비나 분란이 생겼다. 자의적으로 재정을 사용하거나 친분이 있는 사람들을 우선하여 대출해주는 일 때문이었다. 심한 경우에는 조합을 탈퇴하기도 했다. 자신들의 돈이 출자되어 운영되었기에 적은 돈이지만 서로 간의 견제와 감시가 상존해 점차 자립적인 신용조합으로 정착됐다.

한번은 신협의 회계를 담당한 임원에게 한 해 동안 대출된 금액을 물어보니 대략 5,000만 원 정도 된다고 했다. 동사무소 예산이 2억 원 정도 되던 시기에 이 금액이 주민들에게 융자되어 마을에서 순환했으니, 지역경제에 미치는 영향이 꽤나 큰 기관인 셈이었다. 두 노인의 아이디어와 열의가 마을에 필요한 자원을 주민 스스로 창출하도록 만들었으니, '노인'에게 마을 개발의 실마리가 있다고 말할 수 있지 않을까. 지역의 어른을 가까이하는 것은 활동의 지혜를 얻는 방도가 되기도 한다.

4) 몽골에서 제일 부자 마을?: 주민문화센터

사진 10. 문화센터 주민 휴게실

한류는 드넓은 몽골 초원에도 존재한다. 유목생활에서 여가활동의 하나는 텔레비전을 시청하는 것인데, 그중 가장 인기 있는 프로는 한국 영화나 드라마다. 내가 모르는 젊은 배우들의 이름을 젊은 사람들이 아니라 아저씨 아줌마들이 기억하고 물어보곤 하면, 별로 텔레비전을 보지 않고 지내는 나로서는 대답하기가 곤궁하다. 그래도 그 배우와 한때 잘 알고 지내는 사이였다고 농담처럼 말하면, 다음에 한국에 가거든 그 사람 사인이나 사진을 꼭 얻어다 달라고 부탁한다. 간간이 한국은 너무나 바쁜 사회이기 때문에 서로 만날 시간조차 없다고 얼버무리면, 그럼 한국어라도 좀 가르쳐달라고 조르기도 한다. 한류의 영향으로 청소년들도 한국어를 배우려는 열의가 대단하다.

몽골의 개혁과 개방[19]은 유목을 기반으로 살아가는 마을 주민들을 중앙 통제적인 경제활동에서 벗어나 시장을 통해 경제적인 욕구를 성취하도록 변화

---

19) 1980년대 후반 구소련과 동구 사회주의 국가들의 개혁·개방 움직임이 확대되면서, 몽골도 국가 체제 개혁 문제에 관심을 갖기 시작했다. 1986년 몽골 인민혁명당(MPRP)은 전당대회에서 구소련의 개혁(perestroika)·개방(glasnost) 정책을 적극 지지하고, 1988년 12월 몽골판 페레스트로이카인 신칠렐(shinechlelt, 혁명) 정책을 채택했다. 몽골 국민의 민주화 요구가 확대되면서, 같은 해 7월 최초의 민주 총선에서 압승한 몽골 인민혁명당은 정치 민주화와 시장경제체제로의 이행을 다짐하고, 마르크스·레닌주의 포기를 선언한 뒤 신(新)헌법 제정에 착수했다. 또한 같은 해 9월에 푼살마긴 오치르바트(Punsalmaagiyn Ochirbat) 대통령이 이끄는 새로운 개혁 정부가 들어서면서 정치·경제 개혁을 본격적으로 추진했다.

시켰다. 주민들에게 소득과 부의 창출에 대한 적극성을 부여함과 동시에 일반 몽골인들도 돈을 벌기 위해 외국으로 나가는 현상을 초래했다. 한국에만도 근로자로 일하고 있는 몽골인이 적게는 2만 5,000명에서 많게는 3만 명까지라고 한다. 몽골의 인구를 감안하면 적지 않은 사람들이 한국에 머물면서 수입의 대부분을 몽골에 있는 가족이나 친지에게 송금하고 있다. 자연히 한국과의 빈번한 왕래와 교류로 한국에 대해 알고자 하는 사람들이 늘어나게 마련이다. 3년 정도 한국에서 일하고 돌아오면 아파트를 구입하고 자동차를 사서 운전하고 다닐 수 있다는 이야기가 공공연하게 되고 있다. 그렇기에 누구라도 기회가 되면 한국어를 습득해서 한국에 취업하기를 원하게 됐다.

동사무소의 강당은 주민들이 모여서 가끔 회의하는 일 말고는 늘 비어 있었다. 비어 있는 공간을 이용해 무엇이든 모임을 만들어보려던 차에 한국에서 왔으니 한국어를 가르쳐달라는 주민들의 요구도 있고 해서 한국어 교육을 해보기로 했다. 그들의 바람대로 어른들은 혹시라도 취업이나 외국 근로의 기회가 있을 수도 있겠고, 청년들은 유행하는 한국 드라마의 대사라도 한 줄 이해할 수 있을 것이다. 중·고등학생들은 외국어를 습득하여 대학[20] 진학에 유리한 고지를 점하기 위해서 한국어 수업이 개설되기를 바랐다. 그래서 처음으로 동사무소 강당에서 시작한 학습프로그램은 한국어 수업이었다. 중고등학생반과 어른반으로 나뉘어 수업이 진행되면서, 학습을 통해 배움의 기쁨을 경험한 주민 사이에서 다양한 교육에 대한 욕구가 늘어갔다. 영어반·학교공부반·몽골어반·문해반·축산위생반·채소재배반·성교육반·금주교육반·영양교실·제빵수업반·요리교실 등 크고 작은 사회교육 학습반들이 만들어졌다. 아

---

20) 몽골에는 한국어를 정식으로 가르치고 한국어학과가 설립되어 있는 정규 대학이 15개 이상 있다. 몽골의 청소년들에게 한국어 강습은 대학 입학이나 취업에 도움이 되는 과정이다.

울러 교육에 필요한 서적이나 참고문서를 모아서 볼 수 있는 도서관이 필요했다. 강당의 한쪽을 막아서 도서관을 만들어 주민들에게 책을 대출해주는 일을 시작했다. 이러다 보니 강당 한군데에서 교육을 모두 진행할 수가 없었다. 동사무소 건물도 목조 기둥에 나무 뼈대를 이어서 진흙으로 벽을 채워서 만들어져, 소음도 많고 문이나 창문이 제대로 닫히지 않을 만큼 낡고 오래됐다. 어디든 새로운 공간으로 센터를 넓혀야 했다.

마을에는 20여 년 전에 지어진 문화센터가 있는데, 콘크리트로 된 2층 건물이었다. 사회주의가 붕괴되면서 중앙정부의 운영비 지원이 줄자 문화센터는 최소한의 공간만을 사용하여 명맥을 유지했다. 실내는 대부분 낡고 관리가 안 되었다. 옥상에서 비가 새고 칠이 벗겨져 그야말로 귀신이 나올 법한 건물로 방치되어 있었다. 한 층의 면적이 150평 남짓한 크기라서 수리만 제대로 되면 요긴하게 활용할 수 있는 건물이었다. 그러던 차에 서울 사무실에서 좋은 소식이 날아들었다. 한국의 한 지자체에서 건물 리모델링에 필요한 비용을 지원하기로 약속했다는 것이었다.

이 소식을 접한 울란바토르 시에서 GCS(지구촌나눔운동)가 부담하기로 한 비용 이외에 추가로 시 예산을 투입해서 고쳐야 할 건물의 내외부와 제반 기초설비들까지 모두 건축을 새로 하듯이 수리하기로 했다. 이번 기회에 동사무소도 GCS와 함께 문화센터로 완전 이전하는 것으로 결정했던 것이다.

문화센터 리모델링에 필요한 행정적인 준비를 거쳐서 2층짜리 문화센터 건물이 대대적인 공사에 들어갔다. 옥상에서 비가 새는 것을 막기 위해 방수액을 바르는 공사부터 건물 내부를 완전히 수리하고 외부도 색상을 다시 입히는 페인트 작업을 하고 낡은 유리창도 진공유리창으로 교체됐다. 우리는 그동안 필요로 했던 공간들을 나누어서 교육 강당, 세미나실, 휴게실, 시청각실, 컴퓨터실, 독서실과 도서실까지 구비했다. 휴게실에는 동사무소에 내방하는 지역주민들을 위해 42인치 벽걸이 평면 텔레비전을 설치하고 위성안테나를 연결하여 낮 시간 내내 방영되게 했다.

문화센터를 개원하는 날이었다. 온 주민들과 함께 지역 출신의 국회의원이 개원 테이프를 끊고서 휴게실에 걸린 텔레비전을 보며 소감을 말했다. "몽골의 어느 마을보다 부자 마을이네요."

5) 샤워는 어디서 하나요?: 식수 개발과 샤워장 건립

물은 모든 사람에게 생명처럼 소중하지만 유목민들에게 물은 삶의 영혼과 같다. 함께 있다 보면 금방 이를 체험적으로 배우게 된다. 사용할 수 있는 물이 가까이 있거나 풍부하지 않기에 물을 아끼면서 사는 생활방식에 철저히 익숙해져 있다. 게르[21]에서 살아가는 주민들의 아침 세면을 보면 이를 축약적으로 관찰할 수 있다. 한 모금의 물로 입안을 헹구고 나서 그것을 뱉어버리지 않고 두 손으로 받아서 세면을 하는 장면을 흔치 않게 보게 된다. 말할 필요도 없이 세수나 청소하고 난 물을 그냥 버리는 일 없이 빨래를 하고, 빨래한 물에 또 빠는 것이 일상화되었다.

아파트에서 매일 하는 샤워는 사치스럽고 낭비하는 것 같아 수돗물을 틀어놓고 씻을 때면 늘 송구한 마음이다. 내가 한 번 샤워하는 물의 양이면 게르에서는 며칠을 쓸 텐데……. 지구상에서 친환경적으로 삶을 몸소 실현하며 사는 사람들을 꼽으라면 바로 유목민을 꼽을 것이다. 물 사용만이 아니라 소비

---

21) 몽골의 유목 생활양식과 순탄치 않은 날씨에 가장 적합한 게르(ger, 전통가옥)는 수백 년 동안 가장 보편적인 가옥으로 존재하고 있다. 유목민들은 원형의 펠트로 덮인 게르를 발전시켜 왔는데, 그들은 게르를 일상생활의 어려움(추위·바람·햇볕)에 잘 견딜 수 있으며 30분에서 1시간 사이에 세우고 분해할 수 있게 함으로써 이주하기에 쉽도록 만들었다.

사진 11. 물차에서 물을 받아가는 주민들

되는 에너지도 너무나 소박한 수준이다. 그것도 풍력이나 태양열을 이용하여 만든 전기를 사용하니 더없이 무공해 삶이다. 모든 가축의 배설물이 한국에서와 같이 처치 곤란한 환경문제를 야기하는 오염원이 아니라 드넓은 초원으로 돌아가서 초지를 풍성하게 만드는 양분이 되니, 생활의 어느 하나 자연을 거스르는 일 없이 생태 순환적인 생활이라 할 수 있다.

마을 주민들은 10리터나 20리터용 플라스틱 물통이나 우유통[22]을 들고 마을 우물까지 왕래하는 것이 하루의 일과이다. 우물은 상시 개방이 아니고 보통은 하루에 오전과 오후로 나누어 두 차례 물 뜨는 시간을 정해놓고 있다. 우물이 여의치 않은 마을에는 물을 실은 트럭이 방문하면 마을사람들이 나와서 물차 앞으로 줄을 서 순서대로 정해진 물값을 지불하고 통에 물을 받아간다.

겨울에는 꽁꽁 얼어붙은 날씨에 맨손으로 물을 뜨러 다니는 일이 여간 고역이 아닐 텐데, 사람도 가축도 마셔야 할 물을 위해서는 어쩔 수 없는 일상이다. 우물이 너무 멀리 떨어져 생활하는 가정이라면 한겨울에는 우물까지 가지 않고 집 근처에 쌓여 있는 눈을 골라 게르 안의 난로에 녹여서 이용하기도 한다.

물을 뜨고 나르는 노동은 대개 집에서 나이 어린 아이들이나 여성들의 몫이 된다. 아이들은 학교를 다니면서 방과 전후로 물 나르는 일을 하다 보면 아무래도 학업에 방해도 받고, 한참 뛰어놀아야 할 나이에 마음껏 놀지 못해 불

---

22) 알루미늄 재질로 제작되어 우유를 보관할 때 사용하는 통으로 물을 담는 통으로도 사용한다.

사진 12. 물을 나르는 아이들

펑스럽고 벗어나고 싶은 일이 된다. 물 뜨는 일만이 아니라 집 안의 가축을 돌보는 일 자체가 온종일 손을 필요로 하기에 아이들과 여성들은 집에서 늘 바쁘다. 종종 집에서 가축 치고 물 나르는 일로 학교에 가지 못해 글을 읽고 쓰지 못하는 아동을 만나면 이런 상황이 너무 아쉽기만 하다. 상하수도가 있어서 물을 편리하게 사용할 수 있다면 이런 아이들은 생겨나지 않을 텐데 하는 안타까움이 많다. 마을 안에서 물을 수월하게 얻을 수 있다면 가장 먼저 혜택을 누릴 사람은 아동과 여성이기에, 생활의 근거리에 물을 얻도록 우물을 만들고 식수를 제공하는 일은 아동을 보호하고 여성의 권리를 신장하는 지름길이다.

가정을 방문하면 그릇을 깨끗이 닦아서 수태차를 부어주는데, 차를 붓기 전에 행주로 닦을 때면 주인에게 닦지 말고 그냥 부어달라고 말하곤 한다. 행주를 매번 깨끗한 물에 빨아 사용할 수 없다 보니 사용하는 행주로 그릇을 닦아서 주는 차를 마시기가 좀 거북하게 느껴진다. 우리의 기준에서 위생을 이야기하는 것이지만 물이 풍족하다면 좀 더 청결하고 깨끗한 생활을 누리게 되는 것은 자명하다.

마을을 드나들며 사람들의 생활을 자연스럽게 받아들이기 시작하던 어느 날, 한번은 마을 청년들과 농구[23]를 했다. 마을 한쪽 귀퉁이에 서 있는 전봇대에 판자를 못질하여 붙이고 둥그런 골대를 매달아 만들어진 농구장을 보면서, 본래 운동을 좋아하는 나는 기회가 되면 한 번 농구하며 놀아야지 하는 마음으로 마을을 다니고 있었다. 이날은 마침 마을 청년들이 나와서 몸을 풀고 있기에 이들과도 좀 친해져야겠다고 생각해서 농구에 끼워줄 수 있냐고 했더니 반색을 하며 맞았다. 경기는 경기니까 서로 이기기 위해 몸을 부딪치며 신경질적이 되기도 하고, 고르지 않은 땅바닥으로 공이 이리저리 불규칙한 바운드가 나면 깔깔거리기도 하면서, 한참을 놀고 나니 온몸에 땀이 흥건히 배었다. 좀 씻어야겠다는 생각으로 옆에 있는 청년에게 무의식적으로 한 말. "샤워는 어디서 하지?" 갑작스러운 물음에 당황하면서, 샤워를 하려면 기차 타고 울란바토르로 나가서 시내에 있는 사우나장[24]을 이용해야 한댔다. 아차, 게르에서 사는 이들에게 샤워는 공간적으로 좀 어려운 것이지. 내가 상황을 모르고 좀 실수했나 싶어 미안한 마음이 들었다.

마을에 우물을 지원하기는 그로부터 3년여의 시간이 흐르고 나서였다. 우물을 하나 파기 위해서는 상당한 비용이 필요했다. 몽골에서 가뭄에도 마르지 않는 우물을 파려면 땅속에 관정을 뚫고 평균 100m가량 파고 들어가야 하는데, 손으로 팔 수는 없고 굴착기로 시공을 해야 하기에 예산지원이 없으면 하기 어려운 사업이다. 마을의 우물과 더불어 샤워장까지 세우는 일은 비용을 지원받는 데 지나간 시간이 3년이었다.

지원이 결정되고 나서도 우물을 시공하는 일은 생각보다 쉽지 않았다. 모

---

23) 농구는 몽골의 청소년들이 가장 즐기고 좋아하는 스포츠 중 하나이다. 몽골 시골 어느 곳이나 농구하는 모습을 쉽게 볼 수 있다.

24) 울란바토르 시내에는 2명이나 3명이 이용할 수 있는 간이 샤워 부스를 운영하는 곳이 있는데, 이곳을 사우나라고 부른다. 최근에는 대중목욕시설이나 고급 사우나 시설이 생겨나 사람들이 이용하고 있다.

두가 좋아하는 일이기에 다들 잘 협조해서 금세 마무리될 것만 같았는데, 웬걸 그게 아니었다. 어느 마을 어느 지점에 시공할 것인지를 결정하는 일, 파고 나면 누가 어떻게 관리할 것인지도 상당한 시일이 소요되는 일이었다. 마을 주민들마다, 마을마다, 서로 다른 이해관계를 조정하기 위해 동사무소와 함께 협의해서 일해야만 했다. 여러 우여곡절 끝에 마을에 우물이 새로 하나 더 생기고 거기에 마을에서 처음으로 샤워시설이 생기자 주민들은 마을의 오랜 숙원사업이 이루어졌다며 좋아했다. 이제는 샤워시설도 마을 주민에게 이양되어 운영 관리되고 있고 마을사람 사이에서 샤워장에 얽힌 우리의 기억도 시간이 흐를수록 희미해져 가지만, 목욕하고 막 샤워장을 나서는 주민들의 모습을 보면 마음 한구석에 생기는 뿌듯함은 그때나 지금이나 늘 같다.

성급하게 판 우물

몽골에서 하나의 우물을 지원하기 위한 하드웨어적인 일이라면 천공과 파이프를 설치하는 일, 그리고 우물을 보호하는 작은 집을 건축하는 일 두 가지로 나눌 수 있다. 우물 개발은 마을 인부들이 할 수 있는 작업이 아니기 때문에 우물을 전문적으로 개발하는 회사와 계약해서 위임하여 진행한다. 대개 우물을 하나 설치하는 데 1,000만 원 이상이 소요되며, 사업비가 적은 액수가 아니기에 후원하는 기관에서는 현장을 방문하여 확인하고자 하거나 완공 날짜에 맞추어 기념식을 하고자 한다. 그래서 우물 사업은 완공 일자를 정해놓고 추진한다. 마지막 기일에 쫓기듯 하지 않기 위해 미리부터 넉넉하게 일정을 예상하고 시작하게 된다.

마을에 지원하는 우물 중 그 마을은 유독 선정하는 과정부터 주민 간의 이견이 많았다. 동에서도 반신반의하며 지역을 선정해놓고서도 계속되는 이의 제기와 민원을 해결하느라 사업 기간의 태반이 훌쩍 지났다. 급하게 우물 업자에게 부탁하듯 시공을 요청했고 회사는 우리가 요구하는 지점에서 물이 나오도록 시공을 완료했다. 우물 관정 위로 우물집을 만드는 일에 며칠 동안 밤샘 공사로 겨우 지붕까지 올리는 일을 마무리하고서, 기념식이 있기 바로 전날이 되어서야 벽을 바르고 페인트를 입혔다. 다행히 마을 주민들이 물로써 행복해하고 후원자들도 기쁜 행사를 잘 치르고 나서, 문제는 이듬해 봄에 발생되었다. 새로 판 우물에서 물이 나오지 않는다는 청천벽력 같은 소식을 전해 들었다. 방문해서 조사하고 시공회사에 다시 수리해줄 것을 요청했더니, 지난번에 시공할 때 너무 촉박하게 밀어붙여서 완벽한 깊이로 관정을 뚫지 못했단다. 그래서 물이 마르는 봄에는 지하수위가 낮아져서 물이 나오지 않는 것이라고. 지금 다시 수리하자면 거의 우물을 하나 새로 파는 비용이 더 소요된다며, 수리는 할 수 있는데 비용을 또 지급할 수 있냐고 되물었다. 이게 웬 아닌 밤중에 홍두깨 같은 소리인가. 책임을 따지자면 시공회사에서 수리를 모두 해야 할 터인데 우리가 모든 비용을 다시 부담해야 우물이 제대로 수리가 된다니.

개발도상국에서는 건물을 짓거나 시스템을 설비할 때 계약서대로 이행되지 못하는 경우가 종종 발생한다. 만약의 사태를 예방하기 위해서는 꼼꼼히 살피고 넉넉한 일정으로 시공 과정을 진행해야 한다. 말은 쉬운데 하다 보면 늘 쫓기게 되고 쫓기다 보면 부실을 예방할 여유가 없어진다. 마음 같아서는 시공일은 준수하고 준공일은 시공을 완벽하게 마무리하되 상호 간에 만족할 만한 수준에 이를 때까지 계속 연장할 수 있는 여유가 있었으면 좋겠다. 시공자가 제대로 시공하도록 모니터링하는 일만이 아니라 해를 넘기더라도 약속한 건물이 세워지기까지 주민들과 후원자들이 기다리도록 설득하는 일까지도 결국은 우리의 몫이다.

6) 풀은 가축에게, 고기는 사람에게: 축산시범농장

우리가 특정한 음식에 비위가 상하거나 익숙하지 않아서 잘 못 먹는 음식이 있듯이 몽골에서는 채소를 '못' 먹는 사람들을 만날 수 있다. 양파·당근·오이 등 일반적인 채소를 먹지 못하는 것인데, 채소를 먹을 기회가 별로 없어 먹질 않다 보니 못 먹는 음식이 된 것이다. 오래도록 육류와 유제품을 주로 섭취해왔기 때문에 우리가 날 채소에 밥이나 고기를 싸서 먹는 것을 보면, 어떻게 그런 것을 먹을 수 있냐는 듯이 보기만 한다. 지금은 많이 익숙해졌지만 당시만 해도 채소를 재배해서 먹는다고 하면, 풀은 가축이 먹는 음식이지 사람이 먹는 음식이 아니라며 신기하게 처다본 기억이 있다.

일반적으로 몽골 유목민들에 대해 갖는 오해 중 하나는 유목민들이 늘 초지를 따라 정처 없이 돌아다닐 거라는 생각이다. 오늘날의 유목은 중심 거주지가 있어 여름철에만 이동식 주거인 게르를 들고 가축들을

사진 13. 축산시범농장의 채소 시범재배

데리고 초지를 따라 이동하는 형태이다. 이동을 하더라도 유목민 나름의 행동 반경이 있는 셈이다. 유목은 몽골의 자연환경에 가장 적합한 목축업 형태지만, 자연에 전적으로 의지하는 탓에 갑작스러운 자연재해 앞에서는 속수무책이 된다. 시절따라 풀을 따라 이동을 하면서도 갑작스러운 자연 재난에 대비하고 피해를 최소화할 대책을 위해 주민들은 늘 고민하고 있다.

축산시범농장은 이러한 고민에서 비롯됐다. 이 지역의 상황에서 축산과 농업이 병행하는 모델을 제시해 주민 스스로가 농업을 발전시켜 나가도록 지식과 생각의 폭을 넓혀주자는 취지에서 출발했다. 가축 사육과 함께 사료 재배와 채소 재배, 생산물 저장과 유통 등을 통해 주민들에게 새로운 아이디어와 동기를 유발하면서도 이미 충분히 친환경적인 축산 환경을 해치지 않고, 소득의 기회는 늘어나게 하는 방법을 찾아보고자 시범적이고 실험적인 농장을 만들어보기로 결정했다.

5ha에 달하는 축산시범농장 부지를 정부에게서 얻고 나니 부지 내에 세워야 할 건물들이 하나둘이 아니었다. 건물 짓는 일을 하기에 앞서 가장 쉽게 먼저 할 수 있는 일은 있는 땅을 가꾸어서 채소를 재배하는 일이었다. 농장을 한다고 생각하기 전부터 이미 마을 내에서 채소 재배에 대해 여러 차례 교육도

하고 실험재배도 해본 터라 쉽지 않게 땅을 일구어서 채소 씨앗을 뿌렸다. 우선은 재배하기 쉬운 감자와 양배추를 심고 한쪽으로는 한국에서 즐겨 먹는 김치용 배추와 무, 열무를 줄을 맞추어 심어놓고 옆에는 상추며 다양한 쌈 채소를 파종했다. 언제 싹이 나오나 싶어 매일 아침 밭에 나가서 들여다보고 물을 주었다. 드디어 땅을 비집고 나오는 새싹들이 여름 내내 하루가 다르게 자랐다. 마을 주민들이 지나가며 다양한 채소를 보며 신기해하고 자기들 텃밭에도 심어보고 싶다고 했다.

농업 전문 현지 NGO와 함께 주민들에게 채소를 재배하는 교육을 시작했다. 모종 만들기부터 옮겨 심어 가꾸는 전 과정을 이론과 실습으로 나누어 농장에서 진행했다. 참가한 사람들에게 채소 씨앗을 나누어 주고 집에 가서 심도록 권장하면서 농장의 채소는 무럭무럭 자라갔다. 화학비료가 나와 있지도 않을 뿐만 아니라 이런 비료를 사용하면 땅의 지력을 감퇴시키기에 주민들의 집집에서 기르는 가축의 배설물을 모아서 거름을 만들었다. 염소 똥이 제일 좋고 그것도 2년에서 3년이 지난 배설물이어야 발효가 충분히 되어 작물에 가장 효과적이다.

유목생활과 정착생활을 요구하는 농사는 잘 어울리지 않아 보이지만, 육류 위주의 식생활에 의한 빠른 노화나 짧은 평균수명 등 건강에 대한 관심이 높아지면서 채소 섭취와 채소 재배에 대한 관심이 부쩍 늘어났다. 정부 차원에서도 채소 재배를 적극 권장하는 추세이고 집마다 '텃밭 가꾸기'를 장려하여, 정책적으로 가을이 되면 울란바토르 시내의 광장에서는 채소 전시회가 마을별 채소 경시대회처럼 개최되곤 한다. 농장에서 농사를 시범적으로 짓기 시작한 첫해에 동사무소에서 마을을 대표해서 채소 전시회에 참가해달라는 요청을 받았다. GCS와 함께 그해 농사를 지은 몇 가정이 울란바토르 시에서 하는 전시회에 참가하기로 하고 우리가 재배한 호박·상추·배추를 정성스레 선별하여 출품했다. 여기에 머물지 않고 이런 채소를 통해 요리할 수 있는 음식을 만들었다. 김치, 호박전, 불고기와 상추 등을 샘플로 함께 전시장에 진열했다. 행사를 주최한 정부 측 관계자와 심사위원들이 채소와 함께 진열한 음식을 깊은 관심을 가지고 살피며 맛을 보고는 이

사진 14. 건강한 식단, 요리교실

채소로 만든 요리냐고 물어봤다. '당근이지.' 입상마을 발표에서 그해 최고의 대상으로 자르갈란트가 선정됐다. 동장이 덩실덩실 즐거워했다. 우리가 준비한 음식이 대상을 받은 주된 이유라 하니 기쁨은 배가 되었다. 채소 재배도 중요하지만 채소를 통해 몸에 좋은 음식을 만들 수 있게 하는 일도 너무나 필요한 일이었다.

하루는 마을 아주머니 한 분이 농장에서 재배되는 배추를 보고 이 채소는 어디에 사용하는 거냐고 물었다. 한국인이 제일 즐겨 먹는 음식으로 김치가 있고 그 재료가 된다고 했더니, 김치를 어떻게 만드냐고 궁금해했다. 김치를 만들어도 매워서 먹기가 쉽지 않을 거라고 했는데도 시간 내서 한 번 꼭 가르쳐달라고 부탁했다. 그럼 날을 정해서 김치 세미나를 열어서 알려줄 테니 마을에서 배우고 싶은 아주머니들을 모아 칼과 도마 그리고 김치 담을 통을 가지고 오라고 했다. 그러고는 울란바토르 시내에 거주하는 교민 중 나이가 지긋한 부인 한 분을 섭외해서 필요한 것들을 준비했다. 재료뿐만 아니라 김치 관련 동영상이며 김치와 곁들여 먹을 양고기 허르헉[25]도 한 마리를 미리 구

---

25) 몽골의 전통 음식으로 양 한 마리를 통째로 잡아 감자·당근 등과 함께 불로 달군 돌 속에 넣

입해서 준비하게 했다.

드디어 김치 세미나의 날, 모인 아주머니 20여 명이 모두 앞치마를 두르고 주방에서 사용하는 요리도구를 가지고 나왔다. 동영상을 보고 김치의 영양과 효능을 설명한 다음, 교민 부인의 김치 담는 순서에 따라 참가자들이 따라 하게 했다. 외국음식을 만들어보는 것만으로 저마다 즐겁고 흥겨워했다. 완성된 김치를 진열해서 다 같이 기념촬영도 하고, 미리 준비해놓은 허르헉 양고기와 함께 시식을 하고, 지나가는 마을 어른들에게도 맛을 보이니 모두 새로워하고 흥미롭게 맛을 봤다. 김치 세미나를 마감하는 동장의 마무리 발언이 기가 막혔다.

몽골 허르헉과 한국의 김치가 만나서 조화로운 맛을 내니, 앞으로 자르갈란트에서도 몽골과 한국의 우호친선이 김치 맛처럼 깊어지기를 바란다.

여름내 가꾸어온 채소들을 수확할 시기가 왔다. 잘 자란 배추며 무를 뽑아서 농장의 월동을 위해 김장을 하기로 마음먹고서 이른 아침에 채소밭에 나섰는데, 눈앞에 날벼락 같은 광경이 벌어지고 있었다. 옆집의 소들이 채소 울타리를 넘어와 애지중지 여름내 키워온 배추밭을 초토화해버렸다. 1년 농사가 허사로 돌아간 심정은 경험하지 않으면 이해할 수 없다. 눈앞에 어른거리는 싱싱한 배추가 저 소 뱃속으로 다 사라진 것을 생각하니 소를 때려서라도 뱉어내게 하고 싶을 만큼 속이 상했다. 농장을 경비하는 아저씨가 부리나케 뛰어와서는 미안해하면서 중얼거리는 말이, "풀은 소가 먹고 소는 사람이 먹는 것인데……".

어 오랜 시간 쪄서 만든다.

3. 나의 삶에 제일 중요한 사건

1) 2년간 창고로 방치된 교육생 숙소

축산시범농장 내 교육센터를 설계할 당시부터 이 건물의 목적은 교육을 위한 장소로 이용되는데 있었다. 축사와 농장을 통해 현장 실습을 하면서 참여자들의 삶의 비전을 나누고 키우는 교육을 꿈꾸었다. 말 그대로 지도력을 개발해 자신만이 아니라 지역공동체를 위해 이바지하는 성인 교육이 가능하려면 함께 먹고 자면서 깊은 울림이 있는 합숙교육이어야 한다고 믿었다. 그러면서도 우리 식의 교육이 아닌 철저히 몽골의 상황에 적합하게 개발된 프로그램이기를 바랐다.

이를 위해 먼저 건물이 필요했다. 교육을 진행할 강당, 남자와 여자가 분리해서 생활할 수 있는 숙소, 식당과 부엌, 교관들의 숙소, 소그룹 모임을 위한 여러 개의 세미나실, 화장실, 난방을 위한 보일러실, 사무실 등이 고유의 기능을 실용적으로 발휘할 수 있는 건물이어야 했다. 설계도면을 부탁하기 전에 건물의 디자인 밑그림을 몽골 내 전문가들의 조언을 받아 하나하나 그려보기 시작했다. 그러고는 건물의 평면도를 만들고 전체 설계도를 그렸다.

설계도면을 따라 이제 건물을 만들어가야 했다. 우선 마을 어귀에서 쉽게 구할 수 있는 진흙을 보면서 센터 건물은 마을에 있는 자원으로 지어진 건축물이 되도록 흙벽돌집을 구상했다. 진흙을 실어오고 흙을 벽돌로 찍어내는 벽돌기계를 한국에서 조달했다. 벽돌기계에 진흙을 부어 고압력으로 눌러서 2장씩 생산하는 방식으로 벽돌을 제작하기 시작했다.

벽돌 하나하나를 흙벽돌로 찍어서 건물을 만드는 데는 예상보다도 많은 시간이 소요됐다. 9월부터 이듬해 5월까지 눈이 내리는 기나긴 겨울의 몽골 기

사진 15. 몽골 지역개발교육센터

후는 여름철 4~5개월의 공사기간밖에 허락하지 않았고, 제법 큰 규모의 교육센터의 뼈대를 목조로 완성하고 벽체를 흙벽돌로 쌓아서 마무리하고 지붕까지 올리는 데 겨울이 두 번이나 지나갔다. 거기에 건물의 난방시스템을 설치하고 내부 인테리어까지 마무리하는 데는 더 많은 세월이 소요됐다.

교육센터는 겉으로 보기에 그 형태를 갖추었고, 농장에는 시범축산을 위한 젖소 30여 마리와 시범채소 재배가 이미 시작됐지만 교육센터는 1년 열두 달 틈틈이 계속 공사 중이었다. 여름에는 외부 공사가 겨울에는 내부 공사가 끊임없이 진행됐다. 무엇보다도 제법 큰 건물에서 난방비 부담을 최소화하고 열효율을 최대화하는 방법으로 난방문제를 해결하고자, 보일러를 설비하고 방마다 라디에이터를 설치해 보일러에 연결하고 더하여 전기 난방 필름을 벽면 사방에 붙여놓았다. 한쪽에서는 도배를 하고 다른 쪽에서는 매일같이 청소를 하며, 더디지만 차근히 센터가 완성되고 있었다.

그 와중에 센터에서 생활하며 일하며 우리 활동가들은 때아닌 난민생활을 체험해야 했다. 잠을 잘 수 있는 방이 강당과 식당, 사무실 공간밖에 없어, 아직은 안락한 공간으로서의 내 방을 꾸미지 못했다. 사무실 한쪽에 침대를 놓고 칸막이를 쳐 사무실에서 잠을 잘 때는 그래도 괜찮더니, 겨울이 오고 날이 점점 더 추워지자 활동가들이 바닥에 이부자리를 깔기 시작했다. 무슨 일인가 보니 바닥에 2인용 전기장판을 깔고 두세 사람이 함께 붙어 자는 것이 침대에서 혼자 자는 것보다 더 따뜻하다는 것이었다. 그렇게 자르갈란트 초원 한복판 덩그러니 서 있는 교육센터 안에서 난민 같은 생활을 우리는 하면서도 매일처럼 뚝딱뚝딱 내부를 완성해가는 데 분주했다.

미완성이고 여러 가지로 부족함이 많아도 교육센터는 그 목적대로 활용됐다. 여름철에는 마을 주민들을 대상으로 강당에서 채소 재배에 관한 이론교육을 강의하고 농장 안에 설치된 비닐하우스와 노지에 가서 직접 채소 재배 실습을 진행했다. 자르갈란트 11개 마을을 대표하는 11명의 마을 이장들과 함께 먹고 자며 자르갈란트 지역개발을 위해 함께 고민하고 마을의 미래를 그려 보는 1박 2일의 캠프를 하기도 했다.

실제로 교육생 숙소로 설계된 두 개의 방은 근 3년 동안 업무에 필요한 온갖 물품을 쌓아놓는 창고로 사용했다. 짧게는 1~2년 동안 활동하고 한국으로 귀국한 우리 활동가들은 어쩌면 아직까지도 그 두 개의 방이 원래부터 창고로 설계되어 만들어진 것이라 생각할지도 모른다. 늘 물건을 찾으러 그 방으로 가고 1년에 며칠은 그 창고 방을 정리하고 물품 리스트를 작성하는 데 시간을 할애해야 했기 때문이다. 두 개의 창고 방이 본래의 목적대로 사용되기 시작한 것은 2010년 11월 우리의 교육센터가 개보수 과정을 거쳐 '지역개발교육센터'라는 이름으로 새로 태어나면서부터다. 처음에 고안한 공간들이 제 기능을 찾고 정비되면서 마을의 주민을 교육하는 교육센터로 멋지게 탄생했다. 센터 개원식을 성대히 마치고 숙소에서 창밖으로 난 푸른 하늘을 보았다. 그리고 창밖으로 펼쳐진 넓은 들녘을 바라봤다. 이곳에 이 건물이 들어서기 전 뒤편 야산에서 바라보던 넓은 들녘에 서서 오늘을 꿈꾸며 올리던 기도가 있었다. '이 산지를 내게 주십시오. 그러면 우리가 이루겠습니다.' 그러고 보니 오늘이 수년 전에 그리던 꿈이 이루어진 내 인생의 최고의 날이 아닌가. 그리고 기대가 더 많아졌다. 인생의 하이라이트가 더 기다리고 있을 거라는.

이 해 와 오 해 사 이

"난 이런 일을 하러 온 게 아닙니다. 돌아가겠습니다."

현지에 파견되어 함께 일하게 된 어느 단원에게서 들은 메시지였다. 본인의 판단으로 거취를 결정해야 하겠지만, 현지 사업에 대한 이해가 다르고 또한 그간의 쌓인 개인적인 관계에서의 오해에서 결국 이런 결말을 가져오는가 싶었다. 혼란스럽고 난감했다.

사업이 본격적으로 시작되면서 한국에서 개발도상국 현장에서 활동하려는 단원들이 파견되어 오기 시작했다. 해마다 2명에서 많게는 3명씩 파견되어 사업소에서 분장된 업무를 담당해 수고해주었다. 몽골 사업의 많은 성과를 볼 때 현지에 파견되어 수고한 단원들의 역할과 활동은 지대하다. 그들이 당면한 주민들과의 소통의 어려움과 근무 여건의 열악함 등을 극복해내고 마음과 힘을 다해 함께 만들어낸 결과들이었기에 파견 단원 한 사람 한 사람에게 얼마나 감사한지 모른다.

단원들의 보이는 활동 뒤편에서는 우리 안에서 일어난 소통의 장애나 업무에 대한 인식의 차이 등으로 꽤나 크고 비싼 대가를 지불했다. 아마 현장에서 겪은 가장 민감한 내적 갈등의 한 축은 함께 일했던 단원과의 이해와 오해 사이에서 쌓인 번민과 이로 인한 단원과의 애증이 차지하고 있지 않을까 싶다.

일반적으로 현장에 파견되어 온 단원들은 사업의 기승전결이 명확하게 보이고 사업 진행의 과정에 개입되어 자신의 활동에 충분한 의미가 부여되는 역할을 선호한다. 그래서 주민들과의 직접적인 접촉이 활발하게 일어나고 자신의 존재감이 드러나는 업무를 원한다. 그러나 사업소 안의 전체 업무를 펼쳐놓으면 잘 드러나지도 부각되지도 않으나 누군가는 꼭 수고해주어야 하는 일이 있다. 가령 가축은행이나 주민 교육은 누구에게나 해보고 싶은 일이라면, 시범농장에서 농사짓거나 건물이나 시설을 유지 보수하는 일은 하기 싫은 일이다.

단원과의 갈등의 많은 부분은 현지 활동에 대한 서로 간의 이해의 차이에서 비롯됐다. 좀 더 장기적으로 긴 시간표에서 업무를 보고 이해하려고 하면 수용할 수 있는 여지가 있을 법도 한데, 자신의 역할을 나중에 드러날 열매를 위한 씨 뿌림으로 인정하면 충분히 의미가 있는 활동으로 여길 수 있을 것 같은데, 다른 사람을 위해 내가 더 낮아지고 수고를 마다하지 않으면 기대하지 않은 기쁨을 누릴 수 있을 텐데 ……. 내 편에서는 이해의 정도와 차이가 아쉽기만 하다.

아직도 연락하고 지내기가 불편하고 어려운 단원에게는 복잡한 감정이 여전히 남아 있다. 안타까움·미안함·원망스러움 등. 다른 편으로가 아니라 방향이 같아서 함께 걸어가는 같은 편으로 받아들여지기를 바라는 마음 간절하다.

2) 새벽을 깨우는 몽골의 새마을 운동

지역개발교육센터 건물이 완성되면서 이제는 실제로 합숙교육을 어떻게 할 것인지가 숙제였다. 몽골에 이런 유사한 사업이 있는지를 백방으로 수소문했으나 합숙하면서 주민들을 교육하는 프로그램은 찾아볼 수가 없었다. 그래서 우선은 한국에서 시행되고 있는 유사 사업을 모델로 하여 교육일정을 짜보기로 했다. 한국의 새마을연수원의 교육을 염두에 두고 새마을의 교육구성을 바탕으로 교육 과정을 만들기 시작했다. 몽골에 오기 전에 가나안농군학교의 훈련 과정에 참여했고 방글라데시 시골 지역에 세워진 분교에서 주민들을 대상으로 장기간 일한 경험이 있었기에, 가나안농군학교의 합숙교육도 참고해 새마을연수원의 교육 과정을 조화하는 방법으로 교육프로그램을 구상해나갔다. 새마을연수원에서 오랫동안 일했던 교수님들의 도움으로 9박 10일의 교육 과정을 완성했다. 아울러 각 커리큘럼별 교육목적과 목표를 구성하고 내용을 만드는 데는 사회교육을 전공한 아내의 도움을 많이 받았다.

교육의 내용은 크게 5분야로 설정했다. 먼저 주민 스스로 자의식을 자각하게 해 개인의 지도력과 역량을 개발하는 영역이다. 자신이 누구인지 알고 미래를 설계할 수 있도록 아침 강의 시간 전에는 30분의 명상시간을 가지고 자신의 과거와 현재와 미래를 조망한다. 마지막 날에는 자신의 사명선언문을 작성해 발표함으로써 자신에 대한 정체성을 세우게 했다. 아울러 자신의 의견을 전달하고 발표할 수 있는 기회를 주고 모든 사람 앞에서 실습해 지도자로서의

사진 16. 주민지도자 양성 교육

역량이 강화되게 했다.

두 번째는 공동체의식을 함양시키는 영역이다. 가정, 마을, 나아가 국가공동체를 위해 개인의 역할과 기여가 필요하며 공동체의 성공이 내 삶의 성공으로 직결된다는 사실을 상기하는 영역이다. 하루의 일과를 시작하기에 앞서 몽골 국가를 부르고 강의를 통해 몽골의 역사와 전통에 대해 이해하는 시간을 할애했다. 가정의 중요성을 강조하고 건강한 가정을 이루기 위한 나의 역할이 무엇인지 파악해보게 했고, 일어나서 잠들 때까지의 공동생활 가운데 학습활동·오락활동·체육활동을 공동으로 참여하게 해 자연스레 공동체성이 함양되게 했다.

세 번째는 건강한 생활습관을 강조하는 영역이다. 새벽 구보와 체조는 물론이거니와 교육기간 내내 규칙적인 기상과 취침, 조절된 식사와 간식, 즐거운 오락으로 건강한 육체에 건강한 정신이 깃들도록 강조한다. 몽골의 심각한 사회문제 중 하나인 지나친 음주 문화를 근절하기 위한 금주를 비롯해 금연까지 지도 강의를 통해 절제하게 한다. 특히 건강한 음식을 섭취하도록 채소를 비롯하여 좋은 음식 만들기 강의는 훈련참가자들의 이목을 집중시켰다.

네 번째는 현재 훈련생들이 종사하고 있는 농축산과 관련하여 선진 기술과 정부의 정책 이해를 증진하는 영역이다. 축산·낙농만이 아니라 채소 재배 관련 강의와 주민들의 사례발표를 통해 훈련생들이 더욱 실제적으로 지식과 기술을 습득하게 한다. 특히 한나절 동안 농가를 방문해 눈으로 보는 일은 자기 마을에 돌아가서 자신감을 가지고 좀 더 적극적으로 축산과 농업 활동에 임하게 하는 소중한 시간이 됐다.

다섯 번째는 지역사회개발에 대한 능력을 배양하는 영역이다. 이론에 대한 요약된 강의를 바탕으로 매일 저녁 실시되는 분임토의를 통해 자기 마을 발전 방안을 만들고 실천과제를 계획해 모든 사람 앞에서 발표하게 한다. 교육이 끝나고 실제로 적용할 수 있는 지역사회개발활동이 작게라도 본인들에 의해서 구상되어 실행되는 매우 실제적인 시간이 됐다.

이러한 교육 과정을 만들고 나니 합숙기간 내내 교육생들의 생활 전반을 안내하고 지도할 교관을 선발해야 했고, 선발된 교관을 훈련해야 할 필요를 느꼈다. 감사하게도 한국어를 거의 완벽하게 구사하는 교관이 채용됐고, 교관 한국 연수프로그램을 만들어서 이들이 합숙교육 과정을 몸소 경험하게 했다. 한국 연수에는 새마을연수원 교육을 비롯해 가나안농군학교 방문 교육도 있었고, 실제로 마을 지도자 출신들이 하고 있는 농촌개발 지역을 답사하며 지도자 교육이 왜 필요한지를 경험하게 했다.

시설과 프로그램을 준비하고 첫 교육생을 받았다. 자르갈란트 지역 각 마을에 거주하는 여성 주민 30명이 선발되어 입소했다. 첫날부터 준비한 대로 연수복을 지급하고 10일 동안 사용할 생필품, 학용품, 교육 관련 용품 등을 지급해 입소 첫날부터 교육생들이 최상의 대우를 받는다는 느낌이 들도록 최선을 다했다. 첫 강의를 마치고 다음의 강의를 시작하기에 앞서 분위기를 띄우기 위해 노래를 함께 부르는데 얼마나 흥겨워하고 좋아하는지 기대 이상의 반응이었다. 모두 너무나 좋은 시간이 될 거라는 기대로 한껏 부풀어 올랐다. 첫날 저녁에 점호를 다 마치고 취침을 하면서도 늦게까지 오순도순 이야기하는 모습이 소풍 나온 소녀들처럼 마냥 행복해 보였다.

첫 새벽 아침 점호시간에 국기 게양대 앞에 서서 모두 몽골 국가를 힘차게 불렀다. 갑자기 가슴이 뭉클하면서 눈물이 주르르 흘렀다. 몽골의 발전을 스스로 이루어나갈 주민들이 자기 민족과 지역을 생각하며 한마음으로 국가를 부르는 이 장면을 얼마나 오랫동안 꿈꾸어왔던가. 이방인으로 몽골 국가를 부르며 이 자리에 함께하고 있는 자신이 무한히 행복했다. 몽골 스타일의 새마을 운동이 불타기 시작한 새벽이었다.

3) 우리가 외치는 구호 '스스로 더불어 앞으로'

교육생들이 무사히 교육을 마치면 수료 전날 전야행사를 한다. 교육기간에 배운 바를 다시금 되새기며 각오를 다지는 시간이다. 촛불을 켜놓고 다소 엄숙히 진행되는 전야제에 돌아가며 한마디씩 짧은 감회를 나눈다. 한 사람도 빠짐없이 자신의 삶에 대한 자신감과 용기로 가득 찬 모습을 볼 수 있다. 교육을 통해 자신의 존재 이유를 발견했다거나 대학교육까지 받았지만 정규교육에서 배워보지 못한 깨달음과 느껴보지 못한 감동의 연속이었다는 이야기는 정말 오래도록 기억될 것이다. 수료 전야 행사의 제일 마지막 순서로 교육센터의 슬로건인 '스스로 더불어 앞으로'를 외치는데, 우리가 우리의 삶의 현장으로 돌아가면 우리 손으로 이웃과 함께 발전과 성장을 위해서 땀을 흘리자고 다짐하는 구호이다.

'마을로 돌아가서 삶으로 배운 효과를 증명해보이겠습니다', '많은 교육이 있었지만 이렇게 내 생애에 많은 영향을 끼친 교육은 없습니다', '우리 마을을 몽골에서 제일 잘사는 동네로 만들어볼 작정입니다', '내 친구에게 이 교육을 꼭 받으라고 추천하겠습니다', '이곳은 한국이 몽골에 준 최고의 선물입니다', '한 번 사는 세상을 이제는 미래 후손들을 위해 살기로 결심을 하게 되었습니다' 등등 자신과 이웃을 향한 실로 놀랄 만한 다짐을 남겨두고 떠나는 교육생들을 보면 감개가 무량하다. 지금 말한 것처럼 마을에서 살아가기가 녹록지 않을 것이다. 그럼에도 본인들에게 일생에 최소한 한 번은 긍정적인 기대와 자아상을 그려보고, 나아가 지역사회를 위해 무엇인가 도전해볼 마음이 생겨나도록 동기를 부여했다는 데서 지역개발교육센터의 의의를 찾는다.

교육을 하다 보면 첫째 날과 둘째 날에 많은 불만이 제기된다. 입소 전에는 몇 시간 강의 듣고 자유롭게 지내는 교육이라 여기고 가벼운 마음으로 참가했는데, 이곳에 와보니 새벽에 일어나서 저녁 늦은 시간까지 빡빡한 일정으로 교육이 진행될 뿐만 아니라 구보도 하고 청소도 해야 하고 과제도 많다 보니 모든 일과를 소화하는 데 힘들다는 불만들이다. 한번은 숙소가 너무 좁아서 한 방에 20명씩 생활하는 것이 인권침해 행위라며 이의를 제기하는 교육생이 있었다. 비좁기는 해도 지내기 어려울 만큼 협소하지 않은데, 왜 그러지 싶었다. 하루가 지나서 그는 다시 자유시간도 부족할 뿐만 아니라 텔레비전이나 신문도 없는 곳에서 교육을 받을 수 없다고 이의를 제기했다. 불만에 동조하는 사람이 많아져서 단체로 이의를 제기하면 교육은 불가능하다. 다행히 교육 3일째가 되어서는 교육 내용에서 본인들이 기대하지 않았던 재미와 유익이 느껴지고, 생소한 일과지만 삶에 꼭 필요한 부분으로 받아들여지면서 동조자가 1명도 생기지 않았다. 더구나 교육생 대표가 나서서 이런 교육을 어디서 받겠느냐고 설득하는 바람에, 처음 이의를 제기한 교육생이 민망해하면서 사과하는 일로 마무리될 수 있었다.

교육 중에는 센터 안에서 절대 음주는 안 된다. 그럼에도 종종 몰래 술을 마시고는 증거를 없애는 경우가 많다. 유독 몰래 술을 숨겨서 먹고 감추는 지역 교육생들이 있었다. 입소 첫날 교관들이 잠자리를 점검하다가 술병이 발견되자 매일 저녁 취침 전에 검사를 했다. 몇 사람의 가방에서 술이 발견돼 교육 끝나고 돌아갈 때 주겠다고 하면서 회수했다. 둘째 날 검사에서는 가방에는 없고 침상 밑에서 몇 병이 발견됐다. 셋째 날은 화장실에서, 넷째 날부터는 더는 발견되지 않아서 완전 근절했다고 생각했다. 그런데 수료 후에 센터를 청소하는데 빈 술병들이 더 발견됐다. 시골에서 올라오는 교육생들일수록 단체로 입소하는 합숙교육에는 술이 몰래 반입된다. 교육생들이 모두 잘 따르고 수용하는 것은 아니다. 소수이지만 교육에 별로 감흥이 없는 교육생도 있다. 이런 사람들을 보면 힘도 빠지고, 많은 비용을 들여서 교육할 이유가 없다는 생각으로 허탈해지기도 한다.

하루를 시작하는 새벽 첫 시간에 교육생들과 함께 몽골 국가를 부르고 센터의 슬로건 '스스로 더불어 앞으로'를 외친다. 이 외침은 교육 중에 생겨나는 회의와 허탈감을 떨어내고 교육 참가자들을 향한 기대감으로 충만하게 한다. 마을에 돌아가서 배운 것을 기억하고 새롭고 긍정적인 방향으로 삶을 운전해가는 알곡 같은 사람들이 온 땅에 심겨지기를 바라는 마음을 담아 정말로 진짜로 외치고 싶은 메시지이다. '스스로 더불어 앞으로!'

뇌물과 선물 사이에서

개발도상국 현장에서는 도움을 주고 있는데도 관계기관에서 환대를 받기보다 오히려 비협조적이거나 심지어는 방해를 받는다고 생각되는 일들이 종종 일어난다. 현지 사업을 진행하기 위해 필요한 인허가 등의 행정절차에 으레 협력해줄 거라고 예상한 관계기관의 관료들이 하나의 서류마다 대가를 바라거나 수긍하기 어려운 요구를 해오면 그때부터는 불면의 밤이 계속되기 일쑤이다. 개인적으로 돌아보면 슬기롭게 헤쳐나간 일도 있지만 스스로 비굴하게 여겨질 만큼 부적절하게 행동한 적도 있다. 특히나 부당한 현금이나 현물을 요구할 경우에 윤리적으로 용납되지 않는 행위임에도 응했던 경우가 있다. 그렇게 하지 않으면 사업 진행을 기한 내에 마무리 짓지 못하게 되거나 심각한 손상이 발생해 더 많은 비용과 시간, 더 많은 노력을 허비해야 하는 일이 닥치기 때문이라고 스스로를 위로하면서 행동하던 일이 있다.

그러한 사례의 많은 경우는 도로 위의 경찰과의 조우에서 일어났다. 현지인이 모는 차량이나 운전사에게는 문제가 되지 않는데 외국인이기에 감내해야 할 까다로운 검문과 검색에 얼마나 많은 벌금을 내고 수고를 했는지 모른다. 10분이면 충분한 검문임에도 30분이고 1시간이고 붙잡아 두고 면허증을 쥐고서 도로 위에서 마냥 기다리게 할 때는 속이 타고 화가 나 미칠 지경이 된다. 주지 않으면 반나절이고 하루라도 할 일을 못하고 허비해야 하니 그냥 주고 말았던 경우가 있다. 그리고 '증빙 없는 기부'라고 안위하기도 했다.

경찰과의 도로 위의 실랑이는 그래도 작은 액수여서 차 한 잔 안 마시면 된다고 여기는데, 사업 진행과 관련되어 문제가 불거지면 난처한 지경에 빠진다. 한번은 한 해의 회계와 영수 증빙에 꼬투리가 잡혀서 여러 차례를 불려 다녔다. 상상을 초월하는 벌금과 그에 따라 오라 가라 하는 명령과 지시는 이만저만한 스트레스가 아니었다. 그리고 다른 방법으로 요구하는 관료의 요청이 너무나 뻔뻔해서 싫고 당장이라도 공식적으로 깔끔하게 처리하고 싶은 마음이 굴뚝같았다. 그런데 그 액수가 사업 수행 자체가 어려우리만큼 커서 어떻게 해야 할지 난감한 상황에 처했다. 결과적으로 수차례의 협의를 통해 마을 내에 기관이 운영하는 농장에 작은 비닐하우스를 지원하는 방법으로 결말을 냈는데, 그게 여간 찜찜하지 않았다.

선물이냐 뇌물이냐, 현지 활동에서 부딪히는 또 하나의 명쾌한 답변을 찾지 못한 질문이다. 흥미진진한 현장 활동의 이면에는 무수히 많은 뇌물과 선물 사이에서 빠르게 선택해야 하는 문제 풀이의 과정이 놓여 있는 것이 분명하다.

4) 몽골 사업소의 비전

자르갈란트에 가축은행과 건초펀드 사업이 시작되고 4~5년이 흐르고 나서 문화센터를 개원할 때였다. 초청된 구청장이 마을사람에게서 한국 기관이 하는 만큼 구청이 못해주냐는 민원에 시달린다며, 처음에는 우리에게 정말 일할 거냐고 물었지만 지금은 우리에게 잘 활동해주어 감사하다는 마음을 마을사람과 함께 전하고 싶다고 했다. 사업에 대해 후하게 평가해주는 행사용 멘트이긴 해도 한편으로는 진심이 느껴져서 고마웠다.

사업의 전체 일정 중에 우리가 달려야 할 구간은 사업의 바통이 현지인들의 손에 넘겨지는 지점까지라고 여겼다. 그래서 바통을 이어받을 현지인 리더를 세우는 일이야말로 현지화의 핵심이며, 여기에 보완해 사업의 경제적인 부분까지도 자립할 수 있는 단계에 다다라야 한다고 보았다. 목표는 이러하지만 막상 그러한 시점을 분별하기가 쉽지 않고, 인계할 시기라고 판단해 넘어간 사업이 잘 유지되고 더 나은 모습으로 발전해갈 수 있을 것인지에 대한 염려는 늘 상존했다.

염려가 현실처럼 드러난 일이 있었다. 7년의 현장업무를 잠시 뒤로하고 1년의 충전시간을 갖기로 했다. 그동안 열심히 달려왔는데 이제는 잠시 멈추고 재충전의 시간이 필요하다는 이야기에 잠시 사업지를 떠나기로 했다. 사업장을 떠나고 얼마 되지 않아 가축은행 상환율이 저조해지기 시작했다. 그동안 마을에 늘 다니던 책임자가 보이지 않으니 주민들에게는 사업에 대한 책임과 의무에서 풀려나는 심리가 생겨나기 시작한 것이다. 갚아야 할 상환이 미루어지거나 이런저런 핑계로 피하고 심지어는 '배째라' 하는 현상도 생겨났다. 실망스러운 일의 결말을 보는 듯 가슴이 쓰라렸다. 그리고 곰곰이 생각해보았다. 왜 이런 일이 발생하게 되었는지? 나의 실패는 무엇인지? 많은 이유 중 분명한 한 가지는 수년의 마을 사업이 지나치게 한 사람의 외국인 활동가를 중심으로 진행됐다는 사실이었다. 함께 일하던 직원들에게도 사무소의 위계질서에서 꼭짓점 역할을 하던 디렉터가 사라지니 업무가 헝클어지고 혼란스러웠다. 그러다 보니 잘되고 있던 것 같은 마을의

사진 17. 현재 몽골 사업소의 책임을 맡고 있는 바트도르찌 소장(오른쪽)

사업들이 단숨에 무너져 내리는 모습이 여기저기서 일어난다고 생각됐다. 현지인의 주인의식을 바탕으로 현지 시스템에 의해 강고하게 정착되지 않은 일들은 언제든지 거품처럼 일순간 사라져버릴 수 있다.

마을을 향해 쏟았던 마음을 이해하고 이제는 그들의 방식으로 이 일을 끌어갈 현지인 리더십이 세워져야 한다. 그리고 그간의 한국적인 시스템을 몽골적인 시스템으로 변화시켜서 스스로의 개발사업을 완성할 수 있는 시스템을 만들어가야 한다. 이 과제는 여전히 너무나 크고 버겁다.

2011년에 이르러 몽골 사업소는 현지인 책임자를 임명했다. 1년의 시간을 보내면서 겪어보지 못한 여러 현상을 본다. 마을 관계자들이 사무소 책임자로 권위를 인정하지 않아서 사업 수행에 어려움이 생기기도 하고, 기존 사업과 연속성의 단절이 나타나기도 하고, 본부와 현지 사업소 간의 사업에 대한 이해에서 격차가 발생하기도 하고, 현지의 사업소를 중심으로 형성됐던 사업 관계자 간에도 의사소통이 기존의 방식과 달라서 오해가 생겨나기도 한다.

현지인 체제로 변화돼가는 중에 겪는 많은 착오도 있지만 현지인 책임자에 의해 더 나아지리라는 기대가 훨씬 크고 더 많다. 마을에서 이제는 외국기관의 사업소라는 인식에서 벗어나 몽골인의 사업소라는 인식이 조금씩 생겨나

고 있다. 사업에 참여하는 주민들의 의사가 과장되지 않고 있는 그대로 제안되기도 하며, 현지인 직원 사이에 주인의식이 필요하다는 공감이 작지만 발견되기도 한다. 아울러 몽골인의 네트워크가 더욱 많아지고 필요한 자원을 현지에서 찾으려고 애쓰고 있는 모습에서 몽골 사회에 적합한 사업으로 정착되어 갈 수 있는 기회가 생겨나고 있다고 여겨진다.

몽골 사업의 비전은 개발사업의 모든 과정이 그들의 손에 의해 관장되는 데 있다. 아직도 사업소의 지도력이나 재정적인 면에서 한계가 많지만 현지인 지도력을 중심으로 의사결정의 독립과 사업소의 재정적인 자립을 위해 다양한 시도를 해나가려고 한다. 쉽지 않은 과제이며 비전이지만 몽골 사업은 우리의 손에서 벗어나서 그들의 손에서 더 멋지게 이어져 가리라 믿는다. 마지막 피날레는 그들의 몫이기에.

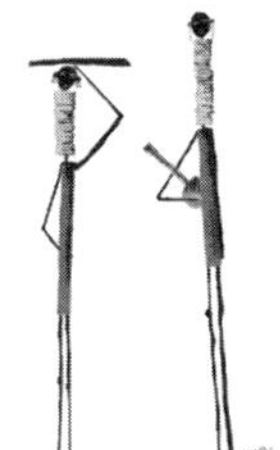

사업 개요

- 사업명
  - 1단계: 몽골 반정착 유목민을 위한 축산시범마을 모델 개발 및 보급
  - 2단계: 몽골 주민지도자 양성교육 및 유목민 소득증대지원사업
- 사업목표: 소득 높고 살기 좋은 시범마을만들기
- 사업내용
  - 소득증대사업: 가축은행, 사료 및 건초은행, 신용협동조합, 시범농장
  - 주민 교육사업: 농축산교육, 문해교육, 컴퓨터·영어·한국어교육, 채소 재배교육, 보건위생교육 등
  - 생활 환경개선: 우물개발, 샤워장건축, 장학금 지원, 의료봉사 등
  - 지역개발교육센터: 주민지도자 양성교육, 청소년 캠프, 우수 수료자 지원사업 등
- 총예산: 16억 원
- 사업기간: 2002~현재
- 사업 주체: 지구촌나눔운동
- 파트너 기관명: 지구촌나눔운동 몽골 사무소
- 사업지역: 몽골 울란바토르 시 손깅하이르항 구 자르갈란트 / 몽골 5개 도(아이막)
- 수혜자
  - 자르갈란트 11개 마을 지역주민 5,700명, 지역개발교육센터 교육 참가자 700명
  - 바얀찬드만 지역주민 600명

식수

• 아프리카의 선(善)물(Water)_
케냐_팀앤팀 김두식·임종진

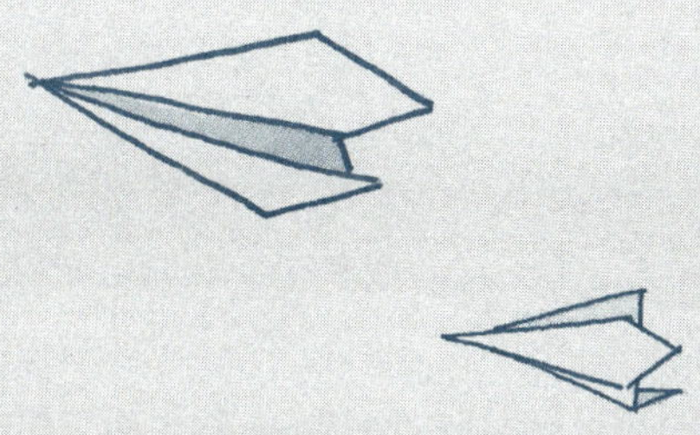

아프리카의 선(善)물(Water)

:: 김두식 ::

2001년 처음으로 아프리카 케냐에서 팀앤팀 설립자인 이용주 대표(현 팀앤팀 아프리카 권역 본부장)와 함께 수자원개발활동을 수행하며, 투르카나·가리사 등 케냐의 물이 필요한 곳이라면 어디든지 달려가 지역의 식수공급에 기여했다. 현장 활동을 수행하던 중 무장 강도에게 총격을 받아 한쪽 시력을 거의 잃는 큰 부상을 입었지만, 아프리카의 극심한 물 문제 해결을 위해 계속해서 현장에서 활동하다 2006년 귀국하여, 팀앤팀 한국 대표와 국제 대표를 역임하며 수자원개발과 관련한 국내외 다양한 활동을 수행하고 있다.

:: 임종진 ::

2006년 팀앤팀에 입사하여 약 2년간 국내사업 담당으로 활동했으며, 이후 2009년부터 2012년까지 국제개발협력민간협의회(KCOC) 대외협력팀에 근무하면서 NGO 실무자 역량강화 프로그램을 담당하여 국제개발협력에 관한 귀중한 배움의 시간을 보냈다. 2012년 7월부터 팀앤팀 국제협력 팀장으로 자리를 옮겨 현재까지 케냐·인도네시아·남수단·베트남 등의 사업장을 지원하는 데 그 소임을 다하고 있다.

1. '팀앤팀'은 수자원개발 전문 NGO?

팀앤팀은 아프리카의 물 부족 문제를 해결하기 위해 2001년 지하수개발을 시작했습니다. 팀앤팀 설립자인 이용주(현 아프리카권역 대표)는 1999년 아프리카에 가장 필요한 것이 무엇일까 고민하며 케냐 곳곳을 다녔습니다. 그곳에서 굶주리고 고통당하는 모습들을 목격하면서, 이런 문제들의 근본에는 '안전한 수자원'의 부재가 자리하고 있다고 생각하게 됐습니다. 특히 정부든 구호단체든 쉽게 접근이 어려운 오지는 물 부족 상황이 심각했습니다.

과거 선박 엔지니어였던 그는 특별히 수자원개발에 관심을 가졌고, 당시 접근이 어려운 투르카나, 카쿠마 등의 지역에서 활동을 시작하기로 결정했습니다. '이들이 겪고 있는 고통의 주원인은 안전한 식수의 부족이다'라는 문제의식에서 먼저 수자원개발 관련 정보를 얻기 위해 기존에 활동을 수행하고 있는 여러 NGO를 방문했습니다. 그들은 당시 케냐 국경 로키쵸교 UN 컴파운드 내에 상주하며 '남수단 인도적 지원 활동'을 수행하고 있던 국경없는의사회(Médecins Sans Frontières: MSF)를 소개해주었습니다. 이들에게서 수자원개발을 위한 장비에 대한 정보와 나이로비에서 도움을 받을 수 있는 업체 정보 등 실제 활동에 필요한 정보를 얻을 수 있었습니다.

의료 전문 구호기관인 국경없는의사회가 수자원개발 사업을 수행하는 것을 보고 의아했습니다. 아마 보건, 의료 활동을 수행하다 보니 안전한 수자원이 필수적이라는 사실을 알게 되고, 그 결과 사업지역에 수자원개발을 시작하게 된 것이겠지요. 그들은 현장스태프에게 연락해 자신들의 수자원개발 현장에서 개발이 진행되는 과정을 보여주기도 했습니다. 지금도 그렇지만 일단 새로운 일을 시작하기 위해서는 현지 활동을 수행하고 있는 NGO를 통해 정보를 얻는 것이 중요하고, 우리 역시 다른 기관의 필요에 특별한 이유가 없는 한 협조하는 것을 중요한 원칙으로 하고 있습니다.

한국의 NGO 사이에서는 흔히 '네트워크에 약하다', '다른 기관과 협력을 하지 않는다', '국제기구나 국제 NGO(INGO)와 협력하는 것은 어렵다'는 이야기를 종종 듣습니다. 하지만 현장에서 몸으로 부딪히면서 자연스럽게 터득한 것은, 주변에 나와 같이 처음 시작하는 단체뿐 아니라 이미 많은 경험이 있는 단체도 많다는 사실입니다. 또한 국제 NGO나 국제기구 등의 도움을 얻는 것이 우리가 막연하게 염려하고 걱정했던 것보다는 의외로 쉽다는 것도 발견할 수 있습니다. 누구나 처음부터 전문가는 아니었으며, 내가 도움을 받은 것처럼 누군가를 돕는 것 역시 자연스러운 것으로 여기는 분위기가 더 크지요. 이러한 경험과 가르침은 지금의 저로 하여금, 내가 가지고 있는 모든 것이 내 것이 아닌 필요한 모두의 것이라고 생각하고 이를 공유하는 것을 당연한 것으로 여기게 하는 중요한 계기가 됐습니다. 처음 사업을 수행하는 지역이라면 가까이에 어떤 기관이 활동하고 있는지 확인해보거나, 그들의 사무실에 찾아가서 이런저런 이야기를 나누어보는 것으로도 우리가 궁금해하는 상당 부분이 해소될 수 있습니다.

그렇게 시작한 지하수개발이 처음부터 텔레비전에서 보는 것처럼 뚫는 곳마다 물이 펑펑 솟구쳐 올랐을 리는 없습니다. 케냐는 전 국토에 걸쳐 사막지역부터 고산지대에 이르기까지 다양한 지질이 분포하고 있습니다. 혹자는 '전 세계 지질을 케냐 한 나라에 다 모아놓은 것 같다'고 표현하기도 합니다. 지하수를 개발하기 무척 어려운 환경 때문에 케냐에서의 지하수개발은 만만한 작업이 아니었습니다. 처음 활동을 시작했던 투르카나 지역[1]은 특히 지하수를 개발하기 어려운 지질이었습니다. 시추(drilling)[2] 도중 우리가 가진 장비로는

---

[1] 케냐 북서쪽 국경지역으로, 남수단 분쟁에 따른 대규모 난민시설이 분포되어 있는 지역이다.

뚫기 어려운 암반층을 만나기 일쑤였고, 관정(borehole)[3]이 무너져 내리는 일도 잦았습니다. 힘들게 파 내려간 지하수가 무척 깊은 곳에 위치해 인력으로 물을 얻기 힘들기도 했습니다. 처음부터 너무 강한 상대를 만난 셈이지요. 이 지역에 왜 물이 부족한지 알 수 있었습니다. 가뜩이나 국경 부근이라 치안도 불안하고 엄청 덥고 건조한 기후에서 지하수를 개발하느니, 같은 비용으로 더 쉬운 지역에서 활동하는 게 낫겠다는 생각이 들기도 했습니다. 영리목적의 우물개발업자는 물론 구호단체에서도 잘 활동하지 않는 그런 지역이 있는 이런 상황을 보고 '틈새시장'이라고 해야 하나요. 물이 없어 고생하는 지역주민들을 보고 무작정 여기 지하수를 파야겠다고 결정한 것도 비용적인 측면에서 보면 그리 지혜로운 결정은 아니었지 싶습니다. 복잡한 문제를 해결한다는 것은 단순하게 비용과 숫자로 결정되는 일만은 아닌 것 같습니다.

우리가 지하수를 파주겠다고 장비를 갖고 마을에 들어가면 그 마을은 이미 물이라도 얻은 것처럼 축제 분위기가 됩니다. 가뜩이나 춤추고 노래하는 것을 좋아하는 부족들인데 우물을 파준다니, 주민들은 우리가 마을 입구에 들어설 때부터 한바탕 춤을 추고 기대에 부푼 마음으로 우리의 이야기를 듣지요. 물론 때로는 물이 나오지 않을 수도 있다고 안내하지만 이미 깨끗한 물을 마실 생각밖에 없는 지역주민들에게 그 이야기가 들릴 리 없습니다. 마을의 어린아이는 작업현장을 떠나지 않고 우리를 부담스럽게 지켜보는 가운데, 하루 이틀을 기다렸는데도 물이 나오지 않았을 때의 그 실망감은 지금 생각해도 마음이 쓰립니다. 그들의 좌절하는 모습을 뒤로하고 철수해야 할 때는 정말 가슴을 치며 눈물을 흘리기도 했습니다. 그럴 때마다 항상 열악한 장비와 부족한 경

---

2) 관정개발을 위해 장비를 이용하여 지면을 파내려가는 행위를 말한다.

3) 흔히 우물이라고 표현하기도 하는 형태로 수자원이나 석유·가스 등 지하자원을 획득하기 위해 장비를 이용하여 지면을 파내어 좁은 통로를 형성하는 것이다.

험을 뼈저리게 느끼며 다시 꼭 돌아오겠노라 다짐을 했습니다. 다른 지역에서도 마찬가지였습니다. 지하수를 개발하다 예상치 못한 문제에 봉착하면 수도로 다시 복귀해서라도 파트너를 수소문해 문제 해결방법을 찾아 현장에 복귀했습니다. 또 다른 문제가 발생하면 다시 나이로비로 올라오기를 반복하며 그렇게 열악한 장비와 경험의 부족으로 많은 실패를 경험해야 했습니다.

2. '물' = 아프리카의 지금: 아프리카의 물부족 문제의 현황

전 세계에서 개선된 수자원에 접근 가능한 사람들의 수가 2010년 기준 전체 인구의 89% 정도로 보고되고 있습니다. [4] '생각보다 높은 수치인데?'라고 생각이 들 수도 있습니다. 하지만 사하라 이남 아프리카만 따로 떼어놓고 보면 수치는 더욱 떨어집니다. 약 61%의 사람만이 개선된 수자원에 접근 가능합니다. 이마저도 상대적으로 환경이 좋은 도시를 벗어나 농촌 지역으로 살펴보면 농촌 거주 인구 중 약 50% 정도만이 활용 가능한 수자원을 이용하고 있습니다. 더욱이 심각한 상황은 최근 몇 년 전부터 '아프리카의 뿔'이라고 불리는 동부아프리카 지역의 대가뭄으로 식량문제와 함께 물 문제가 심각한 상황에 이르러 UN과 각국이 비상사태를 선포해 집중적으로 구호활동을 펼치고 있으며, 각 지역에서는 물과 식량으로 발생하는 크고 작은 분쟁과 무력충돌이 끊이지 않고 있습니다.

케냐는 수단·소말리아 등 최근 분쟁이 계속되는 국가와 인접하여 카쿠마·다답 등에 대규모 난민캠프가 설치되어 있습니다. UN과 국제구호단체들이

---

4)　UN MDGs Report 2012 참고.

운영하는 난민캠프에서도 물로 발생하는 크고 작은 갈등이 계속되고 있으며, 특히나 물을 구하기 위해 먼 길을 다녀야 하는 여성과 아동은 강도·폭력·납치 등 여러 위협에 노출돼 있습니다. 하지만 지금 당장 먹고 마실 물과 식량이 없다는 것은 이런 위험마저도 감수해야 하는 절박한 상황입니다.

물이 없으면 목이 마르고, 씻지 못하는 불편함이 제일 먼저 떠오릅니다. 하지만 진짜 물이 없는 곳에서는 전혀 다른 문제들이 나타납니다. 물이 없어 실명에 이르고, 발가락이 썩어 잘라야 하며, 학교에 가서 남들 다 받는 교육은 꿈도 꾸지 못하고, 총칼을 들고 싸우는 분쟁이 나타나기도 합니다. 물하고는 전혀 상관없어 보이는 이 모든 것이 결국은 '물' 때문에 발생하고 있습니다.

아프리카 진출 초기 수자원개발활동 중 만난 한 케냐인 친구가 우리에게 이런 이야기를 들려주었습니다.

가족들과 떨어져 도시에서 지내다가 만난 사람과 결혼을 하기로 해 인사를 드리고 결혼 허가를 받기 위해 오랜만에 고향에 찾아갔습니다. 하지만 살던 집과 쓰던 가재도구 등 모든 게 그대로인데 오로지 사람과 가축만 모두 떠나고 빈 마을만 남아 있었습니다. 우리 마을에 기나긴 건기로 물이 말라버리자 온 마을 주민들은 그 길로 물을 찾아 모든 것을 버리고 떠나버린 것입니다.

지금도 아프리카 사람들은 물을 찾아 수 km를 걸어 다니거나 다른 지역으로 이주합니다. 물이 부족한 곳에서는 정착을 할 수 없고 물을 구하지 못하면 다른 지역으로 이동해야 하는 상황입니다. 사람이 정착하지 못하는 땅에 학교·병원 등 기본적인 시설이 있을 리가 있겠습니까.

오래전에 한국에서 대규모 예산을 들여 나이로비 인근에 학교를 건립하게 됐습니다. 학교가 완공되고 나서도 오랫동안 학교를 열지 못하는 상황이었습니다. 우연히 그 이유를 들을 수 있었습니다. 학교를 건축하긴 했는데 물을 공급하는 시설을 계획에 포함하지 않은 것이었습니다. 물을 공급할 수원이 빠져 있는 학교라 개교를 못하고 있던 것이었습니다. 결국 팀앤팀에서 학교에 우물을 개발해 학교를 열 수 있었습니다.

3. 물 없이는 ……: 사업대상 지역 선정

현재 우리가 수자원개발사업을 수행하고 있는 케냐 동남부 타나델타 지역[5]에서 2012년 9월 부족한 수자원을 둘러싸고 무력충돌이 발생해 100여 명의 사상자가 발생하는 일이 벌어졌습니다. BBC를 비롯한 외국 언론에도 보도될 만큼 큰 사건이었습니다.

우리 현장 주위에는 바리케이트가 쳐지고 대규모 경찰인력이 상주해 모두 긴장했습니다. 나이로비 사무소에서는 전 직원의 안전을 위해 진행되고 있던 사업을 멈추고 3주간 철수하기로 결정했습니다. 우리 현장에만 20여 명이 넘는 인력과 각종 장비와 작업용 차량 등이 있었는데, 갑작스러운 철수 결정으로 모두 싣고 올라올 수가 없어서 우리와 좋은 관계를 맺고 있는 지역정부 공무원의 사무실에 잠시 보관하기로 하고 거의 몸만 빠져나오다시피 했습니다. 이 글을 쓰고 있는 12월에도 같은 지역에서 두 부족 간의 보복으로 40여 명의

---

5) 케냐의 수도인 나이로비에서 동남부 약 400km 거리에 위치한 지역으로 행정구역상으로는 'Coast Province' 내 'Tana-delta District'로 명명된다. 식민지배 이전 소말리 부족이 정착하고 있는 땅이었으나, 1960년대 독립으로 현재의 국경이 정해지고 나서는 케냐에 속하게 되어 현재도 소말리 부족과 다른 부족의 갈등이 발생하고 있다. 이 지역을 관통하는 타나 강은 케냐 산에서 발원하여 국토를 관통하는 강으로 전체 길이가 약 1,000km를 넘는 케냐 최대의 강이다.

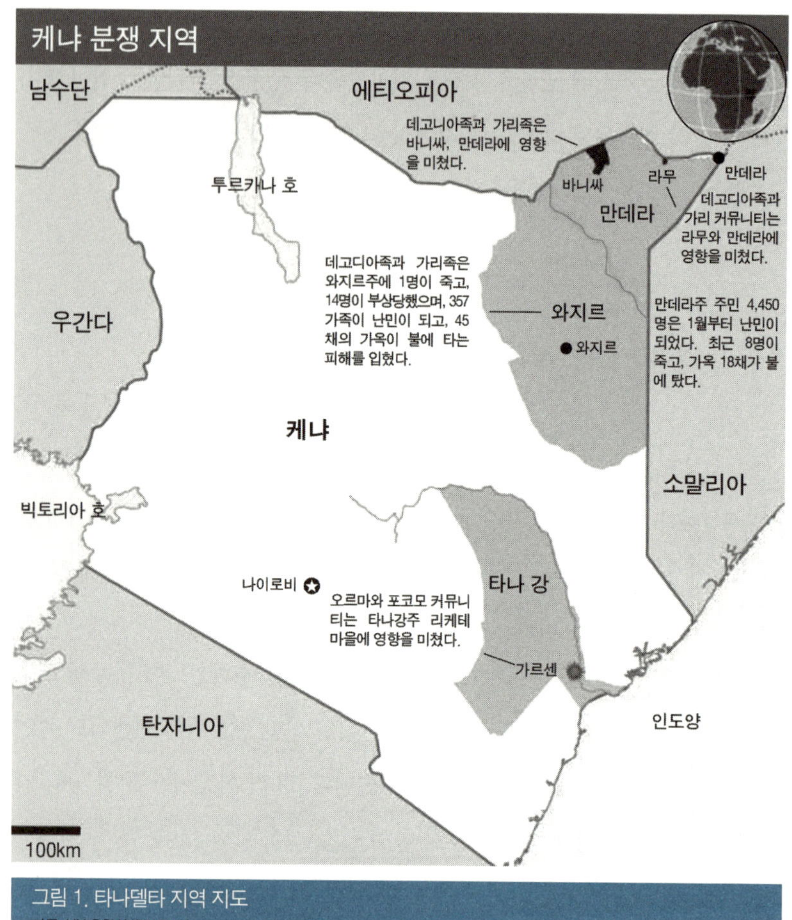

그림 1. 타나델타 지역 지도
자료: UN OCHA(2012), 'Kenya: Areas of conflict'.

사상자가 발생해 또다시 현장 철수가 이루어졌습니다. 지금도 크고 작은 무력 충돌이 발생하고 있습니다.

근본적으로는 오랜 시간 쌓인 역사적인 부족 간 갈등이 원인이지만, 표면적으로는 유목부족의 가축들이 물과 식량을 찾아 이동을 하면서 이미 정착해 있는 농경부족의 마을을 침범해 발생한 충돌이 이런 엄청난 학살을 낳은 것입니다. 우리 먹을 물도 없는데 매번 다른 곳에서 살던 사람들이 어느 날 무작정 건너와 우리 우물을 쓰거나 농작물을 해치는 것은 절대 용납할 수 없는 일이겠지요. 여기 앉아서는 가축들이 물을 먹어봐야 얼마나

사진 1. 타나 강

먹겠냐고 생각했지만, 지난여름 실제로 현장에서 수백, 수천 마리의 가축들이 떼 지어 길을 막고 이동하는 엄청난 광경을 목격하고 나서는 '수많은 가축이 나타나 가뜩이나 부족한 수자원을 한바탕 휩쓸고 지나가는 일을 매년 시시때때로 겪는다면 물이든 뭐든 씨가 말라버리겠구나' 싶었습니다. 연중 한두 번씩 이런 긴장을 할 만한 일들이 터질 때면 자연스럽게 아프리카에서 일을 하는 것을 새삼 느끼게 됩니다.

타나델타 지역은 케냐에서 가장 큰 강인 타나 강(Tana River)이 흐르는 지역으로 어디서나 강줄기를 만날 수 있고, 우기가 되면 강물이 범람하기까지 합니다. 이렇게 물이 많은 지역에서조차 물 때문에 고통 받는 이해 못할 일이 벌어지고 있습니다. 적갈색 강물은 언뜻 보기에도 쉽게 마실 수 없을 것 같지만, 아이들은 그 물이라도 떠가기 위해 강으로 하나둘씩 모여듭니다. 이 지역에서는 물을 길으러 간 아이들이 강에 서식하는 악어에게 희생당한 안타까운 소식을 어렵지 않게 들을 수 있습니다.

타나델타에서 북쪽에 위치한 가리사 지역[6]을 방문하는 길에 한 남자를 만났습니다. 얼굴이 좋지 않은 그에게 안부를 묻자 얼마 전 강으로 물을 길으러 갔던 자녀가 강가에 숨어 있던 악어에게 물려 희생을 당했다고 하더군요. 이

---

[6] 나이로비에서 동쪽으로 약 400km 떨어진 소말리아로 가는 길목에 위치한 도시이다.

그림 2. 남수단 보마 지도
자료: www.worldofmaps.net

전부터 타나 강을 지나며 강에 악어가 서식한다는 이야기를 듣긴 했지만 실제로 악어에게 잡아먹히는 아이가 있다는 이야기를 들으니 그야말로 충격이 아닐 수 없었습니다. 21세기에 아마존 같은 원시우림도 아니고 사람이 사는 타운 근처 강에서 물을 긷다가 악어에게 잡아먹히다니 이런 황망한 경우가 어디 있나? 그런 일이 간혹 일어난다며 어쩔 수 없다는 투로 말하던 그 남자에게 원망하듯, "그런 위험한 곳인 것을 알면 당신 아이 대신 당신이 가야 되는 것 아니냐?"라고 물었습니다. 하지만 아무렇지 않다는 듯이 그 남자는 물은 원래 아이들과 여자들이 길어오는 것이지 남자가 할 일이 아니라는 것이었습니다.

낮에 할 일 없이 모여 노닥거리거나 술이나 마시는 것밖에 없는 것 같은 남자에게서 들은 약간은 허무한 대답에 더는 아무 말도 할 수 없었습니다. 아프리카의 부족문화에 대한 몰이해에서 비롯된 것이든, 나의 다양함에 대한 이해가 부족한 것이든, 활동가로서 '과연 무엇을 위해 이 일을 하는가? 물을 얻는 문제가 해결된다고 아동들의 인권이 보장이 될까?' 하는 생각을 해보게 됩니다.

남수단[7]이 독립하기 전 케냐 북부 국경지역인 로키초교에서 경비행기로 1시간 남짓 떨어진 수단 피보르 주의 보마는 그 당시 북수단과 분쟁을 겪고 있었습니다.

해마다 11월 말에서 3월까지 계속되는 건기에 마을 여성과 아동은 섭씨 60도에 육박하는 뙤약볕 아래서 20리터짜리 물 한 동이를 구하기 위해 매일 예닐곱 시간을 걸어야만 합니다. 보마로 출장을 온 모든 한국인은 보마의 더위 앞에서 축 늘어져 정신을 차리기조차 어렵습니다. 건기가 되면 타는 뜨거움에 모든 생물은 말라 죽어가고, 아이들은 말라리아와 장티푸스 등으로 목숨을 잃습니다. 아이러니하게도 건기가 끝난 4월부터 10월까지는 우기로 매일같이 폭우가 쏟아져 그나마 있었던 외부와의 접근로는 모두 강이 되어 외부로의 왕래조차 불가능해져 버립니다.

우리와 함께 남수단 보마에서 일하던 메를린(Merlin, 영국의 의료 전문 NGO)의 친구는 이렇게 말했습니다.

Without Water, No School. Without Water, No Hospital. Without Water, No Life. Water is Life.

---

7) 남수단은 2011년 7월 9일 북수단에서 독립해 54번째 아프리카 국가이자 193번째 UN 가입국이 되었다.

4. 땅을 파고 물을 얻다: 팀앤팀의 지하수개발사업

십수 년 전까지만 해도 한국의 시골에서도 수동펌프를 어렵지 않게 볼 수 있었습니다. 저 역시 시골 할머니 댁에서 여름날 저녁 물 한 바가지를 들고 밖으로 나가 펌프에 물을 넣고 재빨리 손잡이를 위아래로 움직여 물을 끌어 올리던 기억이 있습니다. 아프리카에서도 가장 많이 사용되는 수자원이 지하수입니다. 인구밀도가 높은 대도시의 경우 주변 강에서 취수하여 정수한 물을 공급하는 상수도 시설이 그나마 갖추어져 있지만, 농촌지역의 경우는 넓은 지역에 마을이 흩어져 있어 상수도를 설치할 수 없기 때문에 대부분 지하수를 개발해 설치된 펌프를 통해 물을 이용합니다. 하지만 설치비용이 수천에서 만 달러에 이르러 지역주민들이 설치하기에는 불가능해 대부분 국제구호단체에서 인도적 차원에서 지원하고 있습니다. 이 수동펌프마저 보유하지 못한 지역주민들은 가까운 강물을 이용하든지, 그마저도 불가능하면 맨손으로 바닥을 파 내려가 땅속에서 나오는 물을 이용할 수밖에 없습니다.

2015년까지 아프리카에서 '개선된 식수 접근성'을 달성하기 위해 약 100만 개의 관정이 필요하다고 예상합니다. 팀앤팀이 2011년 한 해 동안 열심히 활동해 약 50개의 관정개발을 성공했는데, 2015년까지 MDGs(Millennium Development Goals, 새천년개발목표)를 달성하기 위해서는 팀앤팀과 같은 지하수개발 팀 약 2만 개 이상이 활동해야 합니다. 이미 아프리카에서 지하수개발은 하나의 산업이 된 지 오래이고, 국제구호단체 역시 이들 지하수개발업체 등을 통해 수자원개발 프로젝트를 진행하고 있습니다. 케냐의 지하수 관정개발은 공식적으로 '마지하우스'[8]라고 불리는 케냐국 정부의 수자원부서에서

---

8) Maji House. 'Maji'는 스와힐리어로 '물'이라는 뜻이다.

관할하는데, 케냐에서만 1년에 수천 개의 관정이 개발되는 상황에서 정부의 관리가 필수적이기 때문입니다. 무분별한 개발이 이루어지지 못하도록 케냐에서 지하수 관정개발을 진행하는 업체 혹은 단체는 정부 수자원국의 허가를 반드시 받아야 하고, 이 허가는 과거 수자원개발 경험과 프로젝트 수행 역량 등을 고려해 결정됩니다.

지하수개발은 지하에 흐르는 수층(aquifer)과 지반의 구조 등을 눈으로 직접 확인하지 못한 상황에서 진행하기 때문에 실패율이 높습니다. 케냐 각 지역에 따라 지반의 구조와 수층의 분포가 모두 상이하기 때문에 해당 지역에 대한 수리지질 정보와 경험이 필수입니다. 그동안 극심한 물 부족으로 고통 받는 지역을 최우선으로 고려해 이동을 하며 활동하다 보니 그 지역적 특성을 제대로 파악하지 못해 다양한 실패를 경험한 반면, 이러한 실패를 통해 다양한 지역에 대한 정보와 경험을 확보할 수 있었습니다. 팀앤팀은 이러한 경험과 사업수행 경험을 토대로 케냐 수자원국에서 관정개발 자격을 획득해 케냐 전 지역에서 관정개발을 직접 진행하게 됐습니다. 비로소 '수자원개발' 전문 NGO라는 타이틀을 외부에서 받은 것입니다.

1) 관정개발 지역 선정

해당 지역에 지하수를 개발하고자 하면 우선 정부 수자원부에서 제공한 지역정보를 토대로 관정개발 대상 지역을 선정해야 하는데, 이때 수자원부 공무원과 함께 해당 지역주민들을 만나 물 부족에 따른 여러 어려움과 지역정보 등을 수집합니다. 흔히 프로젝트 수행관리 절차에 대해 공부하면서 2차 자료를 수집할 때 지역정부와 기관 등을 찾아 관련 자료를 요청하는 내용을 배웁니다. 아프리카 오지에서 2차 자료 조사를 위해 지역정부기관을 방문해보면 현실은 많이 다르다는 것을 쉽게 경험할 수 있습니다. 쓰러질 것 같은 사무실에 홀로 있는 공무원에게 수자원개발을 위해 그동안의 강우자료, 수자원시설 현황 등이 필요하다고 하면, 요청하는 자료들은 모두 없다고 대답합니다. 하지만 직접 현장을 보여주겠노라며 우리 차를 타고 물이 필요한 지역으로 가서 마을의 필요에 대해 자세히 안내해주었습니다. 지하수개발을 위한 지역이 선정된 후 수리지질 탐사 장비를 이용해 전문적으로 지질조사를 수행하는 업체에 해당 지역의 지질조사를 의뢰하고 그 결과에 따라 시추 지역을 결정합니다. 이 결과와 환경영향평가를 지역 수자원부에 보고하면 관정개발을 할 수 있는 허가증을 발급받고 본격적으로 지하수를 개발할 수 있습니다.

2) 관정시추작업

지하수개발 지역이 결정되면 다시 해당 지역을 방문해 지역주민들과 함께 관정개발 일정과 지역주민의 협조를 요청합니다. 이 과정에서 항상 우리의 역할과 지역주민들의 역할을 분명히 전달합니다.

우리는 이 마을에 안전한 물을 이용하실 수 있도록 우물을 파려고 하는데 이 우물은 여러분의 생명을 지켜주는 물이 될 것입니다. 우리는 이 우물을 설치하고 떠나지만 이 우물은 여러분이 아끼고 관리해야 오랫동안 사용할 수 있습니다.

이런 메시지를 전달하면, 펌프를 지속적으로 관리하고 문제가 발생할 경우에 상시 기관과 연락할 수 있는 자치위원회를 마을에서 자체적으로 구성합니다. 비록 외부에서 무료로 지원되는 시설이지만 '남'의 것이 아닌 '우리'의 것으로 관리하고 책임 있게 이용하게 하기 위한 최소한의 참여인 것입니다.

펌프 관리를 위해 구성된 자치조직은 이후 관정개발활동에 자발적으로 참여하며 관정개발 팀을 지원하는 역할을 합니다. 관정이 개발되고 난 후에는 시설의 안전한 사용과 관리, 유지 등을 교육 받게 되며, 향후 수자원시설에 대한 모든 관리의 책임을 갖게 됩니다.

사실 말은 거창하지만 선진국처럼 조직과 인력이 잘 배치되어 있는 것도 아니고, 펌프를 관리할 만한 기술과 도구도 마땅치 않습니다. 관정개발 시 지역주민들이 할 수 있는 일이라고는 자재를 나르고 땅을 파는 일 정도입니다. 하지만 적어도 이 일에 참여하는 지역주민들은 모두 자기 일처럼 성실하게 임하지요. 이런 작은 참여를 통해 지역주민과 지역정부, 개발단체 사이에 관계가 형성되고, 향후 시설에 문제가 발생할 경우 여러 경로를 통해 신속한 대처를 할 수 있습니다. 또한 무엇보다 지역사회의 참여를 통해 확보된 수자원시설이 '남'의 것으로 여겨지지 않는다는 것이 지역사회와 함께하는 가장 큰 의미입니다.

이러한 지역공동체가 더 많은 일을 하고 식량과 개발 등 다양한 영역에서 주도적으로 활동할 수 있게 된다면 지역의 자립에 큰 도움이 될 것으로 기대는 하지만, 이 과정에서 주민들의 먹고사는 문제에 대한 고민과 대안 마련 등을 함께하는 과정이 말처럼 쉽고 빠른 시간에 되는 일은 아닙니다. 그래서 지금까지는 시급한 물 문제를 해결하는 것 외에 지역주민들의 자립에 큰 도움이 될 만한 일들을 시도하지는 못하고 있는 상황입니다.

3) 관정의 설계

본격적인 관정개발은 2.5톤 트럭에 실린 시추기(drilling rig)와 머드 펌프(mud pump)를 이용해 시추를 진행합니다. 현재 진행하고 있는 타나델타 지역

사진 2. 시추기

은 지반이 진흙층으로 이루어져 시추를 진행하는 데 큰 어려움은 없는 반면, 앞서 소개한 투르카나 지역에서와 같이 지하에 두꺼운 암반층이 발견되면 이를 뚫는 데 오랜 시간이 걸립니다. 특이한 점은 시추가 진행되는 동안 2m마다 지질의 시료를 채취하여 관정시추가 완료된 이후 지역 수자원국에 보고해야 합니다. 이 시료들을 통해 더 깊은 지층의 지질상태 및 지하수위 등을 예측할 수 있고, 이후 인근 지역에서의 관정개발 시 참고할 수 있기 때문입니다.

시추하는 동안 끊임없이 폴리머(polymer) 혹은 벤토나이트(bentonite)를 섞은 물을 관정 내부로 순환시킵니다. 이는 관정의 벽이 붕괴되는 것을 막기 위해 관정을 코팅하는 것인데 일종의 풀을 벽에 바르는 것과 같은 작업입니다.

예상된 깊이로 시추가 완료되고 나면 시추 과정에서 채취한 지질 표본을 분석해 관정을 설계합니다. 지하수는 땅을 파면 지하에 강이나 저수지가 있는 것과 같은 상상을 하기 쉬운데, 많은 경우 지하수는 물과 흙(또는 모래·자갈)이 함께 섞여 있는 층으로 존재합니다. 따라서 이를 활용하기 위해 물은 빠져나오고 흙은 거르는 역할을 하는 '케이싱(casing)'[9]이라고 하는 파이프를 삽입해

---

9) 시추된 관정 내부에 설치해 수자원을 이동시키는 관(pipe)으로 지하수가 관 내로 유입될 수

내부로 물이 흘러들어오게 합니다. 칼집을 넣은 빨대와 비슷하다고 생각하면 이해하기 쉬울 것입니다.

케이싱을 삽입했으면 관정과 케이싱 사이에 자갈을 메워 케이싱이 고운 모래나 진흙에 의해 막히는 것을 방지하는데, 이 과정이 제대로

사진 3. 지질 표본

이루어지지 않으면 적정한 수량이 확보되지 못해 사용 기간이 단축됩니다. 지하수개발에 실패하는 이유 중에 케이싱을 삽입하는 과정에 관정 벽의 흙이 무너져 내린 경우가 많습니다.

4) 테스트 및 펌프설치

케이싱 삽입이 완료되고 일정 시간 동안 에어컴프레서[10]를 돌려 케이싱 내부를 정리하고 나면, 어느 순간 황톳물 대신 투명하고 깨끗한 물이 나오는 광경을 볼 수 있습니다. 이 광경을 본 모든 마을 주민은 어른 아이 할 것 없이 기쁨의 환호성을 외치지요. 하지만 여기서 끝이 아닙니다. 물이 나오고 나서도 해당 관정에서 지역주민들이 충분히 활용할 수 있을 만한 물의 양과 질이 확보 가능한지 아닌지를 판단하기 위해 오랜 시간(보통 24시간 정도) 물을 끌어 올리는 펌핑테스트를 실시하고, 전문기관에 시료를 보내어 수질테스트를 거쳐 일정 기준 이상의 테스트 결과를 얻어야 지역 수자원국에서 해당 관정의

있도록 관 벽에 구멍이 뚫려 있다.

10) 관정시추 시 내부의 흙을 밖으로 빼내기 위해 에어컴프레셔를 사용하여 고압의 물이 순환시킨다.

사진 4. 플러싱 작업

관리번호를 부여합니다.

타나델타 지역의 경우 관정에서 물이 나오자마자 물의 맛을 보는데, 해변지역이라 많은 경우 소금물이 나오기 때문입니다. 소금물은 식수로 이용하기 부적합하고 염분에 의한 부식을 일으키기 때문에, 소금물이 나오면 해당 관정은 이용할 수 없게 됩니다. 프로젝트를 수행할 때 관정개발의 경우 이런 실패에 대한 매몰비용을 고려해야 하는 어려움이 많습니다.

이 과정을 거쳐 지역주민들이 충분히 이용할 수 있는 안전한 관정이 완성되고 나서야 비로소 주민들이 실제 이용할 수 있는 펌프를 설치하고, 또 펌프를 보호하기 위한 플랫폼을 설치합니다. 개발된 관정이 원활하게 관리되도록 인식표를 부착하고, 지역사회 수자원위원회에 시설을 이양하면 지역사회에 하나의 펌프가 생깁니다.

아프리카 대부분의 지역에서는 지하수개발에 수동으로 작동하는 펌프를 이용합니다. 손으로 펌프질을 해야 하는 수동펌프는 생각보다 많은 힘이 듭니다. 저 역시 현장에서 무더운 날 10분도 채 되지 않는 시간 동안 펌프질을 하다 보면 금방 지칩니다. 여성과 아동이 주로 물을 긷는 현실을 생각해볼 때 자동펌프를 설치하여 쉽게 물을 길을 수 있다면 더욱 편리하게 이용하겠지만 아쉽게도 아프리카의 농촌 지역에서는 그 모습을 보기 어렵지요.

간혹 후원을 위해 많은 정보를 확인하고 전화를 주는 분들도 '이 단체는 수동펌프를 넣느냐, 자동펌프를 넣느냐' 물어보시곤 하는데, 그럴 때마다 수동펌프 설치에 대한 이유를 설명하곤 합니다.

비용문제는 접어두고서라도 가장 큰 이유는 수중펌프(submersible pump)를 이용하기 위해서는 전기가 필요한데, 아프리카 농촌 대부분의 지역은 안정적인 전기가 들어오는 곳이 거의 없기 때문에 자동펌프의 가동이 불가능합니다. 최근 들어 태양광 에너지, 풍력 에너지를 활용한 자동 펌프도 많이 개발되어 있기는 하지

사진 5. 완성된 펌프

만, 아직까지 우리가 활동하는 지역의 주민들은 발달된 기계를 접하거나 활용해온 경험이 적기 때문에 부품을 고장 내기 쉽고, 복잡한 기계적 특성이 조금이라도 있다면 그만큼 버려질 가능성이 높아집니다. 그래서 아직까지는 특별한 경우를 제외하고는 대부분 불편하지만 수동펌프를 설치하여 수자원을 활용할 수 있게 하고 있습니다.

5. 멈춰 있던 펌프를 다시 살리다: 팀앤팀의 펌프수리 사업

극심한 물 부족 문제를 해결하기 위해 전 세계 구호단체에서 막대한 재정을 투입하여 크고 작은 수자원개발사업을 수행하고 있습니다. 이로써 케냐에서만도 매년 수천 개의 우물이 새로 설치되고 후원자들에게 보고가 되었을 것입니다.

하지만 1년이 지나지 않아 설치된 우물의 절반 정도는 고장 나거나 여러 가지 이유로 사용되지 못하고 방치되고 있는 현실이라고 하니, 수자원개발을 위해 덮어놓고 우물을 개발할 일은 아닌 것 같습니다. 팀앤팀도 한 번 개발된 우물을 지속적으로 관리하고 유지·보수하기 위해서 상시 활용할 수 있는 충분

한 예산과 인력을 확보하고 있지 못합니다. 이를 상시적으로 관리한다면 1년 만에 고장 난 펌프가 방치되는 현상을 예방할 수 있겠지만요. 하지만 계속 새로운 지역에서 새로운 사업을 수행해야 하는 단체의 상황, 그리고 같은 비용이면 내 이름으로 된 우물 하나를 설치하는 것이 더 후원자의 목적에 부합하는 활동으로 여겨지는 현실에서는, 지속적으로 지하수시설을 유지·보수하기 위한 별도의 예산을 마련하기가 쉽지 않은 것이 사실입니다.

수동펌프는 내구성이 담보되는 적정 수의 이용인구가 정해져 있는 데 반해, 새로 개발된 수자원시설들은 그 적정인원을 크게 초과해 사용할 수밖에 없습니다. 실제로 고장 난 펌프를 수리하기 위해 방문한 지역에서는 300~500명이 사용해야 하는 펌프[11]를 3,000명, 5,000명이 넘는 지역주민들이 사용하고 있는 경우도 허다합니다. 케냐의 각 지역을 돌아다니며 발견한 사실은, 고장으로 주민들이 사용하지 않고 방치되어 있는 펌프 중에 상당수는 아주 간단한 수리나 부품 교체만으로도 그 기능을 회복할 수 있는데도 대부분의 지역주민은 펌프에서 물이 나오기를 멈추는 그 순간부터 이전 물이 없던 생활로 돌아가 버린다는 것입니다.

여성들과 아동들은 다시금 물을 긷기 위해 길을 떠납니다. 마치 이전에 풍요로웠던 삶은 원래 존재하지 않았던 것처럼 말이지요. 고장 난 펌프를 고치려는 그 어떤 조치도 없습니다. 그도 그럴 것이 이들이 살아생전 펌프의 구조나 고장 난 부품 등을 뜯어본 적이 있기는 하겠습니까. 항상 관정개발과 펌프 설치는 외국인이나 외부단체의 몫이었고 이들은 물이 나오는 펌프를 사용하기만 했겠지요. 하지만 펌프를 설치했던 단체도 지역 수자원국도 이미 수년 전에 관정을 개발하고 떠난 상황에서 장비를 이끌고 펌프를 해체하여 볼트나

---

11) 아프리카에서 많이 사용되는 Indian Mark II, Afridev Handpump가 해당된다.

너트를 조이고 소모품을 갈기 위해 다시 이 지역을 방문하지는 않을 것입니다.

고장 나서 방치되어 있는 시설을 수리해 다시 활용할 수 있게 하는 데 드는 비용은 대략 새로운 관정을 개발하는 데 드는 비용의 약 1/8~1/10 수준이면 충분합니다. 고장의 원인은 대부분 펌프에서 물을 끌어 올리는 부분(실린더)이 마모되거나 파손되어 발생합니다. 이 부분의 부품을 교체하기만 하면 다시 정상

사진 6. 펌프 및 부품이 고장 나 방치된 우물

적인 펌프의 기능을 다할 수 있습니다. 물론 간혹 케이싱이 파손되거나 펌프의 부식 등으로 비교적 큰 작업으로 이어지기도 하지만, 그럼에도 고장 난 펌프를 수리하여 다시 활용하는 것이 여러모로 새로운 관정을 개발하는 것보다 비용 대비 효율적인 것은 분명합니다. 팀앤팀은 2006년부터 고장 난 펌프만을 수리하는 팀을 운영하고 있는데, 이 펌프수리 팀은 3인의 인력과 차량, 펌프수리에 필요한 장비를 갖추고 1년에 약 150~200개의 펌프를 수리합니다.

펌프수리의 또 다른 장점은 해당 지역의 수자원시설에 대한 정보를 파악할 수 있다는 것입니다. 현재 팀앤팀이 활동하고 있는 타나델타 지역에는 107여 개의 마을이 있으며, 관정개발이나 펌프수리 등을 위해 모든 마을을 방문하고 해당 지역의 수자원시설의 분포 및 현황 등과 같은 데이터 등을 확보할 수 있습니다. 이 정보는 사업 대상 지역의 수자원 및 지역 개발을 위한 기초자료로 사용할 수 있으며, 지역주민들에게 지속적으로 수자원시설의 올바른 사용, 유

사진 7. 수리가 필요한 부품이 교체된 후 펌프가 작동되는 모습

지관리, 보수 등을 교육하고, 수자원시설의 관리를 위해 지역위원회 - 팀앤팀 - 지역 수자원 국과의 연락체계를 구축하여 더 효과적인 관리가 이루어질 수 있도록 지원하고 있습니다.

펌프수리 팀을 운영해보니 고장 난 펌프의 원인 중 많은 부분이 앞에서 언급한 대로 수동펌프의 실린더에 들어가는 고무패킹이 마찰에 의해 찢어지거나 파손되는 경우였습니다. 고무패킹이 파손되면 펌프를 고장 난 채로 방치하거나 높은 비용을 지불하고 업체에 수리를 맡겨야 되는데, 부품을 교체하더라도 부품 자체가 소모품이라 2~3년 내에 동일한 증상으로 고장 날 가능성이 무척 높은 상황입니다. 가만히 생각해보면 현재 내구연한이 2~3년에 지나지 않는 고무패킹의 내구성을 높이면 많은 문제가 개선될 것으로 보입니다. 그래서 제조사에 이와 같은 의견을 제안하고 소모품의 내구도 개선을 요청했지만 제조사에서는 부품의 성능 개선에 난색을 표했습니다. 펌프 한 대라도 더 팔아야 하는 제조사의 입장에서는 당연한 반응이었겠지요.

하는 수 없이 자체적으로 이 문제를 개선할 방안을 찾던 중 우연히 한국에서 팀앤팀 후원 기업 중 선박엔진 생산 및 수리를 전문으로 진행하는 (주)선진엔지니어링[12]에 혹시나 하는 마음으로 기술자문을 요청했습니다. 이렇게 갑작스러운 연락을 하게 된 것은 이 기업이 대규모의 엔진 실린더를 다루는 일

---

12) 부산에 위치한 선박엔진 생산 및 수리를 전문으로 하고 있는 향토기업이다. KOICA와 협력해 '2013년도 글로벌CSR사업'으로 케냐 타나델타 지역에서 지하수개발이 불가능한 지역에 인공저수지와 학교를 건축하는 'Water Pan Oasis' 사업을 수행하고 있다.

을 하고 있어 언뜻 '커다란 엔진 실린더나 작은 수동펌프나 구조나 원리는 비슷하지 않을까?' 하는 순진한 생각에서였습니다.

　우리의 이런 요청을 듣고 선진엔지니어링 측에서는 수동펌프의 제원과 샘플 등을 분석해 실린더의 내구성에 영향을 미치지 않는 수준에서 강도를 보강한 재질의 고무패킹을 제작했습니다. 이렇게 내구연한이 2년에 지나지 않던 기존 제품을 10년 이상으로 증가시킨 시제품을 제작해 펌프의 부품을 교체할 때 기존 제품 대신으로 활용을 하고 있습니다. 마음 같아서는 20년 이상 되는 패킹을 제작해달라고 하고 싶었으나 그렇게 되면 강화된 패킹에 실린더가 손상될 수 있기 때문에 실린더의 강도에 한해서 패킹의 강도를 최대한으로 제작했다는 말에 다시 한 번 '무식하면 용감하다'는 말을 실감했습니다.

　새로 개발된 고무패킹을 받아 들고 현장에 가서 처음으로 기존 부품을 교체했을 때, 최근 유행하는 적정기술의 또 다른 모습을 발견한 것 같아 무척 신이 났습니다. 개발 현장에도 깊숙이 뿌리내린 시장경제의 논리에 반대하며 지역주민들에게 좀 더 오랫동안 펌프를 사용할 수 있도록 개선하려는 노력과 고민, 이윤이나 다른 어떤 목적 없이 순수하게 기업의 사회적인 책임을 다하기 위한 노력이 모여 이제 지역의 펌프는 지금까지보다 더 오래 사용할 수 있게 됐습니다. 비록 눈에 보이는 부분은 아니지만 결국 시장에 새로운 변화를 이룬 협력이야말로 바람직한 기업참여형 민관협력(public, private partnership)의 모습이 아닌가 싶습니다.

6. 한 방울의 물이라도 소중하게: 남수단 보마 지역 샘물집수장치 사례

2001년 처음으로 방문한 남수단 보마의 건기는 정말 덥습니다. 아니 덥다는 표현으로는 부족할 것 같습니다. 체감온도 섭씨 60도에 육박하는 숨 막히는 더위에 가뜩이나 적은 수의 가축들마저 그늘과 시원한 곳을 찾아 사라집니다. 말이 섭씨 60도지 건장한 청년들도 더위 앞에 속수무책으로 기진맥진하기 일쑤이지요. 이러한 극심한 건조지역에서는 지표수는 모두 흔적도 없이 말라버립니다. 물론 이 지역에도 이미 수동펌프가 설치돼 있습니다. 보통 수동펌프 1대에 평균 1,500~3,000여 명이 의존하고 있으며 많게는 5,000여 명 이상이 이용하는 현실에서 만에 하나 펌프가 고장이라도 난다면 그야말로 물을 얻기 위한 '전쟁'이 시작됩니다. 실제 아프리카 부족 간 충돌은 주로 물을 찾아 이동 중인 부족과 정착해 안정적인 생활을 하고 있는 부족 간의 수원 점유를 놓고 총질이 벌어지다 보니 그야말로 '물 전쟁'이 아닐 수 없습니다.

지역에서의 활동을 위해 지역정부에서 얻을 수 있는 정보는 거의 부재한 상황입니다. 이미 인근 지역에서 활동하고 있는 UN 기구, 국제구호단체 등에서 관련 정보를 공유하지만 무엇보다 지역사회에서 직접 얻어내는 것이 가장 현실적인 방법입니다.

간혹 지역사회에서 필요와 정보를 획득하는 과정에서도 간과하기 쉬운 실수를 하게 됩니다. 부족(씨족, clan) 중심으로 이루어진 지역사회는 하나의 커뮤니티 혹은 마을이 하나의 부족으로 이루어져 있는 경우가 많습니다. 개발사업에서 일반적으로 말하는 사업조사를 수행하기 위해서는 다양한 이해관계자의 의견을 반영하는 것이 중요한데, 부족 중심의 사회에서는 오랜 시간 이어져온 부족의 장 중심의 의사결정체제가 확고해 조사 과정에서 여성이나 아동의 의견을 수렴하기가 쉽지 않습니다.

또한 최근 들어 국제사회의 원조가 증가함에 따라 많은 기관이 지역사회와 접촉하고 협력하는 과정에서 언어문제나 교육수준 등의 이유로 젊은 리더들과 사업을 진행하는 경우가 많이 발생합니다.

이로써 하나의 지역공동체 안에 전통적 리더들과 젊은 리더들 간의 갈등이 생기는 경우가 자주 발생합니다. 구호단체의 입장에서는 제한된 기간 내에 사업을 진행하기 위해서는 원활한 의사소통과 원조사업에 대한 이해가 상대적으로 잘 이루어지는 이해관계자를 선호할 수밖에 없겠지만, 이로써 파급되는 부족 내 갈등, 심지어는 지역공동체가 해체되거나 분쟁을 겪기도 하는 부작용에 대한 위험성에 대해서는 크게 고민하지 않는 것 같습니다. 그렇게 몇 년 사업을 진행하고 나면 남는 것은 파괴된 지역과 스태프로 활동했던 현지인에 대한 반목, 지역 안에서의 빈부 격차, 상대적 박탈감 등 다양한 부작용만 남고 단체는 스스로 사업 잘했다고 평가한 후 떠나버립니다. 외부의 지원은 어떠한 식으로든 지역사회에 미칠 수 있는 부정적 영향을 최소화해야 합니다.

낮은 산을 중심으로 여러 부족이 마을을 형성하고 있는 보마 지역에서 물 부족 문제를 해결하기 위해 지하수개발 등 몇 가지 대안을 고려하던 중 지역에서 산 정상 부근에 샘이 있다는 정보를 입수했습니다. 실제 산속으로 찾아 들어가 수원을 발견하고 보니, 건조한 날씨와는 상관없이 연중 마르지 않고 흘렀지만 마을 상류지역 약 6km 떨어진 지점에서 지하로 흘러 들어가 지역주민들이 활용할 수 없었습니다. 국내외 다양한 토목 및 수자원 전문가들의 자문을 통해 산 정상에서 발원하는 수원을 집수하여 마을까지 상수관을 통해 끌어오는 사업을 계획했습니다.

산이 많고 강수량이 높은 동남아시아에서는 산에서 물을 끌어오는 방법인 '샘물집수장치(spring water catchment)'를 통해 수자원 확보가 용이한 반면, 건조한 사막기후와 산악 지형이 아닌 아프리카 건조 지역에는 도입하기 어려운

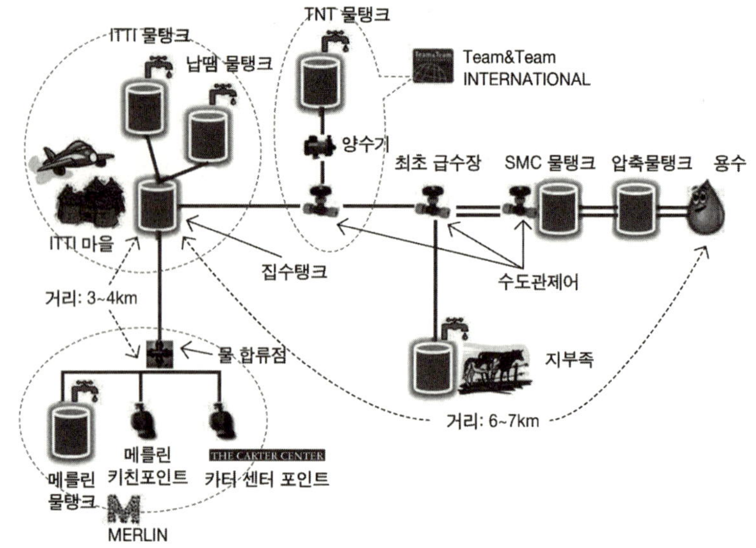

그림 3. 보마 샘물집수장치 설치 개념도

방법입니다. 하지만 보마 지역은 산이 인접해 있는 지역과 충분한 양의 수원 등 여러 가지 조건이 충족되어 시도해볼 수 있었습니다.

보마 지역의 샘물집수장치는 크게 3단계로 구성되어 있는데 수원지에서 발원하는 물을 집수하는 집수조, 산과 마을 중간 고지대에 1차 저류조(10톤), 마을 입구에 2차 주 저장시설(30톤)의 순서로 저장시설을 설치했습니다. 마지막으로 2차 주 저장시설에서 몇 개의 포인트에 공급시설을 설치해 산발적으로 흩어진 지역주민들이 안정적으로 수자원을 이용할 수 있도록 설계했습니다.

아프리카에서 사업을 진행할 때 많은 어려움 중 자재운반(logistics)이 특히 어려운데, 남수단 보마 지역은 특히 그랬습니다. 공사에 필요한 자재나 장비는 모두 케냐에서 조달해야 했고, 길이라고 부르기 어려운 열악한 도로환경과 약탈의 위험을 무릅쓰고 2~3일 정도가 소요되는 육로 운송을 진행해야 했습니다. 한국에서 수입한 장비가 올라오려면 케냐 몸바사 항에서 북쪽 국경을 지나 보마까지 장장 20여 일 이상이 꼬박 걸리는 상황이었습니다.

운송 중에 차가 고장 나버려 며칠을 서 있기도 하고, 더 황당한 건 운송업자가 물건을 빼돌리고 강도를 당했다고 속이는 일도 있는데, 일부러 자기 몸을 해하면서까지 사람을 속인다고 하니 지금도 장거리 운송을 할 때면 긴장을 늦출 수 없습니다. 당연히 물류비용과 그에 따른 부대비용이 크게 증가하고, 안전과 관련된 비용 역시 큰 부담으로 작용하지요. 하지만 이런 비용이 사업을 수행할 때 직접경비로 인정되지 않는 것은 사업을 수행하는 입장에서 무척이나 곤란한 점입니다.

그렇다고 운송비를 여유 있게 책정하기도 어려운 상황에서 예산을 우습게 초과하기도 하는데, 이럴 경우 기관이 휘청거릴 정도로 부담이 되는 것도 사실입니다. 더 열악한 곳에 필요가 많이 있는 상황에서 미리 세워진 예산내역 한 장으로 간접비가 높으니 어쩌니 하는 것을 일일이 설명하러 다니다 보면, 계획이라는 이름으로 사전에 원하는 만큼 세팅되어 진행하는 것이 얼마나 힘든 일인지 아프리카에 와서 직접 사업해보라는 말이 목까지 나오기도 합니다.

보마 지역은 1년 중 11~3월까지가 건조기후로 모든 공사는 이 기간 안에 끝내야만 했습니다. 우기가 시작되면 인접한 모든 육로는 폭우로 늪지대로 변해 고립되기 때문입니다. 이 기간 내에 공사를 끝내지 못하면 다음 해에 이어서 작업을 해야 하고, 그사이에 작업 현장에 무슨 일이 일어날지 모릅니다. 실제 보마 샘물집수사업을 진행하는 동안 사업팀은 주로 케냐 로키초교에서 소형 비행기를 이용해 이동했고, 조달을 위한 육로 이동 중에 차량 고장이나 도로 유실 등으로 며칠간 고립되기도 했으며, 무장세력에게 약탈당하는 등 정말 가지가지 다양한 일을 겪었습니다.

이렇게 진행된 보마의 샘물집수사업을 통해 2만여 명의 지역주민이 연중 안정적으로 식수를 이용할 수 있게 됐습니다. 현재 보마 지역은 인근 지역의 UN 기구와 군부대 등에서 상주하거나 여러 활동을 수행하는 주요한 거점이 되어 자연스럽게 아동들을 대상으로 교육, 보건 사업 등 후속사업들이 국제구호단체들을 통해 진행되고 있습니다.

사업이 완료된 지 5년이 지난 시점이지만 보마의 샘물집수장치 역시 지속적인 관리와 유지·보수가 필요합니다. 높은 기온에 의한 수축·팽창 현상으로 파이프가 손상이 되기도 하고, 지역주민들이 수도꼭지를 뽑아가는 일, 수원지에 연결된 파이프에 구멍을 내서 중간에 물을 빼돌리는 일 등이 발생하기도 합니다. 개발이 완료된 수자원시설은 지역주민들이 자체적으로 관리하게 해 잘 보호되지만, 이러한 파손이나 고장을 수리하기에는 여전히 기술이 부족해 외부의 지원이 필요합니다.

한번은 마을의 어린 청년이 파이프에 구멍을 내어 물을 마시다가 지역주민들에게 발각됐고, 지역의 리더는 그 자리에서 그 청년을 총살하라고 명령했습니다. 다행히 함께 있던 한국인 활동가의 만류로 그 청년은 하루에 물 한 잔만 주고 1주일간 구금하는 처분이 내려졌습니다. 이해하기 힘든 상황이지만 지역주민들에게 물이라는 것이 얼마나 중요한 의미가 있는지 새삼 알게 해주는 사건이었습니다. 군인 출신이었던 지역의 리더는 팀앤팀과 지역주민들이 이렇게 오랜 시간 고생해서 함께 얻은 물인데 옳지 않은 방법으로 시설을 훼손하면 우리에게 다시 물이 없어질 수 있지 않겠냐고, 그 나름대로 일리가 있는 설명을 했습니다. 시설이 완공되고 얼마 안 됐기 때문에 이런 일에 대해 강한 책임을 물어야 다시는 이런 일이 발생하지 않는다고 말이지요.

이러한 지역주민의 의지에도 수자원시설의 지속적인 관리와 활용이 가능해지려면 오랜 시간이 걸릴 것으로 생각됩니다. 사업 초기에는 시설 관리를 위해 고용된 보마 지역 스태프들조차 PVC 파이프가 열에 의해 수축·팽창하는 현상을 전혀 이해하지 못하는 것을 보고 그냥 웃을 뿐이었는데, 단순하게 지식이 부족한 상황이 아니라 지역주민들에게 이 모든 것이 이전에 없던 전혀 새로운 결과라고 생각하니 자연스럽게 이해가 됐습니다.

개발사업의 진행과 결과에 대한 참여와 지속성 확보 등의 역할을 지역정부와 지역사회가 담당해야 하겠지만 아직도 많은 지역에서는 지역사회의 필요에 부응하는 국가 차원의 정부기능과 공공서비스의 제공 등이 부족한 상황이고, 지역사회 역시 개발사업에 적극적으로 참여하고 변화를 받아들이고 자주성을 갖고 지역사회를 유지하기에는 어려움을 경험합니다.

때로는 보이지 않게 외부인들에게 무시당하기도 하고, 한 끼 먹고살기 위해서 의도하지 않은 변화의 충격을 당하기도 합니다. 단체도 마찬가지입니다. 이해할 수 없는 지역주민의 반응들, 예컨대 지역사회의 일이라 해도 외부 단체의 사업에 동원되는 일에는 절대 공짜로 일하지 않고 일하는 시간 역시 제멋대로입니다. 2시간이면 끝낼 일을 종일 붙들고 있다가 못하면 내일 하겠다고 하는 이러한 상황에서 함께 일한다는 것, 함께한다는 것의 가치를 이뤄나가기까지는 상상할 수 없는 어려운 벽이 존재합니다. 우리는 언제나 이 벽을 넘어서야 우리가 원하는, 지금보다는 조금이라도 나은 변화를 얻을 수 있다고 생각하면 답답하지만 작게 빛이 비추는 것 같습니다.

7. 인도적 지원과 개발사업: 수자원개발의 개발사업으로의 접근

지금까지 아프리카에 만연하고 긴급한 물 문제를 해결하기 위해 제 나름대로 많은 경험을 한 것 같습니다. 교육의 부재, 높은 영아사망률 및 열악한 보건위생환경, 지속적인 소득의 부족에 의한 절대 빈곤 등 지역사회의 다양한 문제의 공통 원인으로 '물 부족'이 자리 잡고 있습니다.

건기가 되면 염소의 가격이 크게 하락하는데 그 이유는 영양과 수분을 충분히 공급받지 못해 염소의 상품가치가 떨어지기 때문이지요. 한 지역에 정착하지 못하는 탓에 아동들은 정상적인 교육의 기회를 얻기 어렵습니다. 또한 안전한 물 접근성이 낮은 지역일수록 아동들의 노동시간이 증가하는데, 그에 따라 아동들의 교육기회는 자연히 줄어들 수밖에 없습니다. 안전한 물이 부족한 환경에서는 수인성 질병에 의한 영아사망률 역시 높은 수준입니다. 단지 깨끗한 물을 먹고 사용하기만 해도 대부분의 수인성 질병의 발생률을 낮출 수 있지만 아프리카 현실에서는 생각처럼 쉽지 않습니다.

팀앤팀이 수자원개발에 집중해온 이유 역시 물 부족에 의한 피해가 현장에서는 생사를 다투는 시급한 문제로 체감됐기 때문입니다. 접근성이 열악한 지역을 주 사업지역으로 활동했던 것도 인도적 지원에서 상대적으로 소외된 지역에 그 피해와 고통이 집중되어 있기 때문입니다.

이러한 이유로 그동안 팀앤팀의 수자원개발사업은 단기적인 생명을 살리는 일에 초점을 맞춰 진행했습니다. 해당 지역에 물 부족에 의한 피해와 고통을 경감하기 위해 제한된 범위 안에서 필요자원을 투입, 최대한 많은 수자원 시설을 설치해 물 부족의 고통에서 벗어나도록 지원했습니다. 한곳에 정착하지 않고 장비를 가지고 지원이 필요한 곳으로 이동하면서 활동한 것도 한곳의 필요가 충족이 되면 다른 긴급한 지역을 찾아 나서야 했기 때문입니다.

타나델타 지역으로 주 사업지역을 정하기 전까지 긴급한 필요에 따라 여러 지역에서 활동했지만 수자원개발이 완료된 이후 해당 지역에 미치는 변화나 기대했던 다양한 성과에 대해 확인하는 것은 현실적으로 어렵습니다. 한곳에 지하수를 개발하면 다른 지역으로 이동해야 했고, 특별한 요청이 있지 않고서는 다시 해당 지역을 방문하는 것도 드뭅니다. 부끄러운 이야기일지도 모르지만 사업이 보고되고 나서 물 부족이 해소되고 안정적으로 수자원에 접근할 수 있게 된 것을 제외하고는 해당 지역에 어떤 변화와 성과가 나타났는지 설명을 하기도 무척 어렵습니다.

최근 인도적 지원과 개발활동 영역의 유기적인 연계에 대한 관심이 높아지고 있습니다. 국제사회의 인도적 지원 활동에서 좀 더 장기적인 관점에서의 파급성과 취약성 감소 등이 중요한 가치로 인식되고 있지만, 아직까지 장기적인 개발협력의 틀에 담아 사업을 수행하기에는 많은 한계가 있습니다.

특히 결과만큼이나 과정이 중요한 가치로 평가돼야 하고, 지역파트너를 대하는 태도와 관점에서 이러한 바람직한 상호존중의 파트너십을 우리가 먼저 가져야 할 것입니다. 그러나 솔직히 지부장 이하 대부분의 스태프가 현지인으로 구성되어 있는 조직 내부에서조차 한국인 관리자와 현지인 스태프의 보이지 않는 구분과 의존적 태도, 수직적 구조 안에서의 권위와 권력관계 등 해결하기 어려워 보이는 문제점이 많은데 지역사회에서 부딪히는 어려움까지 현지인 스태프들이 감당할 수 있을까 걱정이 되기도 합니다.

KOICA 사업과 같이 철저한 행정을 통해 사업의 성과가 평가되는 경우, 결과를 보고하는 데 큰 힘을 쏟게 됩니다. 이때마다 재정집행이 잘 이루어졌는지, 증빙은 잘 갖춰졌는지 하는 일들로 한국에서 스태프가 관여해야 하는 것입니다. 사업의 내용을 가지고 긍정적인 발전을 도모하는 것은 항상 이런 눈에 보이는 문제들에 밀립니다. 그렇다고 개발사업에 잘 맞춰서 일하는 능력 있는 현지인을 찾는 것도 쉬운 일은 아니지요. 높은 임금을 요구하거나 더 많은 급여를 주는 곳이 나타나면 중간에 일을 그만두는 일도 부지기수입니다. 내부적으로 단체의 사람으로서의 소속감과 더불어 일을 처리해가는 역량을 키워나가는 일이 말처럼 쉽게 이루어지지는 않음을 매일 경험합니다.

팀앤팀은 현지인 중심으로 움직이는 조직을 추구하고, 장기적으로는 이 조직이 독립해 활동할 수 있도록 지원하는 것이 조직운영의 목표입니다. 바람직한 개발은 지역주민들과 그 지역에 대해 잘 아는 현지 단체가 협력해서 이뤄 갈 수 있다고 믿기 때문입니다. '무중구'라 불리는 외국인이 있을 때까지는 언제까지나 의존적일 수밖에 없다고 여겨집니다.

하지만 한국 인력을 최소화하면 조직과 사업을 효율적으로 관리하는 능력이 떨어집니다. 팀앤팀도 한국인 관리자와 현지인 스태프의 구조에서 오는 불신과 갈등을 수없이 경험했습니다. 그렇다고 높은 임금을 주고 프로젝트 관리자를 구해도 결국 더 높은 급여를 주는 단체로 옮겨 가는 경우도 많습니다. 팀앤팀의 가치와 자신의 가치를 이해하고 이를 동기로 열심히 노력하는 스태프가 많아지기를 기대하는데 이게 말처럼 쉽지 않습니다. 한국에서 지원인력이 지부의 역량강화를 지원하는데, 여기에서 현지인 리더십과 한국의 인력 사이에 동일한 갈등이 일어납니다. 사업을 보고하기 위해 기본적으로 지부에서 해줘야 할 부분이 있는데 여러 차례 이야기해도 정산보고서니 사진이니 잘 올라오지 않습니다. 그렇다고 싫은 소리를 하면 현지인 관리자의 권위가 흔들립니다. 지혜롭게 하는 것이 어떤 것인지 아직 확실하게 알 수는 없지만, 그래도 현지 인력의 역량강화와 효과적인 사업관리 두 마리 토끼를 잡기 위해 오늘도 허벅지를 찌르며 참을 인(忍) 자를 마음에 새깁니다.

수자원개발 전문 NGO로서 사업의 질을 제고하기 위해서는 사업의 명확한 목표를 설정하고 계획된 사업을 수행하면서, 체계적인 절차에 따른 다양한 질적·양적 성과를 측정하고 그 결과를 바탕으로 대상 지역의 변화들을 공유하려는 노력을 해야 할 것입니다. 무엇보다 이 모든 일에 참여하는 조직의 구성원의 참여와 다양한 이해관계자와의 참여 등을 이끌어내는 다양한 노력이 선행돼야 할 것입니다.

8. 지속가능한 개발이 있을까?: 지역주민의 자립과 적정기술

몇 년 전부터 '지속가능한 개발(sustainable development)'이 중요한 키워드가 되었습니다. 여기저기서 지속가능한 개발이니 녹색성장이니 여러 말이 많습니다. 물 문제를 해결하기 위한 노력에도 이러한 긍정적이고 지속가능한 변화를 추구해야 한다는 의미인데, 사업을 하는 입장에서는 지금 당장 '무엇을' 보다 '어떻게'에 더 관심을 가지고 고민을 합니다. '어떻게 해야 설치된 펌프를 고장 나지 않고 오랫동안 사용할 수 있을 것인가?'라든가 '더러운 물을 어떻게 하면 간편하게 누구나 쉽게 정수해서 안전하게 활용할 수 있을까?' 하는 고민들 말입니다.

이런 관점에서 수자원개발사업을 수행하면서 지역주민의 적극적인 참여를 중요한 가치로 삼고 있습니다. 지하수를 개발한 지역사회마다 수자원위원회가 구성되어 활동하고 있습니다. 관정개발과 펌프수리 등을 진행할 때 지역사회의 자발적인 참여와 교육 등을 통해 수자원시설에 대한 주인의식을 갖게 함이 주된 목적입니다. 그럼에도 실제로 지역사회는 여전히 외부의 도움이 없이는 부족한 기술과 장비, 자재만으로 수자원시설에 대한 관리와 유지·보수가 원활하게 이루어지기 어려운 상황입니다.

이를 개선하기 위해 적절한 기술과 장비를 갖추고 수자원시설을 유지·보수 할 수 있는 팀을 자발적으로 운영하는 것도 방안이 될 수 있겠지요. 하지만 이를 유지하기 위한 비용이 발생하고 이를 위해 지역사회가 수자원시설 이용에 대한 비용을 공동으로 부담해야 하는데 절대빈곤으로 기본적인 생활조차 어려운 지역사회에서 이를 도입하기는 어렵습니다. 오랜 시간 지속적인 협의 과정과 지역주민들의 민주적 참여가 필요하지만 현실적으로 이 부분을 외부인이 이래라저래라 할 수도 없는 것이지요.

지역주민의 참여와 문제해결능력을 강화하여 더욱 적극적인 개발이 이루어지게 하는 다양한 철학과 방법이 유행하고 있는 것도 바로 이러한 이유 때문입니다. 외부인들은 오랜 시간 있어도 외부인으로밖에 여겨지지 않으니 지역주민들 스스로 생산과 소비 활동을 할 수 있게 하는 것입니다.

또한 지역의 수자원문제를 해결하기 위해 지역주민들이 실제 지역에서 쉽게 적용할 수 있는 적정한 수준의 대안을 고려하고 연구하는 것 역시 중요한 과제입니다. 지금의 단순한 방식의 수동펌프조차도 지역주민들이 스스로 유지·보수하기 쉽지 않을 뿐만 아니라 생산자에 의도에 따라 몇 년이 지나면 고장이 날 수밖에 없는 상황이고, 이마저도 높은 비용을 지불하여 관정을 시추하지 못하면 해결이 불가능한 상황입니다.

이를 해결하기 위해 지역주민들이 최소한의 비용과 노력으로 물 문제를 해소할 수 있는 여러 대안에 대해 고민해야 할 책임이 있지 않을까 싶습니다. 주민들에게 가장 중요한 문제는 식수 접근성과 더불어 수질에 대한 문제입니다. 주변에 활용 가능한 수자원이 많지만 안전하게 이용할 수 있는 깨끗한 수질의 확보가 어렵기 때문이지요.

아프리카 농촌지역의 수질문제는 산업화가 진행된 여타 개발도상국과는 다르게 오염이 상대적으로 적어 대부분 복잡하지 않은 과정을 통해 해소될 수 있습니다. 질병을 유발할 수 있는 병균과 유기물을 제거하기만 해도 충분히 안전한 수질을 확보할 수 있습니다. 그냥 강물을 떠서 불순물을 가라앉힌 후 2~3일 지붕 위에 올려놓는 것으로도 살균을 할 수 있습니다만, 이를 보급하고 지역주민들이 안전하게 물을 이용할 수 있도록 행동을 변화시키는 일은 결코 쉽지 않은 일입니다.

팀앤팀은 2013년 KOICA 글로벌CSR프로그램으로 '인공저수지를 통한 안전한 수자원공급' 사업에 착수했습니다. 타나델타 지역에서 내륙으로 들어간 지역의 지하수개발이 불가능한 건조지대에 수자원을 공급하기 위해 케냐정부에서 오래전부터 진행하고 있는 수자원개발사업입니다. 우기에 내린 비를 가두어놓고 건기에 활용하는 인공저수지는 장시간 저수된 수자원을 활용하는 방식이므

사진 8. 인공저수지

로 물의 오염을 방지하고 안전한 수질을 확보하는 것이 중요합니다.

이를 위해 '(사)국경없는과학기술가회'와의 협력으로 지역에서 손쉽게 제작할 수 있는 '모래여과장치'를 지역사회에 적용하여 안전한 수질을 확보할 수 있도록 계획했습니다.

잘 활용하기만 한다면 어떤 기계장치 없이 모래만으로 98% 이상의 살균효과를 가져올 수 있을 좋은 기술입니다. 적정기술은 기술의 수준이 높지 않고 누구나 이용 가능하지만 지역주민들의 참여와 수질에 대한 문제의식 등 지역주민들 스스로의 의지가 작용해야 합니다. 아무리 좋은 기술이라도 내가 쓰고자 하는 마음이 없으면 안 쓰게 되는 것은 인지상정입니다. 이미 아프리카에서 많은 단체가 '모래여과장치(BSF)'를 보급했으나 60% 정도 활용한다고 합니다. 여과장치의 효과를 볼 때 생각과 달리 많은 사람이 사용하지 않는 것이 의아했습니다. 많은 적정기술의 실패가 도입 시 오랜 시간이 필요한 지역주민들의 민주적 참여와 인식의 변화 등 보이지 않는 영역보다 기술의 적용 및 보급 등 가시적인 성과에 초점을 맞추기 때문입니다.

우물이 설치된 지 얼마 되지 않은 한 마을을 재방문했을 때였습니다. 우물을 중심으로 마을의 바나나나무 밭까지 고랑을 파놓고 물을 대려 계획 중인 모습을 보고 누가 이런 생각을 했는지 궁금해서 물었지요. 마을의 여성위원회

사진 9. 사업현장에서 사용 중인 모래여과 장치

에서 우물이 설치되기를 기다린 후에 지역의 주 소득원인 바나나나무와 망고나무를 더 많이 심으려고 고랑을 파고 작은 나무들을 심어놓은 것이었습니다. 이 모습을 보고 내가 생각하는 것만큼 지역주민들이 생각하지 못할 것이라 단정 지었던 모습이 부끄러웠습니다. 아마 누군가 옆에서 관심을 갖고 지켜봐준다면, 그리고 그들에게 필요한 정보와 자원에 충분한 시간이 주어진다면 그들 역시 스스로 더 나은 삶을 살기 위해 많은 노력을 할 수 있음을 기억하고자 합니다. 이게 진짜 물로 시작된 변화가 아닐까요.

9. 물은 높은 곳에서 낮은 곳으로 이동한다

앞서 살펴봤듯이 물 문제는 단순하지만 복잡한 이해관계를 낳으며 다른 영역에 긴밀한 영향을 미칩니다. 초기 사업의 긴급하고 중요한 물 부족 문제를 해결하기 위해 지하수개발사업을 시작했고 기술적인 경험이 부족하여 많은 실패를 경험했지만 동시에 실패를 통해 체득한 노하우를 지금의 팀앤팀이 가지는 기술적 전문성의 강점으로 확보할 수 있었습니다.

아프리카에 '안전한 식수에 대한 접근성'을 달성하기 위해서는 약 100만 개의 지하수개발이 필요합니다. 하지만 '100만 개의 지하수가 개발되면 실제로 목표를 달성할 수 있을까?' 개인적으로 이 질문에 대한 대답은 '아니오'라고 말하고 싶습니다. 아마 그때에도 목마른 사람과 굶주린 사람, 병든 사람은 존재할 것입니다. 아마 불균형과 부조리는 없어지지 않을 것입니다. 상위 1%와 나머지 99%의 불균형이 심화되고 있지요. 이 불균형을 해소하기 위해서는 무엇보다 서로가 서로를 인정하고 배려해야 할 것입니다. 물은 높은 곳에서 낮은 곳으로 흐릅니다. 흐르지 않고 고인 물은 썩기 마련입니다. 물이 돌을 지나기 무섭다고 흐르기를 포기하지 않습니다. 개발에 대한 고민도 가만히 있으면 아무런 힘이 없습니다. 계속해서 고민하고 공유하고 함께해야지요.

모두 함께 잘 사는 세상, 적어도 같은 모습의 사람으로서 기본적으로 먹고 마시는 문제에서 벗어날 수 있는 세상을 위해 뛰어든 사람들이라면 이제는 '고통 받는 사람'이 아닌 보통 '사람'에 대해 고민하고 집중하는 것도 도전해볼 만한 일이지 않을까 싶습니다.

우리도 누군가에게 도움이 필요한 사람으로 비춰질 수 있습니다. 항상 나의 모습과 다른 사람의 모습을 비교하면서 발전을 이야기한다면 우리는 항상 부족함을 느끼게 될 것입니다. 주어진 환경에서 조금의 필요만 더해지면 충분히 스스로 살 수 있는 방법들을 발견할 수 있을 것입니다. 우리는 그들의 더 나은 삶에 '마중물'의 역할만 할 뿐입니다.

한 개의 촛불로 많은 초에 불을 붙여도 처음 촛불의 빛은 약해지지 않는다. _ 탈무드

사업 개요

- 사업명: 케냐 동남부 지역 식수 공급 및 기초보건사업
- 사업목표
  - 안전한 식수 및 기초위생 환경에 대한 접근성 증대
  - 수인성 질병 발생률의 감소
- 사업내용
  - 신규 우물(관정) 개발
  - 고장 나고 파손된 펌프 수리
  - 인공저수지(water pan) 건축
  - 주민대상 보건위생교육
  - 유지보수 인력 양성 및 기자재 지원
- 총예산: 약 47억 원(2008~2012년, 최근 5년간 사업투입예산 기준)
- 사업기간: 2001년~현재
- 사업 주체: 팀앤팀
- 파트너 기관명: 팀앤팀 케냐
- 사업지역: 케냐 동남부 타나 강 지역(나이로비에서 직선거리 약 850km)
- 수혜자: 타나리버 지역, 타나델차 지역주민 약 3만 5,000명

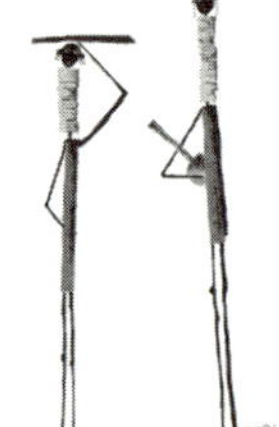

영양

- 기대로 심는 씨앗, 몽골의 미래를 가꾸다_
  몽골_위드 서연경

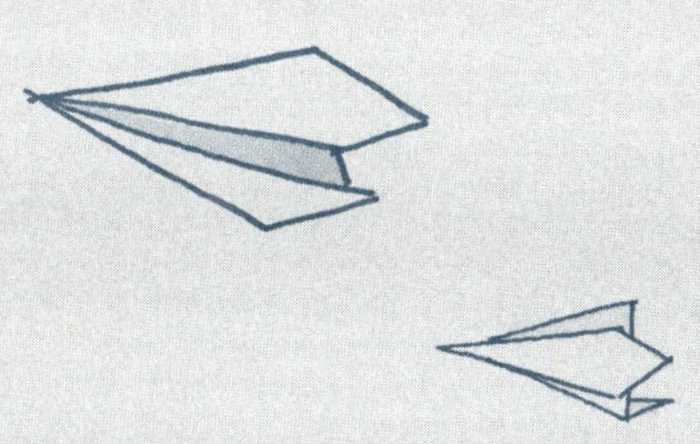

기대로 심는 씨앗,
몽골의 미래를 가꾸다

:: 서연경 ::

서울대학교 식품영양학과를 졸업하고 동대학원에서 영양학 석사학위·박사학위를 받았다. 다수의 대학에서 강의를 했고, 임상영양사로서 병원과 보건소에서 영유아와 모성을 대상으로 한 영양 상담과 교육을 진행했다. 1995년 위드(WITH)의 전신인 오병이어선교회의 캠퍼스 모임을 시작으로 단체와 인연을 맺어 몽골·베트남·라오스 등에서 국제영양 개선활동에 참여했고, 2007년부터 전략연구팀 팀장으로 본부에서 몽골 영양개선연구소 지원, 국제영양활동가 및 전문가 양성 등의 조사연구, 교육 과정 개발 등을 진행했다. 현재 영양 전문가 교육 프로그램 운영과 함께 몽골 만성질환사업과 에티오피아 보건영양 치료사업 등의 모니터링과 평가·연구를 담당하고 있다.

1. 유목민지역학교에 시작된 건강한 급식

2010년 10월 1일 울란바토르에서 4시간 동안 초원을 달려 다신질림솜 지역에 있는 하나밖에 없는 초등학교에 도착했다. 이미 120여 명의 정부 및 학교 관계자들과 학생들이 몽골 교육청에서 새로 신축한 학교 건물 1층에 모여 있었다. 오늘은 이곳에 특별한 행사가 있는 날이다. 위드가 진행하는 몽골 학교급식 시범운영사업의 3차 시범학교인 다신질림솜 학교, 바로 그곳에서 학교급식 시행식이 있는 날이기 때문이다. 학교 신축 건물 1층에 KOICA의 주방시설 지원으로 완성된 학생식당에서 시작되는 3차 시범학교급식은 우리에게도 그들에게도 그 의미가 뜻깊다.

아직도 몽골의 대다수 국민은 유목민의 문화를 간직하고 살아가기에 솜(시골 지역 단위로 한국의 군 개념)마다 유목민 자녀를 위한 학교, 몽골 학제로 엄밀히 말하면 1~12학년제의 초·중·고등학교 1개교가 세워져 있다. 유목민들은 거주지를 매번 이동해야 하는 특성 때문에 교육을 위해 자녀들을 학교의 기숙사로 보낸다. 그렇기에 유목민의 자녀들은 기숙사에서 생활하면서 기숙사 식당 아궁이에서 만들어지는 식사에 하루 세 끼를 온전히 의지하며 공부한다. 즉, 학교급식은 이들에게 유일한 영양공급의 수단일 수밖에 없다.

이러한 현실 속에 3차 시범학교로 선정된 다신질링솜 학교의 급식은 기숙사에서 생활하는 학생에게는 세 끼의 식사를, 집에서 등교하는 학생들에게는 점심 급식을 공급하되 영양의 균형을 맞춘 식단으로 위생적인 조리시설에서 만들어 배식하는 건강한 급식 모델로 진행되고 있다.

2. 몽골 아이들의 영양상태 현황과 몽골 상황의 변화

몽골은 러시아와 중국 사이에 위치한 내륙국가로, 국가 전체 면적은 한국의 약 16배에 달하지만 인구는 280만 명 정도여서 인구밀도가 매우 낮은 나라이다. 몽골의 국토는 서부의 알타이 산맥이 있는 산악지대, 동남쪽의 고비 사막이 위치한 사막지대, 중부와 동부의 초원지대 및 농업 가능지대로 크게 나눌 수 있는데, 경작지가 적고 1년에 4개월만 경작이 가능한 기후이기 때문에 인구의 절반 이상이 목축업에 종사하고 있다. 1990년 몽골은 구소련의 사회주의체제가 무너지고 자본주의경제체제를 도입하면서 극심한 인플레이션과 식량부족 현상이 발생하여, 한때 유엔식량농업기구(Food and Agriculture Organization: FAO)는 세계에서 영양상태가 가장 심각한 나라 중 하나로 몽골을 지목하기도 했다.[1] 그러나 1990년에 1,000명당 107명이던 5세 미만 영유아 사망률이 2010년에는 45명으로 감소하는 등 국가 경제의 발전으로 국민 건강상태가 서서히 개선되는 중이다.[2] 그럼에도 2009년 현재 빈곤선(1일 1.25달러) 이하로 생활하는 국민의 비율이 22%를 차지하고, 중등도 이상의 만성영양불량(stunting)인 아동이 16~27% 수준에 머무르는 것을 감안하면 빈곤층 아동을 위한 영양 개선이 시급함을 알 수 있다. 실제로 2003년에 이루어진 제2차 몽골 국민영양조사에 따르면, 가난한 가정의 아이들이 그렇지 않은 가정의 아이들보다 영양불량일 확률이 3배나 높은 것으로 나타났으며, 아동들의 철분·칼슘·요오드·비타민 A·B$_{12}$·C 등의 섭취량이 필요량에 미치지 못하는

---

1) FAO, *Dramatic fall in nutritional standards in Mongolia: chronic undernutrition in children on the rise*(Global Watch, 1997, November 7).

2) National Statistics Office, UNICEF, *"Multiple Indicator Cluster Survey 2010" Summary Report*(Ulaanbaatar: Mongolia, 2011).

것으로 보고되기도 했다.[3] 특히 학령기 아동의 경우, 사회주의체제하에서 제공되던 급식이 중단됨에 따라 대부분의 학생이 학교에서 점심을 거르는 것으로 나타났다.[4] 2004년 몽골의 한 지역사회보건소에서 실시한 조사에 따르면, 학교 식당은 외부인에게 임대를 주어 운영권을 맡긴 경우가 많고 식당이 아예 없는 학교도 있어 학교 식당에서 식사를 하는 학생은 극히 일부분인 것으로 나타났다. 또한 식당에서 파는 음식도 대부분 낱개로 판매할 수 있는 보쯔(고기만두)나 호쇼르(튀김만두), 과자 등이어서 학생들은 성장기 아동에게 필요한 영양소를 충분히 섭취할 수 없는 것으로 보고되었다. 그러나 당시 몽골 교육제도는 학생들의 성장 및 영양에 대한 적절한 대책을 마련하지 못하는 실정이었다.[5]

학교급식은 성장기 아동들에게 정상적인 신체발달과 활동에 필요한 영양을 공급함으로써 식생활에 대한 합리적인 지식과 식습관을 기르기 위해 학교에서 계획적으로 실시하는 단체급식을 말한다. 학교급식은 학생들의 적절한 성장발달을 돕고 올바른 식습관을 형성하며, 식사 예절과 영양에 대한 교육을 통해 영양상태를 개선하고 출석률을 높여주어 즐거운 학교생활 속에서 학습에 대한 집중력과 학업 성취율을 높이는 데 영향을 준다. 또한 학교와 지역사회에 영양 지식을 보급하여 국민의 식생활 개선과 건강증진에 기여할 수 있고, 국가 발전에 핵심이 되는 건강하고 우수한 인력을 양성하여 국가의 경쟁력 향상에 기여할 수 있다.[6]

---

3) Ministry of Health, *National Nutrition Survey 2003*(Mongolia, 2003).

4) G. Enktaivan, 『몽골학생들의 식사현황』(학교급식세미나 프리젠테이션 자료, 2005).

5) 김선미·박수진·우지성, 「몽골 초등학교 시범급식실시 및 기대 효과」, *Nutrition Action* Vol.1(Yellow Window 영양개선연구원, 2009), pp.3~11.

6) 박준교, 「우리나라 학교급식의 변천과 활성화 방안에 대한 연구」(이화여자대학교 교육대학원 석사학위논문, 1987).

이러한 이유로 세계식량계획(World Food Programme: WFP)에서는 저영양상태 아동의 영양 공급을 위한 전략사업으로 학교급식을 시행해왔으며,[7] 새천년개발목표(Millennium Development Goals: MDGs)의 달성에도 기여도가 높은 것으로 발표하고 있다.[8] 특히 몽골 국민의 28%가 6~18세의 학령기 아동임을 고려할 때, 앞으로 학교급식의 확산을 통해 몽골 아동들의 영양 개선뿐만 아니라 몽골 국민의 식생활 개선, 건강 및 체위 향상에 크게 기여할 수 있을 것이다.

3. 몽골 영양사업 발굴 과정

1) 영양 개선의 관점으로 몽골에 첫발을 딛다

위드의 전신이자 식품영양 기독 전문인으로 구성된 오병이어선교회는 1990년대에 들어서면서 방글라데시와 인도 등 해외의 저개발국가에서 단기 영양활동을 진행했는데, 1993년 8월 몽골의 수도 울란바토르에 첫 발을 내딛게 되었다. 그 당시 식품영양 전문인들의 관점에서 바라본 몽골 국민의 영양상태는 영양 개선과 식생활의 변화가 반드시 필요하다고 판단했고, 위드의 협력기관인 (주)수양급식(현 수양 F&G)은 현지 법인이자 몽골 최초의 한국인 단독투자회사인 수양급식 몽골 케이터링 서비스 회사를 설립해, 몽골인의 부적절한 식습관의 변화를 통한 몽골의 식생활 및 영양 개선이라는 비전을 가지고

---

7)   WFP, *Hunger and Learning. Overview*(Rome: World Hunger Series, 2006).

8)   A. Hall et al., *An evaluation of the impact of a school nutrition programme in Vietnam* (Public Health Nutr, 2007), 10(8), pp. 819~826.

1995년 6월 몽골 국립과학기술대학교(이하 몽골 과기대)와 협력 계약을 맺었다. 이에 한국의 영양 전문가와 급식사업 전문가를 몽골에 파견하여 비즈니스 및 학술 교류, 몽골 식생활 개선 활동 등을 진행하면서 신뢰관계를 구축해나갔다. 그 이후로도 위드에서 파견한 수십 명의 식품영양 전문가가 현지에서 장단기로 활동하면서 몽골에서 발견한 영양적 필요들을 자신의 전문성과 삶을 통해 전심으로 노력하며 현장을 일구어가는 과정들이 지속적으로 진행되었다.

2) 몽골 영양개선연구소 설립

1996년 당시 몽골 대학 내에 영양학을 가르치는 교수가 전무한 상황에서 몽골 과기대 측에서 영양에 관한 내용을 가르칠 교수 요원에 대한 요청을 받았다. 이에 몽골 과기대 식품조리학과에 한국인 교수를 파견하여 3년 동안 아동 영양, 식이요법 등의 영양학 강의를 진행하면서 최신 전공 관련 지식을 교육했고, 전공 서적인 『어린이 영양』을 몽골어로 번역·발간하여 몽골 식품영양학 전공자들에게 보급했다. 1997년에는 오병이어선교회의 영양 전문가들로 구성된 아시아영양개선연구소(Asian Center for Improvement of Nutrition) 팀이 몽골 하라호름 지역 식생활 조사 및 세미나를 개최하여 영양 연구의 학문적 필요를 인식시켰다.

이러한 노력과 신뢰관계가 쌓여가던 중, 1999년 몽골 과기대가 종합연구동을 대학 내에 신축하면서 영양연구소를 개설해줄 것을 요청하여 2000년 2월 몽골 과기대와 (주)수양급식의 협력으로 몽골 영양개선연구소(Mongolia Center for Improvement of Nutrition, 이하 MIN)를 설립했고, 한국에서 파견된 영양연구 전문 인력인 초대 소장과 책임연구원이 현지 연구원들과 함께 일하게 되었다.

MIN의 운영방식은 2년을 임기로 한국인과 몽골인이 번갈아가며 소장을 맡는 체제로 협정을 맺었는데, 2008년부터 몽골 측이 소장직을 전담하게 되었고 현재는 한국에서 영양학 박사를 받은 몽골 영양 전문가가 8대 소장직을 수행하고 있다.

당시 몽골에서는 각 병원을 중심으로 식품의사가 임상영양에 관한 부분을 담당했지만, 국민 전체의 영양 증진을 책임질 영양 전문가는 부족한 상황이었다. 더구나 전통적인 유목생활의 영향으로 몽골인들의 관습이 된 '채소는 동물이 먹고 사람은 동물을 먹는다'라는 채소를 기피하는 경향 때문에, 육류, 특히 육류 지방과 우유 및 유제품, 감자와 밀가루 등 열량 위주의 식품을 주로 섭취하고 채소와 과일의 섭취가 부족하여 성장기 아동에게 비타민·무기질 등의 미량영양소 결핍증이 많이 발생하고 있었다. 또한 몽골의 기대수명이 1970년 56세에서 1991년 61세, 2010년 68세로 점차 늘어나면서 심혈관질환·암·당뇨 등의 만성질환의 발생이 증가하는 부담도 있어, 이러한 영양불균형의 문제를 해결하기 위한 지역사회 보건영양 전문 인력의 양성이 필수과제였다.

3) 영양 전문가 양성을 위한 영양학과 개설

몽골은 과거 구소련의 사회주의체제에서 내려온 유물론 사상이 사회 전체에 팽배해 있었다. 이러한 가치관은 해외 원조에 대한 태도에서도 볼 수 있었는데, 눈에 보이는 물건이나 시스템에 투자받기를 원했고 과정보다는 단기적이고 가시적인 결과를 중요하게 여겼기 때문에, 이를 이끌어가고 운영해갈 전문 인력 양성에 대해서는 그 중요성을 인식하지 못하고 있었다.

이러한 인식의 전환을 이끌어내는 과정에는 수양급식 몽골 회사와 MIN이 중요한 역할을 담당했다. 수양급식과 MIN은 몽골 과기대와 연계하여 몽골 국민의 영양상태, 아동의 영양, 학교급식 등의 주제로 세미나를 매년 수차례 개최했고, 한국의 교수진 및 영양 전문가들과 학술적 교류 및 정보 공유를 지속적으로 이어나갔다. 그 결과 몽골 과기대의 관계자들이 영양 전문 인력 양성의 필요성을 점차적으로 깨달아 새로운 학과 개설에 대한 의지를 갖게 되었다. 이에 MIN은 영양학 전공학부 신설을 위한 교과 과정을 개발하고 전문교수 인력을 위한 단기 교육 과정을 운영하여 그 기반을 마련함으로써, 2000년 9월에 시작하는 학기부터 몽골 최초의 영양학 전공 과정이 몽골 과기대 식품생명공학대학 내에 개설되었다.

또한 MIN은 (주)수양급식과 오병이어선교회와 함께 2005년 영양학과를 졸업한 첫 졸업생들의 사회 진출에 대한 방향을 모색했다. 그 출구전략의 하나로 한국에서 파견된 지역사회 보건영양 전문가인 4대 MIN 소장과 임상영양 전문가이자 현재 위드 몽골 지부장인 연구원이 주축이 되어 임상영양 인턴십 프로그램을 개설, 2005년부터 매년 4~6개월간의 집중코스를 통해 현지에 맞는 임상영양 전문가를 배출했고, 이 과정을 수료한 이들은 현재 국립병원·구청병원·연구소에서 임상영양 전문가로 일하고 있다. 또한 2007년부터는 학교급식 영양사 인턴십 프로그램을 시행하여 학교급식이 몽골 전역에 확장되는 데 기여할 전문 인력을 양성하고 있다.

4) 학교급식은 몽골의 미래를 위한 솔루션

몽골은 인구밀도와 출산율이 낮아 아이들을 소중히 여기는 풍습이 있다. 예를 들어 아이가 이유식을 시작하면 가족의 식사준비를 할 때 가장 좋은 부위의 고기를 따로 두었다가 이를 이용하여 이유식을 만들어 아이에게 먹일 정도로 아이들에 대한 사랑이 각별하다. 그러나 경제체제가 변화되면서 구소련

체제에서 시행되던 배급제가 붕괴되어 아이들을 지원할 수 있는 경제적 뒷받침이 제대로 되지 않자 아이들이 어쩔 수 없이 뒷전으로 밀려나게 되었다. 특히 몽골 대부분의 부모가 균형 잡힌 식사의 중요성을 잘 인식하지 못해 자신의 자녀가 학교에서 적은 비용으로 인스턴트 식품이나 단 과자 등으로 점심 한 끼를 해결하도록 두었고, 대부분의 아이가 하루에 저녁 한 끼만 제대로 먹는 경우가 많았다.

이러한 상황 속에서 당시 몽골 과기대의 식품생명공학대 학장이던 곰보 교수는 2001년 한국을 방문하여 학교급식 현장을 참관하고 나서 '우리의 소중한 아이들을 잘 먹이는 것이 몽골의 미래'라고 소감을 밝히면서 학교급식이 바로 몽골의 미래를 위한 솔루션이라는 확신을 가졌다. 뒤이어 MIN이 몽골 교육문화과학부 투므르 오치르 차관, 몽골 국회위원을 포함한 관련 전문가들을 초청하여 한국 초등학교 급식시설과 운영 현황을 시찰할 수 있는 기회를 마련함으로써 초등학교 급식이 몽골 국민의 영양 및 건강 증진의 장기적인 해결책이라는 인식을 가지게 했고, 몽골에서의 학교급식 시행 방안을 함께 모색하기에 이르렀다.

4. 몽골 초등학교 시범급식사업의 윤곽을 그리다

1) 몽골 학교급식추진위원회의 조직

몽골 정부와 학계 관련자들은 여러 차례 학교급식 관련 세미나를 열고 한국의 학교급식 운영상황을 직접 견학하면서 몽골 학교급식에 대한 관심을 가졌고, 2005년 몽골 교육문화과학부 차관을 주축으로 몽골 과기대, MIN, 학교장 등의 몽골 측 유관기관의 관계자로 구성된 몽골 측 대표와 위드의 회장, 본부장, 학교급식 전문가들로 구성된 한국 측 대표가 함께하는 몽골 학교급식추진위원회가 조직되었다.

몽골 학교급식추진위원회는 위드의 학교급식 전문 인력과 한국 측 기술자들이 몽골 측의 정부 및 교육청, 학교 관계자들과 함께 학교급식 시범운영사업의 시작부터 참여하여 상호 협력함으로써, 사업의 지속성과 지역사회의 주도적 참여를 이끌어내고, 주무 관청과 긴밀한 협조를 통해 시범사업 실시 이후에도 몽골 정부의 주도로 전국에 학교급식이 확대될 수 있는 기반을 갖추게 하는 데 큰 의의가 있었다. 따라서 몽골 학교급식추진위원회는 학교급식 시범 실시를 위해 급식 전반과 관련한 법률 제정에 대한 자문에 응하는 것을 비롯해 시범학교 선정에 대한 기준을 세우고, 협정서 내용의 초안을 마련하며, 학교급식 실시를 위한 세미나 주최, 대상학교의 영양상태 평가, 학교급식 시행에 따른 예결산과 인사권 등의 세부적인 사항들을 협의하고 심의하는 등 시범급식의 준비 과정에서 중요한 역할을 맡았다.

2) 몽골 학교급식 시범사업을 디자인하다

몽골 학교급식 시범운영사업은 몽골 교육문화과학부와 위드가 협정을 맺고 2006년 11월부터 2015년 12월까지 총 9년간 아동 영양에 문제가 되는 지역 세 곳에서 진행하도록 계획되었다(표 1). 즉, 급격한 도시화로 생성된 도시 빈민 지역, 도시와 지방 간 격차가 심한 지방도시 지역, 몽골의 특성을 잘 반영한 기숙사 시설이 있는 유목민 지역에서 각 1개교씩 3개교를 시범학교로 선정하여 진행했다. 위드는 이곳에 몽골 현지에 맞는 학교급식 운영체제와 급식 설비를 구축하고 한국의 전문 인력을 파견하여 학교급식 운영을 위한 기술을

구분	1차 시범학교 선정 및 급식 시행	2차 시범학교 선정 및 급식 시행	3차 시범학교 선정 및 급식 시행
선정 지역 및 학교	수도 저소득층 울란바토르 58번 학교	지방도시 중산층 아르항가이 2번 학교	지방 시골 유목민 지역 다신질링솜 학교
(2006년)	2006년 11월 17일 시행식		
1차년(2007년)			
2차년(2008년)		2008년 9월 24일 시행식	
3차년(2009년)			
4차년(2010년)	2010년 9월 29일 이양식		2010년 10월 1일 시행식
5차년(2011년)		2011년 9월 30일 이양식	
6차년(2012년)			
7차년(2013년)			2013년 10월 이양 예정
8차년(2014년)	시범사업 효과 평가	시범사업 효과 평가	시범사업 효과 평가
9차년(2015년)			

표 1. 몽골 학교급식 시범학교 시행 현황

주: 1차 시범학교의 경우 3년간 급식을 운영한 후 2009년에 이양할 예정이었으나, 그해 몽골 전역에 전염병이 돌아 학교가 휴교하여 이양 시점이 1년 미뤄진 2010년에 진행되었다.

지원하며, 각 학교당 정부의 급식비가 지원되는 1~5학년의 300~1,200명의 대상아동에게 3년간 급식을 시범적으로 실시한 후 급식운영체제 및 설비 일체를 해당 학교에 이관하는 것을 원칙으로 하는 사업의 틀을 디자인했다.

처음에는 5개년 계획을 바탕으로 1·2·3차 학교에서 각각 3년간 진행하되 1차 학교에서 시범급식을 1년간 진행한 후 2차 시범학교를 열고, 그다음 해에 3차 시범학교를 열어 3년 후 이양하는 계획을 세웠다. 그러나 1차 학교급식을 1년간 시범운영하면서 시행착오를 수정·보완하여 2차 학교에 반영하기 위해서는 시간이 더 필요했기에 각 시범학교가 개교하는 간격을 2년으로 재조정했으며, 2013년 3차 시범학교를 이양하고 난 후 2년 동안 몽골 측과 함께 시범운영사업의 효과를 평가하는 것으로 계획을 수정했다.

몽골 학교급식 시범운영사업을 통해 이루고자 하는 목적은 몽골의 미래를 책임질 아동의 건강을 증진하고, 식생활 개선을 위한 올바른 식습관의 형성을 도모하며, 급식에 종사할 학교급식 영양사·조리사 등의 급식 전문 인력을 양성하는 것이다. 또한 몽골 전체에 학교급식의 중요성에 대한 사회적인 인식을 확산하고, 급식 전문 인력과 학교급식 관련 식품가공, 급식 시설과 설비 등의 제반 기술직 양성을 위한 국가 차원의 기본 계획을 수립하고 제도를 확립하도록 촉구하여 몽골 전체에 학교급식이 점진적으로 확대될 수 있는 체계적인 학교급식의 기틀을 마련하는 데 있다.

3) 1차 시범학교의 선정

한국 측 몽골 학교급식추진위원회에서는 몽골 교육문화과학부에 1차 시범학교의 선정 기준을 공문으로 전달했다. 선정 기준으로는 학교급식을 운영할 수 있는 주방시설과 식당 공간이 가능한지, 학교급식 설비 운영을 위한 전기와 상수도 시설, 배수 및 배기 시설 등의 기반시설이 있는지, 없다면 이러한 시설을 몽골 측에서 비용을 부담할 수 있는지 등이었다. 이를 바탕으로 몽골 교육부는 해당 교육청과 함께 울란바토르 소재 초등학교 중 도시 변두리의 빈민 지역에 위치한 비슷한 규모의 세 학교를 1차 시범학교의 후보로 추천했다. 이에 MIN은 이들에 대한 예비 심사를 실시한 후 한국 측 몽골 학교급식추진위원들이 해당 학교가 선정조건에 잘 맞고 실제로 학교급식 진행이 가능한지에 대한 실사를 진행했다. 그리고 학교급식에서 중요한 요소인 해당 학교 학교장의 적극적인 의지와 지원이 있는가를 함께 평가하여, 학교급식 시범운영 조건에 부합하면서 학교장이 학교급식 시범운영에 대한 의지를 가장 적극적으로 보여준 58번 학교가 1차 시범학교로 선정되었다. 58번 학교의 한다 교장

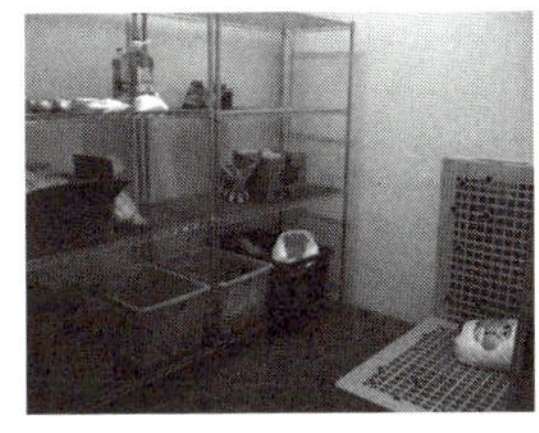

사진 1. 58번학교 급식시설_식품보관실(왼쪽), 조리실(가운데), 세척실(오른쪽)

은 학생의 절반 이상이 매우 어렵게 생활하고 있음을 피력하면서 시범운영을 통해 발생할 수 있는 여러 가지 어려움에 대해 적극적으로 헤쳐 나가겠다는 굳은 의지를 보여주었다.

4) 1차 시범학교에 현대화된 학교급식 시설을 구축하다

위드가 진행한 몽골 학교급식 시범사업은 해당 학교 내에 급식 시설과 기기, 급식 전문 인력을 갖추고 직접 음식을 만들어 제공하는 직영급식의 형태였다. 특히 급식의 위생 및 안전성을 보장하기 위해 모든 시설 및 기기를 국제위생관리시스템(HACCP) 개념이 도입된 주방 배치에 따라 설치하고, 정해진 식사시간에 다수의 학생에게 급식할 수 있는 대량조리 시스템을 갖추어 몽골 학교급식의 적절한 모델을 제시하고자 했다.

58번 학교가 1차 시범학교로 선정된 후 시범급식 실시를 위한 사전조사로 급식 주방 시설 구축을 위한 현황 조사, 대상 아동의 식습관 조사 및 영양상태를 측정했다. 그리고 실사 과정에서 발견한 58번 학교의 학교급식을 위한 상하수도 시설의 부재를 해결하기 위해 우물을 파서 상수도 시설을 만들고, 그에 따라 하수도 시설을 구축해야 했다. 주방 공사는 (주)수양급식의 학교급식 전문가들로 구성된 자문단이 현지 주방도면을 설계하고 기술적인 자문에 응

구분	내용	비고
운영	학교급식 운영 지침서	1. 학교급식의 개요 2. 학교급식 운영 관리의 기본 3. 급식조직 및 인사관리 4. 구매 및 식재료 관리 5. 급식 생산관리 6. 작업관리 7. 급식 시설설비 관리 8. 급식회계관리
	학교급식 연간 운영계획서	1. 학교현황 2. 급식운영계획 3. 급식제도 및 연수계획 4. 관련업무 추진계획
영양	영양관리 지침서	1. 영양관리 　1) 영양관리의 의의 　2) 영양계획 　3) 식사계획 2. 식단작성 　1) 급여영양량의 결정 　2) 식품구성의 결정 　3) 조리배합 및 식단표 작성 　4) 식단의 평가 　5) 표준레시피
위생	위생관리 지침서(HACCP)	1. 시설설비 위생 2. 개인위생 3. 식중독 4. 식재료 위생 5. 급식기구 세척 및 소독 6. 환경위생
시설	시설설비관리 지침서	1. 학교급식 시설 설비 기준 2. 학교급식 시설 설비 현황 3. 학교급식 기기 안전작동 방법 4. 학교급식 안전수칙
교육	교육 지침서	1. 아동교육: 의의·방법·계획·내용 2. 급식 종사자 교육: 의의·방법·계획·내용 3. 학부모 및 업체교육: 의의·방법·계획·내용

표 2. 학교급식 각종 지침서

하는 가운데 몽골 정부 및 교육청에서 공사업체를 선정하여 주방 공사비를 지원했으며, MIN과 위드의 관리 감독하에 기존의 간이식당을 주방으로 수리하고 공사하는 과정이 진행되었다.

위드는 HACCP에 맞는 모든 위생설비와 대량조리 시스템을 갖추고 전력과 가스를 병행하는 현대화된 급식시설을 구축하기 위해 총 1억 2,000만 원(약 12만 4,000달러)의 후원금을 모아 1차 시범학교의 주방기기 일체를 마련했으며, 한국 측 기술자가 몽골에 파견되어 주방 설비 및 시설을 설치했다. 또한 시범급식을 실시하는 6개월 전부터 위드에서 파견된 학교급식 영양사가 철저한 사전준비를 위해 현지 영양사를 훈련하고 급식 식단과 운영지침서를 개발했으며(표 2), 조리사·교사 및 학부모에게 위생 및 학교급식에 대한 중요성을 교육하면서 알맞은 온도의 점심 배식을 위한 사전 연습을 여러 차례에 걸쳐 연습했다.

5) 몽골 정부의 학교급식 인식 확산과 참여

시범급식에서 가장 중요한 것은 무엇보다 급식비를 어떻게 감당할 것인가 하는 부분이었다. 사전조사 결과 몽골 영양권장량을 기준으로 산출한 한 끼 식사비는 약 600투그릭(몽골 화폐 단위, 한화로 600원 정도)이었다. 부모가 자녀의 급식비를 모두 부담하는 것을 원칙으로 하되 부모의 부담감을 덜어주기 위해 교육문화과학부 차관, 학교 관계자들과 대책을 논의하며 1차 학교의 시범학교급식을 준비하고 있던 중, 2006년 9월 몽골 정부가 전국 학교의 1~2학년 학생에게 매일 300투그릭의 점심 간식비를 지원한다는 법령을 발표했다. 그 당시 몽골 아동의 건강증진을 목적으로 외국 원조가 많이 들어왔는데, 앵흐바야르 대통령이 이를 학교급식비로 지원하면서 시범급식사업을 준비하고 있던 위드로서는 중요한 기반을 얻는 계기가 되었다.

5. 기대로 심는 씨앗

1) 씨앗 하나: 1차 시범학교 울란바토르 58번 학교

사진 2. 울란바토르 58번 학교

58번 학교는 1974년 정원 200명의 초등학교로 신설되어 현재 정원 2,200여 명에 이르는 12년제 초·중·고등학교이다. 특히 58번 학교는 수도 울란바토르 시의 외곽에 위치한 도시빈민형 학교로서 생활수준이 어려운 학생이 절반 이상을 차지하고 있다. 2006년 11월 1~2학년 학생 600여 명에게 첫 학교급식이 실시된 이후 몽골 정부의 정책에 따라 급식 대상자의 범위가 점차 확대되어 2010년 1~5학년 약 1,200명에게 2교대(오전반·오후반)로 연간 160일 동안 점심 급식이 진행되고 있다.

(1) 한 끼의 균형 잡힌 식사, 몽골에 맞는 메뉴를 개발하기까지

2006년 9월 정부에서 지급하기로 한 300투그릭의 점심 간식비는 아이들에게 빵 하나, 우유 한 잔을 겨우 제공할 수 있는 수준이었다. 이러한 비용으로 균형 잡힌 한 끼 식사를 위생적으로 따뜻하게 제공한다는 것은 결코 쉽지 않은 일이었다.

몽골 아동에게 제공되는 메뉴를 개발하기 위해서는 한 끼 식사에 맞는 영양권장량을 산출해야 했다. 이를 위해 몽골 보건부에서 제정한 몽골 아동영양권장량(2005년)을 기준으로 몽골 아동들이 한 끼에 먹을 수 있는 식사량을 고

사진 3. 점심 간식(빵과 우유)에서 점심 급식으로 변화

나이(세)	학년	에너지(Kcal)	열량 비율			1일 점심 제공 열량(Kcal)
			단백질	지방	탄수화물	
7~9	1~3	2000				2000/3=666.7 → 650Kcal
10~14	4~8	2400	15~20%	20~30%	50~60%	2400/3=800 → 800Kcal
15~19	9~11	2570				2570/3=856.7 → 850Kcal

표 3. 시범학교급식을 위한 몽골 아동의 영양권장량
몽골 보건부/몽골 영양개선연구소(2005).

려해 시범급식에 맞는 영양권장량을 산출했고, 하루 권장량의 1/3을 점심 급식으로 제공하는 것을 목표로 했다(표 3). 다행스럽게도 몽골 정부가 2007년부터 전국 초등학교의 1~5학년 학생들에게 400 투그릭의 급식비를 확대 지원했지만, 이 비용으로는 권장량의 1/2~2/3 수준밖에 제공할 수 없었다. 그렇기에 1차 시범학교급식은 적정 영양권장량을 목표로 하되 현재의 부족한 급식량 내에서도 영양적인 균형을 맞춘 식사를 제공하려고 노력했다.

학교급식 메뉴는 몽골 사람들이 즐겨 섭취하고, 단체 급식에서 대량조리가 가능하며, 식재료로 가격이 적절하고, 대상자인 아동이 섭취 가능한 식품을 고려하여 조사 개발했다. 특히 섭취가 부족한 채소와 과일의 경우 시장조사를 통해 몽골에서 가장 흔하고 쉽게 구할 수 있는 양배추·양파·당근 등과 함께 건포도와 약간의 과일을 곁들이고 다양한 소스를 이용하여 매일 아이들에게 샐러드를 만들어 제공하도록 계획했다. 그 결과 주별로 고기가 없는 음식(차강헐), 고기가 주가 되는 음식(마흐태헐), 개수 음식(쉬르희헐), 국식(슐태헐), 볶음 음식(호락크)으로 구성했고, 한 달을 주기로 스무 가지의 순환식단을 개발했다. 또한 칼로리별·식단형태별로 표준 레시피를 만들어 활용했다(표 4). 특히 몽골의 춥고 건조한 기후에 맞게 따뜻한 차를 매일 제공하고, 우유 및 유제품은 가능한 한 주 1회 이상 제공하게 했으며, 과일의 경우 위드의 후원으로 정기적으로 제공하여 미량 영양소의 섭취를 보충하게 했다.

(2) 위생적인 준비, 신속한 배식

학교급식의 가장 큰 과제는 식중독을 예방하는 것이며, 이를 위해 급식이 이루어지는 전 과정에서 위생관리를 철저히 해야 한다. 기본적으로는 급식 종사자와 배식 담당자 전원이 위생복을 착용하고 수시로 손을 씻게 했고, 신선하고 질이 좋은 식재료를 철저한 검수 과정을 통해 구입했으며, 정해진 구역 내에서 전처리와 조리 과정을 거쳐 위생적인 음식을 준비했다. 그러나 식중독 관리에서 가장 중요한 점은 바로 적온 배식, 즉 따뜻한 가열 음식은 2시간 이내에, 샐러드와 같은 가열하지 않는 음식은 1시간 이내에 안전하게 배식이 진행되어야 한다는 것이다.

1차 시범학교의 경우 오전반과 오후반이 있어 한 번에 600명씩 2회에 걸쳐 급식이 진행되었다. 처음에는 1~3학년 아동 600명에게 2교대로 급식을 진행했지만, 급식대상아동이 4~5학년까지 늘어나면서 배식인원이 1,000명을 넘어섰다. 그러자 한다 교장은 인원이 너무 많아 한 번에 급식할 수 없을 테니 4~5학년은 예전과 같이 빵과 우유를 주겠다고 제안했다. 그러나 1차 시범학교는

No	음식명	식재료명	1인당 양(g)		열량(Kcal)	비용(투그릭)
			발주량	가식량		
4	스테이크	쇠고기	80.0	80.0	122.5	240.0
		밀가루	7.0	7.0	26.5	6.0
		양파	5.8	5.0	1.4	2.9
		소금	0.3	0.3	0.0	0.1
	밥	쌀	80.0	80.0	287.2	56.0
		식용유	1.0	1.0	9.2	2.6
		소금	0.4	0.4	0.0	0.1
	채소볶음	당근	43.8	35.0	11.9	28.4
		양배추	90.0	75.0	14.3	45.0
		만징(무)	20.0	15.0	22.0	16.0
		양파	5.8	5.0	1.4	2.9
		소금	0.4	0.4	0.0	0.1
		설탕	0.5	0.5	1.9	0.5
		식용유	1.5	1.5	13.8	3.9
		토마토페이스트	2.5	2.5	2.9	2.0
	붉은 소스	밀가루	3.0	3.0	11.3	2.6
		토마토페이스트	2.5	2.5	2.9	2.0
		당근	6.3	5.0	1.7	4.1
		양파	2.3	2.0	0.6	1.2
		식용유	1.0	1.0	9.2	2.6
		설탕	1.5	1.5	5.8	1.4
		소금	0.3	0.3	0.0	0.1
	우유	우유	200.0	200.0	146.0	170.0
	계		555.7	523.9	692.5	590.4

사진 4. 학부모 도우미를 통해 점심식사를 배식받는 모습

전교생 2,000명 이상에게 급식을 제공할 수 있도록 시설을 구축했기 때문에 1,200명에게 급식을 하는 것은 당연히 가능한 일이라고 대량 급식의 경험이 없던 교장을 오히려 설득하여 5학년까지 급식이 진행될 수 있게 했다.

급식의 진행은 완전히 조리된 음식을 배식통에 각각 나누어 담아 해당 교실로 배식차를 이용해 이동하면, 배식을 담당하는 학부모가 20분 이내에 신속하게 배식하는 것이 관건이었다. 그러나 문제는 반마다 수업이 끝나는 시간이 달라 하릴없이 아이들을 기다리는 경우가 많았다. 또 학부모들이 밥, 고기와 소스, 샐러드, 차 등의 네 가지 음식을 빨리 배식할 수 있게 숙련되는 과정이 필요했다. 이러한 문제들은 학교장이 수업 종료시간을 맞추도록 교사들에게 협조를 구했고, 각 반 담임교사가 아이들이 빨리 배식 받도록 식판을 들고 줄을 서게 하고 학부모들을 도와 차를 컵에 담아주는 등 적극적으로 협조를 함으로써 해결할 수 있었다.

한번은 과일 샐러드를 먹은 아이들이 설사를 하고 배탈이 났다는 학부모들의 항의가 있었다. 위생적인 급식이 진행되어야 하는 상황에서 발생한 일이라 그날 제공된 급식에 문제가 없는지 원인을 밝히기 위해 그날그날 배식된 음식을 보관하는 보존식을 조사했으나 아무런 문제가 발견되지 않았다. 배탈이 난 경위를 자세히 살펴본 결과 일부 몇몇 학생에게만 나타난 증상이었고, 결국 과일 샐러드를 한 번도 먹어본 적이 없어서 나타난 거부반응으로 밝혀져 급식이 진행되면서 자연스럽게 해결될 수 있었다.

(3) 골고루 먹는 것이 건강의 첫걸음: 영양교육을 통한 변화

한국에서 파견되어 1차 시범학교의 준비부터 진행까지 모든 실무를 담당한 급식 영양사는 빵과 우유를 먹던 58번 학교 아이들에게 처음으로 급식이 진행되던 그날을 잊을 수 없는 기억으로 다음과 같이 회고했다. 맛있게 먹을 아이들을 생각하며 밥을 짓고 고기와 양파를

사진 5. 급식아동을 대상으로 실시하는 영양교육

다져 스테이크를 만들어 오븐에 굽고, 양배추와 양파에 식초·설탕으로 맛을 낸 샐러드와 따뜻한 우유차를 준비하여 학부모 도우미들의 배식차에 실어 보냈다. 그리고 점심식사 시간 동안 배고픈 아이들이 잘 먹는지, 양은 적절한지 교실을 돌며 잔반을 확인하는 순간 놀라지 않을 수 없었다. 배고픈 아이들이기에 잔반은 당연히 없을 거란 생각은 그대로 무산되었고, 대부분의 잔반을 채소가 차지하고 있는 것을 눈으로 확인한 순간이었다.

몽골 사람들이 채소를 잘 먹지 않아 생기는 건강 문제가 있기에, 시범급식을 통해 식습관이 형성되기 시작되는 아이들부터 채소를 잘 먹게 하는 것이 급선무였다. 매일 다양한 샐러드를 만들어 제공하는 것과 함께 영양교육을 병행했다. 처음에는 점심시간을 활용하다가 나중에는 '건강' 수업시간이 주어져 연간 계획을 세우고 학교장의 허락을 받아 매주 한 학급당 1회씩 교육이 진행되었다. 영양교육은 약 30분간 올바른 손 씻기를 비롯하여 영양소의 종류와 역할, 식품군, 올바른 식생활, 치아 위생, 식사예절 등 위생·영양·건강 전반에 걸쳐 진행한 후 퀴즈나 게임 및 다양한 활동에 학생들이 참여하게 하여 교육의 내용을 충분히 이해할 수 있게 하고, 이를 통해 수업의 이해 정

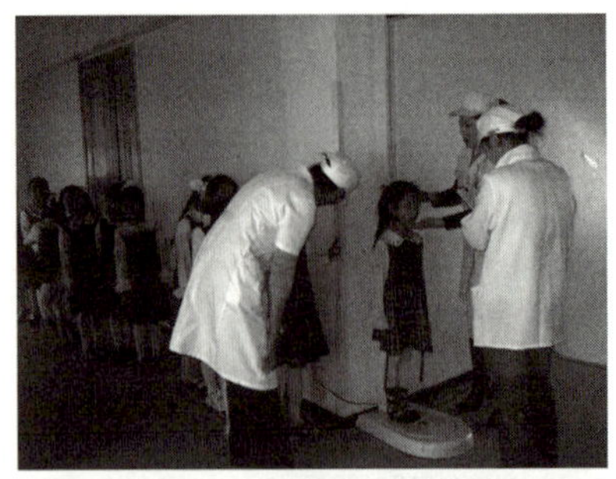

사진 6. 58번 학교 학생의 영양상태 평가

도를 확인했다. 그 결과 채소를 기피하던 아이들이 골고루 먹는 것의 중요성과 왜 채소를 먹어야 하는지를 깨달았으며, 급식을 오래 경험할수록 채소의 섭취율이 높아져 잔반량이 줄어드는 것을 실제로 확인할 수 있었다.

급식을 진행하던 초기에 58번 학교 교장의 갑작스러운 호출로 MIN 소장과 몽골 과기대 교수가 교장실로 불려 간 적이 있었다. 교장실에는 이미 교사들이 모여 있었고, 교장 선생님은 교사들이 할 말이 있다며 잠깐 자리를 비켜주었다. 시범급식은 학생뿐만 아니라 교사에게도 함께 제공되었는데, 교사들은 하나같이 '음식이 너무 맛이 없다', '도저히 못 먹겠다'는 불평을 토로했다. 자세히 들어보니 급식이 고기에 기름을 빼고 담백하게 제공되다 보니 몽골 사람들의 '육류지방이 없는 음식은 맛이 없다'는 문화적 차이로 발생한 문제였다. 결국 그 자리에서 건강을 위해 육류지방을 줄여야 하고 시범급식은 영양과 건강을 고려해서 제공한다는 간단한 영양교육을 함으로써 교사들을 설득했고, 모든 교사가 이를 받아들이면서 웃지 못할 사건으로 끝이 났다.

본 사업에서는 학교급식의 효과를 측정하고 급식을 질을 향상시키기 위해 시범학교와 점심 간식(빵과 음료)이 제공되는 인근의 대조군 학교를 대상으로 매년 급식 아동들의 신체검사와 식생활 조사, 급식 만족도 조사를 실시했다. 그 결과 하루 6시간의 수업을 받는 학생들에게 따뜻하고 건강한 식사가 제공되다 보니 아침에 식사를 하지 않아 수업에 집중하지 못하고 피곤해하던 학생들이 힘을 얻고 수업 참여도도 좋아졌으며, 급식을 먹기 위해서 결석이 줄어들었다. 또한 학교급식을 진행하면서 받는 영양교육에 대해 97%의 학생이 높은 관심을 보이며 재미있다고 응답했고, 학년이 높을수록 영양지식도가 더 높게 나타났으며, 급식의 맛과 위생 상태에 대해서도 2/3 이상의 학생이 매우 만족하는 것으로 나타났다.

(4) 이양을 위한 첫 단추를 끼우다: 학교 스스로 급식 운영의 재원 마련

급식을 제공하는 데 드는 비용은 크게 식재료비·인건비·운영비로 나눌 수 있다. 시범급식에서는 식재료비의 경우 몽골 정부가 지원하는 400투그릭 안에서 지출하게 했고, 영양사·조리사 등의 급식인력에 대한 인건비와 가스비·전기료, 하수·쓰레기 처리비용, 소모품 구입비 및 각종 수리비용 등을 포함한 운영비는 해당 시범학교가 지급하는 것을 원칙으로 했다. 1차 시범학교의 급식 시행 초기에는 단체급식의 경험이 없던 학교에서 대량조리를 위해 더 많은 조리사를 신규 채용하고 수당을 지급해야 하는 부분과 급식 관리와 영양교육을 담당하는 영양사의 인건비 지급에 대해 인식이 부족하여 재원 마련이 어려웠다. 그래서 인건비의 경우는 1년 동안, 운영비는 2년 동안 위드가 지원해야 했다. 그러나 급식이 진행되자 교장과 교사들은 급식에 대한 만족도와 인식이 높아졌고, 영양사와 조리사의 역할에 대해 이해하게 되어, 교육부와 관할 시교육청에서는 시범급식 2년차부터 인건비 전액을 감당하기로 했으며, 3년차에 이르러서는 급식 운영비와 시설 수리비에 대해서도 학교가 자체적으로 부담하고자 재원을 확보하기 시작했다. 이는 3년간의 시범급식을 운영하고 나서 해당 학교에 급식운영체제와 설비 일체를 이양하는 과정에서 가장 의미 있는, 첫 단추를 끼우는 작업이었다.

(5) 끊임없는 발걸음: 방문단의 견학

1차 시범학교의 학교급식 운영 체계는 학생 수가 많은 도시형 학교에서 위생적인 급식 환경하에 대량으로 조리하여 식사 시간에 맞춰 한 번에 따뜻한 음식을 대상학생들에게 제공할 수 있는 유일한 급식 체계였다. 이러한 급식의 중요성과 확대 가능성을 홍보하는 것은 또 하나의 필수 과제였다. 2006년 12월 몽골 대통령을 비롯하여 관련 부처 장관, 국회의원 등 정부 관계자들이 정부가 지원하는 급식비로 진행되는 새로운 학교급식 모델을 확인하고자 58번 학교를 방문했고, 급식이 진행되는 과정을 견학하면서 몽골의 모든 학교에 급식을 확대·실시하는 것에 대해 긍정적인 반응을 보였으며, 정부가 지원하는 급식비를 늘리겠다는 답변도 했다. 또한 식품영양 관련학과 교수 및 학생, 울란바토르 소재 초·중·고등학교 관계자와 교사, 단체급식 종사자 등 많은 사람이 학교급식을 견학하고자 58번 학교를 방문하기 시작했다. 이를 통해 58번 학교의 시범급식사업이 몽골의 학교급식에 대한 모델을 제시하는 홍보의 역할을 감당할 수 있었다. 그뿐만 아니라 대학교 및 관련 업종 종사자들, 학교급식 영양사 인턴십 과정의 실습 장소로서 중요한 역할을 하고 있다.

(6) 일주일에 한 번의 기쁨_과일급식

몽골에서 어떤 식품보다도 단가가 높은 과일의 경우 넉넉하지 않은 급식비로는 제공하기 어려운 식품이다. 그런데 한국에서 몽골 아이들의 건강한 식단을 위해 후원하시겠다는 분이 늘어나면서 2007년 10월부터 일주일에 한 번씩 몽골에서 구입 가능한 귤·사과·바나나 등의 과일을 제공할 수 있게 되었다. 매일 제공할 수 없는 아쉬움은 있지만 일주일에 한 번 주어지는 과일 하나는 아이들의 식판을 빛내주며, 아이들에게 선물과 같은 기쁨을 주었다.

사진 7. 학교급식 조리 인력에 대한 교육

(7) 학교급식 조리 인력을 세우기 위한 노력

1차 시범학교인 58번 학교는 현지 영양사 1명, 조리장 1명, 조리사 4명, 청소부 1명의 급식운영 인력이 급식을 전담하고, 한국인 영양사가 급식 코디네이터로, MIN 연구원이 급식행정을 총괄 지원하는 현지 팀장 업무를 담당하고 있었다. 이들이 몽골의 모델이 되는 학교급식을 담당하는 인력으로서 자부심을 가지고 업무를 잘할 수 있도록 체계적이고 규칙적인 교육을 받을 필요가 있었다. 급식 조리사 교육은 급식 시행 초기에는 매일, 그 이후에는 주 1회씩 정기적으로 실시했으며, 필요하다고 판단될 때는 수시로 실시하여 급식 조리사의 전문화를 꾀했다. 교육 후에는 시험을 통해 조리사들이 제대로 인지했는지를 점검했고, 시험 성적이 우수한 사람에게는 상을 주어 격려하는 등 사기를 북돋고 집중과 흥미를 유도했다. 교육 내용은 위생, HACCP, 시설안전, 영양, 친절교육 등 학교급식에 필요한 전반적인 내용을 연간교육계획안에 따라 계획적으로 운영했다.

그러나 영양사와 조리장은 시범급식이 운영되는 동안 바뀌지 않고 자신의 업무를 잘 감당했지만 조리사들은 자주 바뀌는 어려움이 있었다. 이들 대부분은 건강상의 이유로 퇴사를 했지만 대량조리의 생소하고 과중한 업무의 영향

사진 8. 아르항가이 2번 학교

도 있었다. 그러다 보니 한국인 영양사와 현지 영양사가 매주 조리사에 대한 정기적인 교육을 진행하면서 신입 조리사들에 대한 교육을 계속할 수밖에 없었고, 어느 정도 숙련이 되어 일을 잘할 수 있게 되면 나가는 상황이 반복되었다. 학교급식 종사자들은 대량조리 기술과 함께 위생, 시설 교육을 지속적으로 받아야 하므로 조리사의 채용 과정에서 직업의식을 검증했고, 또한 교육청 및 학교장과 협의를 하여 이들의 처우를 개선하기 위해 노력했다.

2) 씨앗 둘: 2차 시범학교 아르항가이 2번 학교

2차 시범학교는 1966년에 설립되어 2009년 현재 1~12학년 1,516명을 수용하는 아르항가이 아이막의 2번 학교가 선정되었다. 아르항가이 아이막은 수도 울란바토르에서 서북쪽으로 530여 km 떨어진 지방도시이며, 2번 학교는 이 아이막의 도청소재지에 위치해 있다. 현재 1~5학년 700여 명에게 학교급식이 진행되고 있다.

(1) 재원 마련을 위한 출구전략: '사랑의 몽골 학교급식' 후원의 밤 개최

1차 시범급식을 준비하면서 부딪힌 가장 큰 장애물은 바로 시설비 구축을 위한 1억 2,000만 원의 후원금 마련이었다. 특히 9개년 계획의 출발점, 아무것도 장담할 수 없는 몽골의 현실 속에서 후원금 모금은 매우 어렵고도 더디게 진행되었다. 그러나 몽골의 미래를 위한 영양 개선의 장기적인 비전을 가진 수양급식의 과감한 투자를 시작으로 위드 후원자들의 작은 정성과 노력이 십시일반 모아져 이 일들이 가능케 했다. 1차 시범학교급식을 1년 동안 성공적으로 진행해오면서 2차 시범학교를 열기 위한 재원을 마련하기 위해서는 획기적인 돌파구를 찾아야 했다. 몽골 아동들의 더 건강한 미래를 위해 시도되는 학교급식 시범사업이 이제 몽골뿐 아니라 이를 적극 지원할 수 있도록 한국 안에서도 더욱 홍보될 필요가 있었기에, 2차 시범학교를 열기 1년 전부터 기획하고 준비하여 '사랑의 몽골 학교급식' 후원의 밤을 개최했다. 이를 통해 마음을 담고 그 뜻을 공유하는 후원의 손길들이 모아져 총 1억 2,000만 원(약 9만 6,000달러) 정도의 2차 시범학교 시설 구축을 진행할 수 있었다. 그리고 3차 시범학교급식은 다행스럽게도 1·2차의 좋은 성과들이 바탕이 되어 KOICA의 지원을 받아 순적하게 약 7,000만 원(약 5만 9,000달러)의 급식 시설 구축을 진행할 수 있었다.

2차 시범학교 시설 구축을 위한 비용은 후원금을 통해 마련되었지만, 또 다른 급식 경비인 인건비와 운영비의 경우에는 몽골 교육문화과학부가 2차 시범학교가 속한 아르항가이 교육청으로 공문을 보내 재원 마련에 대한 합의를 거치는 과정이 필요했다. 그리고 1차 시범학교를 통해 영양사의 역할과 급식의 중요성을 2차 시범학교 교장이 충분히 인식했기 때문에 시작 시점부터 지방교육청과 2차 시범학교에서 인건비와 운영비를 자체적으로 해결해나갈 수 있었다.

(2) 지방도시에 맞는 시설 구축

2차 시범학교는 1차 시범학교의 시행착오를 줄이고 지방의 특성을 고려하여 설계해야 했다. 1차 시범학교는 수도에 위치하여 시장접근성, 식자재의 조달은 원활했지만, 난방 및 상수도 사용이 중앙관리체계가 아니라 학교 자체적으로 운영해야 했기에 새롭게 구축해야 하는 단점이 있었다. 반면 2차 시범학교는 난방 및 상하수도 시설이 중앙관리체계로 운영되었지만, 시장 접근성과 식자재의 조달 수준이 1차에 비해 다소 떨어진다는 단점이 있었다. 또한 1차 학교급식의 급식 시설 설비는 전기가 자주 나가는 것에 대비하여 가스와 전기 두 가지 형태가 가능하게 했고, 세척실은 자동화 설비로 설계했다. 그러나 2차 학교는 도청소재지에 위치해 있어 전기 공급이 중단되는 일이 드물었고 잦은 고장으로 운영상 어려움이 있는 자동화 설비보다 노동력을 증가하는 형태로의 전환이 필요했기에, 지방도시 상황에 맞게 전기를 연료로 하고 자동과 수동이 가능한 설비로 구축하여 불필요한 투자를 최소화했다. 또한 2차 시범학교의 학교급식 관리는 1차 시범학교를 관리한 한국인 영양사가 초기 진행 과정을 지원하게 했고, 2차 시범학교 담당 영양사로 영양학 전공의 석사를 마치고 1차 시범학교에서 인턴십 실습을 마친 현지 영양사를 파견하여 급식 업무를 총괄하게 함으로써, 1차 시범학교의 경험과 매뉴얼을 바탕으로 급식 운영에서 발생할 수 있는 시행착오를 줄일 수 있었다.

(3) 영양캠프와 지역사회 주민들을 위한 캠페인 실시

학교급식이 실시되지 않는 여름 방학에는 시범학교의 급식아동들을 대상으로 어린이 영양캠프를 진행했다. 영양캠프는 한국에서 단기로 가는 영양 전문 봉사단원들과 현지 식품영양 전문가들이 연합하여 영양, 위생, 조리시연, 체조 및 신체활동, 만들기 코너 등을 다양하게 구성하여 아이들이 학기 중에 배운 영양과 위생의 중요한 메시지들을 기억하기 쉽도록 노래와 율동, 다채로운 시각 자료와 활동을 통해 배우는 시간이다. 또한 몽골 아이들이 꼭 먹어야 하는 채소와 과일을 포함하여 골고루 섭취할 수 있는 음식을 조리시연을 통해

사진 9. 어린이 영양캠프

직접 만들어보고 시식해봄으로써 배움을 실천할 수 있는 시간들을 가졌다.

그뿐만 아니라 수도와 달리 영양교육의 기회가 부족한 지방의 상황을 고려해 지역주민에게는 영양평가와 교육을 실시하고 그 지역의 급식 종사자 및 기관 관련자들에게 영양·급식·위생교육 및 세미나를 개최하여 지역사회에서 올바른 식생활에 대한 홍보를 함께 진행했다.

(4) 12시간의 희망 여행

2차 시범학교가 있는 아르항가이 아이막으로 가는 길은 울란바토르에서 자동차로 12시간을 달려야 갈 수 있다. 차로 장시간을 이동해야 하는 여정이다 보니 멀미와 허리통증으로 고되고 피곤할 수밖에 없었다. 그러나 한편으로 실컷 자고, 자연 화장실도 경험해보며, 가끔 차바퀴가 고장이 나면 몽골의 초원에서 진짜 몽골을 맛보는 시간이 되기도 했다. 이 모든 수고보다 학교급식의 혜택을 받을 아이들을 생각하면, 이 여정은 이제 길이 아닌 '12시간의 희망 여행'이 되었고 우리는 이 여행에 동참하도록 초대받는 행운을 누리는 것이었다.

3) 씨앗 셋: 3차 시범학교 다신질링솜 학교

사진 10. 다신질링솜 학교

3차 시범학교는 1976년에 설립되어 2010년 현재 580여 명의 학생을 수용하는 12학년제의 볼드강 아이막의 다신질링솜 학교가 선정되었다. 볼드강 다신질링솜은 수도 울란바토르에서 서북쪽으로 360km 지점에 위치한 지역으로, 다신질링솜 학교는 이 솜에서 유일한 국립학교로서 학생이 속한 가구의 80%가 목축업을 하며, 시골에서 온 학생들을 수용하기 위해 기숙사를 운영하는 유목민형 학교다. 2012년 10월 현재 70여 명의 기숙사 학생에게 세 끼 식사를 제공하고 있으며, 총 300여 명의 학생에게 점심 급식을 실시하고 있다.

(1) 하루 다섯 번의 식사를 제공하는 바쁜 식당

3차 시범학교인 다신질링솜 학교는 기숙사 학생들과 점심 급식만 진행되는 학생들에게 총 다섯 번의 식사를 학생식당에서 제공하는 독특한 형태로 진행되고 있다. 다른 시범학교와 마찬가지로 다신질링솜 학교도 오전 8시에서 10시 30분까지 수업이 진행되는 오전반과 12시에서 2시 30분까지 진행되는 오후반으로 나누어져 있다. 그래서 점심 급식은 오전반 115명이 10시 30분 이후, 오후반 115명이 2시 30분 이후에 진행되며, 기숙사 학생 70여 명은 12시에 점심 식사를 하므로, 아침과 저녁 식사를 포함하여 매일 다섯 번의 다양한 급식을 준비하고 배식하기 위해 주방이 쉬지 않고 바쁘게 돌아간다. 또한 울

란바토르에서는 식판 사용이 꽤 흔한 일이지만, 솜의 경우 깨끗한 식판에 음
식들의 맛이 섞이지 않고 정갈하게 제공되는 것만으로도 아이들에게는 색다
른 경험이 되었다.

(2) 전기가 끊기면 급식은 어떻게?

다신질링솜은 울란바토르에서 비교적 가깝지만 솜의 특성상 전기 사용이
어려울 때가 있을 것을 대비하여, 시범급식 설비의 경우 전기와 함께 땔감을
연료로 사용할 수 있는 기존의 아궁이 시설을 보완하고 모든 설비를 수동으로
작동할 수 있게 함으로써 시골 상황에 맞는 급식 모델을 도입했다.

한번은 밤새도록 비바람이 불면서 솜 전체 지역에서 전기가 나가는 일이
발생했다. 다음날 아침에도 전기가 들어오지 않아 급식을 진행하기 어려운 상
황이었다. 그러나 땔감을 사용할 수 있는 조리시설을 이용하여 식사를 준비할
수 있었고 다행스럽게 시간에 맞춰 급식을 진행할 수 있었다. 또한 수동시설
이기에 잦은 고장을 피할 수 있었고 고장이 나더라도 솜 안에서 해결할 수 있
도록 현지 급식 영양사를 훈련하기가 수월했다.

(3) 현지 영양사도 어려워하는 시골학교 영양사의 길

한국인 영양 전문가가 자신이 하는 일에 대해 투철한 사명감을 가지고 몽
골에 파견된다 하더라도, 몽골의 문화나 언어를 잘 모르는 상태에서 현지 전
문가와 급식종사자, 그리고 학교 관계자와 소통하는 데 어려움을 겪는 것은
당연한 일일 것이다. 그러나 자신의 연고지가 아닌 지방에 내려가서 급식을
담당하는 것은 현지 영양사에게도 사명감이 없으면 감당할 수 없는 어려운 일
이다. 몽골 과기대 영양학과를 졸업하고 학교급식 전문 인력으로 훈련을 받고
인턴십을 마친 후 수도에서 4~12시간 떨어진 지방이나 시골로 파견되어 그곳

에서 생활하면서 급식을 운영하는 것이기에, 2차 시범학교의 경우 남편의 동의하에 함께 내려가 영양사의 업무를 감당했고, 3차 시범학교의 경우 어린 동생과 함께 내려가 시범학교에 동생을 입학시키고 함께 생활하면서 영양사의 일을 감당하기도 했다. 이러한 어려움들을 해결하기 위해 교육부와 상의한 결과로, 학교급식이 확대될 때는 울란바토르에서 공부한 영양사들을 자신의 고향으로 우선 배치하기로 협의했다.

(4) 아이들의 따뜻한 마음

3차 시범학교를 열고 나서 한국에서 파견된 지 얼마 안 된 학교급식 영양사가 한 달간 학교에 상주하며 현지 영양사를 도와 함께 일을 하고 있을 때였다. 몽골어도 잘되지 않는 상황에서 낯선 사람들과 생활하는 것이 쉽지 않을 때 생일까지 그곳에서 보내게 되었다. 평소와 다름없이 기숙사 학생들에게 저녁 식사를 제공하고 있었는데, 70명의 학생들이 모두 일제히 의자에서 일어나 몽골어로 생일축하 노래를 불러주었다. 몽골 아이들에게도 외국인이라 낯설기만 한 한국 영양사일 텐데, 그들이 노래에 담아 전해준 따뜻한 마음 …… 주고받고의 한 방향이 아닌 우리도 사랑을 주고 그들도 마음을 주기에 몽골의 학교급식은 진실한 사랑과 마음이 모아져 오늘도 한 걸음씩 진행되는 것이다.

6. 시범사업의 한계를 넘어 몽골 전역으로

1) 해결해야 할 과제들

첫째, 현재 정부가 지원하는 급식비로는 몽골의 성장기 아동 영양권장량의

1/2~2/3 수준에 못 미치는 점심 급식을 제공할 수밖에 없는 실정이다. 이를 해결하기 위해서는 정부와 외부 기관의 지원 확대, 학부모의 참여가 이루어져야 하며, 급식을 위한 식품구매에서도 지역사회 내에서 개별적인 시장 구매가 아니라 저렴하고 위생적인 식자재의 안정적인 공급망을 구축해나가는 것이 필요하다. 다행스럽게도 몽골 정부는 2013년부터 급식비를 400투그릭에서 600투그릭으로 인상하는 것을 결정하고 추진하고 있다.

둘째, 몽골의 식재료와 조리법이 다양하지 못해 학생에게 제한적인 식단의 급식이 제공됨에 따라 급식 만족도가 떨어지는 문제점이 있다. 따라서 제한된 조건에서 양질의 식사를 제공하기 위해 적절한 학교급식 식단의 지속적인 개발과 새로운 조리법의 시도 등의 노력이 꾸준히 병행되어야 할 것이다.

셋째, 현지화된 학교급식 시스템의 개발이 필요하다. 즉, 몽골 시범급식 모델을 통해 몽골 전체로 확장되기 위해서는, 위생적으로 안전한 급식을 제공하는 데 가장 기본적인 요소인 시설과 설비가 현지에서 자체 생산, 공급될 수 있는 산업의 발전과 함께 이를 유지 보수할 수 있는 현지 기술 인력의 양성이 뒷받침되어야 한다. 현재 위드는 몽골 시범학교 세 곳을 포함한 전국 학교의 급식 실태를 조사하여 급식시설의 현황을 파악하고 학교급식 시스템에 대한 근거를 마련하고 있다.

넷째, 정부 차원에서 학교급식 관련 제도와 정책을 수립하고 이를 시행해나가야 한다. 몽골 사람들은 변화를 좋아하는데, 이것은 유목민의 특징이다. 그러하기에 3년간의 학교급식을 시범운영하고 학교에 이양한 뒤 이들이 표준화한 매뉴얼을 잘 지키고 유지하는지가 가장 중요한 문제다. 예를 들자면 동물성 기름을 좋아하는 몽골 학생들에게 기름을 제거하고 채소가 많은 식단을 3년간 급식했는데, 위드가 직접 운영하지 않으면 원상 복귀될 가능성은 없는지, 위생적인 급식시설의 시스템을 운영하는 부분이 제대로 이루어질지 등이다. 또한 교장이 교체되어 새로운 교장이 학교급식에 대한 의식이 없으면, 학교급식이 지속·유지되기가 어렵다. 이를 위해 위드는 현재 이양한 1·2차 시범학교에 대해 계속해서 자문에 응하고 기술을 지원하고 있지만, 이보다 국가의 제도적 장치가 더욱 필요하다. 그러므로 학교급식법이 제정되어 급식종사 인력과 학교급식 운영이 법적으로 보장을 받아야 한다. 또한 몽골 학교급식 관련 법규를 제정하여 학교급식의 목적과 목표·정의를 확립하고, 국가와 지방자치단체, 학교급식위원회의 역할을 규정하며, 학교급식 대상, 시설 설비 기준, 영양사 배치 기준, 기타 경비 마련 등을 명확히 해야 한다. 이를 위해 현재 교육청에 영양학과를 졸업한 인력이 학교급식 담당자로 세워졌고, 학교급식의 질을 향상하기 위한 정책을 마련하기 위해 정책방안 및 문제점 해결을 모색하고 있다.

2) 영양사업은 기다림이 필요하다

영양사업은 반드시 시간이 필요하다. 5년여의 준비와 7년간의 실행, 긴 시간 동안 학교급식 한 가지 사업만을 한 것처럼 보이지만 다른 사업에 비해 효과적 측면, 특히 국가적 수준에서의 효과를 빨리 기대하기 어려운 것을 감안하면 그리 긴 시간도 아니다. 그래서 위드는 몽골 학교급식을 시범적으로 실시하면서 이 제도가 몽골에 정착되기까지 10년 이상의 시간이 걸릴 것으로 예상하고 있다. 그러나 그 기다림 속에는 기대가 있다. 마치 씨앗을 심을 때 열매를 눈으로 보고 심는 것이 아니라, 때가 되면 열매가 맺힐 것을 기대하며 심는 것과 같다. 그냥 먹을 것을 나누어 주는 것에 그친 것이 아니라, 교육을 통해 몽골에서 전무했던 영양 전문 인력과 인재를 키워내고 학교급식에 대한 인식 변화와 사회적 관심을 이끌어내고자 수차례의 세미나를 개최하고 견학 등을 하게 하여 몽골 정부와 학계의 신뢰관계를 구축하는 것이 현지에서 수용 가능한 수준, 자체적으로 진행할 수 있는 역량이 될 때까지 기다리는 가운데 이루어 졌듯이, 몽골 실정에 맞게 몽골 학교급식이 제도화되어 전국으로 확대되고 정착되기까지 본 사업이 좋은 근거를 제시하는 도움의 역할을 담당하길 바란다.

사업 개요

- 사업명: 몽골 학교급식 시범운영사업
- 사업목표
  - 몽골 학교급식 시설 및 기자재 지원 및 구축을 통한 급식 제공
  - 어린이 영양 인식 증진 및 현지 급식 운영인력 양성
  - 영양위생교육, 영양 지침 등 학교급식 제반에 대한 표준기준안 마련
- 사업내용
  - 1·2·3차 시범학교급식 시설 구축 자문 및 주방기기 기자재 지원
  - 학교급식 제공 및 영양·위생교육 프로그램 운영과 평가
  - 현지 급식 운영 인력 양성 및 급식 운영 인식제고를 위한 교육
  - 학교급식 운영 표준 매뉴얼 발간을 통한 모델 제시
- 총예산: 약 7억 원
- 사업기간: 2006년 11월 17일~2015년 12월 31일(9년)
- 사업 주체: 위드
- 파트너 기관명
  - 위드 몽골 지부, 몽골 교육문화과학부
  - MIN(Mongolia Center for Improvement of Nutrition)
  - 몽골 과학기술대학교 식품미생물 단과대학
- 사업지역: 몽골 울란바토르, 아르항가이, 볼드강 아이막 다신질림솜 학교
- 수혜자: 시범학교 학생 2,200명, 급식 영양사 및 조리사, 정부 및 교육부와 학교 관계자, 지역주민

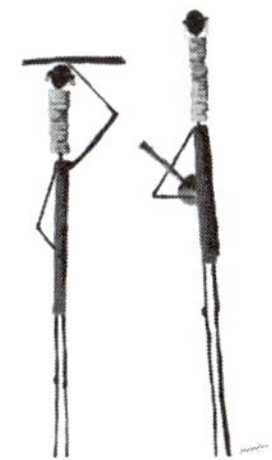

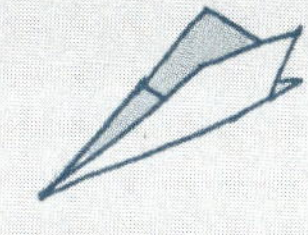

보건

• 에티오피아 오로미아 주에서 함께한 이백스무 날의 일기_
에티오피아_월드비전 차승만

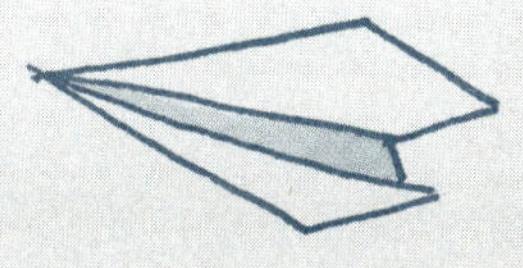

에티오피아 오로미아 주에서

함께한

이백스무 날의 일기

:: 차승만 ::

한국국제협력단(KOICA) 빈곤퇴치사업으로 위드와 월드비전에서 공동 프로젝트로 진행한 에티오피아 통합적 보건 개선, 영양실조 예방 및 치료사업의 1차년도 사업관리자로서 2012년 1월에서 8월까지 현지에 파견되어 사업을 수행했다. 한편 2008년 11월부터 2011년 8월까지 2년 반 동안 KOICA PMC 교육사업의 사업관리자로 가나에 파견되어 사업을 수행하기도 했다. 2007년 11월부터 2013년 1월까지 월드비전 국제사업본부에서 활동했으며, 현재는 KOICA에서 보건 전문가로 활동하고 있다.

사진 1. 멜카벨로 지역의 풍경

두어 시간 졸았다. 불시착한 외계행성 같다. 창밖 풍경은 저 밑 낭떠러지, 벼랑길을 휘감아 흐른다. 늙고 육중한 차체는 구부러진 바윗길 위에서 리듬을 타고, 나도 흔들거린다. 해발 3,000m, 네 개의 강이 흐르던 에덴 그 어디쯤이라던 에티오피아의 산등성이 마을, 아라비카 커피 중 최고라는 황금커피가 나는 마을, 멜카벨로로 가는 중. 옥수수 밭 이파리를 흔들고 온 바람이 겨드랑이를 스친다. 포동포동하게 살진 염소와 윤기 흐르는 볏을 가진 수탉과 빈둥거리는 강아지, 골목을 따라 심어놓은 빨간 고추. 끝없이 이어지는 언덕 너머 언덕과 그 뒤의 산들 그리고 또 산.

창밖. 아침녘 산과 들판, 그리고 마을. 이 몽환적인 평화는 치로를 떠나고, 딱 네 시간 하고도 반 시간 동안만 이어졌다. 더는 차가 들어갈 수 없는 곳까지 왔다. 차에서 내렸다. 햇빛이 비추는 길을 따라 저벅저벅 2시간여를 걸었다.

와이유보코 마을이다. 등구나무를 찾아, 굵은 밧줄에 저울을 매달았다. 지역주민들을 불렀다. 100명은 족히 될 듯. 아이들이 몰려왔다. 유난히 눈에 띄는 한 아이. 쿼시오커(kwashiorkor, 단백질 결핍성 영양실조)다. 두 발과 두 손 그리고 두 뺨까지 퉁퉁 부어올랐고, 아이의 눈은 가물거리며 초점을 잃어갔다. 가쁘게 숨을 쉬고 있었다. 영양치료식을 먹이기에도 위험한 상태였다. 당장 후송을 해야 했다. 내 걸음으로 온 힘을 다해 걸어서 2시간. 물도 없고 침상도 없는, 벼룩이 이글거리는 담요가 전부인 보건소까지 가는 시간이다.

그리고 두 번째 아이, 마라스머스(marasmus)[1]다. 발가락에서 종아리를 타고 올라 갈비뼈를 지나 광대뼈까지 골격만 보인다. 그 위를 덮은 딱딱한 가죽.

인체실험실 모형이 아니다. 그리고 그 옆의 아이, 또 아이들. 귀에 허물, 코에도 허물 그리고 손가락 사이에, 무릎에, 온통 종기들이 곪아 있는 아이들. 연고를 발라주는 손길이 빨라진다. 영양실조에 걸린 아이들, 내 마음을 불편하게 한 이 장면보다 더 나를 힘들게 한 것은,

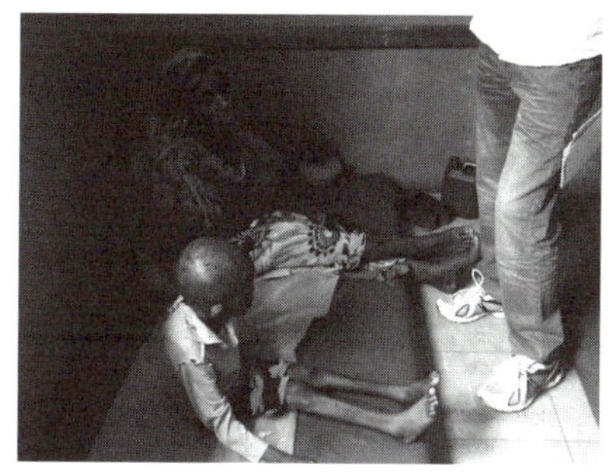

사진 2. 급성영양실조(마라스머스)에 걸린 아이

대체 무엇이 이러한 가난을 가져왔느냐는 물음이다.

2012년 1월부터 2013년 8월까지 에티오피아 오로미아 주에서 한국국제협력단 빈곤퇴치사업의 일환으로 위드(Wholistic Interest Through Helth: WITH)와 월드비전(World Vision)이 협력해 '에티오피아 통합적 보건개선/영양실조 예방 및 치료사업'을 수행하고 있다.

이 사업은 5세 미만 급성영양실조 아동들을 치료하고 회복시키는 지역사회 기반 급성영양실조 치료프로그램 사업, 2세 미만 아동과 임산부, 수유부들의 건강을 증진하기 위한 필수 영양실조예방 및 보건개선활동 사업 그리고 지역사회 내에서 가용한 자원과 지혜를 바탕으로 2세 미만 영양실조 아동을 치료, 회복시키고 영양실조를 예방하는 여성 및 지역사회의 자립적보건행동 실천 사업을 모두 아우르는 통합적 영양사업이다.

---

1) 마라스무스는 '소모된다'는 뜻으로, 단백질과 열량을 비롯한 다른 영양소를 최소량만 섭취하여 일어난다. 피하지방이 거의 없는 상태로 뼈와 피부밖에 남지 않으며, 뇌가 성장하지 못하거나 지연되어 지적 성장이 중단되기도 한다.

① 필수 영양실조예방 및 보건개선활동(essential nutrition action: ENA)

ENA는 산모 및 아동 보건과 영양에 필수적인 보건 및 영양 필요요소들을 모두 포함한 프로그램으로 지역사회의 네트워크를 사용해 영양실조를 예방하는 접근방식을 통해 지역사회의 변화를 추구한다. ENA는 에티오피아 정부의 국가영양프로그램의 주요 활동으로, 행동변화커뮤니케이션을 통한 영유아와 임산부의 전반적인 영양 및 보건상태 개선과 아동의 영양불균형 예방 및 영유아 사망률 감소를 목적으로 한다. 즉, ENA 사업의 핵심은 행동변화를 가져오기 위해 임산부나 2세 미만 아동의 수유부가 있는 가구를 대상으로 상담을 진행하는 것이다. 에티오피아의 경우 50가구를 책임지는 마을별 자원봉사자들 임산부와 수유부를 대상으로 상담을 진행한다. 주요 상담내용은 6개월 미만 유아의 독점적 모유 수유, 3세 미만 유아의 적절한 보충이유식, 임산부와 수유부에 대한 영양관리, 질병이나 영양실조에 걸린 아동에 대한 적절한 조치와 영양관리 등이다. 현재 에티오피아는 자원봉사자 1인이 50가구를 대상으로 관리하던 것을 1인 5가구 담당체제로 전환하는 과정에 있다. ENA 사업의 일환으로 우리는 비타민 A, 철분 그리고 요오드를 지급하기로 계획했는데, 비타민 A의 경우 유니세프에서 지원이 되고 있는 것으로 확인되어 철분과 요오드만 보급하고 있다.

② 지역사회기반 급성영양실조 치료프로그램(community management of
    acute malnutrition: CMAM)

CMAM은 지역사회 내에서 주기적인 신체 계측과 임상진단을 통해 급성영양실조 아동을 발견하고, 영양실조의 심각성과 합병증 여부에 따라 입원치료, 외래 영양치료, 보충식 제공을 통해 급성영양실조를 단계적이고 효과적으로 치료한다. CMAM은 보호자로 하여금 서비스를 받기 위해 집을 오랫동안 떠나지 않게 함으로써 다른 자녀들을 보호할 수 있게 하고, 지역사회 내의 서비스 이용과 입원치료보다 비용이 적게 소요된다는 측면에서 선호되고 있다. CMAM은 기존의 보건의료체계나 프로그램에 통합될 수 있으며, 긴급 재난 상황과 재난 이후 또는 개발도상국에도 적용될 수 있다. 또한 기초보건서비스나 영양교육, 상담과 같은 프로그램과 함께 상승효과를 낼 수 있다는 장점이 있다.

③ 여성 및 지역사회의 자립적 보건행동 실천(positive deviance hearth: PD Hearth)

PD Hearth의 기본 원리는 '모든 지역사회는 같은 자원을 공유하고 같은 위기에 처해 있는 이웃보다 특별한 생활방식과 태도 등으로 더 양호한 생계를 꾸려나가는 구성원들(positive deviant, 긍정적 일탈자들)이 존재한다'는 것이다. 본 사업의 초점은 지역사회 내에서 이런 구성원들의 자립적 보건행동 실천사항들을 발견해 지역사회의 제한된 자원을 어떻게 활용하는가를 배우고 전파시켜 그 실천을 통해 다른 가정들의 역량강화에 도움을 주는 것이다.

사업지역의 입장에서 ENA, CMAM에 비해 PD Hearth는 매우 생소한 개념이었고, 자원과 전파하는 지식을 모두 지역 내에서 발굴하는 것이라 매우 큰 관심을 받았다. 또한 ENA와 CMAM이 사업지역 내 보건청, 보건소, 보건지소를 중심으로 한 기존 체계를 철저히 활용하는 것인 데 비해, PD Hearth는 구체적인 프로그램을 마을 내에서 실시할 25명의 신규직원을 채용해 진행하고 있다. PD Hearth의 내용을 조금 더 살펴보면 이렇다. 마을을 방문해 2세 미만 아동들의 신체를 계측하고 영양실조그룹과 영양양호그룹을 찾아낸다. 영양양호그룹에서 영양실조그룹과 빈곤 수준의 차이가 거의 없는 아이들을 찾아내어 이들을 '긍정적 일탈아'로 분류한다. 그리고 그 아이들의 가정을 방문해 무엇을 먹이는지, 얼마나 자주 먹이는지, 위생 상태는 어떤지, 아이가 아플 때 어머니는 어떻게 하는지 등을 면접과 관찰을 통해 알아낸다. 그리고 영양실조 그룹의 아이들 7~10명을 위해 해당 아이들의 어머니를 대상으로 2주간 영양 회복을 위한 세션(session)을 실시한다. 이 세션은 하루 2시간 정도 진행되는 데, 영양실조에 걸린 아이들의 어머니가 참여하며 각자 쉽게 구할 수 있는 음식 재료와 조리기구들을 직접 들고 와야 한다. 이 2시간 동안, 미리 훈련된 사업수행자들이 어머니들과 함께 영양실조 아이에게 먹일 음식을 마련한다. 세션이 진행되는 과정에서 음식을 준비하고 아이를 먹이는 과정에서의 바람직한 위생행태를 직접 보여준다. 또 음식을 만드는 사이에 긍정적 일탈아의 부모와의 면접과 관찰을 통해서 발견한 바람직한 행태를 다양한 방식으로 전파하는데, 본 사업에서는 주민들이 쉽게 따라 부를 수 있는 노래로 만들어 알려주었다. 2주의 세션이 끝나면, 다시 2주 동안 세션에서 배운 올바른 행태들을 계속 이어나가고 있는지 가정방문을 통해서 확인하고 지속적으로 어머니들을 고무시킨다. 세션이 진행되는 4주 동안 정기적으로 아이들의 몸무게를 측정해 영양상태의 개선 여부를 확인한다.

국제 개발사업에서 영양사업은 해당 분야의 전문적 특성 때문에 쉽게 접근할 수 없었던 분야였다. 이 사업은 영양 전문 NGO인 위드와 함께 협력했기 때문에 사업수행이 가능했음을 강조하고 싶다. 위드는 사업발굴 과정에서 주요한 역할을 했다. 2009년 위드 연구원과 월드비전 구호팀장이 급성영양실조 치료를 위한 CMAM 사업을 중심으로 본 사업을 기획한 결과, 예방과 회복까지 고려한 통합적 영양실조예방 사업 모델을 개발하게 되었다. 또한 위드와 월드비전은 직원을 현지에 파견해 사업모니터링과 영양 전문 분야 자문을 동시에 진행함으로써 사업수행 과정에서도 적극적인 협력관계를 구축했다.

본 글은 2012년 1월에서 8월까지 사업책임자로 본 영양사업을 수행하면서 느낀 점을 가상의 일기 형식으로 기록한 것이나 영양사업의 전문적 영역에 해당되는 사례를 기록한 것은 아니다. 필자가 영양사업에 관한 고도의 전문 지식이 부족하다는 점이 그 이유 중 하나이나, 그보다는 지역현장에서 원조사업을 수행하면서 절박하게 느낀 점을 조금이나마 나누는 것이 훨씬 더 의미 있고 시급하다고 생각했기 때문이다. 에티오피아에서의 8개월이라는 무척 짧은 경험을 기록하는 손에 조금이나마 더 힘을 실을 수 있는 이유는, 2008년 11월부터 3년간 서아프리카에서 KOICA 원조사업을 사업책임자로 수행하며 지역주민, 지역정부와 교류한 경험이 있기 때문이다. 그 시간 동안 지역정부가 가진 가능성을 수도 없이 목격했다. 조금 더 과장하자면 사업 수행시 피곤한 마음이 지역정부를 통해서 다시 용기를 얻을 때가 많았다.

지역정부는 영원하다. 원조사업은 어디까지나 지역정부의 팔과 다리를 튼튼하게 하는 것이어야 한다. 원조사업 현장에 있으면, 이 단순하고 자명한 원리가 지켜지지 않는 것을 자주 목격하게 된다. 필자 역시 사업을 성공시키기 위해, 주어진 시간 안에 목표로 한 사업비를 지출하고 사업 요소들을 충실히 수행하기 위해 더 근본적인 원칙들을 간과할 때가 많았음을 솔직하게 고백한다. 시행착오와 실패는 성공으로 가기 위해 어쩌면 반드시 밟고 건너야하는 징검다리일 수 있다. 사업현장에서 절실하게 느낀 교훈들을 공유하는 것, 그것이 성공으로 가는 또 하나의 돌다리를 놓는다는 생각으로 사례를 공유한다.

20년 전이었다. 어느 시민사회단체의 소식지. 광대뼈와 늑골밖에 기억나지 않는 그 아이는 에티오피아의 어린이라 했다. 그 후로 20년이 흘렀다. 무엇이 달라졌을까? 아니 내가 그토록 원하던 현장에서 사업을 하는 지금, 무엇이 달라지고 있을까? 그 변화에 우리 사업은 얼마나 힘을 보태고 있을까? 밀려드는 물음들. 한 지역의 영양실조를 해결하는 데 2년의 사업기간은 턱없이 부족하게만 느껴졌다. 그저 '불타는 가슴'만 있으면 될 줄 알았다. 하지만 사업을 수행하고 '다시 돌아갈 곳'이 있는 나. 그것이 나의 한계였다. 지역정부가 철저히 사업의 중심에 서야 한다는 것이 2008년 겨울부터 2012년 여름까지 가나와 에티오피아에서 원조사업을 수행하면서 얻은 교훈이다.

내가 그들을 참여시키고, 내가 그들을 초대하고, 내가 그들에게 사업에 동참하도록 요청하는 게 아니었다. 그들이 구상하고, 그들이 기획해서 그들이 사업의 가장 중요한 수행자가 되고, 그들이 나의 참여를 종용하는 모습. 그것만이 정답이라는 확신이 생겼다. 그건 바로, 지역정부는 영원하고 우리는 사라진다는 자명한 사실 때문이다. 두 나라에서 사업관리를 하며 나는 절감했다. 우리의 지원은 어디까지나 그들의 팔과 다리를 강하고 튼튼하게 만드는 것이어야 한다. 우리의 지원이, 심지어 역량강화라는 그럴듯한 모습이 자칫 그들을 더 연약하고 의존적이게 만들어버리는 덫이 되어서는 안 된다.

현지에서 사업을 수행하며 많은 이와 대화를 나누었다. 내가 나누었던 현지인들과의 대화에 근거해 만든 가상의 일기와 편지를 함께 나누고 싶다.

1. 안트[2], 우리는 믿을 만한 지역정부 직원들입니다

메스핀은 멜카벨로 보건청에서 기획을 담당하고 있는 20대 중반의 공직자이다. 대학에서는 행정학과 경영학을 공부했다. 우리 사업에 처음부터 끝까지 매우 적극적으로 참여했다. 지역현황을 아주 잘 파악하고 있으며, 원칙론적인

---

2) 에티오피아 공식어인 암하릭어로 '1'이라는 뜻입니다. 이후 각 일기 앞에 사용된 암하릭 어는 앞의 아라비아 숫자를 의미합니다.

주장보다는 늘 현실적으로 가능한 대안들을 제시해 우리 사업이 난관에 부닥쳤을 때마다 차선책을 소개하며 무리 없이 흘러갈 수 있도록 많은 조언을 해주었다. 특히 지역 자원봉사자들의 ENA 메시지 전파 모니터링 결과 심한 회의에 빠져 있던 사업팀에, 장기 대안으로 현재 진행되는 에티오피아 중앙정부의 ENA 전파 체계 개선 계획을 설명하면서, 단기 대안으로 자원봉사자들을 집중해서 교육하는 길밖에 없음을 역설하는 모습은 사업팀에 큰 감동을 주었다.

멜카벨로 보건청 직원은 대부분 20대 초중반이다. 왜 경험이 있고, 역량과 노하우가 쌓인 연륜 있는 공직자들이 적고 대다수가 사회생활 초년생 젊은이들인지 물었을 때 메스핀은 대답했다. "역량과 노하우가 쌓이면 다들 국제기구나 NGO로 가버리죠. 지역정부에서 경험을 쌓고 국제기구로 가는 거죠." 상당한 충격을 받았다. 이른바 '두뇌 유출'이다. 물론 그 '역량과 경험이 쌓인' 당사자의 입장은 충분히 이해가 가고도 남는다. 그러나 근본적으로 지역주민들과 에티오피아 국가를 위해서라면 이와 정반대의 그림이 그려져야 하는 게 아닐까? 국제기구와 NGO에서 경험과 노하우를 쌓은 역량 있고 연륜 있는 이들이 정부기관으로 몰려들어야 하지 않을까? 지역주민들과 영원히 함께하는 기관은 결국 지역정부이기 때문에, 역량이 강화되어야 할 곳은 결국 지역정부여야 한다. 아래 일기는 이 물음에 기반을 두고 메스핀과 나눈 대화를 바탕으로 작성한 가상의 일기이다.

멜카벨로 보건청 기획담당 메스핀의 일기

아침 6시. 자자(jaja) 마을 전체가 온통 진창으로 변했다. 낡은 구두에 덕지덕지 붙은 진흙을 유칼립투스 기둥에 긁어내렸다. 오늘은 수요일, 장날. 도무지 이런 진창 위에선 뭘 펼쳐놓기도 힘들 것 같은데, 새벽부터 장터는 부산스럽기만 했다. 인제라(injera, 에티오피아의 주식)를 만드는 테프(teff)를 비롯해 콩과 옥수수, 사탕수수와 감자가 진창을 아슬아슬하게 덮은 포대 위에 위험스레 쌓여갔다. 늦지 않고 장터를 지나 보건청 회의실로 가야 했다. 10시에 우리 직원들과 영양사업팀[3] 일행과 회의가 있다. 에티오피아 보건개선, 영양실조예방, 회복 및 치료 사업을 기획했던 건 그러니까 지난 2009년의 일이었다.

사진 3. CMAM 물품창고 앞의 메스핀(왼쪽)

가나에 있는 한 직원을 만나고 에티오피아로 오는 길이라던 한국인 소아과 의사를 기억한다. 영양실조가 만성적으로 발생하는 에티오피아, 그중에서도 우리 멜카벨로 지역에 대한 정보를 접하고 우리를 찾아왔던 것이다. 그의 방문 목적은 그동안 우리 보건청에서 도 보건청이나 중앙보건부에 끊임없이 우리 지역의 영양실조 문제에 대한 긴박한 상황을 보고하면서 내외부의 응답을 기다리고 있었던 우리의 간절한 바람과 정확히 맞아떨어졌다. 우리는 그렇게 사업의 발굴과 기획의 단계부터 한국인들과 함께해오던 터였다.

"정부에서 이렇게 나서서 도와주시고 협조해주시다니 저로선 너무나도 감사합니다." 영양사업팀은 나를 만날 때마다 보건청에서 도와줘서 고맙다는 말을 반복한다. 이런 반응은 시간이 지날수록 내게 깊은 고민을 던져주고 있다. "사실 에티오피아에 오기 전에, 정부 관계자들과 일하는 게 만만치 않을 것이라는 이야기를 너무 자주 들었거든요. 그런데 멜카벨로의 상황은 듣던 이야기와는 너무 다르네요."

다른 대륙에서 생각하는 아프리카 정부의 이미지를 여기저기서 참 많이 듣기도 했다. 외국의 많은 사람이 아프리카 정부를 떠올리면 부정부패가 연상된다고 한다. 스물네 살. 이제 막 사회에 첫 발을 내디딘 나로선 퍽이나 억울하다.

부정부패? 무능력한 공무원들? 이기적인 관료주의? 그들이 알고 있는 아프리카는 어디이며, 지역주민들의 삶을 외면하고 자기 혼자 배부르면 그만이라는 공무원들로만 가득 찬 그 국가는 과연 어디일까? 아프리카에 이런 국가들만 있다고 생각하는

---

3) 영양사업팀은 KOICA 빈곤퇴치사업의 일환으로 진행되는 이번 영양사업의 전체 구성원(한국인, 현지인 포함)을 말한다.

근거는 어디에 있나?

원조사업을 하는 정부나 비정부 기구 그리고 그들의 후원자들은 내가 일하는 멜카벨로 보건청과 같은 지역정부를 그리고 나와 같은 지역 공무원을 어떻게 생각하고 있는 것일까? 나의 동료인 나시르, 자말, 이스마일, 테드세 모두 지역에서 최선을 다해 일하려는 마음과 우리 지역을 바꿔보고 싶다는 기대를 품고 일하고 있다.

이번 영양사업팀은 사업의 발굴에서 기획, 실행에 이르기까지 지역보건청과 협조하면서 일을 수행하고 있다. 그러나 현행 원조의 틀, 그 너머를 한 번 바라보자. 원조사업의 핵심은 결국 지역정부를 강화시켜 주는 것이다. 비정부 기구는 한시적으로만 일한다. 국제기구 역시 마찬가지다. 하지만 내가 일하는 지역보건청, 군청은 여기 오로미아 주 멜카벨로 군이 존재하는 한 영원히 존재한다. 지역이 발전하면 발전하는 대로, 어려움에 처하면 어려움에 처하는 대로 영속하는 기관은 NGO도 아니고 국제기구도 아닌 바로 지역보건청이다.

지역 보건청은 사업의 발굴과 기획·수행에서 협조자가 아닌 주체가 되어야 한다. 사업수행의 주체가 되기 위해서는 원조사업의 자금 역시 지역정부를 직접 통과해서 흐르게끔 해야 한다. 누군가 "지역정부를 믿을 수 있는가?"라고 물을 수 있다. 나를 비롯해서 수많은 우리 동료가 국제기구보다 몇 배 혹은 몇십 배는 적은 월급으로 일을 하고 있다. 우리는 손님으로 이곳에 잠시 있는 게 아니라 주민과 더불어 살고 있다. 우리를 믿지 못하기 때문에 지역정부가 아닌 기관이 사업을 수행해야 한다면 언제까지 그렇게 할 것인가? 이것은 종료된 사업을 이양하는 것과는 매우 다른 이야기이다. 우리는 매일 매일을 헌신하며 지역주민과 교류한다. 그 누구보다 이 지역의 문제를 잘 알고 있다.

어떤 원조기구들은 현지 정부가 무능력하거나 부패하다는 전제를 깔고 사업을 수행하기도 한다. 직접 말은 안 할지라도 사업비가 지역정부를 통하지 않고, 우회적으로 집행되는 것 자체가 나는 이상한 현상이라고 생각한다. 사업제안과 기획 단계에서 주도적인 역할을 하던 내가 속한 지역보건청이, 사업수행에서 재정 부문의 직접 집행까지 책임지는 것은 얼마나 멀고 먼 이야기인가?

팔다리가 약한 이를 건강하게 만들기 위해서는 밥을 떠먹여주면 안 된다. 우리의 손과 발을 더 쓰게 해서 더 튼튼하게 만들어주어야 하는 것이다. 도와주는 것 자체보다도 어떻게 도와주느냐가 가장 중요한 열쇠다. 우리가 어느 순간에 역량 있는 지역정부가 되기를 바라면서 그때까지 사업을 우리 대신 수행해주는 것은 모순이다. 원조사업을 수행해가면서 우리의 팔다리가 강해지고, 튼튼해진다는 것을 이번 영양사업팀에게 들려주려고 한다. 아침 8시. 회의를 시작하려면 아직도 2시간이나 남았다. Mr. 차가 있는 카페로 가서 마키아토와 삶은 콩 한 그릇으로 아침을 대신해야겠다.

2. 훌렛, 우리가 직접 관할하지 않는 이상, 원조사업 중복이 싫지 않아요

카디르는 자자 읍내 보건소에서 일하는 20대 후반의 간호사이다. 자자마을은 멜카벨로 군에서 가장 큰 읍내이고, 군청과 보건청 등 주요 관공서들이 몰려 있다. 내가 머물던 하라와자 마을은 해발 3,000m에 있었고 자자 마을까지는 차를 타고 30여 분을 달려야 한다. 보건소에서 일하는 많은 간호사가 남자이고 카디르도 그렇다. 간호사는 주민들이 선호하는 직업 중 하나이다. 보건소에서 간호사의 역할은 실로 막중하다. 입원한 환자의 치료와 관리에서 평일 외래환자는 물론이고 심야와 주말에 실려 오는 응급환자까지 간호사가 책임지고 도맡아 치료한다.

이번 영양사업의 3대 핵심 요소 중 하나인 CMAM 사업은 보건소와 보건지소를 기반으로 이루어지고 있다. 그중에 보건소는 치료가 필요한 급성영양실조 아동들이 입원해 치료를 받는 안정화센터 역할을 하고 있다. 여기서 간호사 카디르는 자자 읍내 보건소의 안정화센터를 책임진다. 급성영양실조에 걸린 아이들을 24시간 치료하고 관찰하며 신체변화를 측정하는 것이다.

어느 토요일 오후, 나는 자자 마을 보건소를 방문했다. 카디르는 주말 당직을 서고 있었다. 그날 오후에도 보건소 응급실은 북적거렸다. 지역주민과 다투어 얼굴이 피투성이가 된 어린 여자의 얼굴을 소독하고, 고열에 시달리는 아기를 치료하고, 들 것에 실려 온 한 아주머니의 혈액을 채취하고 있었다. 나는 그에게 환자를 치료한 후에 손을 씻으라고, 안정화센터의 물품을 좀 더 청결히 관리하라고 야단을 쳤다. 그는 할 일이 없어 때아닌 주말 오후에 찾아가 귀찮게 하던 나를 끌고 실없이 웃기만 하며 보건소 구석구석을 보여주더니 수도관을 연결해달라고 했다.

이번에 CMAM 사업을 진행하는 동안 유사 사업을 진행하는 국제기구와 타 NGO와의 사업 중복의 문제로 여러 우여곡절을 겪어야 했다. 나를 포함해서 각각의 기구와 NGO 사업 수행자의 입장에서는 같은 지역 내의 사업 중복으로 원조사업의 예산이 낭비되는 것을 매우 우려했다. 그러나 지역정부의 입장에서 보면 언제 끊길지 모르는 원조사업에 대비해 최대한 많은 NGO와 예산을 해당 지역에 배정하도록 노력하는 것 역시 당연한 생리다. 결국 이는 원조사업을 지역정부에서 직접 수행해야만 근본적으로 해결될 수 있을 것이란 생각을 하게 되었다.

자자 읍내 보건소 간호사 카디르의 일기

큰일이다. F75[4]와 F100[5]이 거의 동나고 있다. F75는 거의 바닥을 드러내고 있고, 반 정도 남은 F100 봉지 끝이 찢겨진 채 불안하게 너덜거린다. 한낮부터 몇 시간 내내 고도급성영양실조 물품창고를 청소하다가 갑자기 몰려드는 응급환자들에 정신이 없었다. 사업책임자가 찾아와 청소를 좀 하라고 얼마나 윽박을 해대는지. Famix[6] 가마니 위에는 먼지가 수북이 쌓여 있었고, 분명히 새것이었던 온도계는 깨져서 나뒹굴고 있었다. 없다고 우기던 등록카드는 왜 그 구석에서 뒹굴고 있는 것일까? 사업

---

4) 합병증이 있는 고도급성영양실조 아동에게 주는 복합 영양치료제의 일종이다.
5) 합병증이 있는 고도급성영양실조 아동에게 주는 복합 영양치료제의 일종이다.
6) 옥수수가루·콩가루 등을 섞어 만든 영양실조 치료제이다.

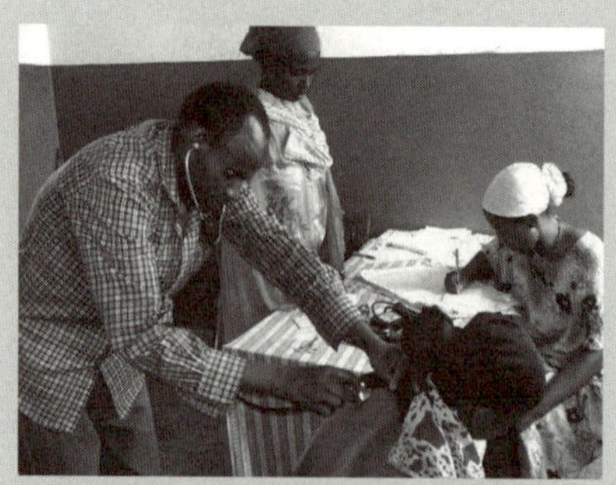

사진 4. 진료를 하는 간호사 카디르

책임자는 잔뜩 화가 났는지 만만한 나에게 와서는 온갖 불평을 늘어놓고 갔다.

오후에 잠시 당직을 서던 녀석이 차트(Qat)[7]에 잔뜩 취해 있었나보다. 수원지에서 보건소로 수도관을 연결해보자면서 동네 수도관을 샅샅이 뒤져보자던 사업팀에게 그 녀석이 퉁명스럽게 "수도관은 어디에 쓰려고? 그런 거 필요 없다"라고 했단다. 이 말을 듣고 얼마나 기가 차던지. 물론 주말 외래진료실의 참상에는 나도 이미 무뎌진 지 오래다. 피를 닦아낸 솜이 진료실 바닥을 뒹굴고, 깨진 유리병들이 바닥 여기저기에 널려 있다. 의료집기를 모아둔 통엔 누런 구정물이 가득. 내가 직접 소독도 하고 피도 닦아주고 주사도 놓는 데 손 한 번 씻을 물도 없다. 너무 놀라 입을 다물지 못하는 그들에게 물이 없다고, 수도관을 좀 연결해달라고 한 건 나였다. 사업팀에게 무하마드 그 녀석이 수도관따위 필요 없다고 했다니, 정말 열이 난다. "차트를 잔뜩 문 오른쪽 뺨을 한 대 칠 뻔했습니다"라는 미스터 차를 달래서 늦게나마 수원지 조사를 부탁하며 산으로 보냈다.

오늘 자로 고도급성영양실조 병실엔 3명의 아이가 있다. 부종이 있는 쿼시오커 환자인 6개월 된 아기는 비푸투 네게야 마을에서 왔고, 폐렴 합병증이 있는 18개월 된 아기와, 뼈 위에 가죽만 앙상하게 남은 20개월 된 마라스무스 환자인 아기는 이파바스 마을에서 왔다. 모두 여자아이들이다. 이파바스 마을은 몇 년 전에 멜카벨로 지역 전체에서 고도급성영양실조 아동이 가장 많이 발생한 지역이다. 올해는 상황이 많이 좋아졌는데도 영양실조에 걸린 아이들이 종종 발생한다.

합병증에 걸린 아이들은 영양실조 중에서도 가장 위험한 아이들이라, 우리 병실에서 24시간 집중적으로 관리를 해준다. 한국의 병원은 대규모 병실에 현대식 시설을 자랑한다는데, 내가 있는 보건소 병실은 말이 병실이지 시멘트 바닥에 장판지 하나를 깔아놓은 게 전부다. 이번 CMAM 사업은 장기 개발사업이 아니고 단기 긴급구

---

7) 환각 성분이 있는 나뭇잎으로 오로미아 지역에서 현금작물로 광범위하게 재배한다.

호 사업이다. 그런데 우리 지역 멜카벨로는 고도급성영양실조가 고질적으로 발생하는 지역이라 사업 종료 이후에는 어찌해야 할지 벌써부터 걱정이다.

유니세프에서 F75와 F100 그리고 급성치료식(ready to use therapeutic food: RUTF)[8]을 주긴 한다. 그런데 참 답답한 것은 그것을 운송해올 수단이 없다는

사진 5. Famix와 식물성기름

것이다. 유니세프가 있는 하라르까지 가려면? 내가 있는 자자 마을에서 몸만 딸랑 가는 것도 만만치가 않다. 우선 멜카벨로 산꼭대기 읍내인 하라와자로 30km가량을 간다. 해발 3,000m 하라와차 마을에서 다시 버스를 갈아타고 데데르까지 또 30km 가량을 달리고, 다시 거기서 버스를 갈아타고 보코 마을까지 간다. 그러고는 사막의 여왕으로 불리는 디레다와로 가는 삼거리에서 버스를 갈아타고 하라르까지 간다. 유니세프에서는 물품지원까지만 담당하고 운송은 지역정부에 맡기고 있으니, 운송 수단이 없는 우리는 그야말로 그림의 떡인 셈이다. 여유가 있는 지역의 보건청에서는 스즈키 트럭을 임대해서도 한다는데, 여기서 스즈키 트럭을 빌리면 하라르까지 5,000~6,000비르(Br, 현지 화폐 단위)는 더 줘야 한다. 이 정도면 내 반 년 치 월급보다도 더 되는 금액이다. 자자 보건청은 내 월급을 주기도 빠듯한데, 매달 스즈키 트럭을 어떻게 빌리겠나? 그리고 참, 이 스즈키 트럭. 여기선 별명이 '알카에다'이다. 스즈키 트럭 운전사들이 졸음을 몰아내는 방법으로 운전 내내 차트를 씹는데, 이건 거의 환각상태로 운전을 한다는 말이다. 해발 고도가 기본 2,500m가 넘는 이 산속 벼랑길을 한 치라도 어긋났다가는 그대로 낭떠러지로 떨어지는데, 생각만 해도 아찔하다. 지난주에도 의약품을 싣고 우리 군으로 들어오던 트럭에 사람 1명이 치어 죽었다. 정말이지 자살폭탄 차량이란 말이 딱 맞다.

다음 주에 지원물품이 들어오면 그래도 한동안은 든든하다. RUTF, Famix, 식물성 기름과 고도급성영양실조 치료용 의약품을 포함해서 보건소와 보건지소로 들어갈

---

8) 급성영양실조 환자의 치료를 위해, 진공 포장하여 만든 치료식을 말한다.

연고, 주사기, 항생제, 진통제, 정수제 등이 잔뜩 들어온다.

우리 지역 급성영양실조를 단기간에 끝내는 게 이번 KOICA 사업의 목적이지만 그게 말처럼 쉽지가 않다. 한두 해 발생한 문제도 아닌 데다 보건청 보건사업의 영역 이외의 요소와도 깊이 연결되어 있기 때문이다. 아이들이 전염병에 걸리는 것은 깨끗한 식수가 없어서 그러는 것이고 전염병에 많이 걸리다 보니 영양실조 상태는 더욱 나빠지고 있다. 식량상황은 또 어떻고? 예산낭비가 아니냐며 비슷한 사업을 하는 골 에티오피아의 사업지역을 CMAM 사업이 없는 다른 지역으로 옮겨달라며 사업 관리자 일행의 원성이 이만저만이 아니다. 하지만 이게 우리 보건청 입장에서는 딱히 맞는 말이 아니다. 사업이 내년에 종료되고, 영양실조 관련 원조사업이 단절되지 않을 확률이 충분히 있다면 우리는 어떻게 해서라도 더 많은 원조기관을 우리 지역에 머물게 해야 한다. 그래서 최근에 가톨릭 재단도 우리 사업지역에 들어오게 할 예정이다. 사업 관리자는 이것을 받아들이기 힘들다고 했다. 사업책임자는 되도록 사업지원이 되지 않는 지역에 사업이 고르게 분산되어 원조사업이 중복되지 않는 것이 중요하다고 했지만, 나는 내가 속한 멜카벨로 지역의 주민들이 가장 크고 지속적인 혜택을 받게 하는 게 나의 사명이라고 생각한다. 이곳에 더 많은 원조기관이 들어와서 지역주민들을 위한 사업을 한다는데, 그들에게 여긴 이미 충분하니 다른 곳으로 가라고 하는 건, 내 직무유기다. 멜카벨로 보건청에서 원조사업을 총괄해서 진두지휘하지 않는 이상 어쩔 수 없다. 우리가 할 수 있는 최선은, 그냥 최대한 많은 원조사업비가 이곳에 들어오고, 최대한 많은 원조사업이 여기서 진행되게 한다. 우리 보건청에서 원조사업을 1차적으로 진행하지 않는 이상은 그렇다. 사업 관리자가 수원지를 보고 오는 대로, 분나 카페에 가서 삶은 콩을 먹으며 격렬하게 내 주장을 펼쳐야겠다.

3. 소스트, 사업효과가 그렇게 당장 나타나지 않아요

멜카벨로 지역과 하브로 지역을 합해서 10개의 보건소와 60개의 보건지소가 있다. 이번 영양사업은 지역보건청과 협력해서 사업을 진행하는데, 보건청 아래에는 보건소가 있고, 보건소는 보건지소를 감독하는 구조이다. 보건지소

종사자(health extension workers)를 우리말로 보건증진원이라 하기도 한다. 보건지소는 각 마을 주민의 보건문제를 1차적으로 책임지는 최전방의 보건시설이라 할 수 있다. 보건증진원은 주로 여성인력으로 구성되어 있으며, 고등학교를 졸업하고 1년의 과정을 거치거나 2~4년 과정의 간호대학을 졸업한 이들로 주로 구성되어 있다.

이번에 실시하는 KOICA 빈곤퇴치사업과 직접 관련된 이들의 역할은 가구별 ENA 상담을 실시하는 자원봉사자들을 관리하고, CMAM 사업의 대상 아동을 스크리닝[9]하고 CMAM 대상아동이 정기적으로 내원하여 치료받는 과정을 전적으로 책임지며, PD Hearth 사업을 위한 주민 동원을 담당한다. 그 과정에서 여러 보건지소를 방문을 했는데, 다음 일기는 이때 들은 이야기들을 종합해 재구성한 것이다.

이 파 바 스 마 을 보 건 지 소 종 사 자 하 야 트 하 센 (여 , 2 0 대) 의 일 기

비푸투 오로미아 마을의 어머니 둘이 8개월짜리 아기와 1년 반이 된 아기를 업고 온 건, 퇴근 시간이 다 될 무렵, 보건지소 문을 잠그고 집으로 가려던 순간이었다. 보건지소에는 꼰짓과 나 단둘이 근무한다. 얼마 전에 아기를 낳은 꼰짓은 모유 수유를 하느라 퇴근과 동시에 집으로 줄행랑을 친다. 1년 반 된 아기는 팔다리와 얼굴이 퉁퉁 부어있었다. 팔뚝 둘레를 체크할 필요조차 없다. 쿼시오커다. 영양부족으로 부종이 생겨 몸이 퉁퉁 부풀어 오르는 증상. 다리부터 시작해서 팔 그리고 온몸으로 퍼져나가기 때문에 재빨리 처치하지 않으면 아기는 죽는다. 더 볼 필요도 없이 보건소로 보내 입원을 시켜야 한다. 오늘은 천만다행이다. 영양사업팀이 우리 보건지소를 방문해 월드비전 차량이 마침 이곳에 있었다. 아기는 다행히 자자 보건소로 갔다. 거기엔 급성영양실조 처리의 베테랑 남자 간호사 카디르 선생님이 계시니까 걱정 없다. 폐렴이나 급성 질병이 없는지 검사를 하고, 응급처치를 비롯해 아이를 24

---

9)　영양실조상태 확인을 위해 몸무게와 키 또는 팔뚝(상완위 근육) 둘레를 측정한다.

시간 동안 보건소에서 집중해서 관리한다. 필요한 약을 투여하고, 응급영양처치가 이루어진다. 유니세프에서 F75, F100을 보급하고 영양사업팀이 응급의약품과 RUTF 치료식을 보급하고 있다.

오늘처럼 즉시 자자 보건소로 후송이 된 경우는 별 걱정 없지만, 이건 정말 횡재한 경우다. 일단 어머니들이 이런 아이들을 제때에 우리에게 데리고 오는 게 쉽지 않다. 먹을 게 부족한 상황에서 아기가 태어나면, 어머니들은 그 아기를 우선해서 보호한다. 모유 수유를 하는 어머니들은 움직이기도 쉽지 않기 때문에 집안에 먹을 것은 점점 더 부족해진다. 그나마 없는 식량도 더 어린 아기에게 주다 보니 맏이들은 종종 이렇게 쿼시오커와 같은 고도급성영양실조 상태에 빠진다. 상황이 이렇다 보니 많게는 1시간도 더 걸리는 우리 보건지소까지 오기가 쉽지 않은 것이다. 여기까지 와서 아이의 체중을 재고, 치료식을 받거나 우리와 상담을 하는 어머니들은 남달리 깨어 있는 분들이라 할 수 있고, 정말 예외적인 경우다. 많은 어머니가 보건지소에까지 와보지도 못하고 무기력하게 아이들을 세상에서 떠나보내야 한다. 그런데 우리 보건지소에서 자자 보건소까지는 자동차로 가도 1시간이 걸린다. 걸어서는 젊은 사람이 가도 반나절이다. 산허리를 휘어감은 벼랑길을 한참을 따라 걸어야하고, 다시 내리막길을 두어 시간은 더 가야하는 것이다.

8개월 된 아기에게는 RUTF 한 달 치를 주었다. 일주일 치를 줘야 하지만, 어머니가 보건지소에 오는 게 쉽지 않아 어쩔 수 없었다. 일을 하다 보면 모든 것을 다 기준에 맞게 처리할 수는 없다. 일주일 치를 주고 일주일 후에 다시 아기의 체중을 측정하는 게 내가 배운 규정이다. 그렇지만 만약 어머니가 다시 보건지소로 오지 못하면, 그다음 아기의 상황은 더 어려워진다. 체중 측정을 통한 관리도 중요하지만 어머니 입장을 고려해서 현실적으로 가장 좋은 것이 무엇인지 생각해야 한다.

내가 일하는 보건지소를 고도급성영양실조 치료사업에서는 OTP[10]라고 부른다. 외래치료방식의 영양실조치료 프로그램이다. 이 프로그램은 사실 교육훈련보다는 RUTF 지급과 같은 물품지원이 핵심이다. 이 RUTF라는 게 없다면 아마 CMAM은 아마 시작도 할 수 없었을 것이다.

종종 우리 보건지소에 사업팀이 올 때마다 우리를 너무 보챈다. 이 지역의 급성영양실조를 이번 사업을 통해 단기간에 근절시키는 게 목적이라서 그렇다는데, 나로선

---

10) 영양실조 환자가 입원하지 않고 병원에 정기적으로 방문해 치료를 받는 프로그램이다.

이게 참 답답한 이야기다. 그들이 이야기하는 가이드라인에 따르면, 3개월 안에 영양실조에 대한 대응조치를 모두 완료해야 한다는데, 이건 내가 사는 마을을 몰라도 너무 모르는 이야기다. 그리고 그들은 왜 정기적으로 스크리닝을 안 하느냐고 물었다. 스크리닝? 물론 하고 있다. 하고 있지만 이게 말처럼 쉬운 일인 줄 아는가? 보건지소에는 나와 꼰짓 단 둘이서만 일한다. 인력이 절대적으로 부족한 데다가, 보건지소는 영양실조에 걸린 아이들을 위한 일만 하는 곳이 아니다. 설사에, 폐렴에, 감기에 걸린 아이들과 산모들이 수시로 우리 지소에 온다. 요즘은 싸우다 심하게 상처가 나서 오는 이들도 많아졌다. 거기다 가족계획 프로그램으로 피임을 하려는 어머니들도 방문이 많아지고 있다. 이런 사황에서 마을을 돌아다니며 스크리닝을 하는 것이 얼마나 어려운 일인지 알고 있을까?

스크리닝이 얼마나 좋은 효과를 가져오는지 아주 잘 안다. 어머니들이 아이들을 데려오는 건, 아이가 거의 죽기 직전이 될 정도로 아프거나 몸에 증상으로 나타났을 때라 우리가 조치를 취하기에 너무 늦은 경우가 많다. 스크리닝으로 영양실조 아이를 가급적 빨리 적극적으로 찾아내어 치료를 하면 더 악화될 상황을 예방할 수 있어 정말 좋다. 그런데 그게 너무 벅차다. 단 2명이 책임져야 하는 인구와 마을의 수가 너무 많다. 지금도 겨우 마을 한복판에서 아이의 체중과 팔뚝을 측정할 테니 아이를 데리고 나오라고 해서 겨우 스크리닝을 진행하고 있다.

가구별로 방문해서 영양실조 아이들을 적극적으로 찾아내고, 상담하고. 이런 거 참 좋다. 내가 사는 이 나라 아이들의 사망률이 높다는 것은 안다. 그리고 그 사망률을 줄이는 데 고급인력이 아니라 나와 같은 중간인력, 마을에 기반을 둔 현장 인력이 얼마나 중요한지도 잘 안다. 그리고 나 역시 여기에 전적으로 동의한다.

하지만 내게 주어진 하루의 시간이 갑자기 24시간에서 2배, 3배로 늘어나는 건 아니지 않는가? 나도 가정이 있고 아이들이 있다. 그리고 내 월급은 내 가족과 살기에 터무니없이 부족한 수준이다. 염소도 키우고, 때마다 옥수수와 테프, 땅콩과 감자를 키워서 겨우겨우 가족의 생계를 유지하고 있다. 내가, 내 역할이 정말 중요한 것은 알겠는데, 내 한계를 넘어서는 것까지 요구해서는 안 된다고 생각한다. 보건청에서는 이런 문제점에 대한 대책을 마련해야 한다.

아무리 급성영양실조를 해결하는 사업이라지만, 사업기간 1년 반 만에 영양실조 문제를 해결한다는 건 너무 조급하다. 이번 영양사업을 훨씬 연장해서 10~20년 사업으로 가져갈 수 있을까? 글쎄, 모르겠다. 그건 사업팀이 그들의 인생을 여기에 완전

4. 아랏, 우리 사정을 어느 정도라도 헤아려줘야죠

이번 영양사업 중 ENA 사업의 핵심은 가구별 방문을 통한 바람직한 지식 (특히 모유수유와 보충식을 중심으로) 전파다. 물론 구충제, 요오드 소금, 철분 지급 등 물품지원이 병행되긴 했으나 가장 중요한 것은 가구별 영양상담을 통한 지식 전파이다. 가구별 상담을 진행하는 사람을 현지에서는 가구별 자원봉사자라고 하며 1인당 50가구를 책임지게 되어 있다. 동 사업에 대한 에티오피아의 정책 그 자체만을 놓고 보면 특히 전달체계의 이론적 차원에서는 흠 잡을 수 없을 정도로 훌륭하다. 중앙과 도 보건청에서 군 보건청 핵심 인력에 대한 역량을 강화시키면 보건청은 보건소와 보건지소 인력을 대상으로 이를 전파하고 이들은 최종적으로 마을별 보건 자원봉사자들에게 다시 전달한다. 마을별 보건자원봉사자들은 2세 미만의 아동이 있는 수유부 그리고 임산부가 있는 가정을 직접 방문하면서 핵심 요소를 전파하는 것이다.

그런데 사업을 진행하는 동안 마을별 자원봉사자들이 가구별 상담을 진행하는 모습을 보면서 사실 적지 않게 실망하고 말았다. 상담 과정은 너무 부자연스러웠으며, 1인당 50가구를 책임지며 1일 1가구를 방문한다는 자원봉사자들은 1주일에 1회 방문도 수행하지 않고 있음을 쉽게 짐작할 수 있었다. 상담 진행 중에는 오히려 상담을 받는 어머니가 더 자연스러웠으며 자원봉사자보다 많은 지식을 갖고 있는 듯 보이기도 했다. 이론과 실제의 적나라한 괴리와 마주했을 때의 그 당황스러움이란! 원조 관련 훌륭한 정책들이 수많은 천재에 의해 개발되고 있음에도 아직까지 현장에서 이렇다 하게 '먹혀드는' '대박'의 성과가 쉽게 나오지 않는 것을 보면 사실 그리 당황스러운 것만도 아니다. 빈 틈의 여지가 없는 것처럼 보이는 촘촘한 이론과 정책이 현장에서 맥없이 풀려버리는 모습을 바로 이 '자원봉사자들의 ENA 전파'에서 목격했다. "원조사업에 필요한 것은 뛰어난 천재의 기획(planner)이 아니라 현장의 절박한 필요에 대응해 현장 수준에서 최적의 답을 스스로 찾아나는 것(searcher)이다"라고 한 윌리엄 이스털리(William Easterly)의 이야기가 의미심장할 수밖에 없다.

나의 초점은 자원봉사자들이 '무능력하다'거나 '헌신적이지 못하다'는 것이 아니다. 내가 짚고 넘어가려는 것은, 원조사업에서 천재적인 기획가들이 구상해낸 완벽해 보이는 듯한 이론들이 현장의 상황, 특히 지역주민들의 심리와 문화를 철저히 이해하지 않았을 때, 얼마나 무기력한 것인지를 말하고자 함이다. 안타깝게도 지역주민에 대한 탐색과 이해는 사업 발굴을 위해 사전에 얼마간 지역을 방문해서 지역주민들과 심층면담을 하거나, 지역 관계자와 회의를 한다고 해서 쉽게 캐낼 수 있는 수준의 얕은 지식과 정보로는 어려운 듯하다.

토쿠마 잘랄라 마을 보건 자원봉사자 모하메드(남, 40대)의 항변

50가구를 책임지는 마을별 보건 자원봉사자 모하메드에게 가정방문과 상담을 책임지고 진행하고 있는지 묻자, 그의 긴 항변이 이어졌다.

"소들이 들었다니까요, 소들이! 간밤에 소들이 옥수수 밭을 온통 엉망으로 만들어 놨다 말입니다. 안 그래도 농사가 안돼서 힘든데 ……. 오후에는 염소 몰고 나가서 물도 먹여야 하고요. 해지기 전에 지붕도 손 좀 봐야 돼요. 이제 곧 우기가 시작될 텐데, 비 오기 시작하면 난리도 아닙니다. 지난번에도 지붕이 뚫려 물이 바가지로 쏟아졌어요. 오늘은 작정하고 숲에 가 풀을 베서 집에 가져가야 돼요."

"그나마 두 마리 있던 닭도 한 마리는 하이에나에게 잡아먹혔어요. 지난번 보건청에서 산모 영양이 하도 중요하다고 이야기해서 닭도 겨우 키우는 건데 ……."

"아니, 50가구를 다 돌아다니면서 모유 수유랑 보충식 설명을 하는 건데, 가끔가다 할 수 있는 거지, 어떻게 이걸 매일 다녀요? 저도 일이 없는 사람도 아니고요. 마을 사람들이나 저나 아이들 챙겨야 하고 밭도 챙겨야 하는 건 똑같아요. 그리고 저야 보건청에 가서 교육 몇 번 더 참석한 게 전분데, 모유 수유나 보충식에 대해서 알면 얼마나 더 알겠어요? 물론 저도 하느라고 최선을 다하지만, 뭐, 자원봉사로 있는 저나 옆집 산모들이나 다 마찬가지 상황이고."

"우리 같은 자원봉사자들 교육해주면 고맙긴 하죠. 뭐, 딱히 완전히 새로 배우는 내용은 아니지만 그래도 이렇게 때때로 교육받으면, 잊어버렸던 것도 생각나니까 도움은 되죠. 우리 같은 자원봉사자 중에 읽고 쓸 줄 모르는 사람도 많아요. 읽고 쓸 줄 안다고 해도 평상시에 집에서 책을 읽을 수 있는 것도 아니고. 이렇게 보건청에서 하는 교육에 참가해서 듣고 배우는 게 거의 유일한 기회죠."

"자원봉사라고 해서 말 그대로 자원봉사라야 된다고 하는데 그게 말처럼 쉽지가 않아요. 아, 우리도 먹고살아야 하지 않겠어요? 요즘처럼 건기 끝 무렵에는 먹을 것도 부족해서, 정말 잠시 한눈팔다가는 마을지원봉사자는커녕 내 새끼 밥도 못 챙겨줄 수도 있는데, 어떻게 매일 한 가구를 방문해서 상담을 하겠어요? 그리고 그 상담도 그렇죠. 방문해서 상담을 한다고 해도, 젊은 산모들이 나보다 더 똑똑할 때도 있는데, 내 말을 귀담아 듣기라도 하겠어요? '저 사람은 나보다 교육을 더 받은 것도 아닌데, 자원봉사자랍시고 보건청에 가서 교육 몇 번 받고 나더니 나한테 수유하는 방법을 가르치러 왔네?'라고 생각한단 말이에요."

"그러게 말입니다. 정부에서는 자원봉사자의 역할이 중요하다고, 마을 건강에 가장 핵심으로 중요한 사람들이라고 하는데, 정말 그렇다면 인센티브라도 보장해줘야 하는 거 아니에요? 여기 자원봉사자들 한 600명 정도 되는데, 한 번 물어보세요. 아무리 자원봉사자라고도 인센티브는 있어야 한다고 다들 이야기하는데, 틀린 말은 아니잖아요?"

"이렇게 ENA 교육도 하고, CMAM 교육도 하고, 거 뭐냐 새로 도입했다는 PD Hearth 사업 교육도 하고. 이런 거 들으면 도움이 되는 건 알죠. 우리 지역이 영양실조가 많은 건 사실이잖아요. 그런데 이런 교육 몇 번 들었다고 해서, 보건청에서 우리 보고 마을 주민들 건강을 다 책임지라고 하는 건 너무한 것 같아요. 아무것도 지원해주지 않으면서 책임만 지라는 건 좀 그렇죠. 그러니까 보건청에서 외국에서 온 원조사업들을 잘 이용해서 우리 같은 자원봉사자에게 좀 더 동기를 부여할 수 있는 대책을 마련해주면 좋겠어요. 교육을 더 시켜서 자격증 같은 것을 주든지요. 제일 좋기은 건 보건청에서 월급까진 아니어도 다만 얼마씩이나마 수고료를 주면 좋겠어요. 그래야 우리도 남들이 밭에 가는 시간에 상담하러 방문할 이유가 생기지 않겠어요? 전 잘 모르지만, 정부에서 이야기하는 정책이라는 것들을 들어보면 우리 같은 사람이 보기에는 여기 상황을 너무 모르는 이야기도 많은 것 같아요. 이렇게 생각하는 우리를 나쁘게 생각하지는 말아주세요. 우린 그냥 이 지역에서 평범하게 살아가는 주민일 뿐이에요. 그냥 힘들게 하루하루 살아가는 주민이요.”

5. 아미스트, 사업 바깥의 복잡한 부분까지 깊이 연관되어 있어요

수도의 한 음식점에서 만난 외국인 사업가는 서구 열강이 아프리카를 식민지로 만들기 전, 사하라 이남의 아프리카는 “단지 밀림이었을 뿐”이라고 내게 말했다. 그의 무지에 아연실색하지 않으려면, 한국 여느 방송을 통해 비춰지는 아프리카의 대표적인 이미지를 떠올리면 된다. 아직도 아프리카를 ‘긴 창을 들고, 입술을 뚫어 접시를 채우거나 목걸이를 가득 채워 목을 늘인 반라의 부족들이 온 들판을 누비는 땅’쯤으로만 아는 사람들이 많을지 모른다.

자자 읍내에서 그리 멀지 않은 곳에 마을이름이 ‘오다’라는 동네가 있다. 오다는 나무 이름이다. 에티오피아 최대 부족인 오로미아 부족이 신성시 여기는 나무이며, 주기(flag of Oromia state)에도 이 나무가 그려져 있다. 오다 나무 아래에서 한 약속은 우리로 치면 ‘인감 도장’으로 날인하는 것 이상의 의미가 있다. 마을회의도 이 나무 아래서 열리고, 부족을 지키기 위한 전쟁 선포도 이 나무 아래에서 한다. 우리도 오다 마을의 오다 나무에서 10명의 어머니와 온종일 회의를 했다. 내가 생각한 것보다 훨씬 지역주민들이 자신의 부족과 문화 역사에 대한 상당한 지식과 자부심을 가지고 있는 듯했다. 원조사업의 시작이 현장에 대한 정확한 이해에서 시작한다는 것에는 모두 쉽게 동의하리라 본다.

다음의 가상 일기는 요즘 원조분야의 '대세'로 인식되는 '역량강화'가 단순한 지식의 전파나, 교육훈련만으로 채워질 수 있는 영역이 아님을 말하고자 한다. 역량강화로 가는 길에 교육훈련과 지식전파는 단지 필요조건일 뿐 충분조건은 아니다. 이들의 의식의 심연을 파고들지 못하면 충분조건을 캐내는 일은 참으로 요원하다. 나는 그래서 지역정부가 열쇠를 쥐고 있다고 주장하고 싶은 것이다. 습득된 지식이 역량강화로 이어지지 못하게 하는 수많은 장애요소를 발견하고 제거하지 않는 한 역량강화의 길은 멀고도 험하다.

오다 마을의 어머니 파이마 게타추(여, 30대)의 '대화' 일기

"이 굵은 밑동이며, 하늘로 뻗은 가지들 보세요. 이게 우리 오로미아 부족의 상징이에요. 바로 오다나무에요. 이게 그냥 보통 나무가 아니에요. 우리 부족의 전설이 깃든 나무죠. 한국에서는 막대기로 도장을 팠다면서요? 우리 부족은 이 나무 아래에서 약속을 해요. 그건 한국에서 도장을 찍는 것, 아니 어쩌면 그 이상의 의미죠. 이 나무 아래에서 서로 한 약속을 지키지 않는 것은 거의 신을 저주하는 것과 같답니다. 그래서 부족회의도 이 나무 아래에서 하는 게 우리 부족의 전통이에요."

"저도 중학교까지 다녀서 세계 역사를 아예 모르지는 않아요. 그리스 민주주의 있죠? 그거 우리 부족이 수천 년은 앞섰어요. '아빠가다'라는 제도가 있었는데, 그 시초를 알 수 없을 정도로 유구한 역사죠. 부족 최고 족장인 아빠가다는 부족의 일원이 선거를 통해 선출했어요. 보통 8년 정도의 임기를 마치고 사임하는데, 그러면 다시 선출을 했죠. 그리고 '아빠 뚤라'라는 사령관 제도도 있는데 마찬가지로 선출을 해요. 더 신기한 게 뭔지 알아요? 아빠 뚤라는 부족 최고 사령관인데, 전쟁 선포를 할 권한이 없어요. 그럼 누가 전쟁을 선포하느냐고요? 아빠가다? 아뇨! 부족의 최고 여성 지도자가 해요. 부족에서 최고로 존경받는 여성을 선출했는데, 부족의 어머니 격이죠. 오직 그 분만이 전쟁을 선포할 수 있었어요."

"그런데 도통 모르겠어요. 이런 뛰어난 전통은 다 어디로 가버린 것일까요? 저도 그것까진 알 수가 없네요. 물 뜨는 일? 언제부턴가 다 우리 여성들의 몫이에요. 땔감 구하는 일? 여성들이 해야죠. 밥 짓고 빨래하고, 아기들 키우고. 정말 거의 모든 일을 다 여자들이 해요. 남자들이 거드느냐고요? 물론 거드는 남편들이 없지는 않아요. 하지만 보세요. 우물가에 가서 물을 긷거나 땔감을 마련하는 일은 전부 노출이 되잖아요? 그러니까 남자들이 도울 수가 없어요. 이건 그냥 언제부턴가 전통이 돼버린 듯해요. 우리 남편이 그러는데, 남자들끼리 모여서 이야기해보면, 가사를 돌보는 것을 오히려 창피하게 여긴다고 하더라고요."

"이 사업들이 정말 필요하고 좋은 건 사실이에요. 그런데 이런 사업들이 성공하려면 남편을 비롯한 가족구성원들, 친척들의 지원이 반드시 필요해요. 임신을 했을 때, 아이를 낳았을 때 별로 쉬지도 못하고 물을 뜨러 가야하고, 땔감을 구해야 하고, 밥을 짓고 집안 청소를 해야 해요. 이 모든 것을 혼자 하는 건 정말 힘들어요. 임산부의 영양요? 휴⋯⋯. 밥이 부족하면 우선 남편을 제일 먼저 먹게 하고, 그다음에 아이들 그리고 우리가 제일 나중이에요. 이게 하나의 관습이에요. 우리가 임신했다고 해서, 출산을 했다고 해서 달라지는 건 없어요. 이런 상황을 이해하지 못하고, 임신 때나 수유 때 어머니들의 영양이 중요하다는 지식만 전파하는 것은 한계가 있어요."

"보건청 공무원이나 보건소·보건지소 직원 그리고 자원봉사자들까지 교육하고 훈련하는 것은 좋아요. 결국 그 효과가 마을에 전파되고 우리에게 내려오겠죠. 그런데 문제는 무슨 사업이든지 간에 마을의 문화가 복잡하게 엮여 있다는 것을 알아야 돼요. 뭐, 책에도 나오는지는 모르겠지만, 그런 걸 모르고 단지 선생님네 사업수행만으로 당장 이곳의 뭔가가 바뀌리라고 기대하는 것은 무리에요."

"철분이나 구충제 등을 지원하는 것도 매우 좋다고 봐요. 뭘 나눠 주는 것을 무조건 나쁘게만 보는 것도 문제라고 생각해요. 이런 사업이 아니고는 우리가 어디에 가서 철분을 얻고, 구충제를 얻겠어요. 보건청이 줘야겠지만 보건청에서 지원하는 게 항상 넉넉하지 않고 모자랄 때가 많으니까요. 저도 애를 키우고 있어서 알아요. 6개월 미만 아기에게 하루 여덟 번에서 열두 번씩 모유를 먹여야 한다거나 캥거루식 양육인가를 이야기하면서 아기를 온종일 품 안에서 보라는데, 이게 저와 같은 어머니한테는 얼마나 어려운 일인지 아세요? 매일 아침 1시간 정도는 걸어서 물을 뜨러 산

길을 가야 돼요. 그러면 애는 어떻게 해요? 애를 안고 물을 뜨러 가요? 땔감은 또 어떻고요? 보시다시피 이 지역은 죄다 화전이기 때문에 남은 나무들이 없어요. 쓸 만한 나무를 캐려면 숲속을 온종일 뒤져야 며칠 쓸 수 있는 땔감을 겨우 구할 수 있다고요. 오죽했으면 이런 시골 시장에까지 땔감 파는 장사꾼이 있겠어요. 그러니까 물 뜨는 일, 땔감 구하는 일, 아이 보호하는 일, 집안일 등을 남편들도 거들어야죠. 그런데 이게 얼마나 어려운지 이제 아시겠죠? 저야 중학교 교육이라도 받아서 '이랬으면 좋겠다'라는 생각을 가지고는 있지만. 저도 집안에서 겉으로 주장을 하지는 않아요. 이건 단지 남편과 저의 문제만은 아니에요. 씨족사회와 마을 안에 서로 다 연결된 문제에요. 당장 우리 남편이 내일 땔감을 지고 길가로 나가보세요. 온 동네 사람들이 비웃어요."

"그러니까 제 말은, 이런 걸 다 고려해서 사업을 해야 하는 것인데, 이건 1~2년으로 해결될 문제가 아니에요. 정말 오래도록 우리 옆에서 이런 변화를 자극해주고 그 과정에서 생기는 문제들을 해결할 수 있도록 도와줘야 하는 거죠. 이걸 하려면 결국 지역보건청이나 군청 같은 지역정부에서 사업을 해야죠."

"우리 지역에는 다행히 여성가족부가 생겨서 좀 나아지고 있다고 생각해요. 그 예로, 여성할례가 많이 사라졌죠. 물론 지금도 저기, 저 산 있잖아요? 저 산 너머 마을 중에는 여성할례가 행해지는 곳도 있을 거예요. 아직도요. 왜냐고요? 지금 우리 지역의 50대 여성 태반이 전부 여성 할례를 받았거든요. 시골에 가면, 저같은 젊은 사람이 여성할례가 위험하다고 이야기하면, 어떤 아주머니들은 "우리도 다 했는데, 아무 문제없이 아이 낳고 잘 살고 있다. 쓸데없는 소리 하지 말아라"라고 해요. 아직까지요. 그러니까 계속 이야기하는데, 변화라는 게 정말 하루아침에 이루어지지 않는다는 거고요. 어떤 사업이든지 지역정부와 그리고 지역 원로들이 중심이 돼서 장기적으로 책임감 있게 가져가지 않으면 어떤 변화도 일어나기 어려워요. 선생님네 같이 외국에서 온 분들도 행태변화 같은 근본적인 변화를 위하는 거라면, 1~2년이 아니라 적어도 10년 넘게 사업을 진행하면서 정말 참고 참으면서 개입하고 지켜봐 줘야 돼요. 제가 비록 어려도 이 지역에서만 살아서 알 건 다 알아요. 사람들의 습관이나 행태는 쉽게 변하지 않아요."

6. 시디스트, 자립형보건사업에 상당한 기대를 하고 있어요

물리사 하카 마을은 사업기간 중 딱 한 번 다녀왔다. 아침 7시에 출발했는데 다시 사무실로 돌아왔을 때는 저녁 7시가 넘어 있었다. 물론 마을로 가는 도중에 차가 물웅덩이에 빠져 한참 애를 먹은 탓이기도 했다. 물리사 하카는 멜카벨로에서 가장 먼 마을이다. 산을 몇 개를 넘어야 하는데, 화전을 일구어 다 타버린 멜카벨로의 여느 산들과 달리 산 중간에 천연림이 그대로 있는 거의 유일한 지역이다.

사진 6. 자립형보건영양사업_ 요리를 하며 노래로 영양, 위생교육을 진행하는 중

다음 일기의 내용은 물리사 하카로 가는 동안 들은 우리 사업팀 직원인 임미루의 이야기를 재구성한 것이다. 오로미아 부족에 대한 자부심이 얼마나 철철 흘러넘치는지 그날 하루, 나는 그의 이야기에 거의 '홀려' 있었다. 이탈리아 침략을 막아낸 핵심 부족도 오로미아 부족이라 하고 멩기스투 하일레 마리암(Mengistu Haile Mariam) 독재정권에 맞서 민주주의를 이루어낸 부족도 오로미아 부족이라 한다. 민주주의의 복원을 꿈꾸며 몇몇 오로미아 부족들이 모여들기 시작한 최초의 마을이 바로 이곳, 물리사 하카다. 나는 임미루의 부족 역사에 대한 해박함과 자부심, 그리고 그리스 민주주의보다 훨씬 앞선 오로미아 부족의 민주주의에 대한 역사를 접하는 순간 온몸에 전율을 느꼈다. 말할 수 없는 지금의 이 가난이 결코 영원

히 지속되지는 않을 것이란 희망을 나는 그날 보고야 말았다. 아래의 일기에서는 PD Hearth라는 자립적이고 지속가능한 원조사업이 실질적인 변화를 가져오기 위해서는, 지역정부의 구조 안으로 본 사업을 통합시켜야 함을 말하고자 한다.

물리사 하카 마을의 아버지 압두제와드 누구세 (남 , 5 0 대) 의 일기

내가 사는 마을은 물리사 하카. 멩기스투 독재정권에 끝까지 맞서 싸워 에티오피아 민주주의를 이룩하는 데 결정적인 기여를 한, 그 유명한 오로미아해방연맹의 발원지. 아프리카 대부분의 나라가 유럽 식민세력에 연약하게 쓰러져갈 때, 이탈리아 군대에 당당히 맞서 그들의 침략을 막아낸 에티오피아의 최대 부족 오로미아 부족. 그 성지와 같은 곳! 그러나 내가 사는 이곳 물리사 하카는 마치 성배처럼 깊숙이 숨겨 있어, 여기까지 찾아오는 일은 같은 오로미아 부족에게도 여간 어려운 일이 아니다. 아디스아바바에서 멜카벨로까지 한 나절이 걸리고, 멜카벨로 읍내에서 내 마을까지는 반나절이 걸리기 때문이다. 영양사업팀 일행이 왔다. 이 마을에 백인이 온 건 내 기억으론 지금까지 단 한 번도 없었다.

하라와차 마을 공무원들도 여간해서는 여기까지 오지 않는다. 자동차로도 넘기 힘든 바위산을 하나 넘어야 하기 때문이다. 숲이 천연림으로 남아 있어 도중에 길이 사라질 듯 하다가 나타나기를 반복하기도 한다.

용맹스러운 부족의 마을이자 민주주의의 성지인 이곳에서 안타깝게도 영양실조가 발생하고 있다. 이번에 마을을 방문한 영양사업팀은 매우 특이한 영양사업을 소개했다. 긍정적 일탈자들을 통한 자립형 보건사업이라고 하는데, 우선 외부에서 지원하는 것은 아무것도 없고, 단지 우리 마을에서 가장 지혜로운 어머니를 찾아내 그 지혜를 전파하는 것이라고 한다. 이 마을에서 나고 50 평생을 산 나는 알고 있다. 비슷한 형편에서도 아이를 건강하게 키우는 집이 있고 영양실조로 죽을 때까지 손을 쓰지 못하는 몹쓸 집도 있다는 것을. 건강하게 아이를 키우는 집에서 지혜를 배우고 그것을 전파하는 것이니, 이건 놀라운 발상이다. 나는 사실 그동안 주민들이 보건청에서 지원하는 물품지원 방식에만 일방적으로 의존하는 모습에 마을의 한 어른으로 무척이나 자존심이 상했었다. 시간이 갈수록 오로미아 부족의 용맹성을 잊어버리는 사람들이 많아지고 있다. 식량사정이 어려워지고 먹고사는 게 힘들어지면서 외부에 의존하려는 습성만 자라고 있다. 그 나름대로 선한 마음을 가진 사람들의 지원이 우리 마을 주민들의 의존성을 심화시킨다는 생각에 적지 않게 못마땅했다. 하지만 이번 사업은 지혜와 방법, 행태 모든 것을 우리 안에서 찾아낸다는 것이다. 이건 전혀 새로운 방법이 아닌가? 심지어 부족 아이들의 건강을 위한 바른 음식조차 마을 내에서 찾아낸다고 한다. 만약 그것이 가능하다면, 이건 우리 마을과 부족에 실로 획기적인 영향을 끼칠 것이다.

그러나 우려되는 것이 하나 있다. 이 사업이 내년까지만 수행된다는 것이다. 아무리 부족 안에서, 마을 안에서 지혜를 찾아내어 전파한다고 한들, 수십 년 아니 수백 년 넘게 지속된 생활행태가 1년 안에 변할 것이라고 생각한다면, 그건 너무 섣부른 기대가 아닌가? 이들이 진행하는 사업을 멜카벨로 보건청이 적극적으로 책임지고 사업을 진행하고 이어나가지 않는다면, 그 결과는 그리 밝지 않을 것이다.

오로미아의 용맹성. 소총을 들고 에티오피아의 광활한 대지를 누비던 그 전투성은 이제 필요가 없다. 우리부족은 이제 가난과 싸워야 한다. 더러운 환경을 개선하는 전투에, 부족한 식량을 증산하는 일에, 부족의 아이들을 건강하게 키워 강한 에티오피아를 만드는 바로 그 전투에 힘을 합쳐 참여해야 한다. 이번 사업을 수행하는 영양사업팀의 자립형 보건사업을 바라보며 희망과 염려를 동시에 보았다. 그러나 그건 그들의 몫이 아닌 전적으로 우리의 몫이다. 우리 마을의 아이들이 건강하게 자라, 이곳이 오로미아 부족의 진정한 성지로 각인되도록 이번 보건사업에 마을 주민들을 철저히 동원시키는 것부터 나도 동참해볼 생각이다. 내일은 그 첫 번째로, 부족의 지혜로운 어머니들을 발굴하는 날이다.

7. 시민트, 물품지원 형식의 바람직한 단기적인 대책은 이거죠

테드세, 그는 20대 후반의 우리 사업팀 핵심 일원이다. 한마디로 말하자면 입이 닳도록 칭찬을 해주고 싶은 동료이다. 외국으로의 두뇌유출 현상을 지켜보면서 자신은 에티오피아가 좋다고, 절대로 친구들처럼 나라를 버리고 외국으로 가지는 않을 것이라 말한다. 그의 말이 괜한 너스레로 들리지 않는 이유는 꽤 오래 이 친구를 가까이서 지켜보았기 때문이다.

이 친구는 천생 정치인이다. 지역주민이 모인 자리에서 즉석 연설을 어찌나 잘하는지, '이 친구가 선동을 하면 큰일 나겠구나'하는 걱정이 될 정도다. 마른 체구에 작은 키, 테드세, 그는 20대 후반의 우리 사업팀의 핵심 일원이다. 나는 나중에 꼭 정치를 해서 에티오피아의 경제와 민주주의 발전에 기여하라고 테드세를 계속 자극했다.

그는 '한국사람 몇 명을 데려다놔도 이 친구 1명이 더 뛰어날 것 같다'는 비유를 들고 싶을 정도로 훌륭한 친구이다. 아래에서 소개할 요오드 전파 방법 역시 순전히 테드세의 아이디어에서 나온 것이었다. 테드세는 놀라운 업무 추진력으로 며칠만에 주민들을 조직해 이 사업을 추진했다. 에티오피아에서 원조사업을 수행하면서 평생을 바치는 게 자신의 꿈이라는 테드세. 정치가 정말 하고 싶지만, 비리 유혹에 넘어가는 게 두려워서 하고 싶지 않기도 하다는 그. 정치를 안 할 거라면, 정부로 들어가서 에티오피아 국가의 발전과 지역사회 발전에 한평생을 헌신해주었으면 하는 바람이, 친구로서 동료로서 가득하다. 본 사업이 끝나면 테드세는 정부에서 일할 가능성이 꽤 크다. 제발 그래주기를 바란다. 아래 쪽지는 테드세가 보여준 무수한 사례 중 단지 한 쪽지만을 떼어낸 내용이다.

하브로 군, 본 사업 현지 사업관리자 테드세의 편지

차 선생님, 멜카벨로에 간 지 한 달이 넘었는데, 겔렘소에는 대체 언제 오세요? 하라와차로 가는 오로미아 본부 국장님 편으로 짧게 메모 남겨요.
오늘은 드디어 요오드 소금의 순환식 판매를 위해 관계자들이 모두 모여서 회의를 했어요. 영양사업팀 대표로 제가 갔고, 월드비전 보건 담당자인 피끄레가 동행했어요. 하브로 어느 지역에도 요오드가 섞인 소금이 판매되지 않다니 저도 이번에 정말 놀랐어요. 제가 꽤 오래 지낸 하브로인데, 저도 너무 무심했다는 생각이 들어 부끄럽습니다.

그나저나 오늘 모임은 굉장했어요. 한 50여 명이 모였는데요, 이

그림7. 주민들을 교육하고 있는 테드세

분들은 하브로 지역에 소득증대나 소자본창업을 관리하기 위한 모임에 속하신 분인데, 주로 어르신이 핵심 멤버라 할 수 있어요. 그냥 사교모임이나 친목모임도 아니고, 그렇다고 정부기관도 아니에요. 분명한 건 군청에서 정식으로 임명한 모임이라 공인된 조직이라는 거예요.

이번에 우리가 소금을 30만 비르[11]도 넘게 샀잖아요. 그 소금을 마을 주민들에게 무상으로 공급하는 건 일회성 사업으로 그칠 확률이 커서 사업의 지속성이나 주민들의 의존성 등 여러 가지로 문제가 많을 거라고 제가 이야기했을 때, 모두 다 동의하셨죠? 그래서 군청, 보건청과 함께 어떻게 하면 좋을지 계속 궁리를 해봤어요.

정말 좋은 아이디어가 나왔어요. 한 봉지에 50비르인 요오드 소금을 지역주민에게 판매하는 쪽으로 이야기가 되었어요. 중요한 것은 가격인데요, 일단 마을에서 파는 일반 소금, 그러니까 요오드 성분이 없는 소금 값보다 싸게 파는 것으로 했어요. 어찌되었든 주민들은 소금이 필요하니까, 어떤 소금이든 시장에서 사겠죠? 그런데 다들 형편이 어려우니 보다 싼 값의 소금을 살 거고요. 결국 우리가 제공하는 요오드가 포함된 소금을 자연스럽게 사게 될 거예요.

이건 요오드가 왜 필요한지를 장황하게 설명만 하는 것보다 몇십 배는 효과적인 방법이에요. 이렇게 해서 최종적으로는 우리 마을 시장에서 요오드가 포함되지 않은 소금을 자연스럽게 사라지게 하려고 해요.

그러면 소금을 그냥 주지 않고 판매해서 발생하는 수익은 어떻게 할지 궁금하시죠?

---

11) 1달러가 약 17비르이므로, 30만 비르는 한화로 2,000만 원에 조금 못 미치는 돈이다.

판매 수익금 전액으로 다시 요오드 소금을 사서 시장에 요오드 소금을 공급하는 겁니다. 그리고 또 그 수익금으로 다시 시장에 요오드 소금을 내놓죠. 이렇게 계속 반복하는 거예요.

시중 가격보다 싸게 파니까, 이렇게 몇 번을 반복하면 자금은 동이 나겠죠? 그래서 오늘 모인 분 중에 몇몇 분은 그냥 시중 가격으로 팔아서 이 자금을 계속 순환시켜야 한다고 강력히 주장하더라고요. 그런데 일단 요오드 소금을 빨리 전파시켜서 지역주민이 자연스럽게 요오드 소금을 알아가는 게 더 시급하다는 의견이 다수였어요. 시중가보다 저렴하게 시작하고, 지속성을 위한 여러 가지 방안은 추후에 더 찾아보자고 의견이 모아졌어요.

이거 정말 기발한 방안이죠? 마을 주민들과 보건청 직원들이 머리를 맞대고 궁리를 하니 좋은 의견들이 정말 많이 나오는 것 같아요. 오늘 그 열띤 토론의 자리에 우리 팀원들이 다 같이 있어야 했는데 정말 아쉽네요. 예전에 농림청으로 사용하던 구 청사에서 진행했는데, 정말 시간 가는 줄 몰랐어요.

회계문제 걱정되시죠? 이 모임은 대표와 총무, 회계가 다 따로 있고요, 군청이 정기적으로 자금집행 내역에 대해서 감사를 하니꺼 걱정하지 마세요.

다들 이제 요오드 소금이 오는 날만을 손꼽아 기다리고 있어요. 오로미아 국장님과 같은 날 출발한 구매팀이 다음 주에 물품 구매를 완료하고 온다니, 이제부터 바짝 긴장하고 세부계획을 구상하려고 해요.

지역의 핵심 기관인 보건청이 먼저 발 벗고 나서 지역주민들에게 가장 알맞은 길을 찾아가는 모습을 제 눈으로 보는 게 정말 신기해요.

답은 우리 안에 이미 있다고 늘 저에게 이야기하셨는데, 그 말이 오늘 유난히 와 닿았어요. 앞으로 요오드 소금의 판매가 어떻게 진행되는지, 저도 열심히 측면에서 지원하면서 지켜볼게요. 뭔가 대단한 실험이 이루어지는 것 같아 많이 설렙니다.

그나저나 빨리 오세요. 여기 식구들이 모두 선생님이 하브로를 완전히 버렸다고 농담 반 진담 반으로 불평들 합니다. 다음 주에도 하브로로 오지 않으면, 그땐 우리 사무실 문 다 걸어 잠그고 멜카벨로로 갈지 모릅니다. 그럼 좋은 주말 보내세요.

테드세, 사업 코디네이터

8. 스믄트, 마치며

　지난 1월에 에티오피아로 파견을 온 이후로 8개월이 지나고 있다. 이미 접어두고 왔어야 할 한국의 생체 시계를 그대로 가져온 것이 잘못이었다. 정해진 시간 안에 해내야 하는 사업수행과 지출해야만 하는 예산집행에 하루하루를 질식할 듯 보냈다. 시간이 지날수록 이 조바심의 뿌리가 무엇인지 점점 궁금해졌다. 시간표대로 되지도 않을 온갖 사업 활동들을 마구 구겨 넣은 빠듯한 일정이 원망스럽기도 했다. 매일매일 누군가를 보채고 다그치고, 긴장 속에서 일상을 보내다 문득 참으로 어리석은 나를 보았다. 시끄럽고 불안하고 들썩거리는 것은 나뿐인 듯했다. 마을도, 사람들도 매주 두 번 열리는 장터도 그대로다. 계획된 사업수행과 예산집행을 고민하는 사이, 크고 묵직한 무언가를 빠뜨리고 있다는 의심이 점점 확신으로 변해갔다. 원조사업의 대세인 역량강화 사업은 교육훈련을 넘어선 그 무언가가 있어야 할 것 같았다. 다그치고 보채고 불안해하는 사람, 그 사람이 내가 되어서는 안 된다는 생각에 이르렀다. 절박한 필요성과 간절한 호소가 스스로 가진 잠재력과 가능성을 만날 때 비로소 변화가 움틀 수 있음을 깨달았다. 멜카벨로 기획담당 메스핀과 영양담당 나세르, 간호사 카디르, 하브로 CMAM담당 이스마엘 등 지역정부 공직자들에게서 큰 희망을 보았다. 원조사업의 흐름은 이들의 참여를 '종용'하는 것이 아닌 이들이 전적으로 모든 사업을 책임지고 진두지휘하는 방식이 되어야 한다. 그렇지 않다면 시간이 흐르면서 이들은 또 어딘가로 사라지거나, 매년 들어오는 원조사업에 의존하는 공직자로 점차 길들여질 것이다. 멜카벨로 군과 하브로 군에서도, 원조기구는 사라지고 NGO도 사라질 것이지만 지역정부는 영원히 주민들과 같이 있을 것임을 다시 한 번 되뇌어본다.

사업 개요

- 사업명: 에티오피아 통합적 보건 개선, 영양실조 예방 및 치료사업
- 사업목표: 사업지역 내 5세 미만 아동의 영양실조 발생률 감소를 통한 건강증진, 임산부 및 수유부 영양실조 발생률 감소를 통한 건강증진
- 사업내용: 급성영양실조 대상자를 위한 지역 기반 긴급영양지원사업과, 지역사회의 자립적보건 개선활동을 통한 영양실조예방 및 치료사업, 그리고 2세 미만 아동 및 임산부, 수유부를 위한 필수보건영양 개선사업의 통합적 실시
- 총예산: 약 12억 원
- 사업기간: 2012년 1월~2013년 8월
- 사업 주체: 월드비전, 위드
- 파트너 기관명: 월드비전 에티오피아
- 사업지역: 에티오피아 오로미아 주 내 하브로 군, 멜카베로 군
- 수혜자: 하브로 군, 멜카벨로 군 거주 지역주민 40여만 명

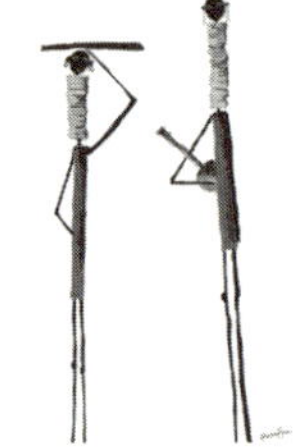

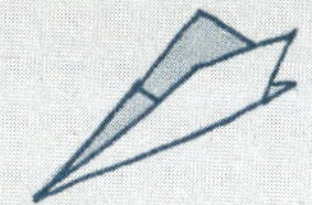

장애인 권리

- **함께 운영하는 한베장애인재활센터_**
  베트남_지구촌나눔운동 최의교·서지원

- **희망으로 전쟁의 상처를 치유하다_**
  캄보디아_한마음한몸운동본부 민경일·오인돈

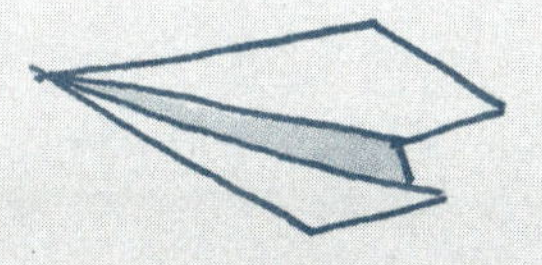

함께 운영하는 한베장애인재활센터

:: 최의교 ::

베트남의 농촌지역개발을 통한 농가소득 증대를 돕겠다는 희망으로 온 가족을 데리고 베트남에 온 지 17년이 되었습니다. 베트남어를 익히고, 하노이 자연과학대학과 하노이 제1 농업대학에서 옥수수에 관련한 논문을 쓰고 지구촌나눔운동 베트남 사업장에서 일한 지가 12년이 되었습니다.

- 지구촌나눔운동 베트남사업소 소장(2002년 1월~현재)
- 하노이 인문대학 베트남어 연수(1996년 2월~1998년 1월)
- 경북대학교 농과대학 임학과 졸업(1989년)
- 경북대학교 농업자원대학원 중퇴(1995년)
- 하노이 자연과학대학 식물학과 석사과정(2000년)

:: 서지원 ::

현장에서 배워보겠다는 마음만으로 베트남으로 떠났습니다. 2년 동안 베트남에서 티 없이 맑은 100명의 장애아동과 함께하며 행복이 어떤 것인지, 더 행복하게 웃는 방법을 배웠습니다. 지금은 우리 아이들에게 조금이나마 도움이 되고 싶은 마음으로 일하고 있습니다.

- 지구촌나눔운동 간사(2010년 4월~현재)
- 지구촌나눔운동 베트남사업소 간사(2008년 3월~2010년 3월)
- 대구대학교 사회복지학과 졸업(2008년)

1. IMF의 위기에도 약속을 지키기 위해 돌아온 지구촌나눔운동

1) 베트남에서 약속의 첫걸음을 떼다

한국과 베트남은 특별한 인연의 끈으로 연결되어 있다. 베트남은 한국과 마찬가지로 전쟁의 아픔이 있고 빠른 경제성장을 경험하고 있지만, 이에 따른 부작용도 많은 국가다. 지구촌나눔운동(Global Civic Sharing: GCS)은 여러 가지 사정으로 중단 위기에 처한 한 한국 시민단체의 베트남 사업을 인수하여 완성함으로써 단체 설립과 함께 베트남 하떠이[1] 성(현재는 하노이에 속함)에 첫 번째 사업소를 개관하게 된다. 그러나 비슷한 시기에 한국에는 IMF 위기가 닥쳤다. IMF 위기에서 조금 벗어날 즈음인 1998년, 어려운 상황 속에서도 지구촌나눔운동은 지구촌 빈곤퇴치와 시민사회의 발전이라는 비전을 품고 베트남에 첫발을 내딛었다.

IMF 위기에도 베트남과의 약속을 지키고자 1998년 12월 17일 문을 연 지구촌나눔운동의 첫 사업장 '한베협력센터'[2] 준공식에는 당시 우리 활동의 시작을 축하하기 위해 한국 측의 이희호 여사를 비롯해 베트남 측에서도 많은 이가 방문했다. 이 중 한 베트남 정부관계자는 축사 끝 무렵에 "한국에 IMF가 찾아오기 전, 베트남과 지원협력을 약속했던 수많은 단체는 모두 떠나버리고 돌아오지 않았습니다. 하지만 한국의 NGO, 지구촌나눔운동은 결국 돌아왔고 약속을 지켜주었습니다"라며 아직까지도 내 가슴 속에 울림으로 남아 이곳에

---

1) 하떠이 성은 하노이 시내에서 서남쪽으로 약 70km 떨어져 있으며 경제적·지리적 환경이 매우 낙후된 지역이었다. 2008년에 행정구역상 하노이로 편입되었다.

2) 한베협력센터는 첫 번째로 설립된 지구촌나눔운동의 베트남 사업장으로 직업훈련, 농가의 영농자금 지원 등을 통한 경제적 자립을 목적으로 설립되었다.

나를 붙들어주는 메시지를 남겼다. 그들에게 지구촌나눔운동은 약속을 지킨 단체였다. 그렇게 우리는 그날, 그곳에 모인 사람들의 감사와 응원을 마음속에 새기며 베트남에서의 첫걸음을 떼었다.

2) 전쟁의 상처, 고엽제 피해 장애인의 손발이 되다: 장애인 보장구 지원사업

베트남은 오랜 세월 외세에 대항해 전쟁을 치른 국가다. 일찍이 중국의 침입을 물리치기 위해서 수차례 전쟁으로 맞섰지만, 결국 960년이라는 긴 세월 중국의 통치를 받아야 했다. 하지만 베트남 민중은 독립을 위해서 분연히 일어났다. 몽골이 침입했으나 해상과 육상에서

사진 1. 의지보조기 지원사업으로 베트남을 방문한 김형식 이사

승리를 거두어 몽골을 막아냈다. 근대에는 프랑스·미국·중국과 전쟁을 치렀으며, 아직도 미국과의 전쟁으로 깊은 상처가 남아 있다. 베트남전쟁의 상흔으로 팔과 다리가 절단된 상이용사들에게 지구촌나눔운동은 2001년부터 '인도차이나 의지·보조기 지원사업'을 통해 지원활동을 시작하게 되었다.

사업 지원의 타당성 검토를 위해 당시 인도차이나 의지·보조기 지원사업 본부장이었던 김형식 이사와 사업위원인 박을종 한국복지산업연구소 소장, 베트남 사업담당자가 2000년 4월 캄보디아와 베트남을 방문했다.

현지조사를 위해 찾아간 베트남의 현실은 상상을 초월했다. 당시 베트남 정부에서는 500~600만 명의 장애인이 있다고 추정했는데, 이 중 75%가 전쟁에 의한 장애인이었다. 특히 대인지뢰에 의한 피해가 심각했다. 우리가 방문

한 보훈 대상자들을 위한 의지 제작창에서는 다리와 발목만을 위한 의족을 대량생산하고 있었다.

당시 베트남 정부기관인 MoLISA(Ministry of Labour-Invalids and Social Affairs)에서는 상이용사들을 대상으로 3년에 한 번씩 의수·의족을 지원했는데, 일부 보장구의 경우 1년이 못되어 망가지거나 부품이 닳아 사용할 수 없게 된다고 했다. 특히 목발의 경우 땅에 닿은 고무가 금방 닳아서 쉽게 미끄러져 넘어지기 일쑤였다. 또한 의수족의 색깔이 피부색과 너무 다르고 재질도 뻣뻣했다.

그러나 이마저도 지원받지 못하고 방치되는 장애인들이 너무나 많았다. 베트남 정부의 국가보훈 대상에서 제외된 민간 장애인들이 전체의 70~80%에 이르렀는데, 민간 보장구 제작소는 두 곳밖에 없었다. 휠체어 한 대가 없어 온종일 집안에만 있어야 하는 경우가 태반이었고, 아주 가끔 가족의 등에 업혀서 겨우 나들이를 할 수 있었다. 사업조사를 거쳐 의수·의족을 지원하는 사업을 확정하고, 베트남 북부지역에 한해서 3년 동안 보장구와 휠체어를 지원하게 되었다. 수혜자 선정을 위해 MoLISA와 장애인 민간단체에서 추천을 받았다.

지원사업을 시작하고 얼마 후, 의수·의족을 지원하는 가정을 모두 방문하는 모니터링을 진행했다. 사업 담당 현지 직원과 함께 가장 먼저 지원받은 50여 가정을 일일이 다녀보았다. 그런데 한 수혜 가정에 가보니, 우리가 지원한 의수를 차고 나온 사람은 웬 부잣집 사모님이었다. '왜 이런 사람에게 지원이 되었지?'라며 황당한 마음에 알아보니, 의수·의족 제작과 지원을 담당했던 중간 업체에서 정당하게 돈을 지불하고 보조기를 맞춘 가정을 지구촌나눔운동 사업수혜자 명단에 넣고, 돈을 가로챈 것이었다. 이 사실을 발견하고 즉각 중간 업체의 담당자를 만나서 사과를 받아냈다. 당장이라도 제작업체를 바꾸고 싶었지만, 그 나름의 기술이 좋은 업체라서 앞으로는 이런 일이 발생되지 않도록 단체가 더 신경을 써야겠다는 생각을 하며 보조기 지원을 계속했다.

2. '장애인'을 위한 센터가 필요합니다

1) 하노이에서 제일가는 장애인재활센터 만들기 프로젝트

2003년 여름 어느 날, 지구촌나눔운동의 사업 파트너인 베트남 하떠이 성 인민위원회에서 제안을 해왔다. 지금까지 지구촌나눔운동에서 베트남 북부 지역의 많은 장애인에게 보장구를 지원해주어 감사하지만, 수많은 장애 청소년이 제대로 진단과 치료를 받지 못한 채 집에서 지내고 있으니, 한국식 장애인재활센터를 건축하여 재활치료와 직업훈련 등 다양한 프로그램을 진행해주면 좋겠다는 것이다. 그렇지 않아도 지난 몇 년간 보장구를 지원하기 위해서 수많은 가정을 방문하면서, 그냥 방치되고 있는 장애 아동들을 보면 가슴이 답답했다. 선천적 장애인 경우 보장구로 도움을 주는 데 한계가 있다. 또한 일시적인 도움보다는 지속적이고 전문적인 재활이 필요했다. 장애 자녀를 돌보느라 그들의 부모도 지치고 힘들어 보였다. 농사일과 돈벌이 때문에 부모가 늘 집을 비워야 해서, 그사이 사고가 나지 않도록 자녀를 집안에 둔 채 부모가 문 밖에서 자물쇠를 잠그고 일을 나가는 경우가 많았다. 아이들은 부모가 돌아오기만을 손꼽아 기다리면서 집 안을 난장판으로 만들었다. 온종일 바깥에서 일을 하고 돌아온 부모들은 지친 몸을 이끌고 집 안을 청소하고 장애 자녀를 씻기고 먹이느라 진땀을 빼곤 했다. 선진국에서는 일주일에 한 번 자원봉사자가 장애인 가정을 찾아가 가족을 대신해 자녀들을 돌보아준다. 그 덕분에 가족은 잠시라도 휴식을 취하면서 새로운 힘을 축적한다고 들었다. 하지만 이곳 베트남에서 그런 이야기는 꿈같은 이야기에 지나지 않는다. 다들 먹고살기에 급급하여 다른 사람들을 도와줄 시간적 여유가 없다.

하떠이 성의 제안을 받고서 소규모 사업안을 만들었다. 한베협력센터 내의 교실 두 칸을 개조하여 한 칸은 숙소로 사용하고 나머지 한 칸은 물리치료실로 만드는 정말 작은 프로젝트를 서울의 지구촌나눔운동 본부로 보냈다. 본부에서 사업안을 검토하는 와중에 마침 사회복지공동모금회에서 배분위원회를 통해 해외사업을 하고 싶다는 제안이 들어왔다. 그 덕분에 재활센터를 새로 짓자는 방향으로 의견이 맞춰져 말로만 들었던 타당성 조사, 현지 장애인 현황 조사, 베트남 파트너의 사업 요청과 의지에 대한 재확인, 현지 장애 가정 조사 등 기본 사항을 파악하기 위한 조사를 한 후 사업안을 새롭게 만들었다. 이렇게 사업안이 엄청나게 커졌다. 처음에는 한베협력센터 내 교실 두 칸을 개조하여 숙소와 물리치료실을 만들려던 것이, 새로운 재활센터를 건립하자는 쪽으로 방향이 정해진 것이다.

2005년 1월 4일, 지구촌나눔운동 대표단이 재활센터 건립을 위해 베트남을 방문했다. 베트남을 방문하기 전까지만 해도, 지구촌나눔운동의 대표인 강문규 이사장은 장애인재활센터는 지구촌나눔운동이 해야 할 사업이 아니라는 생각을 가졌었다. 당시 개발 NGO 중에서 장애인 사업을 하는 곳이 드물었을 뿐 아니라, 사업 규모도 만만치 않고, 단체 내부에 장애인에 대해 잘 아는 전문가도 없었기 때문에 이 사업을 하는 것이 적절치 않다고 판단한 것이었다. 그러나 베트남 장애인이 처한 열악한 환경과 정부 관계자와의 만남에서 장애인재활센터가 꼭 필요하다는 생각을 가지게 되었다. 특히 베트남 측 차관이 지구촌나눔운동의 다양한 활동 중에서 본인들이 하지 못하는 '장애인 지원'에 대한 깊은 감사를 표했다. 재활센터 사업이 확정되고, 사업안이 만들어졌다. 부지는 베트남 측에서 제공하고, 건축과 내부 기자재와 시설은 한국 측에서 담당하는 것으로 큰 그림을 그렸다. 건축에 50만 달러, 시설과 기자재 및 5년 운영에 50만 달러, 총 100만 달러로 예산도 정해졌다. 지구촌나눔운동과 하떠이 성 부지사 다오반빙(Dao Van Binh)이 협정서에 사인을 함으로써 '한베장애인재활센터' 사업이 출발되었다.

사진 2. 건축이 진행 중인 한베장애인재활센터 모습

협정을 맺었지만 사업진행계획서와 예산집행계획서 등을 만들어야 했다. 본부의 담당자와 현장에서 밤늦도록 일하는 시간이 늘어났다. 본부에서도 장애인재활센터를 건축하거나 운영해본 경험이 없어서, 타 단체의 복지관과 시설단체를 방문하면서 건축과 재활에 대한 방향을 잡아갔다. 마침 KOICA 민간단체 봉사단이 현지로 파견되었다. 그들이 큰 힘이 되었다. 베트남 측에서 제공하기로 한 땅은 하노이에서 서쪽으로 자동차로 1시간 정도 걸리는 곳에 있었다. 조그만 야산이 있는 비탈진 땅이었다. 그곳에는 녹차 밭이 조성되어 있었고 출입구는 리어카가 들어갈 수 있는 조그만 비포장 도로였다. 베트남의 경작지는 국가 소유이다. 국가가 군청 혹은 국영기업체에 땅을 배분하고, 군청에서는 각 농가에 땅을 재분배하여 농사를 짓게 한다. 재활센터의 예정부지는 국영기업체가 각 농가에게 재분배하여 녹차를 생산하고 있었다. 전체 면적은 약 2만 m^{2}로 약 10개의 농가가 녹차를 재배하여 소득을 올리고 있었다.

건설사는 베트남에 진출한 포스리라마라는 회사로, 건축은 턴키(turn key) 방식으로 선정했다. 베트남에서의 건축 경험이 있으며 장애인 지원에 관심이 많은 건설사였다. 기공식을 2005년 6월 말로 정하고 토지보상, 사업 허가는 베트남 측이 담당하기로 했다. 한국에서 기공식에 참석하실 분들이 미리 비행기표를 예매했고, 하노이 주재 한인들에게도 초청장이 배부되었는데, 큰 문제가 발생했다. 베트남에서 사업규모가 50만 달러 이상이면 베트남 수상의 허가가 필요했다. 약 3개월이면 수상 허가가 날 것으로 예측하고 3월 초에 사업안을 수상실에 제출했다. 하지만 6월 초가 되도록 사업허가가 나지 않았다. 이미 한국에서는 기공식에 참석하실 분들의 비행기 표를 구입한 상태였고, 기공식 당일 참석자와 식순 안내서까지 인쇄가 되었다. 베트남 주재 한국대사관의 공사님과 한인회 회장님과 몇몇의 한인 기업체 대표와 하노이 거주 한인 등 총 100명이 참석하겠다는 의사를 밝혀왔다. 베트남 측 파트너는 다음 주에 허가가 날 것이니 조금만 기다려달라는 답변만 계속했다. 마지막 1주일을 남겨두고 허가가 나지 않으면 기공식을 연기하기로 본부의 담당자와 최종 약속을 했다. 우여곡절 끝에 기공식 8일 전에 허가가 나왔다. 지금도 그때를 생각하면 심장이 벌렁댄다. 기공식에는 많은 분이 참석해주셨다. 6월의 햇볕이 따갑게 내리쬐고 습한 날씨에도 베트남 측과 한국 교민을 합쳐 총 150여 분이 참석해주었다.

기공식 후 부지 매립을 시작했다. 베트남 정부에서 제공한 땅은 야산 아래 비탈진 곳이었는데, 농부들이 녹차 밭으로 가꾸어 농사를 짓고 있었다. 장애인센터를 짓기 위해서는 경사도를 5% 미만으로 하여 휠체어가 다닐 수 있게 해야 했다. 어쩔 수 없이 전체 부지 약 6,000평의 2/3는 매립해야 했다. 매립 과정에서 또 다른 문제가 발생했다. 몇 농가에서 현지 정부의 보상가로서는 녹차 밭을 내어줄 수 없다고 버티는 것이었다. 베트남은 사회주의 국가로 원칙적으로 경작지는 국가 소유이다. 국가가 군청 혹은 국영기업체에 땅을 관리하도록 위임한다. 센터의 부지는 롱푸(Long Phu)라는 녹차 생산 기업체가 관리하면서 차 농사를 위해 주민들에게 나누어 준 땅이었다. 정부는 필요시에 재배농가에게 정부가 정한 지원금을 제공하면 땅을 회수받을 수 있다. 예를 들면 일반적으로 정부는 각 농가에게 50년간 무상으로 땅을 제공하는데, 30년을 농가가 사용하고 20년이 남았으면 정부가 회수할 때 20년 동안의 소출 생산량을 산정하여 정부규정에 따라 보상을 한다. 현지 파트너도 이 규정에 근거하여 농가들에게 보상을 했다. 하지만 농가는 보상금액이 낮다고 녹차 밭을 내어주지 못한다며 버티었다. 난 속으로 '무슨 공산당이 이렇게 힘이 없는가? 그래도 정부에서 해결하겠지'라고 생각했다. 하지만 5개월이 지나도 농가들에게서 땅을 돌려받지 못하고 있었다. 부국장을 만나서 물어보면 난감한 표정을 지으면서 정부의 보상가가 현재 시세보다 너무 낮아서 농가들을 설득하고 있지만 힘들다고 했다. 나는 양해각서(MOU)를 내밀면서 베트남 측에서 해결해야 할 문제이며, 부지를 확보하지 못하면 건설업체가 기간 내에 공사를 마칠 수 없고 오히려 한국 측에서 건설사에 보상해주어야 한다고 엄포를 놓았다. 실제로 건설사인 포스리라마에서는 공사를 시작해야 하는데 농가보상이 끝나지 않아서 큰일이라며 채근을 해왔다.

별수 없이 나는 이곳 사람들이 좋아하는 초코파이와 과일을 사 들고 직접 농가를 찾아갔다. 지금까지는 외국인이 와서 건축한다고 하면 현지 농민들이 어떤 반응을 보일지 몰라서 되도록 농가 방문은 자제하고 있었다. 하지만 이제는 미룰 수가 없었다. 녹차 밭을 내어주지 않는 첫 번째 농가를 방문했다. 센터 입구 국도에서 오토바이 수리점을 하고 있는 농가였다. 집은 허름했다. 50대쯤 되어 보이는 아저씨와 아주머니가 나를 맞이했다. 나는 찾아온 이유를 설명했다. 그리고 이 문제는 베트남 정부가 해결할 문제임을 밝혔다.

아저씨와 아주머니는 나에게 말했다. "조상 대대로 녹차 밭에서 소득을 얻어서 자녀 공부를 시키며 살았는데 앞으로는 소득이 없어질뿐더러 정부의 보상가가 너무 낮아서 줄 수 없어요."

나는 물었다. "혹시 장애인센터가 들어서는 것에 대한 혐오감 때문에 반대하는 것은 아니에요?"

"베트남에서 장애인은 보통 전쟁으로 생기는데, 국가나 국민이 그들에게 도움을 주어야 하지요. 그런 것에 반대하는 것은 아닙니다" 두 분은 고개를 저었다. "대신 부탁이 있어요. 올해 아들이 전문대를 졸업했는데 아직 취직을 못했어요. 장애인센터에 취직시켜주세요."

"장애인센터에 직원으로 선발하는 일은 한국 측과 베트남 측이 함께하는 것이지만 제가 베트남 측에게 전해줄게요. 아들이 학교에서 무엇을 전공했나요?"

"전문대에서 전기를 전공했어요."

"직원 선발 공고가 나면 서류를 넣고 면접을 보세요. 그리고 협조해주셔야 합니다"라고 하면서 다음 집으로 찾아갔다. 바로 센터가 세워질 정문 앞의 집이었다.

"씬 짜오! 집에 계세요?"

검은 개가 짖으면서 마중을 나왔다. 이어서 50대 후반으로 보이는 아주머니가 문을 열고 나왔다. "누구세요?" "한국 사람인데 집 주인을 만나러 왔습니다."

주인은 집 안으로 나를 데리고 가서 뜨거운 녹차를 내주며 물었다. "한국 사람이라면 이곳에 장애인센터를 짓는 단체 사람인가요?"

"네. 부지 문제가 어렵다고 들어서 한 번 와봤습니다."

그때부터 아주머니가 이런저런 사정을 설명했다. "장애인센터가 들어서면서 우리 집이 제일 손해를 보았어요. 우리 녹차 밭이 부지에 제일 많이 들어가요. 장애인센터를 지어서 장애인들을 도와주는 것은 좋은데 우리 아들을 센터에 취직시켜주세요"라고 전번 농가와 똑같은 부탁을 하는 것이었다.

"아들이 대학에서 무엇을 전공했나요?"

"컴퓨터를 전공했고, 졸업도 했지만 이곳은 시골이라 취업할 곳이 없어요."

"센터에서 지금 당장 컴퓨터를 가르칠 만한 대상은 없을 수도 있어요. 차라리 센터 바로 앞이니 아주머니께서 청소직원으로 신청하는 것이 나을 거예요."

초코파이의 효과일까? 아님 아들이 센터에 근무할 수 있다는 희망을 가졌는지, 농가에서 부지를 선선히 내어주면서 본격적으로 매립 공사에 들어갔다. 그리고 몇 개월 뒤 직원 선발에서 첫 번째로 만났던 농가의 아들과 두 번째 만났던 아주머니가 신청하여, 면접을 치렀다. 그리고 그들이 합격하여 지금까지 청소직원과 전기담당 및 수위로 잘 근무하고 있다.

매립이 끝나고 건물을 지으면서 직원 선발을 시작했다. 직원 선발 위원회를 구성했다. 지구촌나눔운동을 대표해서 나와 권혜원 간사가 참가하고, 하띠 이 측에서는 돌리사 부국장과 보훈실 과장 등 4명이 참여했다. 센터에서 가장 중요한 직원은 특수교사와 물리치료사이다. 특수교사와 물리치료사는 한국 측이 홍보하고 선발하기로 했다. 특수교사는 하노이 사범대학 특수교육학과에 의뢰하여 2명을 선발했고, 물리치료사는 3년제 전문대학에서 물리치료를 공부한 사람을 면접하여 선발했다. 그 외 다른 직원들은 위원회에서 면접을 실시했다. 그중에 특별히 기억이 남는 것은 간호사 면접 사건이었다. 면접 때 내가 질문했다.

"인공호흡은 1분에 몇 회 해야 하나요?"

간호사가 작은 소리로 대답했다. "아마 5회 또는 6회 합니다." 순간 나는 당황했다. 내가 알고 있는 상식은 1분에 12회인데 틀린 답을 말하니 '이 사람은 안 되겠다'라고 탈락 표시를 했다. 경비·식당·청소·생활지도교사 등을 모두 면접한 후 결과를 발표했다. 나는 경비 1명과 간호사 1명은 탈락시켰다. 그러자 베트남 측에서 이 두 사람은 탈락시키면 안 된다며 펄쩍 뛰었다. 이에 내가 설명을 했다.

"경비 면접자는 한국에서 불법 노동자로 4년을 근무했고, 한국에서 월 급여를 100만 원 이상 받다가 센터에서 월 10만 원 정도 받으면 일을 성실하게 하지 않을 수 있고, 또 간호사 면접자는 인공호흡 횟수를 틀리게 대답했으니 이런 사람을 선발할 수 없습니다."

"미스터 최. 이 두 사람은 윗분이 부탁한 사람인데 뽑지 않으면 안 돼요. 아마 면접에서 너무 긴장해서 제대로 대답을 하지 못했을 거에요."

난 순간적으로 화가 났다. 이게 말로만 듣던 낙하산 인사인가? 하지만 내색할 수는 없었고 재차 설명했다.

"장애인센터는 일반 직장과 다르고, 말도 잘 못하고, 자신의 의사를 표현하지 못하는 아이들을 돌봐야 하는 곳이에요. 장애인에 대한 관심과 열정이 없는 사람을 선발해서는 안 됩니다. 평범한 직장을 구하려는 사람은 선발할 수 없어요."

잠시 후 돌리사 국장이 면접실에 들어왔다. 그가 내게 면접한 그 사람을 경비로 선발해야 한다고 말했다. 내가 그를 선발할 수 없는 이유를 설명하자, 국장이 언성을 높이면서 "그럼 미스터 최가 선발하는 사람은 좋다는 보장이 있나요? 책임질 수 있나요?"

나도 정색을 하면서 말했다.

"이보세요. 국장님! 여기 나 혼자 면접하는 것이 아니잖아요. 위원회에서 면접하는데 한국 사람은 2명이고 베트남 사람은 4명인데 모두 면접 점수가 낮아요. 그래서 탈락시키는 것입니다. 그리고 국장님이 뽑자는 사람은 국장님이 책임질 수 있나요?"

그러자 국장은 인상을 찌푸리면서 면접실을 나가버렸다. 나도 화가 나서 면접실을 나왔다. 잠시 후 베트남 면접 위원이 나를 불러서 설명을 해주었다. 간호사는 하떠이 공산당 서기의 친척이고, 경비는 돌리사 부국장의 조카라는 것이었다. 그리고 "지금 탈락시키면 면접 위원회가 야단맞을 수 있으니 일단 선발하고 1개월 수습 기간에 정 마음에 들지 않으면 해고해도 된다"라고 했다. 베트남의 사정을 나도 대강 알기에 더는 주장하지 않고 1개월 수습 기간 동안 철저히 지켜보기로 하고, 긴 하루의 일정을 마쳤다. 나중에 직원들의 배경과 입사동기를 알아보니 낙하산 직원이 다섯 명이나 되었다. 그중 경비 1명만 지금까지 근무하고 나머지는 다른 곳으로 이동하거나 그만두었다. 역시 낙하산 직원은 태만하거나 장애인에 대한 관심과 열정이 부족했다.

매립이 끝나고 건물 건축으로 넘어가면서 센터 건축 공사는 어려움 없이 진행되었다. 모든 건물은 1층으로 설계되었다. 특히 신경을 쓴 것은 문턱을 없애는 것이었다. 휠체어나 장애인이 쉽게 드나들 수 있도록 문을 크게 하고 경사지지 않게 했다. 총 6,000여 평의 대지에 건물은 14개 동으로 1,000여 평을 차지했다. 가장 큰 건물은 재활관으로, 특수교실 3개와 물리치료실·직업재활실·심리치료실·작업치료실·음악교실·다용도실·교사실 등으로 구성되었다. 이동을 쉽게 하기 위해서 큰 건물 속을 여러 공간으로 나누어 여러 가지 기능을 함께 묶었다. 그다음으로 큰 건물은 7개의 생활관으로, 입소생들이 늘 생활하는 공간이므로 가정 같은 분위기를 가질 수 있도록 1개의 생활관에 생활교사와 입소생 12명 정도가 살 수 있도록 지었다. 생활관 옆에는 진료실을 지었다. 의사와 간호사가 상주하면서 입소생들의 건강을 체크하고 환자가 생겼을 경우 치료하게 했다. 진료실에서 치료를 하지 못하는 경우에는 군청의 병원으로 이송하도록 네트워크를 구축했다. 강당과 식당, 행정관과 한국의 봉사단이 머물 수 있는 게스트하우스와 간사들을 위한 스태프하우스도 지었다. 약 10개월의 공사 후, 2006년 6월에 준공식을 거행했다.

장애인센터의 기자재 중 물리치료 기계는 한국에서 무관세로 들여왔다. 나머지 사무실 집기, 특수교육실 기자재, 생활관의 집기 등은 현지에서 구입했다. 책정된 예산 안에서 품질은 괜찮으면서 저렴한 집기들을 구입하려고 하노이 시내를 수십 번도 더 찾아 다녔다. 특수교육 관련한 집기들은 찾기 쉽지 않았다. 무더운 날씨에도 여러 곳을 다니면서 물건들을 구입해서 3개의 특수교실·물리치료실·작업치료실·직업교실·생활관·행정관 등을 꾸몄다. 장애 아이들을 선발하기 전에 행정과 회계 시스템 구축, 특수교육과 물리치료실 교육과 치료 시스템 구축, 생활관 내규 및 돌봄(care) 시스템 구축 등 해야 할 일들이 산더미 같았다. 녹차 밭 보상이 일찍 끝나고 건축이 빨리 진행되었으면 준공식에 약 2~3개월 앞서 건축공사를 끝낼 계획이었다. 하지만 보상이 늦게 끝남에 따라 공사도 늦게 시작되었고, 건축회사가 지구촌나눔운동에 넘겨주는 기일이 겨우 준공식 개최 2주 전이었다. 건물을 인수받고 준공식을 준비하는 기간이 2주뿐이었다. 자연스럽게 야간 근무가 시작되었다. 베트남 현지인들에게 야간 근무를 한다는 것은 거의 개벽에 가까운 사건이었다. 정시 출근과 정시 퇴근을 하는 이 사람들에게 사정을 설명하고 야간에도 근무하게 했다. 권혜원 간사는 밤늦게까지 각종 서류 정리와 물품 정리를 해야 했다. 다시 센터를 건축하고 꾸미라고 한다면 고개를 흔들 것 같다.

센터를 건축하면서 마음의 갈등도 겪었다. 지구촌나눔운동도 개발 NGO로서 장애 관련 사업을 하는 것은 큰 변화여서 내부에서 사업의 타당성과 사업 방향을 두고 일부의 이견이 있었다고 들었다. 나는 내 나름대로 마음의 어려움을 겪었다. 원래 나는 신학을 공부하고 목사가 되었지만 제3세계의 농어촌 개발에 관심이 컸고, 늘 농가들을 돕고자 했다. 그래서 지구촌나눔운동의 베트남 사업 중 '지역개발' 업무를 하고 싶었고, 지금까지 '암소은행' '새마을 운동' '마을기초시설지원' 등 농촌 개발 및 소득증대 사업에서 열심히 일해왔다. 그런데 장애인재활센터를 세워서 장애인 사업을 하는 것은 나에겐 관심 밖의 사업이며, 비전공 분야였다. 과연 내가 장애인을 잘 돌볼 수 있을까? 이 사업은 지금

껏 내가 걸어온 인생길과 경험과는 일치하는 부분이 전혀 없고, 특수교육이나 물리치료, 심리치료 등 센터에서 운영하는 프로그램에 대해 아는 것이 없어 고민이 되었다. 처음 지구촌나눔운동에서는 재활센터가 세워지면 한국에서 전문가를 보내 센터 소장으로 임명하고 나는 사무국장으로 인사 배치하겠다고 했었다. 한국에서 전문가를 모시려고 여기저기 수소문도 하고 공고도 내었지만 신청자가 없었다. 해외 근무에다 월급이 적어 거의 자원봉사자 수준에 가까워서 마땅한 사람을 구할 수가 없었다. 어느 날 성경을 읽는데 예수님이 제자들을 향하여 '누구든지 어린아이를 영접하면 나를 영접함이요'라고 말하는 부분을 읽고서 깊은 생각에 잠겼다. 이 세상에서 어린아이를 돌보고 살피는 것이 예수님을 돌보고 살피는 것이라면, 장애 아이들에게 관심을 기울이며 돌보는 것이야말로 예수님을 돌보는 것이구나! 이런 마음의 소리에 귀 기울이게 되었다. 그리고 장애인센터에 어떤 직책이든 감당하리라 결심했다.

2) 넘쳐나는 입소대기자, 한정된 입소생 선발

2006년 6월, 개관식을 3개월 앞두고 1차 입소생 선발을 시작했다. 한꺼번에 많은 인원을 선발하면 지도가 어렵다고 판단하여 3차에 걸쳐 약 80명을 선발하기로 계획을 세웠다. 면접을 위해서 센터 인근에 위치한 5개 군에 공문을 보내 장애유형, 가정 경제소득이 기록된 해당 군의 장애인 명단을 받았다. 1차 서류를 통해 각 군에서 면접을 실시했다. 많은 장애인과 부모가 면접 현장을 찾아왔다. 아주 심한 중증 장애인부터 가벼운 경증 장애인까지 한 가닥의 희망을 품고서 묻는 질문에 성실히 답변했다.

나	언제부터 장애가 있었나요?
지원자 부모	태어나서 한두 살이 되면서 팔다리가 마비되는 증상이 나타났어요. 그 동안 여러 의사에게 진찰을 받았고, 치료를 했지만 점차 더 심해지고 있어요.
나	부모님이 전쟁에 참전해서 고엽제를 접한 적이 있나요?
지원자 부모	예. 아이 아빠가 미국과의 전쟁에 참전했을 때 미군이 살포한 고엽제[3] 지역에서 근무를 했어요.

이런 고엽제 피해 장애인은 재활이 매우 어렵다. 자라면서 점차 장애가 심해지는 경우가 많고, 이미 중증 장애를 가진 아이들이 대부분이다. 이런 장애인에게는 센터에서 해줄 것이 별로 없어서 돌려보냈다. 전쟁의 후유증이 아직 이 땅에 존재하고 있었으며 진행형으로 나타나고 있었다. 가슴 아픈 일이다. 온종일 면접하면서 다양한 장애형태와 정도를 보게 되었다. 날씨도 무덥고 힘든데 마음까지 무거워졌다.

그래서였는지 면접을 하다가 나는 함께 동행한 면접관 강은주 간사와 언쟁을 벌였다. 그 이유는 강은주 간사가 면접을 온 장애 부모와 아이들에게 "장차 희망이 무엇이에요? 어떤 사람이 되고 싶어요?"라고 매번 질문하는 것 때문이었다. 돌아오는 답변은 "장애를 치료받아서 건강하게 살고 싶어요"로 매번 똑같았다. 그들의 요구는 우리가 해줄 수 없는 범위 밖의 것들이라는 생각에 강은주 간사에게 "왜 자꾸 해줄 수 없는 것들을 질문해요? 그리고 답변도 다 똑같잖아요. 그런 질문은 그만하면 좋겠어요"라고 말하니, 강은주 간사는 그런 나에게 "소장님, 아이들에게 장래 희망을 물어보는 것은 면접의 기본이에요"

---

3) 미국군이 베트남전쟁 당시 밀림에 다량 살포한 제초제를 가리킨다. 1994년 6월 베트남 정부는 베트남 군인과 민간인을 합쳐 약 200만 명이 고엽제 후유증으로 고통 받고 있다고 발표한 바가 있다.

라고 대꾸했다.

온종일 80명 이상 면접을 본 것 같았다. 수많은 장애인의 가슴 아픈 사연에 몸도, 마음도 피곤한 하루였다. 센터에 돌아와서 80명 중 26명을 선발했다. 그리고 각 군청을 통해 가정에 입소 통보를 했다. 조용하던 센터가 갑자기 아이들의 소리로 북적이기 시작했다.

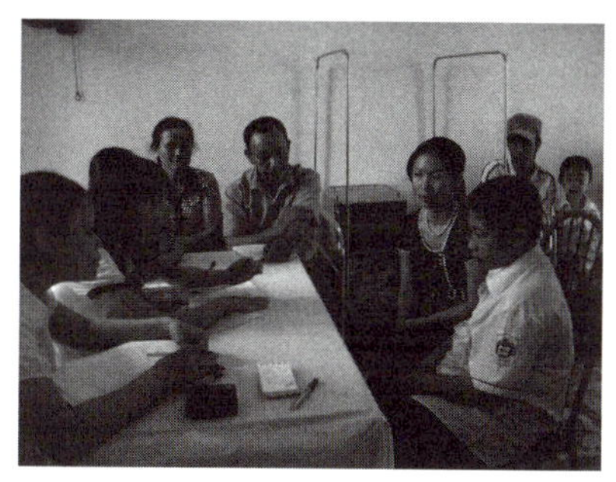

사진 3. 각 마을에서 진행된 수혜자면접

2차 선발은 개관식을 마무리하고, 조금 조용해진 후 시작되었다. 개관식과 1차 선발로 주변 마을에 입소문이 퍼지면서, 많은 장애인 가정에서 입소를 요청하며 찾아왔다. 2차 선발부터는 방법을 변경하여 입소하고자 하는 장애인이 센터에 와서 입소 신청을 하고 면접 날짜를 통보하면 그날에 전체적으로 면접을 보게 했다. 2차에 25~30명 선발 예정이었는데 신청서를 제출한 숫자는 그 2배가 넘었다. 우리는 '중증장애인 제외, 시각장애인 제외, 센터 인근 지역 거주자, 재활의지가 있는 가정'이라는 입소 기준을 정해 수많은 입소대기자 중에서 우리가 정말로 제대로 도울 수 있는 이들을 선발하기 위해 노력했다.

센터 인근 거주자를 우선시한 이유는, 베트남은 대부분 오토바이를 교통수단으로 사용하는데, 월 1회 있는 입소생 귀가일에 너무 멀리 거주하는 가정은 장애인을 오토바이에 태우고 이동하는 일이 너무 어렵기 때문이다. 또한 센터의 입소기간이 1~2년으로 정해져 있기에 이 기간 내에 재활훈련을 통해 사회복귀가 가능한 장애인을 우선으로 선발했기에 중증장애인들은 안타깝게도 제외되었다. 2차 선발에 25명을 선발했다. 1차와 2차 입소생이 적응을 마친 후, 3차와 4차 선발을 통하여 총 100여 명을 선발했다. 입소를 요청하는 장애인도 너무나 많고, 모두가 입소가 꼭 필요했기에 기존 80명에서 총 100여 명으로 늘린 것이다.

입 소 생 면 접 에 서 만 난 사 람 들

- 총명해 보이는 밝은 표정의 호앙(Hoang)은 이제 4학년이다. 그러나 그는 혼자 앉아 있을 수도 없고, 물론 서 있을 수도 없다. 땅을 디뎌야 할 그의 발바닥은 하늘로 향했고, 등은 휘어져 있다.
- "이 아이를 수용시설에 보내고 싶어요." 끄엉(Cuong)의 아버지는 중증장애를 가진 아이, 부모도 구별하지 못하고 대소변을 가리지도 못하고, 소리를 듣는지 볼 수 있는지도 확인이 안 되는, 하루에도 수차례 경기를 하는 이 아이를 시설로 보내고 싶다고 했다. 형편이 너무 어려워서 모두 일을 해야 하는데 아이 옆에 누군가가 있어야 하므로 상황은 더 어렵다고 한다. 그가 원하는 경제적인 지원은 고작 10만 동(한화로 약 6,000원)이었다.
- 편마비 증세가 있는 18세의 한 청년은 자기 몸을 건사하기도 힘들어 보였다. 한손은 계속 치켜들고 있었고, 입은 다물어지지 않은 채 더듬더듬 말을 했다. 부모님은 돌아가셨고, 80세 노모와 함께 살면서 자전거를 타고 재활용품을 수거해서 근근이 삶을 이어가고 있다고 한다.
- "만약에 센터에 가게 되면 학교도 쉬어야 하고, 가족들과도 당분간 헤어져야 해요. 괜찮은가요?" 수많은 면접 가정에 면접의 마지막 질문으로 이 질문을 던졌다. 부모뿐 아니라, 아직은 부모의 품에서 자라나야 할 아이들도 기꺼이 "네"라고 대답한다. "네" "네"

_ 입소생 면접을 함께한 강은주 간사의 봉사단 일기에서 발췌

3) 이제 우리는 보건부 산하 공무원

2008년에 베트남에서는 행정구역의 변화가 크게 일어났다. 하노이 시의 면적과 주민을 2배 가까이 확대하는 계획이 그것이었다. 하노이 시와 인접한 하

떠이 성이 합쳐지면서 한베장애인재활센터는 지금까지 하떠이 성 소속이었지만 앞으로는 하노이 소속으로 변경되는 것이다. 하노이 노동상이사회국 소속으로 변경되면서 센터 직원 6명이 시험에 합격하여 공무원이 되었다. 베트남에서 공무원이 되는 방법은 시험을 쳐서 합격하는 것이다. 하지만 한국과 다른 점은 누구나 시험에 응시하는 것이 아니라 각 기관에서 계약직으로 근무하다가 시험 및 선발 공고가 나면 시험을 쳐서 합격하면 공무원이 되는 것이고 불합격하면 계약직도 끝나게 된다. 하노이 돌리사가 센터에서 6명을 우선 선발하기로 하여 특수교사 2명, 물리치료사·회계·의사·간호사 등이 시험에 합격하여 공무원이 되었다.

3. 아이들이 웃기 시작합니다

1) 교육재활: 이제 제 이름을 쓸 수 있어요

센터에는 다양한 연령대의 장애아동이 입소해 있다. 나이도 제각각, 장애도 제각각, 교육 수준도 제각각이다. 한 반에 적게는 10명, 많게는 15명의 아이들이 모여 교육을 받고 있다. 한국의 특수교육 현장만을 보고 온 간사들은 이런 상황에서 제대로 된 교육이 진행될 수 있을까 의문을 품는다.

그렇다. 제대로 된 교육은 실제로 이루어지고 있지 않고 있었다. 8시 35분, 수업시간이 시작된 지 5분이 넘었지만 아직도 교사들은 교실로 향할 생각이 없는 듯하다. 수업이 시작되었다고 독촉해봤자 소용이 없다. 교사들이 알아서 움직일 때까지 기다려야 한다. 수업 시간 10분 전에 교실로 가서 준비를 하는 한국과 달리 이곳 교사들은 수업이 시작되고 나서야, 수업 갈 준비를 한다. 그래서 늘 수업시간을 10분씩 까먹고 있다. 10분이 지나서야 교사들이 교실로 향한다. 교사들 뒤를 따라 교실로 가본다. 초창기에는 이렇게 매일 교육시간에 교육관을 순찰(?)했다. 그러고 싶지 않지만, 혹시나 뺀질거리는 교사가 없을까 하는 마음으로 교사들에게 조금의 긴장감을 주기 위해서 살펴보는 것이다.

센터의 학급 대부분이 연령과 학습 수준에서 제각각이라서, 수업은 대부분 개별수업으로 진행되고 있다. 교실 한쪽에서 교사와 아동이 일대일로 수업을 하고, 나머지 아이들은 교사가 내준 숙제를 한다. 물론 제대로 될 리가 없다. 멍하니 벽만 바라보고 있는 아이, 교실을 뛰쳐나와 놀고 있는 아이도 있다. 각 교실마다 보조교사가 있으면 좋으련만 교사도 부족한 이 센터에서 보조교사를 바라기는 어렵다.

물론 아이들에게는 이런 교육도 귀한 교육이었다. 센터에 들어오는 대부분의 장애인은 연령을 막론하고 대부분 정규 교육의 기회를 받지 못하는 이들이었다. 센터에서 처음으로 교육을 받고, 자기 이름을 쓸 수 있게 된 아이들도 있었다. 특히 가장 기억에 남는 아동은 풍(Puong)이다. 센터에 들어올 무렵 10살 정도였던 그 아이는 심한 지적장애로 말을 제대로 못했다. 늘 배고프다는 표현으로 입을 벌리고 "아아아" 소리를 냈다. 작은 체구였던 풍은 제대로 의사 표시를 하지 못한 탓인지 늘 센터 아이들에게 괴롭힘을 당해 얼굴에 상처도 참 많았다.

만날 때마다 배고프다고 "아아아" 소리치며 떼쓰던 풍이 센터에 들어오고 나서 아주 조금씩 변하기 시작했다. 물론 그 변화에는 참 많은 시간이 필요했다. 입소한 지 2년이 지날 무렵부터는 제대로 앉아 수업에 참여할 수 있었다. 그리고 선생님 말도 알아듣고, 지도에 따르기 시작했다. 왜 그런지 모르겠지만, 아직도 말은 제대로 못한다. 그렇지만 이제는 누군가의 말을 알아듣고 행동하는 풍을 보니 조금 안심이 된다.

아직도 베트남 교사들을 보면 답답할 때가 많지만, 풍의 변화를 만든 건 결국은 내가 아니라 교사들이다. 센터의 교육환경은 부족한 것이 너무 많다. 베트남에 막 왔을 때는 매일 밤 한국에서 같이 온 사람들과 모여 앉아서 우리 센터는 왜

사진 4. 교육을 통해 조금씩 변화하는 풍

이럴까, 베트남 교사들은 왜 이럴까 하고 험담하면서 좌절하는 시간이 참 많았다. 그러나 2년을 함께 일하다 보니, 조금씩 이해되는 부분이 생겼다. 그리고 우리가 어떻게 할 수 있는 것이 없다는 사실도 깨달았다. 결국은 베트남 교사들 스스로 깨닫고 움직여야 한다. 우리의 역할은 그들 옆에서 그들이 깨닫고, 움직일 수 있는 기회를 마련해야 하는 것이 아닐까 싶다.

2) 의료재활: 넘어져도 다시 일어나는 오뚝이 링

저 멀리서부터 큰 소리로 나를 부르며 달려오는 아이가 있다. 당장이라도 달려가서 아이의 손을 잡아주고 싶지만 꾹 참는다. 금방이라도 넘어질 것처럼 달려오는 그 아이는 바로 링(Linh)이다.

링은 2006년 센터에 들어왔다. 출산 과정에서 문제가 생겨 소아마비 장애를 가지고 태어났지만 부모에게는 하나밖에 없는 예쁜 외동딸이다. 링의 부모는 링이 장애 때문에 좌절하지 않고 밝게 자라날 수 있도록 노력하는 좋은 부모다. 참 다행이었다. 그러나 그런 부모의 마음과 주변의 환경은 달랐다. 센터에 입소하기 전, 한국의 통합교육[4]처럼 일반 유치원에 다닌 링은 친구들의 놀림을 견디지 못하고 결국 유치원을 그만두었다. 소아마비로 이완성 장애를 가

사진 5. 입소 당시 휠체어를 타고 생활한 링

진 링은 온몸이 축 늘어진 근육저하 증상을 보이며, 24시간 누군가의 도움이 필요한 아이였다.

센터에 입소할 무렵 링은 고작 일곱 걸음도 채 걷지 못하고 넘어지고 말았다. 걸을 때도 온몸을 휘저으면서 걸어가는 링은 휠체어에 의존해서 생활했다. 부모를 비롯해서 모두가 휠체어 사용을 권했지만, 링은 아니었다. 링은 걷고 싶어 했다. 다름 아닌 자신의 두 발로!

센터에 입소하고 링은 제대로 된 정규교육을 처음 받았다. 그리고 소아마비로 이완된 근육을 고정하기 위해 매일 30분씩 재활치료를 받기 시작했다. 매일 30분에서 1시간씩 약 2년간 지속된 물리, 작업치료를 통해 입소 2년 만에 링은 휠체어에서 내려와 두 발로 걷기 시작했다. 좌우로 휘청거리면서 매일 센터를 빙빙 돌며 걷는 연습을 하는 링에게 우리는 '오뚝이'라는 별명을 지어줬다. 넘어져도 다시 일어나는 오뚝이와 같다고!

2010년 링은 이제 완전히 휠체어나 워커라는 보조기구에서 벗어나 스스로 걷고, 조금씩 뛰기 시작했다. 여전히 바람 인형처럼 좌우로 팔과 다리를 움직이며 불안하게 걷지만, 걷기 시작한 링은 예전보다 더 행복해 보였다.

---

4) 통합교육은 장애아동을 특수학교에 격리 수용하여 교육하는 것이 아니라 일반학교에서 일반아동과 공학시키는 교육을 말한다.

> **함께 희망을 보아요!**
>
> 저는 지에우 링(Dieu Linh)의 엄마입니다. 우리 아이가 재활센터에 입소하게 되어 너무 기쁩니다. 우리 가정의 어려운 점과 링의 장애로 힘든 점을 함께 나눠주셔서 감사드립니다. 링이 다른 친구와 함께 어울려 놀 수 있도록 물리치료, 학습지도, 생활지도 등 다방면에서 전문가 선생님들이 많이 도와주셨습니다. 처음 입소할 때에는 몸이 너무 약하고 휠체어에만 의존하여 생활했었는데, 지금은 조금씩 걸을 수도 있게 되었습니다.
>
> 모든 생활에서 선생님들이 잘 도와주셔서 현재는 많이 건강해지고 스스로 할 수 있는 것들이 많아졌습니다. 양치와 세수, 식사도 스스로 할 수 있게 되었습니다. 도움을 받아 글씨를 쓸 때, 한 걸음 한걸음 떼며 걸어갈 때, 밥 먹을 때, 잠잘 때 이 모든 생활을 열정과 사랑으로 끝까지 도와주신 한베장애인재활센터의 임직원과 선생님 덕분입니다. 거듭 감사드리며, 한베장애인재활센터가 수많은 장애인과 부모에게 희망과 용기를 줄 수 있는 센터로 거듭나기를 기대합니다.
>
> _ 지에우 링의 엄마, 응우엔 티 뚜엇(Nguyen Thi Tuat) 올림

3) 직업재활: 우리도 할 수 있어요!

재활센터에는 한국인 파견간사들도 함께 일하고 있다. 1~2년 주기로 근무하는 이들은 장애인 분야의 경험자도 있지만, 오히려 사회 초년생이 더 많다. 대부분의 파견간사는 이곳이 재활센터여서 그런지 특수교육, 사회복지를 전공한 친구들이 많았다. 파견간사가 이곳에 오면 각자 담당 프로그램을 배정받고 관리하는 역할이 주어진다. 그중 현지 직원들이 가장 파견간사의 도움을 필요로 하는 분야는 바로 직업재활이다. 베트남에는 아직 직업재활에 관한 학문이 없고, 교사도 대부분 경험이 없기 때문이다.

2008년에 센터에서는 세 가지의 직업재활 훈련을 실시하고 있었다. 센터 입소생 중 18세 이상을 대상으로 비즈공예, 제과제빵, 컴퓨터교실이 운영되고

사진 6. 제과제빵을 배우는 아이들

있었다. 한국의 장애인 시설에서 일반적으로 하는 직업재활 프로그램이 그대로 옮겨진 상태였다. 그러나 프로그램만 옮겨놓았을 뿐 제대로 운영되고 있지 못했다. 물론 재활 프로그램을 통해 만든 상품의 판매도 제대로 이루어지지 않았다. 우리의 고객은 센터에 방문하는 한국인 봉사단이 전부였다. 특히 비즈공예의 경우에 한국에서는 크리스탈을 사용하는 반면 센터에서는 가격도 부담스럽고, 아이들이 재료를 깨먹는 경우가 종종 있어서 플라스틱을 사용하고 있었다. 그러다 보니 아이들이 아무리 열심히 만들어도 판매가 될 만큼 예쁘지도 않았다. 직업재활의 목표는 판매와 수익 창출을 통해서 아이들에게 급여를 제공하는 것인데, 센터는 판매를 통해 재료비도 충당하기 어려운 상태였다. 긴급하게 대책을 세워야 했다. 평소 비즈공예에 관심이 있었던 한국인 간사 1명은 판매성이 있는 작품을 디자인하고 만들어 아이들에게 교육시켰다. 상품의 질은 조금 나아졌지만, 여전히 판매처를 찾기가 어려웠다. 베트남인에게 팔아야 하는데, 주로 옥팔찌를 착용하는 베트남인들에게 비즈는 시장성이 별로 없는 상품이었다. 결국 2009년 말, 비즈공예 프로그램은 중단되었다. 우리는 남아 있는 프로그램만은 제대로 해보자는 마음으로 '제과제빵'에 집중하기 시작했다.

교육관 입구에 들어서니, 맛있는 냄새가 진동을 한다. 냄새에 이끌려 멈춰 선 곳은 바로 제과제빵실이다. 오늘은 직업반 친구들이 한인교회에 납품할 빵을 만드는 날이다. 2006년에 시작된 제과제빵 프로그램은 한국의 위캔쿠키를 꿈꾸며 시작되었다. 그러나 센터가 위치한 시골마을에는 제과제빵을 교육할 전문 기술자를 구할 길이 없었다. 또한 교실 한 칸에 오븐기 한 대와 반죽기 몇 대로 마련된 제빵실과 부족한 기술은 제과제빵 프로그램이 제대로 자리 잡을 수 없게 하는 조건이었다. 프로그램 초창기 하노이의 청년 직업훈련학교인 호아수아(Hoa Sua)에서 제빵사를 초빙해서 몇 주일간 받은 교육이 전부였다. 나머지 교육은 센터 담당교사인 뚜언(Tuan)이 담당하여 아이들을 교육시키고 있었다. 그러나 뚜언도 이 프로그램을 하면서 처음으로 제빵기술을 접한 똑같은 초보였다. 초보 교사와 초보 학생들이 만드는 빵이 맛이 있을 리가 없었다. 처음에 직업반이 만드는 빵은 센터 아이들의 간식으로 사용되었다. 지속적으로 만들다 보니, 조금씩 실력은 나아졌지만 외부에 판매할 정도로 상품화되지는 못했다. 그래도 이 프로그램만은 꼭 살리고 싶었다. 빵을 좋아하는 베트남에서 제과제빵 프로그램은 충분히 가능성이 있는 직업재활 프로그램이라고 생각이 되었다. 담당간사는 한국의 제빵책들을 공수하여 직접 제품개발을 해 보기도 했다. 그럴듯하게 빵 모양새는 갖추었지만, 판매할 정도의 빵은 여전히 나오지 않았다. 결국 우리는 센터에 정기적으로 근무할 수 있는 제빵 기술자를 찾기 시작했다. 호아수아에서 추천도 받고, 외부 공고도 계속 냈지만 센터가 워낙 하노이 외곽에 위치하다 보니(시내에서 40km, 차로 1시간 거리) 전문 기술자들은 하나같이 오기를 꺼렸다. 결국에는 가끔씩 강사를 초빙해서 교육을 받는 방법으로 대체할 수밖에 없었다. 제빵반이 만든 빵은 대부분 센터 아이들의 간식으로 사용되었고, 아주 가끔씩 하노이 한인교회에 판매하여 수익을 올릴 수 있었다.

4) 지역사회중심재활: 센터 밖 수많은 장애인

아침부터 분주하다. 직원의 재촉에 둘러맨 가방에서 빠진 것이 없는지 이것저것 챙기느라 정신없다. 이제 겨우 아침 7시 30분이건만 늦었다며 재촉한다. 바로 오늘은 CBR 프로그램으로 썬떠이 마을에 가는 날이다.

재활센터는 2006년부터 CBR 프로그램을 시작했다. CBR(community-based rehabilitation, 지역사회중심재활)[5] 프로그램은 지역사회의 자원을 활용하여 장애인의 사회통합을 꾀하는 프로그램이다. 한국과는 조금 다르지만, 우리는 우리 나름의 방식으로 이 프로그램을 진행하기 시작했다. 그중 하나가 바로 재가 방문치료이다. 센터의 물리치료사가 장애아동의 집이나 그 지역의 보건소를 방문하여 가정에서 행할 수 있는 기본 치료방법을 교육하는 것이다. 센터에 입소할 수 있는 아동은 100여 명 남짓, 센터에 입소하지 못하고 그저 집안에 방치된 장애인들에게 이 프로그램은 꼭 필요하고 유용했다. 먼 지역으로 오토바이를 이용해 출장을 가야 하는 직원들의 애로 사항 빼고는 말이다.

오전 8시가 조금 안 되어 담당 직원 중(Dung)의 오토바이 뒷자리에 매달려 출발했다. 아직은 바람이 찬 3월, 이른 아침 오토바이를 가르며 느껴지는 바람에 잠도 달아나버렸다. 그렇게 1시간여를 달려 엉덩이가 얼얼해질 무렵, 도착한 곳은 썬떠이 마을의 한 장애인 가정이었다. 우리가 온다는 사실을 알고 있을 텐데, 어찌된 일인지 문은 자물쇠로 잠겨 있고 집안은 어두컴컴했다. 중이 서류를 보며 부모님 연락처를 확인하고, 전화를 건다. 곧 바로 옆 학교에서 1명이 뛰어온다. 오늘 만나게 될 아잉(Anh)의 어머니였다. 어머니는 집 바로 옆에 위치한 학교 교사였다. 어머니가 꼭 닫힌 자물쇠를 열자, 아무도 없을 것 같은 어두컴컴한 방 안에서 사람의 인기척이 느껴졌다. 바로 아잉이었다. 아잉은 선천적으로 장애를 갖고 태어나, 누군가의 도움 없이는 아무것도 할 수

---

5) 1960년대 말 아일랜드의 재활계획 회의에서 처음 거론된 CBR 사업은 1970년 WHO에서 이 사업을 권장했고, 한국은 전국의 장애인종합복지관에서 1992년부터 동시에 실시되었다.

없는 상태였다. 굳어진 몸으로 딱딱한 침대에 누워 있는 아이는 어머니를 보고 환하게 웃었다. 어머니 역시 어린아이를 혼자 두고 싶지 않았지만, 먹고살려면 어쩔 수 없다고 한다. 일하러 가는 시간에는 아이 혼자 있는 집에 혹시나 누가 들어오지 않도록, 밖에서 자물쇠로 잠그고 간다고 한다.

이 컴컴한 어둠속에서 아잉이 얼마나 외롭고 무서웠을까 하는 생각이 들어, 순간 눈물이 날 뻔했다. 함께 동행한 중은 이런 경우를 많이 봐서 그런지 아주 차분하게 업무를 진행했다. 어머니에게 아잉의 장애에 대해 간단하게 설명해주고, 굳어버린 아이의 근육들이 이완될 수 있는 재가 치료방법을 알려주었다. 그렇게 30분 정도의 치료와 부모교육을 마치고, 몇 주 후에 다시 오겠다는 약속을 하고 집을 나왔다. 그렇게 첫 방문을 마무리하고, 인근 마을의 몇 군데 가정을 더 돌고 센터로 돌아왔다. 장시간 오토바이로 몸도 지쳤지만, 처음 접한 베트남 장애인들의 현실에 마음이 더 지치는 하루였다. 센터에 입소하지 못한 수많은 장애인이 가정에서 방치되고 있다는 사실과 조금만 빨리 장애를 발견하고 치료를 한다면 나아질 수 있는 아이들이 참 많다는 생각에 마음이 너무 불편했다.

4. 설립 5년, 현지 자립을 준비하다

1) 직원역량강화: 전문가로 태어나다

물리치료사 너(No)가 한국어 교재를 들고 다니며, 한국어 공부에 열을 올린다. 지난 5년간, 십여 명의 한국인과 일을 하고 수백 명의 한국인들이 센터를 다녀갔지만, 재활센터 직원들이 할 수 있는 한국어는 고작 '안녕하세요'와 '감사합니다'가 전부였다. 더구나 영어도 능숙하지 못한 우리 직원들 덕분에 재활센터로 파견된 간사들은 다른 곳보다 현지어가 빨리 늘었다. 그런 센터에서 갑자기 한국어를 배우는 직원들이 몇 명 눈에 띄기 시작했다. 그 이유는 센터 설립 4년 만에 현지 직원들에게 한국 연수의 기회가 생겼기 때문이다.

그간 수많은 한국의 재활 전문가가 다녀가면서 다양한 재활기술을 직원들에게 교육해주었다. 교육은 충실하게 이루어졌지만, 교육 후 특별한 변화는 없었다. 변화도 늘 한순간이었다. 그러나 한국 연수는 왠지 다를 것 같았다. 그동안 말로만 듣던 프로그램을 직접 보고, 배우고 변화시킬 수 있는 기회로 생각되었다.

한국연수를 기획하면서 우리는 선발 과정부터 심혈을 기울였다. 30명이 넘는 직원 중에서 단 4명에게 특별한 혜택이 주어지는 만큼 대충 뽑을 수가 없었다. 공정한 선발기준이 필요했다. 우선 각 사업별로 1명씩 선정키로 하고, 언어시험(영어 또는 한국어), 근속년수, 근무태도, 직원평가를 통해 최종 선발했다. 이 모든 과정을 거쳐 최종적으로 선발된 직원은 특수교사 응옥(Ngoc), 물리치료사 너(No), 직업재활교사 쑤언(Xuan), 생활교사 짱(Trang)이었다.

선발된 4명의 직원과 함께 한국연수를 위한 한국어 교육, 한국문화 교육 등이 진행되었고, 더불어 비자 발급도 준비되었다. 모든 서류가 완벽했기에 준비 과정에는 문제가 없을 줄 알았건만, 쑤언의 비자발급에 문제가 생겼다. 쑤언은 대학도 나오지 않고, 전문성을 입증할 만한 자료가 없어 비자를 받을 수 없다는 것이었다. 어렵사리 KOICA 베트남사무소의 도움과 여러 가지 증빙을 통해서 결국에는 비자를 받게 되었다.

몇 개월의 준비 과정을 거쳐 드디어 한국연수를 떠나는 직원들이 서울행 밤 비행기에 몸을 실었다. 공항에서 이들을 배웅하면서 연수 잘 받고 돌아오기를 당부했다. 마음속으로는 기대 반 걱정 반이었다. 연수원은 은평천사원에서 협조해주었다. 전문가 연수를 위해 체결한 양해각서 덕분이다. 은평천사원은 연수단의 숙식과 실습을 책임졌다. 연수 기간인 2주간 한국의 다양한 재활기관을 방문하고, 교육과 치료에 직접 참여하는 실습이 진행되었다. 직원들의 멀미 빼고는 연수는 순조로웠다. 늘 오토바이만 타고 다녀서인지 자동차나 버스를 조금만 타도 직원들이 멀미를 해서 기관 방문이 쉽지 않았다.

연수를 무사히 마치고 돌아온 직원들의 가방에는 선물 꾸러미가 가득했다. 한국에서 구입한 인삼 제품들이다. 부모님과 친인척들이 부탁한 한국산 제품을 구입해서 가져온 것이다. 선물 꾸러기만큼 한국 연수의 결과물을 머리와 가슴에 담아 돌아왔을까? 주말을 집에서 보낸 뒤 출근한 직원들은 한국 연수 보고서를 작성하여 가지고 왔지만, 너무 간단한 보고서였다. 좀 더 상세하고, 구체적으로 센터에 적용시킬 수 있는 방안을 적어오라며 퇴짜를 놓았다. 비싼 돈 들여서 연수를 보냈더니 순전히 놀고 왔나 하는 생각이 들었다. 한국에서 함께 연수사업을 진행했던 은평천사원 관계자들도 연수사업 후 센터에 변화가 있었는지를 물어왔다. 그러나 눈에 띄는 큰 변화보다는 직원들의 태도에서 보이는 소소한 변화뿐이었다. 하기는 당장에 큰 변화를 바라는 것은 우리의 욕심일 수도 있다. 30명에 달하는 직원 중 고작 4명이 한국을 다녀왔다고 센터의 프로그램이 달라진다면 그거야말로 진짜 이상한 일이 아닐까? 그렇다고 변화가 아주 없었던 것은 아니다. 생활교사인 짱은 같은 생활교사들과 한국 연수를 공유하고, 생활교육에서 아이들의 일상생활 지도를 강화했다. 특수교사 응옥은 그동안 주어진 일만 하는 태도에서 벗어나 능동적으로 바뀌었다. 한국에서 가지고 온 교재도 살펴보고, 새로운 교재교구도 조금씩 만들기 시작했다.

첫 번째 직원연수에서 눈에 띄는 놀라운 변화는 찾을 수 없었지만, 지난 7년 동안 베트남의 장애인 관련 공무원과 재활센터의 직원 35명이 한국의 서울시나 구청에서 운영하는 장애지원센터 등을 방문하고 은평천사원에서 연수를 하면서 센터의 모습은 조금씩 바뀌어 갔다. 2011년에 실시된 연수 후에는 재활관에 스누젤렌(snoezelen)[6] 치료실이 만들어졌다. 이곳은 발달장애나 심리장애인들을 위한 치료실로 빛과 음악을 이용하는 프로그램를 하는 곳이다. 장애인의 평형감각을 키우기 위한 운동치료실도 만들어져서 센터 입소생이 균형감각과 운동감각을 키울 수 있게 되었다. 그 외에 미니마켓을 열어 입소생들이 현금으로 물건을 사는 것도 연습하게 했다. 무엇보다 긍정적인 변화는 입소생을 바라보는 직원들의 시각과 태도가 변한 일이다. 한국에서 장애인을 위한 다양한 프로그램을 접하고, 장애인도 사회에서 자신의 일자리를 찾아서 열심히 살아가는 모습을 보면서, 자신의 업무에 대한 자부심을 얻은 것이다. 한국 연수를 통해 당장 눈에 보이는 변화가 아닌, 장애인에 대한 희망, 재활 가능성, 사회통합성 등에 대한 눈에 보이지 않는 의식의 변화를 얻을 수 있었다.

2) 베트남 정부의 예산지원 확대: 10%에서 40%로

이미 언급했지만 한베장애인재활센터는 2005년 지구촌나눔운동과 DoLISA (Department of Labour, Invalids, and Social Affairs)가 공동으로 설립했다. 사업을 진행할 때 현지 정부기관과 파트너십을 맺고 일부 협력하는 경우는 있지만, 사업 초기부터 현지화를 계획하고 공동으로 설립·운영을 하는 경우는 지구촌나눔운동에서도 첫 번째 사례였다. 1차 양해각서를 맺으면서 베트남 측은 센터 부지를 제공하고, 우리 측은 센터 건축비와 5년간의 운영비를 부담하

---

6) 스누젤렌(다감각 자극요법)은 환자의 정서적 안정과 직접 참여를 촉진하여 다양한 감각을 즐기는 동기증진을 원칙으로 하며, 1970년 후반에 네덜란드의 한 치료기관에서 시작된 프로그램이다.

기로 했다. 비율로 따져보면 약 90%의 운영비를 한국이 지원하게 된 것이었다. 한국과 베트남 공동 소장 체재로 센터를 운영하면서 센터의 모든 재정은 양측 소장의 동의가 있어야 지출되는 구조로 만들었다. 그러나 막상 일을 시작하니 베트남 측에서 지원하는 10%의 재정에는 한국 소장이 결재할 수 없다는 통보를 받았다. 협정과 다르게 진행되는 상황에 베트남 소장을 찾아가 따졌다. 센터의 모든 재정에 대한 결재권이 양측에 모두 있는데 왜 내가 베트남 예산에 대한 결재를 할 수 없는지 물으니, 당시 베트남 소장으로 함께 일했던 응우웬(Nguyen)은 베트남에서 국가적으로 정한 규정 때문에 외국인은 베트남의 예산에 관여할 수 없다고 답했다. 할 수 없이 공동결재는 포기하고 분기별 재정보고서를 받는 것으로 타협했다.

1차 양해각서 기간에 한국 측의 예산은 대부분 직원의 월급, 입소생의 식비 등의 일반 운영비로 지출되었다. 재활 프로그램 진행에도 지출이 필요했지만 한정된 예산인지라 기본 운영비에 우선순위가 있었다. 센터에서 일을 하면서 '베트남의 국가 예산으로 직원의 월급과 입소생의 식비만이라도 충당할 수 있으면, 한국의 예산으로 다양한 프로그램을 진행할 수 있을 텐데'라는 아쉬움이 늘 있었다. 2010년 6월, 새롭게 2년 6개월을 약속하는 사업 협정에서는 베트남 측에 이러한 의견을 강력히 건의하여, 한국 측이 재활 프로그램 예산을 담당하고 베트남 측에서는 기본 운영에 필요한 월급, 입소생 식사비, 전기세 등의 일반 센터 운영을 담당하는 것으로 내용을 변경했고, 전체 예산 비율도 베트남 측에서 40%를, 한국 측에서 60%를 지출하는 데 합의했다.

그리고 센터에 입소하지 못한 장애인을 위한 CBR 프로그램을 지구촌나눔운동이 담당하기로 했다. 그간 진행되었던 CBR 프로그램의 형식을 바꿔서 우리가 재가 장애인을 직접 돌보는 것이 아니라, 각 마을의 보건소나 가정에서 장애인들을 발견하고 관리할 수 있게 했다. 이를 위해서는 CBR 프로그램을 진행해본 현지 전문가가 필요했다. 지구촌나눔운동은 이를 위한 단체의 소장으로 재활 전문 의학의이자 베트남 사람인 하 소장을 영입했다. 하 소장은 센터의 전문 재활 프로그램을 다듬기 위해 집중적으로 교사와 치료사들을 훈련시켰다. 매월 각 분야의 전문가들을 초빙하여 보수 교육도 했다. 교육을 받은 직원들은 CBR 프로그램에 투입되어 각 마을의 보건소 관계자, 부모를 대상으로 교육을 실시했다. 센터의 현지화와 재활 프로그램 질 향상을 위해 함께 일한 하 소장 덕분에 센터의 프로그램은 불과 2년 만에 많이 발전할 수 있었다.

지난 2012년 12월에 3차 양해각서를 체결했다. 한국 측에서는 예산을 더 줄였다. 베트남 측에서 일반 운영뿐만 아니라 프로그램도 주도적으로 진행하게 했다. 이제 한국 측에서 부담하는 예산은 40%가 책 안 된다. 한국 측에서는 민간봉사와 프로그램 일부를 지원하는 것으로 방향을 잡았다. 한국 연수는 계속 진행하기로 했다. 베트남 직원이 가장 좋아하며 기대하는 프로그램이기도 하고, 아직은 한국을 방문하여 배울 것이 많기 때문이다. 한국 측의 지원 예산은 줄었지만 베트남 사업소의 노력으로 하노이에 있는 한국 기업에서 후원을 받기 시작했다. 현지 기업 중 침구류를 판매하는 회사 에버피아에서 입소생들의 매트리스와 여름용 이불을 지원해주었다. 포스코E&C에서는 매월 400불을 지원하여 센터의 교육기자재, 물리치료에 필요한 도구, 입소생들의 생활용품을 구입하도록 도움을 주고 있다. 후원 개발을 통해 베트남 측에서 부족한 지원을 채워나가고 있다. 지구촌나눔운동은 앞으로 3년 남은 센터의 완전 이양을 위해 더욱 힘쓰고자 한다. 단순히 예산을 줄이는 것이 아니라, 그 과정에서 센터와 끊임없이 소통하면서 제대로 된 현지 이양을 하고자 한다. 물론 당장 한국 측의 지원이 끊겨도 센터는 운영될 것이다. 이 센터는 베트남 정부에 등록된 센터이기 때문이다. 그러나 우리의 지원이 끊긴다면 어쩌면 그 순간 센터의 발전도 멈춰버릴 수 있다.

하노이에 거주하는 몇몇 한국분들은 정기적으로 센터에 와서 입소생 목욕과 센터의 청소를 도와주고 있다. 현지화를 위해 한국 측 지원 금액은 점점 줄고 있지만, 그 과정에서 대신 하노이에 거주하는 한인과 대학생 봉사단이 센터의 환경미화 부분을 많이 개선해주었다. 3차 양해각서 기간이 끝나면 베트남 측에서 센터를 잘 운영하며 많은 장애인에게 재활훈련을 통하여 꿈과 희망을 주리라 기대한다. 처음 우리의 목적이었던 '하노이에서 제일가는 장애인센터'를 만들기 위해서 우리는 조금씩 물러나고자 한다. 가끔 이런 속내를 모르는 베트남 직원이 지구촌나눔운동이 왜 지원금을 줄이느냐, 돈이 없냐는 등의 속상한 소리를 하기도 한다. 우리의 뜻을 완전히 이해시킬 수는 없겠지만, 이것도 하나의 과정이라고 생각하며 우리에게 주어진 일을 하고자 한다.

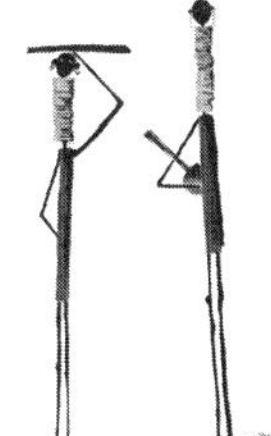

사업 개요

- 사업명: 베트남 하노이 빈곤층 장애인재활 및 사회통합 지원사업
- 사업목표
  - 베트남 빈곤층 장애인에게 재활기회 제공을 통해 삶의 질 개선
  - 지역사회 구성원 인식개선 교육 및 협력체계 마련을 통해 장애인 및 가족의 원활한 사회통합 지원
  - 지역사회 중심 재활 프로그램을 통한 지역 장애인재활의 기반 마련
  - 베트남 장애인종사자 역량강화를 통한 장애인 복지의 발전 도모
- 사업내용
  - 개별화 재활 프로그램 개발 및 적용을 통한 질 높은 재활서비스 제공
  - 부모교육 및 가정재활프로그램 개발
  - 재가 장애인지원을 위한 지역사회 중심 재활사업
  - 직원 역량강화교육(국내·국외교육)
- 총예산: 약 14억 원
- 사업기간: 2005년~현재
- 사업 주체: 지구촌나눔운동
- 파트너 기관명: 베트남 노동사회상이국
- 사업지역: 베트남 하노이시 꾹와이현 동이엔(Dong Yen, Quoc Oai, HaNoi, Vietnam)
- 수혜자
  - 입소 장애인 113명, 직원 40명
  - CBR 보건관계자 및 재가 장애인 500명

희망으로 전쟁의
상처를 치유하다

:: 민경일 ::

2002년 가톨릭 사제로 서품되어 지난 2009년부터 한마음한 몸운동본부에서 상근이사로 일하고 있다. 인도 콜카타에서 1년간 자원활동을 경험했으며, 최근에 경희대학교 NGO 대학원에서 공부하여 '가톨릭교회의 사회적 교리의 관점에서 본 UN 발전권 선언'이라는 주제의 논문으로 2012년 졸업했다. 10여 개의 개발도상국에서의 국제협력사업을 실시해오고 있으며, 2013년 1월 현재 KCOC 이사 및 KoFID 운영위원으로 활동하고 있고, 개발과 인권 이슈의 실질적 융합에 관심을 가지고 있다.

:: 오인돈 ::

천주교 예수회 수도회 소속으로 2003년 가톨릭 사제로 서품되어, 지난 2008년부터 JSC(Jesuit Service Cambodia) 소속의 반티에이 쁘리업 센터장으로 일하고 있다. 1997년에 처음으로 캄보디아에 도착했고, JSC 시엠레아프 사무소 책임자와 JSC의 부코디네이터(Assistant of Coordinator)를 역임했다. 2010년부터는 캄보디아의 한국 개발NGO협의회의 부회장으로 현지 NGO 간 협력을 위해 일하고 있다.

1. 갈등과 화해의 경계에서

1) 본부, 새로운 세계에 눈을 뜨다

한국 최고의 모금 기관이라 할 수 있는 사회복지공동모금회가 지난 2005년 5월 처음으로 북한 및 해외 지원사업에 대한 정책 및 과제를 논의하는 자리를 만들었다. 당시 한마음한몸운동본부(이하 '본부'와 병행 사용)는 사회복지공동모금회의 테마기획 해외지원사업 공모에 응모할 준비를 하여, 2006년도에 시작하는 이 지원사업에 응모하기 위해 협력 기관과 사업을 물색하기 시작했다. 그 이전까지 본부는 외부의 기금을 활용한 대규모 협력사업의 경험이 부족했으며, 소규모의 자체 자금을 통한 협력사업을 진행하고 있을 뿐이었다. 처음에는 미얀마에서 영어학원 원장으로 일하던 예수회 염영섭 신부[현재 (재)기쁨나눔 상임이새와 연결되었지만, 미얀마의 내부 사정상 협력은 쉽지 않을 것으로 판단되었다. 이에 같은 예수회가 캄보디아에서 진행하던 반티에이 쁘리업의 사업을 그 대상으로 생각하게 되었다.

본부는 2006년부터 지원사업을 시작하기 위해 반티에이 쁘리업을 찾아가 협력 계획을 나누었다. 하지만 처음부터 모든 일이 원활하게 진행되지는 않았다. 본부가 사회복지공동모금회가 요구하는 사업의 보고서 양식이나 여러 가지 행정 절차를 반티에이 쁘리업에 제시하자 반티에이 쁘리업의 센터장이던 호아키(Joaqui) 신부는 크게 난색을 표했다. 다시 소개하겠지만, 당시 반티에이 쁘리업은 주로 인맥을 통해 유럽의 교회 기관을 중심으로 재원을 마련해왔는데, 이들 기관에서는 그러한 행정 절차에 대한 요구가 거의 없었던 것이다. 하지만 센터뿐 아니라 본부에도 좋은 기회가 되리라 생각한 본부는 적극적으로 설득에 나서자 당시에 JSC(Jesuit Service Cambodia)에서 회계 업무를 담당하던 이경용 신부가 회계 보고서 등의 행정 절차에 대해 가능하다는 생각을 했고, 당시 유럽 쪽의 재원은 점차 줄고 있는 상황이었기 때문에 처음에 힘들어 보이던 협력이 가능해졌다. 이에 2005년에는 파일럿 개념으로 본부의 자체 기금 지원을 통해 협력사업을 시작했고, 이후 2006년부터 사회복지공동모금회에 사업을 제안하여 3년간 한마음한몸운동본부와 반티에이 쁘리업의 공동 사업이 시작했으며, 이러한 공동의 노력이 오늘에까지 지속될 수 있었다.

2) 절망에서 희망을 보다

이미 다양한 정보를 통해 세상에 알려진 바와 같이, 이른바 크메르 루즈(Khmer Rouge, 붉은 캄보디아라는 뜻)라 불리던 폴 포트(Pol Pot)의 통치와 이후의 베트남 개입 등으로 지속된 캄보디아 내전 상황은 캄보디아와 캄보디아인에게 엄청난 비극이 되었다. 수많은 국민이 정권에 의해 무참히 희생되었으며, 목숨을 부지한 이 중에서도 매설된 지뢰로 신체의 일부를 잃거나 의약품 및 백신이 공급되지 않아 소아마비를 피하지 못해 장애를 가진 채로 남은 삶을 보내는 이도 많았고, 그중 많은 이는 국경을 넘어 난민의 삶을 택하기도 했다.

반티에이 쁘리업의 역사는 바로 이 시대의 이러한 난민과 그 시작을 같이한다. 1980년대 캄보디아와 태국 국경에는 무수한 난민이 살고 있었고, 이들을 위해 JRS(Jesuit Refugee Service)[1]를 비롯한 많은 NGO가 교육이나 보건 등의 분야에서의 도움을 주며 난민의 삶을 영위하게 하고 향상하기 위해 난민캠프 촌에서 활동을 하고 있었다. 당시 캄보디아 정부는 국외 NGO가 자국에 들어

---

1) 2004년 JRS는 JRS와 JSC로 분리되고, 반티에이 쁘리업은 JSC가 운영하게 되었다. 따라서 이 글에서 2004년 이전은 JRS, 이후는 JSC로 표기한다.

와 활동을 벌이는 것에 우려를 표했고, 이에 따라 많은 NGO는 제한과 통제를 받으며 캄보디아 내에서 활동하기보다 국경 너머의 난민촌에서 그들의 활동을 이어나가기를 택했으며, JRS도 그러한 단체 중 하나였다. 그때는 캄보디아의 교육이나 보건·의료 등 대부분의 공공 서비스가 매우 취약했기 때문에, 다수의 캄보디아인은 일부러 국경 너머의 난민촌으로 이주를 결심하기도 했다.

1990년대 초에 캄보디아의 내전이 끝나면서 난민은 그들의 고향으로 돌아가기 시작했으나, 캄보디아의 상황은 여전히 크메르 루즈 폭정의 공포에서 온전히 회복되지 못했으며, 기아와 빈곤으로 고통을 받고 있었다. 태국과 캄보디아 접경 지역에서 난민을 위한 지원 활동을 해온 JRS는 난민이 자국으로 돌아가면서 사업을 마감할 수도 있었지만, 여전히 고통 받는 사람들을 위해 지원을 이어나가기로 했다. JRS는 난민과 함께 국경을 넘어 캄보디아로 들어와 활동을 계속하기로 결정했고, 그 결과 오늘의 반티에이 쁘리업이 세워졌다.

3) 왜 장애인인가?: 가난한 사람 중에 가장 가난한 사람들

반티에이 쁘리업이 생긴 당시 캄보디아는 가난한 사람들로 넘쳐났다. JRS는 이 극심한 가난의 구조적 원인을 바로 내전에서 찾았다. 지뢰로 팔다리를 잃은 수많은 장애인, 의료 서비스를 받지 못해 적절한 시기의 치료를 놓쳐버린 소아마비 환자, 내전 중 목숨을 잃은 희생자와 유가족, 정신적으로 고통을 받는 사람, 이들은 모두 전쟁이 남긴 피해자이다. 캄보디아에 들어와 활동을 계속하기로 결정한 JRS는 전쟁 피해자에 관심을 집중하며, 반티에이 쁘리업을 통해 전쟁으로 상처를 입은 이들의 온전한 인간 발전(human development)을 위한 화해와 평화, 그리고 정의의 회복을 그 목적으로 두었다.[2] 그들의 상처는 신체만이 아니라 마음에도 있었기 때문이다. 장애인은 신체적 약점으로 단지 거동만 불편한 것이 아니라, 사회적으로도 소외당하는 대상이었다. 캄보디아에서도 장애인이 가장 가난하고 취약한 사람이라 확신을 한 JRS는 반티에이 쁘리업을 장애인을 위한 학교로 생각하게 되었다.

4) 갈등과 화해의 경계에서 시작된 반티에이 쁘리업

JRS는 장애인을 위한 직업기술학교를 열기로 결정했다. JRS는 이미 난민캠프에서 장애인을 위한 직업기술학교를 운영한 경험이 있었기에, 이와 같은 프로젝트를 캄보디아에서 착수하는 것에도 자신감이 있었다. 마크 레이퍼(Mark Raper) 신부와 끼께 피가레도(Kike Figaredo) 신부3)는 캄보디아를 수차례 방문하면서 이 프로젝트에 대한 계획을 세우고, 미제레오르(Misereor) 등 독일을 비롯한 유럽 사회에서 초기 재원을 마련하는 등 착수 준비를 시작했다. 곧 이어 팀을 구성하여 파견했는데, 그중 1명인 노엘 수사는 당시 이 팀의 코디네이터로서 이 직업기술학교를 지역 커뮤니티 개발 센터(Rural Community Development Center)와 결합하기로 기획했다. 그 이유는 직업기술학교에서 생산될 도구가 인근 마을의 발전에 도움이 되기 위함이었다.

이후 JRS는 장애인 직업기술학교를 열 장소를 물색했다. 캄보디아 정부는 여전히 NGO에 대해 완전히 호의적이지 않았다. 모든 단체는 법에 따라 캄보디아 정부에 등록해야 했고, 정부 측에서는 기관에 사회복지부 소속 공무원을 부센터장으로 파견했다.4) 그뿐만 아니라 정부는 NGO의 위치도 지정해주었

---

2) 1991년에 반티에이 쁘리업의 첫 학생 25명은 모두 전쟁 피해자였다.
3) 그 후에 주교가 되어 바탐방 지목구와 까리타스 캄보디아(Caritas Cambodia)를 담당하게 되었다.
4) 2001년 4월 정부 파견 공무원인 톱틧(Top Tith)은 공동센터장으로 임명받는다.

는데, 이는 모든 NGO를 정부의 통제하에 두기 위함이었다. 따라서 정부는 NGO가 시골 깊숙한 곳으로 들어가는 것보다 대도시 인근에 남아 있기를 원했는데, 이러한 정책 때문에 JRS도 캄보디아 정부에게서 장애인 기술학교 후보지 몇 장소를 제시받았다. 그리고 JRS가 결정한 곳은 바로 현재의 반티에이 쁘리업이 있는 프놈펜 인근(약 23km) 껀달 주의 앙스노울이라는 곳으로, 오랜 숙고 끝에 택한 곳이긴 했지만 그 선택 이유는 단순했다. 바로 이곳이 제시받은 곳 중에서 가장 가난한 이들이 사는 곳으로 판단되었기 때문이다.

5) 새로운 의미의 협력: 반티에이 쁘리업과 한마음한몸운동본부

반티에이 쁘리업(이하 센터와 병행하여 사용)은 설립 초기부터 외국기관의 많은 도움으로 성장해올 수 있었다. JRS를 도와준 많은 기관은 예수회의 캄보디아 진출을 환영했으며, 특별히 장애인 재활기관인 센터의 설립에 물심양면으로 많은 협조를 아끼지 않았는데, 그 대표적인 기관은 독일 주교회의 산하 원조단체인 미제레올과 독일·스위스 예수회 해외선교사무소 등이었다. 이 밖에도 독일·스페인·호주 등 여러 기관에서 도움을 받았는데, 대부분 역사가 유구한 가톨릭 기관이었다.

이들은 국제 수도회인 예수회와 여러 지역에서 오랫동안 다양한 협력을 통해 일을 진행해왔기에 캄보디아에서도 신뢰를 바탕으로 일을 진행했다. 하지만 이런 깊은 신뢰관계는 센터가 전문 NGO로 나아가야 한다는 면에서 오히려 한계점이 될 수도 있는 상황이었다. 예를 들어 예수회라는 수도단체에 대한 신뢰와 가톨릭 교회기관이라는 특성 때문에 유럽의 원조기관은 일반적으로 진행해야 할 회계감사나 통계자료와 같은 정확한 수치 보고에서 많은 예외를 허락했기 때문이었다.

하지만 2006년부터 시작된 본부와의 협력은 센터에 새로운 장을 여는 계기를 마련해주었다. 이전 외부 기관과의 관계가 그저 원조를 주고받는 정도에 머물렀다고 한다면, 본부와 반티에이 쁘리업의 관계는 진정한 협력관계로서 장애인 교육을 함께 수행한다는 측면에서 협력의 장을 한 단계에 높이는 계기가 되었다. 그리고 본부는 투명한 회계감사 시스템을 적용할 것을 요청하여 센터의 회계 시스템이 발전하게 되었다. 또한 본부가 요구한 자료에 기초한 정확한 수치가 포함된 보고서는 현지 직원이 정리하여 그 결과를 이해할 수 있는 계기를 마련했다. 본부와 센터의 협력을 통해 더 체계적인 행정 시스템과 회계 시스템이 자리를 잡게 된 것이다. 센터의 직원과 자원 활동가는 '수치화하여 평가할 수 없는 반티에이 쁘리업의 질적인 사업은 객관적인 시각을 요구하는 사업보고서에서는 50%도 다 표현하지 못한다'는 이야기를 공공연히 하곤 했는데, 본부의 모니터링 교육을 통해 객관적인 수치만이 아닌 질적인 평가도 할 수 있는 제대로 된 보고서 작성법을 배움으로써, 전문성을 키우고 사업성과를 효과적으로 표현할 수도 있게 되었다.

본부와 센터의 협력은 여러 가지 새로운 프로그램을 시작할 수 있는 계기를 마련했다. 지금도 본부의 책임자와 사업의 담당자는 연중 5~6차례 이상 수시로 현지에 출장을 다니는데, 이때는 단순한 모니터링뿐 아니라 다양한 의견도 자유롭게 나눈다. 모니터링 평가 및 회의 등 지속적인 협력 교류를 통해 새로운 아이디어를 나눈 결과, 졸업생들을 대상으로 하는 홈커밍데이를 시작했다. 이 프로그램은 졸업생 상호 간에 네트워크를 생성하여, 졸업 이후에도 계속해서 서로 도울 수 있는 기회를 마련하고, 또한 학생에게는 졸업생의 생생한 성공사례를 통해 자신이 배우고 있는 직업기술교육에 대해 확신을 가지게 하고 동기부여가 되는 계기가 되고 있다. 이들에게 미래에 대한 동기부여는 단순한 기술 습득보다 더 큰 학업 성취 욕구의 계기가 된다는 것을 알게 된 것은 센터의 교육을 진행하는 데 중요한 의미가 되었다.

본부와 센터의 협력이 센터에만 도움과 발전의 계기가 되지는 않았다. 이 사업은 본부 자체의 역량과 사업 방향에도 큰 의미를 주었다. 본부는 대부분 한국 개발 NGO와 달리 현지에 지부를 두지 않고 현지 단체와 양해각서(MOU)를 맺어 협력하는 방식으로 사업을 진행해오고 있는데, 센터와 협력을 하기 전, 곧 외부 기금을 사용하지 않고 본부의 자체 기금만으로 사업을 진행해온 시절까지는 선교와 개발사업에 대한 구분 자체가 본부 내에서도 모호하던 상황이었다. 하지만 사회복지공동모금회의 사업 제안을 시작으로 본부와 센터가 협력을 진행하면서, 본부도 제대로 된 개발사업의 체계적인 길을 걷기 시작했다.

2. 캄보디아 장애인의 권리와 자립을 위한 공간

1) 비둘기 센터, 반티에이 쁘리업: 희망을 이야기하다

반티에이 쁘리업은 그저 '장애인 직업기술학교'가 아니다. 기술학교는 반티에이 쁘리업 센터의 여러 프로그램 중 일부분일 뿐이다. 우리는 센터를 장애인이 그들의 삶을 충만하고 온전하게 살기를 꿈꾸며, '캄보디아 사회에서 장애인이 그들의 자존감과 존엄성과 자리를 찾을 수 있도록 돕는다'는 사명으로 구성했다. 이와 같은 센터의 정신 아래, 다음과 같은 여섯 개의 분야로 전체 사업이 구성되었다. 직업기술학교, 공동체 생활, 아웃리치, 프로덕션 워크숍(센터 직영 생산장), 메콩 휠체어, 그리고 장애인을 위한 어드보커시 프로그램이 그것이다. 센터에서 가장 중요하게 생각하는 것은 인간으로서의 그들의 회복이다. 우리는 이를 센터가 표방하는 핵심 가치에 나타내었다. 센터는 첫째, 모든 인간의 존엄성, 둘째, 인간 발전을 위한 통합적인 접근 방식, 셋째, '캄보디아인이 캄보디아인을 돕고 장애인이 장애인을 돕는 것' 세 가지를 핵심 가치로 여기고 있다. 이러한 가치에는 이미 권리에 기반을 둔 접근 방식에서 중요한 개념인 주인의식·참여·자력화(empowerment)를 비롯한 여러 요소가 내포되었음을 알 수 있다. 100여 명에 이르는 이곳의 직원은 모두 이러한 요소를 잘 알고 있으며, 특히 장애가 있는 자신이 직접 다른 장애인을 도울 수 있음을 자랑스러워하며 무한한 긍지를 느끼고 있다.

매년 1월, 전년도 말에 선발된 신입생이 각자 고향을 떠나 1년을 지내기 위해 센터로 입학을 한다. 18세 이상 40세 이하의 남녀 지체장애인이라면 누구나 센터에 입학할 수 있지만, 몇 가지 조건이 만족되어야 한다. 첫째, 가정 형편이 어려운 장애인이 우선시되며, 둘째, 기술을 배울 수 있는 최소한의 신체 능력이 요구된다. 그리고 마지막으로 스스로 배우려는 의지가 있어야 하고 가족의 동의 또한 얻어야 한다. 이렇게 입학하는 학생 수는 110여 명. 이들은 1년 동안 센터에 머물며 기계·전자·재봉·농업·제화·목조각 등 총 6개의 기술 과목 중 하나를 선택하여 배운다. 과목 선택은 자신의 재능이나 흥미 중심으로 이루어지기는 하지만, 집안 사정이나 장애 정도가 선택에 영향을 미치기도 한다. 예를 들어, 목조각 같은 경우 세밀한 작업이 필요하기에 양팔이 자유로워야 하고, 따라서 상대적으로 다리 쪽에 장애가 있는 학생이 많다. 또한 가족이 농사를 짓는 경우 졸업 후 기술이 좀 더 효과적으로 사용될 수 있도록 농업반으로 과목을 추천하기도 한다. 2년 과정인 목조각반을 제외한 모든 과목은 1년 과정이며, 대부분의 과목 커리큘럼은 학생이 졸업 후 고향으로 돌아가 실질적으로 사용할 수 있는 기술 위주로 진행된다.

센터는 입학하는 모든 학생이 의무적으로 함께 기숙사 생활을 하는 것을 원칙으로 세웠는데, 이는 공동체 생활을 통해 얻는 장애인의 사회적·심리적인 요소는 그 효과를 헤아릴 수 없기 때문이다. 그 공동체 생활은 단순한 기숙사 생활이 아닌 '가족생활'이자 '사회생활'이다. 사회에서 심지어는 그들의 가정에서도 소외되고 차별을 경험한 그들은 이 안에서 다시금 사회 구성원으로서의 의미를 배우며, 그들의 자존감도 키운다. 센터 내에 있는 총 12채의 기숙사 동은 캄보디아 전통 가옥 스타일로 지어져, 1채당 총 12명 내외의 학생이 1명의 사감과 함께한 가족처럼 공동체를 이루어 지낸다. 생활은 한 공동체 단위로 이루어지는데, 집 청소, 텃밭 가꾸기, 장보기, 식사 준비 등을 돌아가며 역할 분담을 맡는 시스템이다. 그들은 같이 공부하는 친구이자, 함께 살아가는 가족이고 동지가 된다. 공동체 생활과 자신이 맡는 역할을 통해 자신의 존엄성을 자각하고, 사회 구성원으로서의 자존감을 느끼게 된다. 이는 졸업 후 사회로 돌아갈 때 탄탄한 심리적 토대가 되며, 결국 학생은 센터에서 기술만 배우는 것이 아니라 '살아가는 법'을 배우는 셈이다.

물론 위기의 때도 있었다. 심리적으로 불안정한 학생이 있는가 하면, 다양한 이유로 졸업 전 중도 포기를 원하는 학생도 있다. 한 학생이 중도 포기할 경우, 사회로 나가기 위한 자활의 기회가 무너져 자신의 삶에도 부정적인 결과를 미칠 수 있을 뿐더러, 다른 학생에게도 동기유발을 저해하는 영향을 미칠 수 있다. 그 때문에 센터에서는 학생 담당교사 제도를 통해 할 수 있는 한 학생이 1년의 과정을 마칠 수 있도록 독려하고, 많은 부분에서 지원을 아끼지 않고 있다. 현재 센터에는 인도네시아 자원활동가 1명과 현지 직원 2명 등 학생 생활만을 전담하는 교사가 3명 상주하고 있다. 이 중 현지 직원 2명은 2009년부터 일을 시작했는데, 그들 또한 센터 졸업생으로 신체적인 부분부터 심리적인 부분까지 학생이 센터 내에서 아무 문제 없이 생활할 수 있도록 지원하고 있다. 학생들은 각자 안고 있는 고민을 자신과 같은 경험을 한 학생 담당교사에게 마음을 터놓고 이야기할 수 있으며, 그들은 또한 자신들의 후배들에게 적절한 상담을 해줄 수 있는 것이다. 공부에 관한 고민, 미래에 대한 걱정, 연애 상담 등의 다양한 주제는 외국인이며 비장애인인 우리에게는 털어놓기 힘든 이야기이다. 하지만 그들은 공감할 수 있는 대상에게 자신의 이야기를 풀어놓음으로써 심리적으로 안정감을 얻을 수 있으며, 그에 따라 도전을 포기하지 않고 끝까지 이어가게 하는 원동력을 얻는다.

사실 대부분의 교사와 직원은 졸업생 출신으로, 학생은 이들을 보며 더욱 강한 동기부여를 받곤 한다. 같은 처지의 경험을 한 선배가 센터를 졸업한 후 직업을 구해 사회생활을 성공적으로 해나가고 있는 모습을 보며, 공부에 더욱 집중할 뿐만 아니라 미래에 대한 희망과 자신감 또한 얻는 것이다.

렘 마오(Rem Mao, 5기 기계반 졸업생, 기계반 교사)

1984년 태국 국경에서 군인으로 있을 때, 저는 갑작스러운 지뢰사고로 한쪽 다리를 잃었습니다. 사고가 난 후, 정말 힘든 나날의 연속이었습니다. 생계를 어떻게 이어나가야 할지도 막막했고, 편견과 차별이 저를 더 힘들게 했습니다.

그러던 1993년 저는 기계반 학생으로 반티에이 쁘리업에 입학했습니다. 처음에는 센터에 대한 신뢰가 없었습니다. 센터에 대해 잘 알지 못했기 때문이었어요. 그래서 선생님들의 말씀만 듣고 희미한 희망만을 안은 채 공부를 시작했습니다. 하지만 입학 후 한 달이 채 되지 않았을 때부터 저는 그 희미한 희망

사진 1. 기계반 수업장의 렘 마오

이 점점 더 선명해지고 또 강해지는 것을 느꼈습니다. 공부는 점점 더 재미있어졌지

요. 어렸을 때부터 배우고 싶던 기술을 더 잘해보고 싶은 열망 또한 갖게 되었고요. 졸업 후 5년간의 센터 내 기술 수리 일을 거쳐 2000년 결국 기계반 교사가 되었습니다. 가족을 이루고 좋아하는 일을 하면서 자신감이 생겼고, 인생을 즐기면서 살아가고 있습니다. 특히 학생들을 사회로 다시 돌아갈수록 있도록 도울 때, 저는 가슴이 벅차오를 정도로 보람을 느낍니다.

90%에 육박하는 졸업생 출신 직원으로 센터는 더 활력을 띤다. 그들이 새 삶을 찾은 센터는 그들의 소중한 보금자리이기 때문에 센터에 대한 애정은 그만큼 뜨거울 수밖에 없다. 모든 일에 적극적인 참여는 물론이고 주인 의식 또한 그 어느 누구보다 높다. 그들에게 학생은 단순히 도움을 주는 대상이 아니라, 제자이자 친구이고 후배이기 때문에 진심으로 마음을 쏟고 최선의 지원을 해준다. 센터의 위기는 이렇게 또 다른 기회가 되었고 결국 센터의 강점으로 자리를 잡았다.

또한 클리웅 반(Klieng Vann) 교장 선생님의 이야기는 이들의 주인의식이 리더십으로까지 발전하는 과정을 잘 보여준다. 센터의 창립 멤버 4명 중 한 사람인 데니스(Denise) 수녀는 장애인이 센터의 리더가 되는 것이 JRS의 꿈이었다며 당시를 회고했다. 하지만 그 당시에는 이러한 꿈은 시대 문화에 상당히 거슬리는 것이었는데, 장애인은 사람을 이끌 능력이 없다고 하는 이상한 미신이 존재했기 때문이었다.

클리웅 반 교장은 1989년 캄보디아와 태국 국경에서 군인으로 있을 때 지뢰를 밟아 한쪽 다리를 잃었다. 적극적이고 쾌활한 성격이던 그는 장애가 생긴 후 집에만 칩거하는 등 삶의 의지와 희망을 잃고 하루하루를 비관적으로 살아가던 중, 우연한 기회에 반티에이 쁘리업을 알게 되어 1993년도 전자반 학생으로 입학하였다. 워낙 성실하고 열심히 공부를 하였기 때문에 졸업을 하면서 전자반 선생님으로 취업을 하였고, 이후에도 센터 전체를 위해 최선을 다해 헌신하였기에 2000년도에 부교장을 거쳐 2003년에 마침내 반티에이 쁘리업의 교장으로 취임했다. 클리웅 반 교장의 이와 같은 여정은 역사적으로 중대한 의미가 있다. 그의 개인적 성장은 캄보디아인이 센터의 주인의식을 가지고 센터를 이끌어온 여정을 반영하기 때문이다.

클리웅 반(Klieng Vann, 전기반 3기 졸업생, 기술학교 교장)

1999년에 제가 부센터장이 되었을 때, 저는 놀랐기는 했지만 많이 걱정되지는 않았습니다. 하지만 기술학교 교장에 대한 제안을 받았을 때, 저는 제가 그것을 할 수 있을지 없을지에 대한 확신이 서지 않았어요. 저는 단지 이 센터의 졸업생에 지나지 않았고, 그런 제가 왜 교장이 되어야만 하는지 여러 차례 의문이 들었습니다. 이미 이전부터 저를 가르친 많은 교사가 있었죠. 하지만 그런 교사들의 리더가 된다는 것은 어려운 결정이었습니다. 제가 교장이 된 후에 교사와 직원을 비롯한 수많은 사람이 저를 지지해주었습니다. 저는 그들 모두와 좋은 관계를 만들어가기 시작했습니다. 왜냐하면 우리가 함께 일할

사진 2. 기술학교 교장인 클리웅 반

때, 저는 언제나 '나는 그저 똑같은 직원 중 하나일 뿐이야. 특별한 사람이 아니야'라고 저 자신에게 말해왔기 때문입니다. 그래서 저는 큰 어려움 없이 교장직을 수행해 올 수 있었습니다. 저는 여기에서 교장으로 일하는 것이 행복합니다. 그리고 저는 장애가 있다는 것에 감사해요. 제가 바로 여기에서 일할 수 있고, 또 저와 같이 장애가 있는 다른 사람을 도울 수 있기 때문이죠.

2) 졸업이 끝이 아니다!: 아웃리치 프로그램과 프로덕션 워크숍

반티에이 쁘리업의 가장 큰 장점 중 하나가 바로 센터가 매우 중요하게 생각하는 아웃리치 팀의 효과적 운용이 아닐까 한다. 특하나 오늘의 아웃리치 사업의 모습은 외국인이 기획한 것이라기보다 졸업생 출신의 현지 직원이 기획하고 건의한 결과로 이루어졌다는 데서 그 의미가 남다르다 하겠다. 이들이 하는 일은 첫째로는 신입생 선발이다. 다음해 1~12월을 지낼 신입생 선발은 대개 7~9월 사이에 이루어지게 되는데, 이 기간 동안 아웃리치 팀은 센터가 위치한 껀달 주를 비롯해 6개 주를 돌아다니며 학생을 모집한다. 더러는 졸업생의 추천도 있고, 더러는 팀이 직접 발굴해내기도 하는데, 이곳 지역을 돌아다니며 장애인 학생을 선발한다. 또한 아웃리치 팀은 모든 예비 학생의 가정을 방문하여 예비 학생과 가족을 인터뷰한다. 이후 센터에 돌아와 학생 선발 회의를 거쳐 매년 110명 정도 학생을 선발한다. 특히 예비 학생이 강한 의지를 보이더라도 가정에서 큰 역할을 담당하고 있다면, 학교에 있을 거의 1년간의 부재 동안 가족의 생계를 보장할 수 없다. 이러한 경우 학생은 선발되지 않을 가능성이 크기 때문에 학생 선발 과정에서 가족의 동의 절차는 필수이다.

아웃리치 팀의 가장 큰 강점은 학생 선발 과정에만 있지 않다. 그들의 강점은 오히려 연중 내내 계속되는 졸업자 방문과 지원이다. 센터는 학생이 졸업을 해도 홀로 두지 않고, 아웃리치 팀을 통해 학생이 졸업한 후에도 5년간 지속적으로 관찰·지원을 하는데, 졸업 후 첫 1년간은 취업과 창업 지원이 집중적으로 이루어진다. 센터에 입학하는 신입생 중 입학 전 한 번이라도 돈을 버는 일을 해본 장애인은 평균 11.5%에 지나지 않는다. 88% 이상이 직업을 구해본 적이 없는 학생이기에, 졸업과 동시에 가게를 운영한다거나 취업을 위한 행동을 하는 것은 쉬운 일이 아니다. 그래서 아웃리치 팀은 졸업 후 마을에서 오토바이 수리점 등의 소규모 가게를 열려고 하는 졸업생에게 창업자금이나 수리도구 등을 지원해주고, 적절한 일자리가 있는 경우에는 취업 정보를 제공해주거나 알선해주기도 한다. 이러한 활동을 통해 졸업생은 1년 내에 70~80%가량이 일을 하게 된다. 입학 전 일을 해본 경험이 있는 학생 수와 비교하면 이러한 숫자가 의미하는 것이 더욱 크게 다가올 것이다. 아웃리치 팀의 졸업생에 대한 지원은 그 후 5년간 계속되며, 이 기간에 팀은 졸업생을 꾸준히 방문하여 일을 계속하고 있는지, 추가적으로 더 필요한 것은 무엇인지를 끊임없이 체크하고 필요한 지원과 상담을 제공한다. 그리고 매년 8월에 있는 홈커밍 데이에 졸업생을 초청하여, 졸업생과 재학생이 만나 서로의 취업 및 창업 정보를 공유하고 선후배 간의 네트워크를 확대해나간다. 이러한 네트워크를 통해 졸업생이나 장애인 가정의 집 건축이나 수리가 필요한 경우 이를 지원하기도 하며, 우물 건축이나 의료비 지원 등을 통해 이들에게 자활의 기반을 마련하는 일을 한다. 실제로 2012년 11월에도 센터는 졸업생 5가구의 집을 건축할 계획 중이었으며, 이렇게 지원하는 가정은 1년에 약 80가정, 그리고 팀이 만나는 예비 학생과 졸업생은 1년 평균 450명에 이른다.

이 글을 쓰던 지난 2012년 11월 21일, 아웃리치 팀과 함께 센터가 위치한 껀달 주 인근에 살고 있는 쏙 나(Sok Na)를 찾아갔다. 쏙 나는 23기 졸업생(2011년 말 졸업)이며, 졸업 이후 자신이 살던 마을에서 작은 수리점을 운영하고 있었다. 6살 때 집 근처에서 발견한 불발탄이 터져 오른쪽 다리에 장애가 생긴 그는 고등학교 졸업 이후 특별한 기술 없이 낮에는 집을 지키며 청소를 도와주고 밤에는 그 집의 경비까지 맡는 일을 하며 거의 쉬는 시간 없이 일한 대가로 한 달에 약 37달러 정도의 소득을 올렸다. 센터의 학교에 들어와 기계반을 다니고 졸업한 그는 소원대로 자신만의 가게를 열었다. 학교에서는 자전거와 오토바이를 비롯한 각종 기계의 수리와 함께 일종의 과외 공부인 이발

사진 3. 23기 졸업생인 쏙 나가 자신의 가게에서 자전거 수리를 하고 있는 모습

기술까지 배웠는데, 이발은 시간에 비해 큰돈이 되지는 않아, 중학생인 동생에게 이발 기술을 가르쳐 동생이 틈틈이 이발로 부수입을 올린다고 한다. 쏙 나가 지금 가게에서 버는 한 달 순수익은 100달러 전후라 한다. 인터뷰하는 내내 삶에 대한 그의 긍정적인 태도를 느낄 수 있었다. 학교를 졸업한 후 2012년 봄에는 결혼도 했으며, 센터나 주변의 도움을 받지 않고 자신의 힘으로 마련한 가게를 더욱 크게 발전시킬 꿈을 가지고 있었다. 그의 모습은 그 자체가 이미 하나의 희망이었다.

오늘의 아웃리치 팀은 초기보다 훨씬 더 향상된 시스템을 갖추고 있으며, 센터에서 절대로 없어서는 안 될 핵심적인 역할을 담당한다. 팀 사무실에 있는 지도에는 모든 졸업생 가정의 위치가 졸업 연도별로 색깔을 달리해 표시되어 있는 등 모든 졸업생의 자료가 구축되어 있으며, 여기에는 그들 모두의 고용 상황이 기록되어 있고 이에 따라 팀은 모니터링 전략을 함께 수립한다. 아웃리치 팀의 팀장인 멘 윳(Men Yuth)의 이야기는 이러한 일이 어떻게 이루어질 수 있는지를 우리에게 말해준다. 그가 가장 중요하게 생각하는 것은 다름 아닌 '마음'이다. 센터 내 아웃리치 팀의 강점이 무엇이냐는 질문에 그는 이렇게 대답했다.

마음입니다. 아웃리치 팀은 마음이 없다면 일하기 어렵습니다. 이전엔 하루에 100~200km를 오토바이 타고 혼자 달렸습니다. 지금은 차로 가니까 쉬워졌지만, 한 사람을 만나러가는 데 최소 2시간에서 길 땐 4~5시간이 걸리고, 한 달에 20일은 길과 마을에서 보냅니다. 그 비용, 그 시간을 생각하면 하기 어려운 일입니다. 하지만 드는 비용이나 시간보다 한 사람의 삶이 더 중요하다는 마음이 있습니다. 지원을 할 때도 그 사람의 이야기를 듣는 것이 중요합니다. 보통 장애가 있는 사람은 마음을 열기가 쉽지 않습니다. 일로서만 만나는 것이 아니라 친구로, 가족으로 만나가야 합니다. 기다리고 참는 과정의 연속이지만, 마음의 길을 가는 것입니다. 서류 작업은 아직 서툴지만, 사람들을 기쁘게 만나는 것이 우리의 강점입니다.

졸업생의 일부는 센터 내 프로덕션(직영 사업장)에 취업한 후, 학교에서 배운 기술을 이용하여 가구·목조각·수공예품 등을 생산한다. 학생에게 실습 기회를 제공하기 위해 1993년에 시작된 프로덕션은 1999년에 생산 작업 구조를 개선하고 판매를 위한 마케팅 전략을 세우는 등 본격적으로 체계를 갖추었고, 그 결과 더욱 효율적으로 생산·판매를 하게 되었다. 초기에는 주로 센터의 협력 NGO 및 교회 등의 유관기관이 주 수요자였기 때문에, 주문 제작 및 납품 등의 방식으로 프로덕션이 운영되었다. 이후에는 주문 제작과 더불어 센터에 방문하는 외국인을 상대로 기념품을 팔기 위한 소량의 물건들을 제작하게 되었고, 2010년부터는 센터 내에 매장을 열면서 방문객이나 외국인을 상대로 디자인한 물건들을 생산·판매하게 되었다. 현재 목조각·봉제·철공·목공 등 총 4개의 프로덕션 워크숍이 센터 직영으로 운영되고 있으며, 35명의 졸업생이 직원으로 일을 하고 있다. 졸업생은 프로덕션에서 일자리를 얻을 뿐만 아니라, 졸업 후에도 실습의 기회를 얻고 새로운 기술을 배우기도 한다. 또한 자신이 만든 생산품으로 얻은 수익금으로 센터의 재정 자립에 기여하면서 다른 장애인을 돕기도 하는 선순환 구조를 이루고 있다.

최근 3년간 KOICA의 민간단체 해외봉사단 프로그램으로 본부에서 파견된 디자이너가 봉제 분야의 디자인을 맡고 있고, 한국인 자원활동가가 1년간 목공 및 철공 디자인을, 마케팅 전문가인 프랑스 자원활동가가 2년간 프로덕션 운영을 전담하면서 프로덕션 워크숍의 발전은 박차를 가하게 되었다. 디자인과 상품의 질은 더욱 더 높아지게 되었고, 경쟁력 있는 상품을 내세워 새로운 판로를 개척하는 등 마케팅 면에서도 전문적인 운영이 가능하게 되었다. 센터는 고객들이 상품뿐만 아니라 가치도 구매하도록 유도하지만, 고객들의 센터 상품 구매는 결코 동정이나 연민의 마음이 아닌 높은 품질의 상품을 사고자 하는 욕구에서 나오는 것이다.

프락 페아렉(Prak Pheareak, 프로덕션 매니저)

저희 프로덕션 직원은 끊임없이 자문합니다. '고객은 우리의 생산품을 동정심에, 또는 좋은 일을 한다는 생각으로 구매하는가, 아니면 우리 생산품의 높은 품질 때문에 구매하는가?'
현재 저희 직원은 가치 있는 생산품을 만들기 위해 밤낮을 가리지 않고 노력하고 있고, 또 그런 자신에 대해 자부심을 갖고 있습니다. 그들은 좋은 원자재로 정직하게 상품을 만들며, 지속적인 신제품 개발과 합리적인 가격을 통해 다른 상품과 구별되는 경쟁력을 갖추면서 고객을 만족하게 한다고 자신합니다.

그림 4. 프로덕션 매니저 프락 페아렉

장애인 생산자가 만드는 경쟁력 있는 상품은 다양한 방법으로 소비자와 만난다. 캄보디아 스타일을 가미한 소박하면서도 독특한 디자인의 수공예 봉제 제품과 목공예품은 센터 내에 위치한 작은 가게와 2011년 말에 새로 문을 연 프놈펜 숍을 통해 판매되며, 온라인 제품 카탈로그를 통해 해외 주문도 꾸준히 이어지고 있다. 목공과 철공 제품은 주로 주문 생산으로 이루어지며, 목공 제품은 주로 집이나 학교에서 사용하는 목제 가구, 철공 제품은 철제 가구, 놀이터 기구, 병원 기구 등이 생산된다. 이 둘은 모두 내구성과 기능성 면에서 우수한 평가를 받고 있다. 또한 프놈펜 숍은 카페의 테이블 및 생산품 디스플레이를 위한 진열장 등의 역할을 하면서 고객이 직접 보고 주문할 수 있는 모델이 되고 있다.

3) 희망이 또 다른 희망을 낳다: 캄보디아 장애인의 발, 메콩휠체어

센터 내에는 프로덕션 워크숍 이외에 캄보디아 최대 생산량 규모의 휠체어 작업장이 있다. 1993년부터 시작된 메콩휠체어 작업장은 대부분의 휠체어 사용자가 메콩강 주위에 산다는 사실에 착안하여 이름이 지어졌고, 작년 말까지 총 1만 5,211대의 메콩휠체어가 캄보디아 각지의 장애인에게 무료로 보급되었다. 메콩휠체어 작업장이 처음

사진 5. 센터를 넘어 캄보디아 장애인들의 발이 되고 있는 메콩휠체어

시작된 1993년에는 모티베이션이라는 영국 NGO가 각종 자료를 모으고 캄보디아 장애인 상황에 대해 직접 기초 조사를 하는 등 토대를 닦는 것을 도왔고, 철재로 이루어진 세 가지 종류의 초기 디자인을 도입했다. 하지만 모티베이션이 철수한 후 캄보디아인 직원은 철재로 만들어진 외국 디자인이 캄보디아 실정에 잘 맞지 않다고 판단하여, 직접 캄보디아의 환경과 실정에 맞춘 디자인

사진 5. 메콩휠체어 작업장

을 선보였다.

이는 철재뿐만 아니라 목재로 구성되었으며, 시골의 험한 길이나 우기를 대비하여 방향을 잘 잡고 균형을 맞출 수 있도록 발이 위치하는 부분에 작은 휠이 하나 더 부착되었다. 또한 바퀴는 100% 고무로 만들어져 상대적으로 더 무거워졌고(차량 이동 기회가 많은 나라와 달리 안정감을 위해 무거운 휠체어가 실용성이 더 높다), 험한 돌길에도 펑크가 날 염려가 없어졌다. 캄보디아인의 경험에서 우러나온 아이디어로, 우기 때와 시골길에도 끄떡없는 캄보디아형 맞춤 휠체어가 탄생한 것이다.

프롬 소페아(Prom Sophea, 재봉반 22기 졸업, 봉제 워크숍 직원)

저는 불의의 사고로 하반신 마비 장애가 생겼습니다. 처음에 장애를 입었을 때는 아무 데도 갈 수 없었습니다. 그저 집에서 머물 뿐이었죠. 그러나 저는 이제 메콩휠체어를 타고 울퉁불퉁한 돌길도 질퍽한 진흙길도 어디든 갈 수 있습니다. 메콩휠체어를 통해 독립적인 생활이 가능해졌어요.

메콩휠체어가 센터 내에서 생산되는 것은 단순히 센터의 장애인이 휠체어를 사용한다는 이유 그 이상의 의미를 지닌다. 우선 메콩휠체어를 만드는 데 필요한 모든 소재와 기술은 센터 내에 있다. 몸체를 만드는 데 필요한 목공 작업, 휠을 완성하는 철공 작업, 등받이와 의자를 구성하는 봉제 작업 등이 장애인 학생이 센터 내에서 배우는 내용과 거의 일치하며, 실제로 많은 졸업생이 센터에서 배운 기술로 메콩휠체어 작업장에서 일을 한다. 바로 이 점에서 메콩휠체어는 또 다른 의미가 있다. 현재 메콩휠체어의 17명 직원 중 대부분이 졸업생이며, 그들은 프로덕션 워크숍과 마찬가지로 인생의 희망을 찾아준 자신들의 기술을 이용하여 캄보디아의 다른 장애인이 새 희망을 찾는 데 보탬이 되고 있다. 1991년 1기 졸업생인 2명과 다른 졸업생을 포함한 직원은 변화되는 다른 장애인의 삶을 지켜보며 자긍심과 사명감으로 기쁘게 일하고 있다.

끼께 피가레도(Fr. Kike Figaredo, 메콩휠체어 작업장 대표, 바탐방 지목구 주교)

메콩휠체어는 대표적인 희망과 변화의 징후입니다. 자유롭게 움직일 수 없고 사회에서 소외받은 사람들이 휠체어를 통해 변화되지요. 장애로 학교를 갈 수 없었던 아이들이 학교를 갈 수 있게 되고, 집에만 갇혀있던 장애인들이 자유로이 움직이며 생계를 이어가기도 합니다. 저는 메콩 휠체어 작업장에서 일을 하면서 이 변화의 순간을 목격해왔습니다. 메콩 휠체어를 만드는 직원들도 그러할 것입니다. 그들은 분명 다른 장애인들의 삶을 변화 시켜주기 위해 열심히 일하고 있습니다.

4) 차별을 넘어: 장애인과 여성도 하나로

캄보디아는 근현대에 25년 이상 내분을 겪은 나라이기에 다른 나라에 비해 전쟁에 의한 장애인이 많을 뿐만 아니라, 가난과 낙후된 의료서비스 때문에 병원을 찾지 못하거나 가서도 제대로 된 치료를 받지 못하여 평생 장애인으로 사는 경우가 많다. 모든 가난한 나라에서 그러하듯 캄보디아에서도 모든 이가 일자리를 찾고 있기에, 몸이 불편한 장애인은 당연히 생계를 위한 직업시장에서 일반인에 비해 뒤로 밀릴 수밖에 없는 상황이다. 하지만 캄보디아의 장애인은 이런 신체적인 장애나 경제적 취약성에 의한 어려움만을 겪는 것이 아니다. 그들은 어쩌면 그보다 더한 고통일 수 있는 차별이라는 사회적 편견을 받고 있다. 5기 졸업생이며 지금은 학교의 기계반 교사인 렘 마오(Rem Mao)의 이야기는 장애인이 처한 현실과 이곳 학교 덕분에 그들의 삶이 어떻게 달라질 수 있는지를 보여주는 좋은 예라 하겠다.

렘 마 오 (R e m   M a o ,   5 기   기 계 반   졸 업 생 ,   기 계 반   교 사)

22년 전 지뢰 사고로 다리를 잃었을 때는 울지 않았습니다. 하지만 어느 날 한 노인이 저를 보고 '외발이'라고 불렀을 때, 저는 울었습니다. 당신에게 장애가 생기면, 사회와 다른 사람은 당신을 기여할 것이 전혀 없는 쓸모없는 사람으로 봅니다. 때로 졸업생이 일자리 찾는 것을 돕기 위해 사업주를 만나러 가면, 어떤 이는 저와 말하려고도 하지 않습니다. 그들은 저의 장애를 가장 먼저 봅니다.

1984년에 캄보디아와 태국 국경을 지키는 군인이었던 그의 삶은 지뢰 사고로 왼쪽 다리를 잃으면서 모든 것이 달라졌다. 그는 모든 것을 잃었다고 느꼈으며, 어떻게 자신의 삶을 꾸려갈 수 있을지 캄캄할 뿐이었다. 그를 더욱 고통스럽게 한 것은 그의 장애로 주변 사람에게서 차별을 당한 경험이었다. 캄보디아에서는 실제로 많은 경우 가족조차 장애인을 부담스러운 짐처럼 여긴다. 그들의 거동이나 삶을 돕기는커녕 — 어쩌면 가족에게는 그만 한 여력이 없기에 — 집 안 한 구석에 방치해두고 아무 쓸모없는 인생으로 취급해버리는 것이 일반적이다. 이러한 장애인에게 반티에이 쁘리업은 단지 기술을 알려주는 것 이상의 의미이다. 실제로 렘 마오는 수동적이던 그의 삶이 다시금 활기를 띤 삶으로 바뀌는 것을 느꼈으며, 그로써 이후의 자신의 삶에도 자신감을 회복하게 되었다. 특히 그가 졸업한 학교에서 교사로 일하면서 자신과 같은 장애인이 같은 처지의 장애인을 도울 수 있는 존재라는 것을 느끼는 것이 가장 큰 즐거움이라 말하고 있다. 그의 말은 장애인에 대한 접근이 단지 자선의 차원을 넘어 그들 스스로 느껴야 할 인간 존엄성의 회복을 지향해야 함을 알 수 있게 한다.

저는 제 자신이 이제 장애인이라고 생각하지 않습니다. 그리고 저의 학생들이 제가 느끼는 바로 그것을 어서 빨리 느끼면 좋겠습니다. _ 렘 마오

지금은 그렇지 않지만, 반티에이 쁘리업이 처음에 문을 열었을 때 당시 입학생은 전부 남학생이었다. 당시 수강할 수 있는 과목도 남성을 위한 전통적인 직종인 철공반·기계반·전기반뿐이었다. 이와 같은 현상은 학교를 열 당시에 반티에이 쁘리업이 전쟁 피해자를 우선해서 도우려 했다는 것에 기인했다고 볼 수 있는데, 그 당시에 전쟁으로 신체적 장애가 생긴 사람은 대다수가 남성이라 생각되었고, 이에 따라 그들에게 도움이 더 필요하다고 생각되었다. 하지만 시간이 지나면서 센터는 여성에게도 도움이 필요하며, 학교 프로그램에 여성도 포함되어야 함을 깨닫기 시작했다. 실제로 지뢰에 의한 신체적 피해는 국경지대뿐만 아니라 일반 농촌을 비롯하여 캄보디아 전역에서 일어나는 일이었고, 따라서 피해자는 남성과 여성, 군인과 민간인을 구분할 수 없는 것이었다. 또한 전쟁의 2차 피해라 할 수 있는 소아마비 등 감염이나 질병에 의한 신체장애, 또는 사고에 의한 장애는 성별의 구분 없이 생기는 것이기에, 사회적 차별까지 더해진 여성 장애인에 대한 도움과 그들의 자존감 회복은 더욱 절실했다 할 수 있겠다.

센터는 1997년에 처음으로 여학생에게 문을 열었으며, 이에 따라 그들에게

더 필요한 기술인 직조반과 재봉반이 새로 개설되었다. 그리고 그해 처음으로 15명의 여성 졸업생이 배출되었으며, 같은 해 말에는 20명의 여학생이 다음 해의 정규반에 들어가기 위한 문해반에 입학했다. 이후 지금까지 농업반·목조각반·직조반·재봉반 등을 통해 300여 명 이상의 여학생을 배출한 반티에이 쁘리업은 오늘날 캄보디아 사회에서 성의 경계를 넘어 장애인에게 배움과 훈련의 기회를 제공하는 또 다른 하나의 상징이 되었다.

센터는 이와 같이 직접적인 사업 영역 안에서 장애인에 대한 지원 활동을 하는 것 외에, 이들의 권리를 직접 옹호하기 위한 어드보커시 활동도 게을리하지 않고 있다. 불교 국가인 캄보디아에서는 '업(karma)' 사상이 사람들과 사회의 사상을 강하게 지배한다. 업의 관점으로 볼 때, 자신의 장애는 전생의 업 때문이라는 생각으로 말미암아 타인의 장애에 대한 무관심과 방치가 존재하게 된다. 또한 장애를 사회문제로 보기보다는 개인의 문제로 국한하면서 장애인 스스로 자신의 존재감에 회의가 들게 할 뿐만 아니라, 가족까지도 장애인이 집안에 있다는 것을 창피하게 생각한다. 이러한 사회 안에서 반티에이 쁘리업은 장애인에 대한 인식을 개선하기 위해 노력하고 있다. 센터는 설립 초기 때부터 장애인 인식 개선의 중요성을 인지하고, 우선해서 장애인 학생에게 '장애인의 권리'에 대한 여러 워크숍 및 세미나를 진행함으로써 학생 스스로 깨달을 수 있게 했다. 또한 센터 출신의 졸업생을 통해 간접적인 어드보커시 활동을 지원하고 있다. 졸업생이 마을에 돌아가 자신이 배운 기술을 잘 사용하여 성공적으로 일을 하면, 장애인을 바라보는 전체 마을사람의 시각을 바꾸는 중요한 인식 개선의 효과가 있을 수 있기 때문이다. 그뿐만 아니라 직접적인 어드보커시 활동도 진행하고 있는데, 이런 활동은 주로 센터 독자적인 활동보다는 다른 장애인 단체와 함께 대 사회적으로 장애인 권리에 대한 공동의 목소리를 내는 연대 활동으로 이루어진다. 지난 2004년 11월 14일에 '지뢰 모니터 리포트(Land Mine Monitor for 2004 Report)'의 출범식을 반티에이 쁘리업이 유치한 일도 이와 같은 활동의 대표적인 예라 할 수 있다. 이러한 '반지뢰 캠페인'을 주도적으로 이끌면서, 1997년에는 센터 직원 출신이면서 JSC 시엠 레아프 센터의 장애인 파트 책임자인 툰 차나렛(Tun Chanareth)이 '세계 반지뢰 캠페인'의 대표로서 노벨 평화상을 받는 쾌거를 이루기도 했다. 이뿐만 아니라 장애인의 인권 보호에도 적극 참여하고 있으며, 특히 매해 12월 3일 세계 장애인의 날 행사에는 센터 학생과 함께 행사에 참여하며 의미 있는 시간을 보내고 있다. 현재는 매달 정부 사회복지부 산하 장애인행동이사회(Disability Action Council) 및 여러 장애인 단체와 함께 정기적인 회의를 통해 '장애인 직업기술과 취업의 중요성'에 대해 지속적으로 의논하고, 그 의논의 결과가 정부 법안이 될 수 있도록 여러 면에서 함께 노력하고 있다. 이러한 작업의 결과로 캄보디아 정부는 2009년도에 장애인의 권리 보호 및 증진에 관한 법률(Law on The Protection and the Promotion of the Rights of Persons with Disabilities)을 공포했고, 현재는 후속 작업으로 구체적인 시행령을 만드는 데 여러 지혜를 함께 모으고 있다. 이렇게 센터에게 인간의 권리란 언제나 그 출발이며 목적이다.

3. 희망은 커지기 위해 존재한다

1) 서로 다른 사람이 함께 어우러져 일상을 이루는 곳

반티에이 쁘리업 내에는 다양한 사람이 모여 함께 공부하고, 함께 일하며, 함께 살아간다. 학교 교실과 프로덕션 워크숍, 거주 공간이 한곳에 모여 있는 넓은 센터에 들어서면, 학생과 교사, 장애인과 비장애인, 현지 직원과 외국인 자원활동가가 서로 구분 없이 어우러져 살아가는 풍경을 볼 수 있다. 2012년 11월 현재 센터에는 27명의 직업기술학교 교사와 직원, 4명의 아웃리치 직원, 37명의 프로덕션 직원과 17명의 메콩휠체어 직원들이 함께 살아가고 있다.

센터장과 교장부터 과목 교사와 사감, 다른 직원은 학생과 일적인 관계 그 이상을 맺는다. 이는 대부분의 직원이 졸업생 출신인 것에 기인한다고 볼 수 있다. 교사와 학생은 선배와 후배로서의 관계도 맺을 뿐만 아니라, 졸업 후 직원으로 채용될 경우 함께 일하는 동료가 되기도 한다. 그 때문에 그들에게 정해진 관계의 역할이란 존재하지 않는다. 이런 복합적인 관계 형성이 가족 같은 분위기를 조성하고 수평적이고 개방적인 조직 문화를 만들고 있다.

클리응 반(Klieng Vann, 전기반 3기 졸업생, 기술학교 교장)

우리는 비록 신체장애가 있지만, 마음에는 결코 장애가 없습니다. 반티에이 쁘리업은 그런 우리가 경험과 지식, 그리고 마음을 서로 공유하는 곳입니다. 그리고 모두가 함께 살고 일하며, 서로를 가족같이 존중하고 격려하는 곳입니다. 또한 이곳에서 우리는 행복과 새로운 희망을 발견하곤 합니다.

센터 내 학생을 보면 같은 신체 장애인이라도 그 장애 유형과 정도가 개개인마다 확연히 다르다. 소아마비로 한쪽 팔을 사용하지 못하는 학생부터 지뢰 사고로 다리를 잃어 휠체어를 사용하는 학생까지, 기술 교육은 물론이거니와 일상생활에서도 각자의 신체장애에 따라 발휘할 수 있는 능력이 다르다. 하지만 그 다름은 배려라는 촉매를 통해 이해로 승화된다. 센터 안에서는 친구들끼리 휠체어를 밀어주는 모습을 쉽게 볼 수 있는데, 둘이서 무거운 짐을 들 때면 휠체어를 타는 학생이 짐을 들고 팔이 불편한 학생이 휠체어를 밀어주곤

한다. 이렇게 자신의 장애를 인정하고 또 타인의 장애를 이해함으로써 그들은 이제 장애라는 다름이 창피하지 않다. 서로 이해하며 살아가고 자신을 나누면서 장애에 대해 자유로워지는 경험을 한다. 모두 다 같은 인간이라는 진실 안에서 그동안 감추고 살았던 상처를 자연스레 드러냄으로써 그들은 진정한 자아를 찾고 그 상처를 치유해나가는 것이다.

현지 직원과 외국인 자원활동가가 서로 협력하여 센터를 꾸려나가는 것도 20년 넘은 전통이다. 현재 설립 때부터 일을 시작한 정부 파견 현지 센터장과 JSC에서 파견된 오인돈 센터장이 공동 센터장을 맡고 있으며, 한국·필리핀·인도네시아·프랑스 등 총 4개국에서 온 8명의 자원활동가와 센터의 90명이 넘는 현지 직원이 각 파트에서 활약하고 있다. 각 나라에서 파견된 자원활동가는 오랫동안 일을 해오고 있는 현지 직원을 지원하면서, 최소 1년간 자신의 전문성을 나누며 함께 일을 한다.

정연주(한마음한몸운동본부 자원활동가, 민간단체 해외봉사단 단원)

2009년 처음 반티에이 쁘리업에 왔을 때, 제 자신에게 일어난 가장 큰 변화는 바로 장애인에 대한 인식이었어요. 예전 같으면 장애인을 만났을 때 '어디에 어떤 장애가 있는 사람'이라는 것이 가장 먼저 보였는데, 센터에서 너나 할 것 없이 다 함께 어울리다 보니 그런 편견이 없어지더라고요. 실컷 장애인 학생과 놀다 헤어진 후에 생각해보면 제가 그 장애인 학생이 어디에 장애가 있는지 전혀 기억하지 못한다는 사실을 깨달아요. 장애가 아니라 사람이 먼저 보이기 시작하는 거죠.

현재 활동하는 인도네시아 자원활동가(예수회 수사)는 졸업생 출신인 멘 읏 아웃리치 팀장의 지도 아래, 그동안 아웃리치팀에서 하지 못한 자료를 구축하고 체계적으로 관리하는 역할을 한다. 프로덕션 디자이너로 활동하는 민간단체 해외봉사단 및 한국 자원활동가, 프로덕션 운영과 마케팅을 담당하는 프랑스 자원활동가 등도 졸업생 출신 생산자와 현지 프로덕션 매니저 및 세일즈 매니저와 함께 각자의 전문성을 살려 서로 협력하며 일을 진행하고 있다. 센터에서 활동하는 외국인 자원활동가는 자신의 능력은 발휘하되 '센터의 주인은 현지 직원과 학생'이라는 믿음을 중심으로 활동하며, 이러한 믿음은 현지인의 참여와 주인의식, 역량 강화 및 리더십 증대 등 개발 효과성을 위한 필수적인 요소를 이끄는 데 중요한 역할을 담당한다.

이렇게 21년 동안 1,700명이 넘는 학생과 200여 명의 직원, 50명의 외국인 장기 자원활동가, 수없이 많은 봉사자가 이곳을 거쳐갔다. 그들은 다양한 국적이나 문화, 또는 장애 유무 등 다름이 특별하게 생각되지 않는 평범한 일상을, 하지만 서로 사랑하는 삶을 살아내고 있다. 그들은 함께하기에 힘을 얻고, 함께하기에 행복하다.

> **놉 따(Nob Tha, 11기 철공반 졸업생, 철공 워크숍 직원)**
>
> 저는 반티에이 쁘리업과 함께 가슴 벅찬 시간을 보내고 있습니다. 그 시간들 한 가운데에는 '함께함'이 자리하고 있지요. 철공 워크숍에서 기술자로서 일하며 자부심을 느끼고 있지만, 제가 가장 뜻깊은 시간은 평소 사감(기숙사 생활 담당)으로서 학생들과 함께 집에 살 때입니다.

2) 자립적인 사회구성원으로서의 발을 내딛다

이외에 센터는 캄보디아 사회 내에서도 다양한 파트너와 함께 협력하고 있다. 그중 빠질 수 없는 것이 바로 캄보디아 정부 및 주변 지역과의 협력이다. 이 협력은 졸업생이 캄보디아 사회로 다시 돌아가 자립적인 사회구성원으로 발을 내딛기 위한 초석이 된다.

우선 센터와 정부의 협력은 센터의 설립부터 시작한다. 앞서 언급했듯이 센터를 설립한 1991년에 센터가 위치한 건달 사회복지부와 JSC는 직업훈련센터 운영 및 건물 사용에 대해 합의를 했다. 그 후 같은 해 7월부터 캄보디아 정부 사회복지부 소속 공무원 뜹뜻이 파견되어 공동센터장으로서 정부기관과의 협력에 관련된 업무를 담당하고 있다. 더불어 캄보디아 정부 사회복지부와 JSC는 센터 내 장애인을 위한 직업훈련과 관련 상호 협력 관계를 유지할 것과 관련 업무에 대해 사전 협의 및 의무가 있음을 내용으로 하는 계약을 체결하고, 또한 외무부와는 JSC에 속한 외국인의 NGO 활동과 그에 필요한 건물 및 대지의 임대와 건축을 허가한다는 내용의 양해각서를 체결함으로써 센터 운영에 대해 국가 행정적인 지원을 해오고 있다. 이런 국가 차원의 지원은 캄보디아 내 장애인을 위한 직업기술훈련 시설의 열악한 현황에 정부가 본 센터에 기대하는 역할이 크기 때문이다. 캄보디아 주정부에서 운영하는 주정부산하 직업훈련학교가 있으나 대부분 단기 과정이고 장애인 입학이 어려워 실제 입학하는 학생은 거의 전무하고, NGO에서 운영하는 장애인을 위한 직업훈련 교육도 운영 및 제반 어려움으로 축소되거나 폐쇄되어 현재 본 센터를 제외하고 3곳 정도가 유지되고 있을 뿐이다. 이런 캄보디아 사회 내 장애인을 위한 교육기관의 필요성에 본 센터의 역할이 중요시 되고 있다. 그 이외, 지역정부는 신입생 선발 때 장애인 학생을 추천하는 등 각 지역의 장애인 정보를 공유하고, 공립학교의 책결상 주문 제작을 하는 등 프로덕션 생산품 구매자의 역할도 수행하고 있다.

지역주민과의 협력은 국가 정부와 지역정부의 끈을 잇는다. 지역주민과의 협력은 주로 학생들의 지역사회 나눔 활동으로 이루어진다. 주말 이발반 교육을 받는 학생들은 교육이 어느 정도 이루어졌을 때부터 고아원이나 다른

NGO, 혹은 마을 주민들을 대상으로 이발 실습을 나간다. 자신들이 배운 기술로 현장으로 나가 실습할 수 있는 시간이 되기도 하며, 동시에 지역주민에 봉사하는 기회도 갖게 된다. 센터 기계반 학생들과 농업반 학생들을 대상으로 하는 지역사회 나눔도 정기적으로 이루어진다. 농업반 학생은 지역주민의 가축에 백신을 무료로 주사하는 등 가축 건강을 위한 지원을 하고 있고, 기계반 학생들은 자전거 수리를 돕기도 한다. 학생들은 지역 나눔 활동을 통해 현장 실습 기회를 얻을 뿐만 아니라 지역주민과 나눔으로서 사회 구성원으로서 관계를 형성하게 되고, 이로써 캄보디아 사회 내에 간접적인 어드보커시 역할도 수행하게 된다.

3) 동행하는 파트너를 만나다

센터 초기에는 대부분 유럽과 호주에서 주로 도움을 받았다고 한다면, 2006년부터는 그 도움의 손길을 아시아 쪽으로 그 범위를 넓히게 되었다. 특별히 2006년 캄보디아에서 함께할 파트너를 찾고 있었던 한국의 한마음한몸운동본부와 센터가 자연스럽게 연결되면서, 6년이 지난 현재까지 다양한 방법으로 좋은 협력기관의 관계를 유지하고 있는 중이다. 본부 역시 단순하게 직접적인 도움을 주는 것을 넘어 한국의 사회복지공동모금회와 연계하여 센터와의 협력관계를 이끌어내었다. 이는 국내 복지 사업에만 중심이었던 사회복지공동모금회가 대외적으로 가난한 제3세계에도 눈을 돌리게 하는 중요한 역할을 한 셈이며, 이는 캄보디아에서 일하고 있는 많은 국제NGO에게도 한국이 도움을 받았던 나라에서 도움을 주는 나라라는 사실을 인식하게 하는 좋은 예가 되었다. 이는 간접적이긴 하나, 센터의 프로그램을 통하여 한국의 위상을 세상에 알릴 수 있는 기회였다고 말할 수 있다.

한마음한몸운동본부는 사회복지공동모금회와 3년간의 계약이 끝난 후, 2010년부터 KOICA와 협력하여 지속적으로 센터와의 협력관계를 유지하고 있다. 이는 센터 프로그램 자체가 가난한 이들, 특별히 철저하게 사회에서 소외 받은 장애인들에게 본인들의 권리와 희망을 일깨우기 위해 지속적으로 운영되어야 할 일이기에 지속적이고 안정적인 도움에 대한 요구가 절실했다는 사실에 비추어 대단히 고무적인 일이기도 하다. 사실 반티에이 쁘리업은 사회복지기관으로서 캄보디아 정부의 도움을 받아 운영되어야 하지만, 캄보디아 정부 자체가 그러한 능력이 전혀 없는 상태에서는 외부의 도움은 필수적이었다. 그러한 의미에서 한마음한몸운동본부와 KOICA의 협력은 센터에 안정적이고 지속적인 계획을 수립하고 그 계획을 효과적으로 운영하게 할 수 있는 중요한 동력이기도 하다.

4) 새로운 파트너, 그리고 희망의 확장

센터의 협력 기관은 이에 그치지 않는다. 함께일하는재단과 서교동 성당 등은 센터의 새로운 파트너로서 새로운 희망을 확장시키는 데에 기여하고 있다.

함께일하는재단과 센터의 인연은 2010년부터 시작된다. 함께일하는재단은 uGET 프로젝트로 연세대학교 경영학과 학생들로 이루어져 있는 컨설팅팀 Team RICH를 센터에 파견함으로써 센터 프로덕션의 운영 제반에 컨설팅을 받을 수 있도록 지원했다. 컨설팅 결과, 프로덕션의 지속적인 발전을 위해 운영 효율화를 통한 수익성 개선과 유통경로 확대 및 경쟁력 강화로 매출 증대가 필요하다고 판단되었다. 특히 프놈펜 시내 기념품숍 개장 시 매년 10% 매출 증대가 가능하다는 결과가 도출 되었다. 이에 함께일하는재단은 컨설팅 지원만으로 끝나는 것이 아니라 컨설팅 결과에 따른 개선 활동까지 지원하기에 이른다. 우선 한국의 재능기부자를 연결해 원가 및 재고 관리를 위한 툴킷 (toolkit)을 제작함으로써 프로덕션의 데이터 관리 개선을 도왔고, 2011년에는 생산품 매출 증대를 위한 사회적 기업 설립을 지원, 2012년에는 프로덕션 매니저 2명(현지 세일즈 매니저, 프랑스 자원활동가)을 아시아사회적기업활동가대회(Asian Social Entrepreneurs Summit: ASES)에 초청하여 직원들의 역량 강화를 위해 지원하기도 했다.

사회적 기업의 일환으로 함께일하는재단의 스마일투게더파트너십 프로그램을 통해 2011년 12월 개장된 프놈펜 숍 크래프트피스카페(Craft PEACE Cafe)는 프로덕션 매출 증대에 큰 몫을 담당하게 되는데, 이는 센터 내방객 또는 기존 네트워크에 국한되어 있었던 구매층이 관광객 및 프놈펜 거주 외국인들로 확대됨으로써 가능하게 되었다. 현재 음료 등을 파는 카페와 프로덕션 워크숍의 상품 등의 기념품 숍을 겸하여 시너지 효과를 내고 있는 크래프트피스카페는 우수한 접근성과 전시회와 워크숍 개최 등 사회적 공간으로서의 역할 등을 통해 많은 소비자의 방문을 유도하고 있다. 센터 졸업생의 일자리 창출 및 실습 기회 증대를 위해 시작되었던 프로덕션과 그들이 만드는 생산품을 판매하기 위한 센터 내의 매장에 이어, 이제는 함께일하는재단과의 협력을 통해 소비를 넘어 소통으로, 제품 판매를 넘어 가치 판매를 하면서 캄보디아 장애인 생산자와 전 세계 소비자들을 잇는 사회적 기업으로 다시 태어나게 되었다. 새로운 파트너를 통해 또 다른 희망이 확장된 것이다. 2012년 11월 현재 크래프트피스카페에는 매니저를 포함해 총 5명이 근무하며, 2012년 한 해 동안 음료를 판매한 매출액이 약 1만 8,000달러, 카페에서 프로덕션의 상품을 판매한 매출액이 약 3만 8,000달러에 달하는 등 센터 프로그램의 의미 있는 확장 가능성을 보여준다.

여기에 우연이라고 하기에는 너무도 절묘한 또 하나의 협력이 다가 왔다.

2012년 9월에 한마음한몸운동본부로 도착한 한 통의 전화가 그것이었다. 서울의 서교동 성당에서, 자선 바자회를 하는데 장차 모아질 기금으로 누군가를 돕고 싶어 했으며, 그 성당은 본부를 통해 도움이 필요한 곳을 의뢰하고 있었다. 본부는 곧 성당을 방문하여 본부 내의 여러 협력사업 중 반티에이 쁘리업의 사업을 소개했는데, 마침 센터는 프로덕션의 재봉틀이 너무 낡아 교체를 간절히 원하고 있었지만, 이미 편성된 예산으로 진행할 수는 없었기에 또 다른 도움의 손길을 원하고 있었기 때문이다. 이에 성당과의 협력하에 자선 바자회의 이름은 '반티에이 쁘리업 지원 자선 바자회'가 되었으며, 바자회를 끝내고 전달된 25,000여 달러의 지원으로 센터는 숙원이었던 재봉틀 교체를 할 수 있게 되었고, 아웃리치 팀에서 건의한 졸업생의 집도 건축할 재원을 마련할 수 있게 되었으며, 본부와 센터의 협력은 또 한 번 더욱 공고해 지는 계기가 되었다.

4. 평화와 행복을 꿈꾸는 개발 현장

1) 캄보디아 장애인의 더 나은 삶을 위하여

설립한 지 21년, 그동안 많은 장애인 학생의 더 나은 삶을 위해 일해온 센터는 본부와 함께 앞으로도 계속해서 캄보디아 장애인들의 권리와 자립을 위한 프로그램을 제공할 것이다.

우선 졸업생들에게 좀 더 안정적인 직업을 창출할 수 있는 새로운 프로그램을 개발하고 기존의 프로그램을 발전시킬 계획이다. 2012년에도 이러한 노력이 성과를 이루었는데, 새로 시작된 제화반과 휴대폰 수리반의 시작이 그

것이다. 새 기술 과목인 제화반을 통해 학생들은 전문적인 수공 제화 기술을 익히고 신발 공장에 취직하게 되는 등 새로운 취업 판로를 넓히게 되었으며, 전자반 심화 과정으로 운영되고 있는 휴대폰 수리반을 통해 시대 수요에 맞게 학생들은 좀 더 유용하고 좀 더 고급화된 기술을 습득할 수 있게 되었다.

또한 학생들과 직원들로 하여금 장애인 권리에 대한 인식 수준을 높여서 사회의 한 구성원으로서 자신들의 권리를 주장하고 그 권리를 찾아 나갈 수 있게 하는 활동을 계속 해나갈 예정이다. 이를 위해 학생뿐 아니라 교사에게 도 지속적으로 장애인 권리에 관한 다양한 워크숍과 세미나를 운영할 계획이 다. 이를 통해, 기술교육을 통해 습득하는 전문적인 기술뿐만 아니라, 장애인 권리와 사회 인식에 대한 지식을 갖고 졸업한 학생이 자신의 마을로 돌아갔을 때, 예전의 의존적이고 수동적인 존재가 아니라 자립적인 마을의 구성원으로 서, 혹은 마을의 지도자로서 활동하게 되기를 희망한다. 결과적으로 마을사람 들의 장애인에 대한 인식 개선뿐 아니라, 더 나아가 마을사람들로 하여금 자 신들의 권리를 이해하고 찾을 수 있게 도와줄 수 있는 능동적이고 이타적인 존재가 되기를 목표로 한다.

2) 더 많은 사람이 함께 행복해하는 미래

빠르게 발전하는 캄보디아 사회에 발맞추어 이제는 점차적으로 지체장애 인들도 일반 교육 시스템에 흡수되고 사회 참여도 활발해질 것이다. 따라서 센터가 제공하는 교육 프로그램이 필요한 지체장애인들의 숫자도 점차 적어 질 것이라 예상된다. 그럼에도 캄보디아 전체 인구에 비해 장애인 자활을 위 한 직업기술교육기관이 현저하게 적기 때문에 여전히 센터에 요구되는 역할 은 크다. 20년이 넘게 캄보디아 장애인 복지에서 중요한 위치를 차지해온 센터는 앞으로도 지속적으로 장애인 복지에 대한 의무를 지고 있다고 할 수 있기도 하다. 그렇기 때문에 센터는 프로그램은 계속 유지하되, 그 수혜 범위를 점차 늘려갈 계획이다.

우선 지역적으로 그 대상을 확대할 계획을 가지고 있다. 현재까지는 센터가 위치해 있는 껀달 주를 중심으로 주변의 6개 주에서만 장애인들을 선별하고 있지만, 앞으로는 그 범위를 넓혀 캄보디아 전역에 사는 장애인들이 교육 기회를 받을 수 있게 하는 방안을 구상 중이다. 특히 지방의 장애인은 수도인 프놈펜 지역 장애인들보다 교육이나 사회 참여의 기회가 훨씬 적으며 더 소외 받고 있기에, 앞으로 센터가 좀 더 어려운 장애인들 위해 교육기회를 제공할 필요가 있다.

또한 점차적으로 지체장애인이 캄보디아 정부 혹은 기타 사회적 보호 장치에 흡수된다면, 장기적으로는 사회적 혜택을 받지 못하는 더 가난한 사람들로 그 대상을 확대해나갈 것이다. 미래에는, 지금은 존재조차 드러나지 않고 있는 지적장애인들과 중증장애인들이 자신들의 권리와 사회 참여를 할 수 있도록 기회를 마련하는 것이 센터의 새로운 역할이라고 할 수 있다. 이들은 현재까지 일부 NGO들의 활동 이외에는 캄보디아 사회 내에서 철저하게 소외 받고 있기 때문에, 20년 이상 장애인들과 함께해온 센터에게는 아주 중요한 도전이면서 또 반드시 해야 할 의무라고 고려된다. 이에 센터는 차근차근 미래에 대한 준비를 해나가고 있다. 20주년을 맞아 센터 전체 프로그램에 대한 전문 컨설팅을 받았으며, 여러 리서치를 통해 그 가능성에 대한 고민을 하고 있는 중이다. 그 일환으로 졸업생 출신인 두 직원(직업기술학교 교장과 메콩휠체어 목공파트 대표)이 한국의 장애인복지기관에서 2012년 11월부터 3개월간의 해외 연수를 수행하고 있다. 센터 졸업생 출신인 직원들이 자신들보다 더 소외된 중증 장애인들을 위해 일한다면 그 의미는 더 커질 것이다. 센터는 이렇게 지속적으로 직원 역량과 지역 리더십을 키워서 캄보디아 직원들의 참여와 주인의식을 통해, 궁극적으로 캄보디아인들이 직접 센터를 운영하게 되도록 계획하고 있다. 센터가 캄보디아인들이 캄보디아인들을 위해, 장애인들이 장애인들을 위해 자신의 삶을 나누는 공간이 되어 더 많은 사람이 다 함께 행복해지는 미래를 소망한다. 또한 본부는 권리와 자립에 기반을 두고 있는 센터와의 이 협력사업이 사업의 형태면에서도 좀 더 발전되어 하나의 모범적인 사례가 될 수 있기를 희망하고 있다. 부산 세계개발원조 총회 이후에 특별히 더욱 강조되고 있는 '권리에 기반을 둔 접근 방법(rights-based approach)'을 더욱 적극적으로 접목하여 센터의 사업이 그 하나의 모델이 될 수 있도록 발전시켜 나간다면, 센터의 사업은 캄보디아에서는 취약계층인 장애인들을 위해서, 그리고 한국을 비롯한 세계의 시민사회에도 그 기여하는 바가 있게 될 것이다.

3) 반티에이 쁘리업의 참 의미

센터는 한마음한몸운동본부에게도 큰 의미가 되고 있다. 나라별로 지부를 설립하는 대신에 현지의 기관들과 파트너십으로 일하는 본부에게 센터와의 협력의 여정은 내부적으로도 시사하는 바가 크다. 본부의 협력은 단지 기금 지원뿐이 아니라, 연중 수 차례의 방문과 지속적인 연락을 통해 사업의 내용과 방향을 함께 고민하고, 현지의 행정 체계나 기타 교육의 도움이 필요한 부분에서도 협력을 이루어가고 있는데, 센터와 함께하는 그 모든 협력의 과정이 본부의 내부 교육용으로 쓸 수도 있을 만큼 짜임새 있게 진행되고 있기 때문이다. 이와 같이 본부는 센터에게, 그리고 센터는 다시 본부에게 서로 도움을 주는 존재가 되고 있다.

크메르어로 반티에이(Banteay)는 'center'의 뜻으로 사용되는 단어이며, 쁘리업(Prieb)은 '비둘기'라는 뜻이다. 곧 이곳은 전쟁 때 통신 용도로 사용되던 전령 비둘기의 센터이며, 당시 정부는 이곳을 폭약 저장 창고로도 사용했고 심지어는 감옥과 킬링필드 용도로도 사용해왔던 장소이다. 직업기술학교를 설립한 JRS의 멤버는 반티에이 쁘리업이라는 이름을 바꾸지 않고 그대로 사용하기로 결정했었는데, 같은 이름을 두고 그 이름에 새로운 의미 부여를 통해 지역 공동체의 마음도 함께 치유하기 위함이었다. 전쟁에서의 전략적 통신 수단으로 사용되었던 비둘기는 이제 온 나라에 평화의 메시지를 전하는 평화의 상징으로써, 완전히 새로운 의미를 갖게 된 것이다. 그뿐만 아니라, 전쟁 때에 서로에게 총을 겨누던 이들이 이제 이 센터에서 하나의 지붕 안에서 함께 배우고 함께 살아가는 친구들이 되었다는 점에서 이제는 이들 스스로도 새로운 평화의 상징으로 탈바꿈하고 있는 것이었다. 반티에이 쁘리업은 단순히 직업기술학교나 센터를 넘어 캄보디아와 나아가 세계에 참 평화의 의미를 전하는 평화의 집이길 원하고, 또 그것이 우리가 이 일을 하며 꿈꾸는 것이라 믿는다.

반티에이 쁘리업의 상징인 비둘기 로고

사업 개요

- 사업명: 권리와 자립에 기반을 둔 지체장애인 자력화 프로그램
- 사업목표: 장애인들이 자신의 권리와 잠재력을 인식하여 역량과 권한을 키우고 기본 권리를 향유하며 건강하고 자립적인 사회구성원으로서의 삶을 누린다.
- 사업내용
  - 직업기술(농업·목공예·전자·기계·재봉·제화)/문해/교양/창업 교육
  - 신규 교과 과정 편성/교사교육/교육시설 확충을 통한 교육환경 질적 개선
  - 기숙사 내 공동체생활 및 건강관리, 문화활동을 통한 사회성 및 자립성 배양
  - 졸업생 및 지역 장애인 가정방문과 자활기반 지원과 관련 대상자 DB구축
  - 제품생산을 통한 장애인 일자리 및 소득창출
- 총예산: 약 15억 원(2006년 한마음한몸운동본부 협력 이후 기준)
- 사업기간: 1991년~현재(한마음한몸운동본부와 협력기간은 2006년부터)
- 사업 주체: 한마음한몸운동본부 / JSC(Jesuit Service Cambodia)
- 파트너 기관명: 반티에이 쁘리업
- 사업지역: 캄보디아 껀달(프놈펜 시에서 남서쪽 25Km)외 5개 도(Province)
- 수혜자: 프놈펜 인근 7개 주의 지체장애인 연간 150여 명

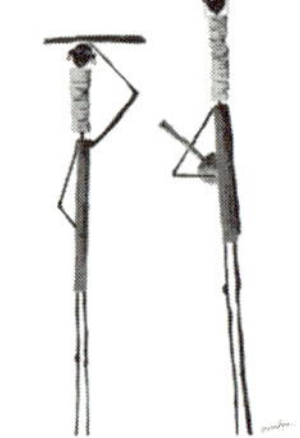

2012년 늦은 여름, 개발 NGO 활동가들의 현장 경험을 책으로 담아, 단체 실무자들이 친근하게 펼쳐볼 수 있게 하자던 바람이 적지 않은 이들의 고뇌와 번민, 협력을 통해 책으로 세상에 나오게 됐습니다.

이 책을 만들어가는 과정에서 얻은 가장 큰 행운은 참여자들과 같은 생각과 고민을 나누고 토론할 수 있었던 것입니다. 놀라웠던 사실은 이 책의 제작에 참여한 사람들이 이전에 많은 의견을 함께한 적도 없는데, 모두 같은 생각을 가지고 있었습니다. 참여자들은 개발협력에 종사하고 있는 실무자들의 발품을 통해 입으로만 전해졌던 현장에서의 성공·실패 — 사업의 성공과 실패의 경계란 어폐가 있습니다만 — 경험담을 솔직하게 들려주고 싶어 했습니다. 더불어 개발협력에 관심 있는 학생들에게 협력이 화려하고 폼 나는(?) 일이라기보다 사실 현장은 그리 화려하거나 녹록하지 않으며, 이론은 이론일 뿐 노력의 결과가 늘 아름다운 화답으로 돌아오는 것은 아니라는 현실을 귀띔해주고 싶은 마음을 가지고 있었습니다.

이 책의 집필진·편집위원·자문위원은 수차례 회의를 통해 기획의도와 개개인의 견해를 공유하고, 목차 구성과 세부 내용에 대해 의견을 내고 비판도 주고받았습니다. 책 제목 선정을 하기 위해서도 수십 통의 이메일을 주고받으며 치열한 토론의 과정이 있었습니다. "우리가 꿈꾸는 것은 '개발협력'이 아닌,

'개발'이다", "그러나 '개발'보다는 '개발협력'이 독자친화적인 표현이다", "우리의 주된 목적이었던 '꿈 밖의 현장'을 강조하기 위해서는 꿈꾸는 '원조'라는 표현이 의도와 좀 더 부합하다", "'원조'라는 개념은 시대착오적인 표현이다"라는 의견 등 우리가 모두 추구한 가치에 좀 더 걸맞은 제목으로 표현하기 위한 치열하지만 신나는 토론이었습니다. 네팔, 르완다, 베트남, 캄보디아, 한국 등 세계 곳곳에서 발신된 이 메일들은 마치 그간 개발협력의 역사적 담론을 담아 놓은 축소판을 연상하게 했습니다.

이 책의 표지 디자인을 결정하는 데도 세련되거나 눈에 띄는 디자인을 찾기보다는 우리가 전달하고자 하는 철학을 어떻게 담을 수 있을까 하는 긴 시간의 고민이 있었습니다. 여러 시각 디자이너에게 자문을 하고 회의를 진행하던 중 우연히 소셜네트워크서비스(SNS)를 통해 이 책 중에 「개발, 그 아름다운 꿈, 깨어나라!」의 저자 이상훈 지부장님의 장녀 이훈희 양이 그린 그림을 보게 되었습니다. 이 그림은 어린 시절부터 개발협력 현장 활동가인 아빠의 삶을 가장 가까이에서 지켜본 딸의 경험이 그대로 투영된 듯 감동으로 다가왔습니다. 표지에 사용된 그림은 몇 년 전 키갈리 집 앞 재개발 현장에서 집을 모두 불도저로 밀어버린 흙더미 위에서 없어져 버린 마을을 애처롭게 바라보는 한 형제의 뒷모습입니다.

이 책은 개발이라는 하나의 화두로 각기 다른 현장에서 수고하고 애쓰신 이들의 공동작품입니다. 그동안의 소중한 활동과 공개하기 다소 부담스러울 수 있는 뼈아픈 경험들을 공유해주신 열세 분의 저자에게 존경을 담아 깊은 감사를 전합니다. 그리고 바쁜 일정 중에도 회의 전날이면 새벽까지 모든 원고를 꼼꼼하게 먼저 읽고 와 저자들에게 좋은 의견과 힘을 북돋아준 손혁상 교수님, 천은영 실장님, 두 분 자문위원께도 깊은 감사를 표합니다. 저자들이 집필 중 어려움에 봉착할 때마다, 두 분의 고견은 큰 힘과 자산이 되었습니다.

이 책 구석구석에 담긴 두 분의 애정과 지혜로 이들의 경험이 더욱 빛날 수 있었습니다.

2013년 봄, 우리나라 개발 NGO는 어떠한 철학과 고민으로 개발협력사업을 수행했는지 기록할 수 있도록 도움을 주신 모든 분에게 감사를 드립니다.

2013년 3월
편집위원 일동

꿈꾸는 개발협력? 꿈 밖의 현장!
국제개발협력 NGO의 현장 활동 이야기

ⓒ 한국국제협력단, 2013

엮은이 • 한국국제협력단 민관협력실
펴낸이 • 김종수
펴낸곳 • 한울엠플러스(주)

초판 1쇄 발행 • 2013년 4월 26일
초판 2쇄 발행 • 2022년 7월 20일

주   소 • 10881 경기도 파주시 광인사길 153 한울시소빌딩 3층
전   화 • 031-955-0655
팩   스 • 031-955-0656
홈페이지 • www.hanulmplus.kr
등록번호 • 제406-2015-000143호

Printed in Korea.
ISBN 978-89-460-4699-3 03340

* 책값은 겉표지에 표시되어 있습니다.

열두 개의 키워드로 이해하는
국제개발협력

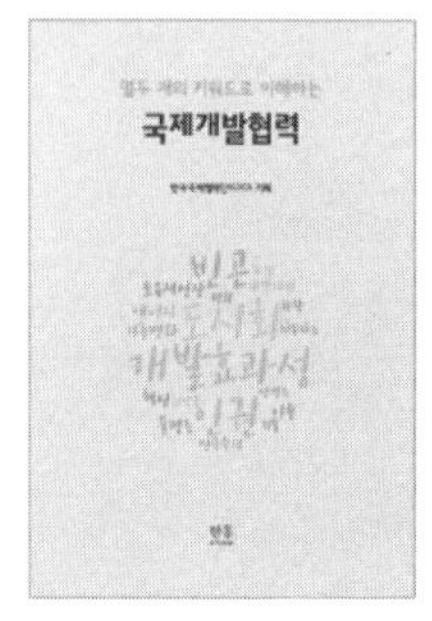

**KOICA에서 12개의 키워드로 정리한
국제개발협력의 최신 이슈와 새로운 접근**

환경오염과 기후변화, 경제적 불평등, 기술 격차, 테러와
분쟁 등 21세기 들어 더욱더 심화되고 다양화하고 있는 문
제로 세계 각국의 고민이 깊어지고 있다. 이런 상황에서 그
피해를 누구보다 심각하게 겪고 있는 것은 역시나 취약국
의 국민들이지만, 오늘날 국지적 피해로부터 파생된 영향
은 이전보다 더 광범위하고 빠르게 확산되고 있다. 이는 절
대빈곤이 줄어든 오늘날 국제개발협력의 역할이 오히려 더
욱더 많은 영역에서 절실히 요구되는 이유다.

이 책은 KOICA에서 국제개발협력의 최근 동향과 이슈를
분석한 뒤 이를 이해하는 데 핵심이 되는 열두 개의 주제를
선정해 각 주제의 전문가들이 집필해 엮은 것이다. 각 키워
드의 정의부터 역사적 흐름, 최근 동향과 전망, 문제에 대
한 새로운 접근법에 이르기까지 오늘날 국제개발협력을 이
해하는 데 핵심이 되는 지식과 정보를 망라했다.

기획
한국국제협력단(KOICA)

2019년 7월 31일 발행
신국판
368면

국제개발협력 프로젝트 실행과 관리

KOICA가 발간한 국제개발협력 프로젝트 수행 안내서

개발도상국의 지속가능발전을 이끌어 나가는 데 있어 현지에서 진행되는 프로젝트의 역할을 매우 중요하다. 프로젝트를 성공으로 이끌기 위해서는 파트너십 구축과 여러 이해관계자들 사이의 조화가 필수적으로 이루어져야 하며, 원조사업의 정당성을 입증하기 위한 체계적인 모니터링 및 평가를 강화해 나가야 한다.

또한, 개발협력 프로젝트를 수행하는 인적자원의 개발과 역량강화가 동반되어야 할 것이다. 이를 통해 우수한 개발협력 수행인력이 개발도상국 현지에서 프로젝트의 가치나 의의, 문제점을 파악해 개발도상국에 실질적인 도움을 줄 수 있도록 개발사업을 이끌 수 있을 것이다.

이에 KOICA는 2018년 국제개발협력 프로젝트의 정의부터 모니터링, 평가까지 프로젝트 전반에 대한 이해와 KOICA 프로젝트의 최근 동향을 반영한 새로운 안내서인 『국제개발협력 프로젝트 실행과 관리』 를 펴냈다.

이 책을 통해 국제개발협력 사업시행자는 물론 미래세대 청년들이 프로젝트 전반에 대한 이해와 실무역량을 강화해, 개발협력 프로젝트를 성공적으로 이끌며 개발도상국의 지속가능한 발전을 주도해 나갈 수 있기를 기대한다.

엮은이
KOICA ODA 교육원

2018년 10월 31일 발행
신국판
416면

개발협력 프로그램 평가의 설계와 실행

세계은행에서 출간한 개발평가에 대한 최고의 교과서

국제적으로 개발 어젠다가 점차 광범위하고 복잡해짐에 따라 개발평가 또한 그 흐름을 따라가고 있다. 유엔 새천년개발목표(Millenium Development Goals: MDGs)의 달성과 성과에 대한 관심이 높아지면서, 개발평가자들은 점차 전통적인 시행과 산출물 중심(output-focused) 평가 모델에서 벗어나 성과 중심(results-based) 평가 모델을 지향하고 있다. 또한 오늘날 국제사회는 프로젝트 중심 접근법에서 벗어나 국가가 직면한 도전에 포괄적으로 대응하고자 한다. 이에 따라 개발평가자 역시 국가, 분야, 주제, 정책, 국제적 차원의 결과를 평가하기 위한 방법을 모색하고 있으며, 점차 복잡해지는 포괄적인 환경에서 개별 기관의 성과와 개발에 대한 기여도를 측정하는 데 어려움을 안고 있다. 이렇듯 점차 복잡해지는 개발 접근법에 따라, 개발평가의 설계가 점차 어려워지고 더욱 복잡한 방법론과 장기적인 영향력 측정에 대한 높은 기준을 필요로 한다. 세계은행(World Bank)에서 출간한 이 책은 개발평가 역량 구축을 위해 활용하도록 마련되었다. 개발평가자가 새로운 평가 구조에 대해 탐색하고, 특히 성과 지향적인 평가를 설계하고 시행할 수 있도록 돕는 것이 이 책의 목적이다.

지은이
**린다 G. 모라 이마스·
레이 C. 리스트**

옮긴이
**한국국제협력단(KOICA)
강지운·권새봄·라갑채·박소
희·이상미·이지수·김유겸·
원지영·장서희·한송이·이우
정·전혜선·손송희·김양희·
김수지·변지나·이재은**

2016년 10월 20일 발행
신국판
664면

국제개발협력의 이해(개정판)

국제개발학의 정책 구조와 실무 경험의 역사를 한 권에 담다

반세기 만에 최빈국에서 오늘의 경제성장을 이룩한 우리나라는 국제개발에서 몇 안 되는 성공적 사례로 받아들여지고 있다. 이러한 성공 뒤에는 국제사회의 따뜻한 도움이 있었다. 우리나라는 OECD 개발원조위원회(OECD/DAC)의 회원국이자 G20과 부산 세계원조총회의 의장국으로서, 국제규범에 부합하는 사업수행에 대한 국제사회의 기대가 높아지고 있다.

최근 두드러지는 경향은 한국국제협력단과 같은 공적기관뿐만 아니라 다양한 시민사회단체 및 민간기업들도 개도국의 경제·사회 발전에 기여하고 있다는 것이다. 또한 국내 많은 대학에서도 이 분야에서 활동을 하겠다고 계획하고 준비하는 학생들이 점점 늘어나고 있다.

『국제개발협력의 이해』는 국제개발협력 분야에서 활동하고자 하는 학생들 또는 실무자들이 이 분야의 이론적·역사적·정책적 및 실무적인 면을 쉽게 이해하고 학습할 수 있도록 하기 위해 2008년에 초판이 발간되었다. 이 책은 그동안 대학 전공수업의 기본서로서뿐만 아니라 국제개발협력 실무 종사자들에게 기본 길잡이로서의 역할을 했다. 최근 국내외적으로 대외원조의 상황이 급변함에 따라, 초판의 내용을 수정 및 보완할 필요가 있어 개정판(제3판)을 발간하게 되었다. 표와 그래프도 최근의 수치로 교체했으며, 부록 용어편에도 보충을 가했다. 개정판 발간을 계기로 우리나라의 국제개발협력 분야의 학문적 연구, 실제적 정책결정 및 집행이 한층 더 발전하기를 기대한다.

지은이
한국국제협력단(KOICA)

2013년 3월 20일 발행
신국판
480면